EVROPA

Vladka Meed
nach dem Krieg in den Vereinigten Staaten

VLADKA MEED

Deckname Vladka

Eine Widerstandskämpferin
im Warschauer Ghetto

Mit einem Vorwort von Elie Wiesel

Aus dem Amerikanischen übersetzt
von Susanne E. Krämer

EUROPÄISCHE VERLAGSANSTALT

Die Originalausgabe erschien 1948 in jiddischer Sprache. Educational Committee of the Workmen's Circle New York.
Die englische Fassung erschien 1972 unter dem Titel »On both sides of the wall. Memoirs from the Warsaw Ghetto«. Der deutschen Ausgabe liegt die englische Ausgabe, New Edition, von 1993 zugrunde, © Vladka Meed. Holocaust Library in conjunction with the United States Holocaust Memorial Museum.

Für die freundliche Genehmigung zum Abdruck der Abbildungen danken wir Vladka und Ben Meed, dem United States Holocaust Memorial Museum und dem Yiro Institute for Jewish Research.

Die Deutsche CIP-Einheitsaufnahme

Meed, Vladka:
Deckname Vladka : eine Widerstandskämpferin im Warschauer Ghetto / Vladka Meed. Aus dem Amerikan. von Susanne E. Krämer.-
Hamburg : Europäische Verlagsanstalt, 1999
Einheitssacht.: On both sides of the wall ‹dt.›
ISBN 3-434-50468-0

Umschlaggestaltung: + malsy, Bremen
Motiv: Die polnische »Kennkarte« von Vladka Meed
Signet: Dorothee Wallner nach Caspar Neher »Europa« (1945)
Herstellung: Das Herstellungsbüro, Hamburg
Satz: Greiner & Reichel, Köln
Druck und Bindung: Clausen & Bosse, Leck

Inhalt

Ich möchte meinem Mann Benjamin Dank und Anerkennung aussprechen. Gemeinsam sind wir durch den Holocaust gegangen. Ohne seinen Trost und seine Unterstützung hätte ich diese Jahre nicht überlebt. Ohne seinen Beistand hätte ich es nicht über mich bringen können, meine Erlebnisse aufzuschreiben. Und schließlich wären ohne seine Hilfe und seinen Rat weder die jiddische Originalfassung noch die amerikanische Ausgabe zustande gekommen.

Eine Kerze zum Gedenken an
meine unvergeßlichen Eltern
Hanna und Shlomo
an meine Schwester Henia
und meinen Bruder Chaim
die das Schicksal von Millionen Juden
der Opfer Hitlers
teilten
und in den Gaskammern starben
im Todeslager Treblinka

Elie Wiesel

Vorwort

»Nichts. Nichts war mir von meiner Vergangenheit geblieben, von meinem Leben im Ghetto – nicht einmal das Grab meines Vaters.« Mit diesen Worten beendet Vladka ihre Erinnerungen – und vielleicht auch die unseren. Denn in der Zerstörung ihrer Kindheit liegen die Erinnerungen der Menschheit, und vielleicht auch ihre Erlösung.

Man liest, was dieses jüdische Mädchen aus Warschau über Warschau sagt, über Warschaus jüdische Kinder und ihre Mörder, über die verhungernden Bettler im Ghetto, über die jungen Ghettokämpfer, die wie Racheengel die Flammen der Vergeltung über ihre Feinde ausgegossen haben – und weiß nicht, wen man als erstes oder am meisten bemitleiden soll.

Man mag manchmal von Wut ergriffen werden. Wir hatten so viele Feinde! Dieser Schrei ist fast ein Leitmotiv in Vladkas Buch, die Isolierung der Juden. Nicht nur innerhalb der Ghettomauern, noch mehr außerhalb waren die Juden geächtete, isolierte, gehaßte Fremde. Die Deutschen ermordeten sie, die Ukrainer töteten sie, die Polizei quälte sie, und die Polen verrieten sie. Es ist wahr, hier und da fand sich ein »guter Bürger«, dessen Kooperation mit jüdischem Geld gekauft werden konnte. Aber wie viele gutherzige, aufrechte Polen konnte man zu dieser Zeit in Polen finden? Sehr wenige. Und wo waren die Idealisten, die Universalisten, die Humanisten, als das Ghetto sie brauchte? Wie ganz Warschau waren auch sie stumm, als das Ghetto brannte. Noch schlimmer: Warschaus Verfolgung und Ermordung der Juden nahm zu, als es kein

Ghetto mehr gab. Viele Ghettokämpfer starben lange nach dem Aufstand, weil sie in Warschau kein Versteck finden konnten.

Wer verdient am meisten unseren wütenden Zorn – die Mörder, ihre Komplizen, die *szmalcownicy* (Erpresser) oder die gemeine Bürgerschaft, die sich im Herzen freute, daß Polen seine Juden los sein würde, oder die sogenannten Demokratien, deren Gleichgültigkeit in diesen entscheidenden Jahren den Henkern fast zu sagen schien: »Macht mit den Juden Europas, was ihr wollt.«

Wenn unsere Erschütterung auch tief ist, Vladkas muß noch unendlich tiefer gewesen sein, nicht nur weil sie selbst alles sah, alles selbst erlebte, sondern weil sie so fest an die Menschheit geglaubt und Verständnis, Hilfe, Beistand in der Not von ihren Mitmenschen erwartet hatte.

Von der emotionalen Belastung und dem Trauma Feigeles schreibt Vladka kaum. Tatsächlich, nur wenig über Feigele. Vielleicht hat sie recht. Vielleicht verdiente die Welt nicht ihre jugendlichen Hoffnungen; mit Sicherheit war sie nicht bereit, die Ideale ihrer Freunde – Zygmunt, Mikolai, Abrascha Blum, Berek, Jurek und der anderen – zu teilen.

Als eine der Handvoll Überlebender, die nicht nur das Leiden der Juden, sondern auch den bewaffneten jüdischen Kampf mitgemacht haben, gibt uns Vladka einen Augenzeugenbericht, der um so haarsträubender und herzzerreißender ist, als sie so geradeheraus über Tatsachen schreibt.

Unglaublich, aber wahr – am 1. Mai 1944 feierte eine Gruppe ihrer Freunde in verschiedenen Warschauer *melinas* (Unterschlupfen) den Internationalen Tag der Arbeit! Verstehen Sie? In Warschau! Nach der Zerstörung des Ghettos, nach der Auslöschung des polnischen, litauischen, ukrainischen und tschechoslowakischen Judentums! Als jede Wand Ohren hatte, als der Tod in jedem Hauseingang lauerte, fand eine Handvoll verfolgter, hungernder, verzweifelter Sozialisten vom *Bund* die Kraft, den Mut, »Grüße zu senden – in schlichter Sprache – an alle diejenigen in der Welt, die um die Freiheit kämpfen, vor allem an unsere Brüder in den Konzentrationslagern, den Wäldern, und den Bunkern«.

Die ganze Welt hatte sie betrogen; dennoch kämpften sie um ihretwillen weiter.

Man liest diese Erinnerungen und erlebt, vermischt mit Trauer und Wut, ein merkwürdiges Gefühl des Erstaunens: so viele Opfer, so viele Helden!

Man könnte denken – und die Mörder waren davon überzeugt –, daß die harten deutschen Anordnungen die Juden in Tiere verwandeln würden. Schließlich hat die menschliche Leidensfähigkeit ihre Grenzen. Wenn man voller Furcht zwischen zwei »Auswahlaktionen« wartet, von einem Bunker zum nächsten läuft, von Dach zu Dach kriecht, dem Tod täglich ins Gesicht sieht ... am Ende muß man zerbrechen.

Aber der Henker irrte sich. Die Ghettojahre hindurch weigerten sich die Juden zu zerbrechen. Oh, es gab Ausnahmen – Polizisten, die ihre Opfer verprügelten und dann von ihren Verwandten Geld forderten, Opportunisten, die nach Reichtum oder Macht strebten; Kollaborateure, die sich der Selbsttäuschung hingaben, sie würden länger leben, als der Unterdrücker sie brauchte.

Aber das war eine kleine Minderheit. Der überwiegende Teil des Ghettos, eine halbe Million Seelen, wurde nicht zum Dschungel. Ganz im Gegenteil, die Menschen versuchten einander zu helfen. Vladka gibt Beispiele: Schulen, Küchen und Kinderstätten wurden organisiert. Freunde hielten nacheinander Ausschau, brachten Opfer füreinander. Der Begriff Freundschaft war niemals so geheiligt wie hier. Man staunt über die Heldenhaftigkeit der Treue von Freunden, ebenso wie man über die Heldenhaftigkeit der Aufständischen staunt.

Woher nahm Abrascha Blum die Kraft, an seine Freunde und dann erst an sich zu denken? Und Mordechai Anielewicz: Woraus zog er die Kraft und das Wissen, gegen die schreckenerregendste Armee in Europa in den Kampf zu ziehen? Und Vladka selbst, wie brachte sie den Mut auf, auf der »arischen Seite« nach *melinas* für Kinder zu suchen, Waffen für die Ghettokämpfer zu kaufen, für die Juden im Wald von Tschenstochau und die Juden im Konzentrationslager von Radom als Kurier zu arbeiten?

Ist es nicht eine traurige Vorstellung, daß der einzige Beistand, der einzige Tost, der den wenigen überlebenden, in Höhlen und Kellern versteckten Juden, zukam, ihnen nicht von den Gesandten großer Regierungen oder von reichen jüdischen Gemeinden entgegengebracht wurde, sondern von einer Schar angsterfüllter und todesmutiger jüdischer Mädchen aus Warschau selbst, wie Vladka und die kleine Schar ihrer Freunde?

Ich weiß, viele werden sagen: »Es war unmöglich, ihnen von außerhalb etwas zu schicken ...«

Unmöglich? Niemand hat es überhaupt versucht! Hätte es hundert Versuche gegeben, einer hätte erfolgreich sein können. Kann man argumentieren, es sei weniger gefährlich für die Ghettokuriere gewesen, von einem Ghetto zum nächsten zu reisen (um zu warnen, Widerstand zu organisieren, Hilfe zu bringen), als es die Reise von Istanbul nach Budapest und von dort aus nach Warschau gewesen wäre?

Um so mehr muß man über die Kämpfer und Kuriere staunen. Anstatt in Verzweiflung zu verfallen, fanden sie die Gründe und die Kraft, anderen zu helfen.

Dies sind einige der Gedanken und Gefühle, die Vladkas Buch in mir erweckt hat. Das Buch erschien zuerst 1948 auf jiddisch. Seine Veröffentlichung war ein bedeutsames Ereignis, denn es war das erste authentische Dokument über den Aufstand und die Zerstörung des Warschauer Ghettos, oder über den Holocaust überhaupt, das die freie Welt erreichte. Die englische Übersetzung, die 1971 fertiggestellt wurde, ist sogar noch wichtiger, gerade weil sie so spät erschien. Sicher, in der Zwischenzeit sind viele Bücher über dasselbe Thema geschrieben worden. Es scheint, als ob keine Tragödie in unserer Geschichte so viel Raum einnähme wie die

Zerstörung des europäischen Judentums. Hunderte, wenn nicht tausende von Berichten, Autobiographien, Monographien, Dokumenten, Forschungsarbeiten und Alben sind dem gewidmet worden. Und das verdientermaßen. Denn gleichgültig, wieviel geschrieben wird, wir merken, daß wir nur die Oberfläche angekratzt haben. Wenn man glaubt, daß alles enthüllt, alles gesagt worden sei, irrt man sich. Denn ein Geheimnis bleibt ein Geheimnis, uns immer noch schrecklich verborgen, wie die Schöpfung und der Tod selbst, und die Zeit …

Aber Vladkas Buch ist nicht einfach nur »noch ein Buch« oder lediglich eine Autobiographie aus der Zeit des Holocaust. Es ist mit Inspiration, mit Begeisterung geschrieben. Jeder Satz klingt wahr, jede Szene brennt sich selbst in das Gedächtnis des Lesers. Im Ghetto »fuhren einige Wagen vorbei, beladen mit Juden, die saßen und standen, Säcke an sich drückten, die alles enthielten, was sie an erbärmlicher Habe noch im letzten Moment zusammenraffen konnten. Einige starrten mit leeren Augen geradeaus, andere trauerten und klagten und rangen die Hände. Frauen rauften sich die Haare oder klammerten sich an ihre Kinder, die verwirrt inmitten der verstreuten Bündel saßen und die Erwachsenen in stummer Furcht ansahen. Eine einzelne Frau lief hinter dem letzten Wagen mit ausgestreckten Armen her und schrie: ›Mein Kind! Gebt mir mein Kind zurück!‹«

Und weiter:

»Vom Fenster des Verstecks in der Gesia 13 sah ich den Marsch des Waisenhauses von Janusz Korczak. Die Kinder gingen still, sie trugen Bettücher, sie hielten sich bei der Hand …«

Und einige Seiten später schreibt sie von Juden, die zum Umschlagplatz getrieben werden:

»Eine gewaltige schäumende schwarze Flut … Rikschas trugen Kranke, Männer, Frauen und Kinder, Alte und Junge schleppten sich mühsam vorüber. Ein Gesicht nach dem anderen zog unter uns vorbei, apathische, aufgeregte, verängstigte Gesichter, einige starr, andere jeder Hoffnung beraubt. Wir beobachteten sie gespannt und suchten nach einem bekannten Gesicht unter den tausenden, die vorüberschlurften. Der Anblick machte mich schwindelig. Alle Gesichter mischten sich bis zur Unkenntlichkeit; nur noch gesenkte Köpfe und Bündel und gebeugte Rücken, eine einzige Woge der Menschheit. Sie marschierten schweigend, die Atmosphäre war erstickend, nur der Klang der Schritte, aller möglicher Arten von Schritten, langsam und flink, von Erwachsenen und Kindern … seine Kadenz schlug eine letzte Warnung: ›Vergeßt es niemals!‹«

Man liest das Buch und hört die Schritte, die schweren Schritte der Alten, die winzigen Schritte der Kinder. Wenn man weiterhin liest, daß diejenigen, die gerettet wurden, sich nach jedem Anschlag, nach jeder Razzia, schuldig fühlten, dann wird man selbst von demselben Schuldgefühl überwältigt. Warum sie und nicht andere? Warum sie und nicht ich?

Ich könnte immer und immer mehr zitieren. Aber dies ist nur eine Einführung, ein Vorwort. Es geht darum, lediglich einen Vorgeschmack zu geben, die ersten Noten auf der Geige anzustimmen. Es gibt Lieder ohne Zahl: Klagelieder, Bekenntnislieder, Worte über stürmische Zeiten, Worte über heldenhafte Gestalten, Worte über Worte, über ihre Armut und ihren Trost …

Es scheint, als ob alles gestern geschehen wäre. Einige Augen verfolgen uns mit solcher Verzweiflung, mit solcher Intensität, einige Sätze verfolgen uns mit solch stummem Schmerz, daß man allen Sinn für die Zeit und das Selbst verliert. Man steht mit einem Fuß auf der Schwelle des Königreiches des Holocaust, sieht die brennenden Wolken Städte und Großstädte vernichten, Familien und ganze Gemeinden, wie Grabsteine aus Rauch, weit, weit fort, hoch oben, bis zum himmlischen Thron …

Zur gleichen Zeit bekommt man den Eindruck, daß diese ganze Zeit irgendwie nicht zu unserer eigenen Geschichte, zu unserem eigenen Leben gehört, sondern zu einer alten Legende, die die unsterblichen Älteren tausendmal in derselben Nacht erzählen.

Etwas hindert uns daran zu glauben; man will nicht akzeptieren, daß die Menschheit einst so viele Mörder hervorgebracht hat, daß sie stumm blieb, als diese Mörder in ihrem Namen, »zu ihrem Besten«, eine Million Kinder umbrachten. Und daß sie trotz ihrer Schuld weiterlebte.

Manchmal will man die Augen schließen und sich sagen: »Diese ganze Geschichte ist nichts als ein Traum.« Selbst Vladka, als sie auf der »arischen Seite« war, hatte dieselben Gedanken. Das Ghetto? Ein Traum. Der Holocaust? Ein Alptraum. Alles ist, wie es immer war. Kinder sind immer noch Kinder. Ihre Großväter sitzen immer noch im Gebetshaus und rezitieren ihre Gebete oder studieren die Mischna. Bald wird man erwachen, und anstelle dieses trostlosen Friedhofs wird man die eigene Kindheit vorfinden, voll lächelnder und träumender Juden, gesunde und kranke Juden, arme und reiche …

Aber das wird man nicht tun, denn man hat Angst, die Augen zu schließen. Man hat Angst, in den eigenen Erinnerungen zu ertrinken. Denn wenn man allein bleibt, allein mit den innersten Gedanken, wird man den Verstand verlieren.

Nein – »Halte durch, Junge«, sagten sie im Ghetto. Und plötzlich wird uns klar, wen wir bemitleiden sollten: jeden. Und noch mehr: nicht nur die Opfer (es ist zu spät für Mitleid), sondern die Menschheit. Denn mit offenen Augen verriet sie Feigele, und auch sich selbst.

Wie es begann

Warschau, 22. Juli 1942. – Der Tag bricht an. Überall aus dem Haus Leszno 72 dringen Geräusche von Türen, die geöffnet und geschlossen werden, von eiligen Schritten auf der Treppe. Im Hof herrscht bereits große Aufregung; die Bewohner laufen besorgt umher und fragen: »Gibt es Neuigkeiten?« Jeder denkt an die jüngste Razzia der Nazis; das ganze Ghetto hat Angst. Bis spät in die Nacht hinein gab es aufgeregte Spekulationen über die Nachricht, die Zentrale des Judenrates – des von den Deutschen ernannten jüdischen Gemeinderates – sei überfallen worden und sechzig seiner führenden Mitglieder befänden sich noch in Haft. Eine Stimme ist lauter als die anderen: »Jetzt geht es erst richtig los.«

Seit mehr als zwei Wochen lebte das Ghetto in angstvoller Spannung. Erschreckende Gerüchte hatten die Runde gemacht, die fast alle von Kohn und Heller, einer jüdischen Firma, die mit den Deutschen kollaborierte, in die Welt gesetzt und verbreitet worden waren: daß die Deutschen alle Einwohner des Ghettos an einen nicht näher bestimmten Ort deportieren würden, um sie dort arbeiten zu lassen. Die Deutschen hatten keine derartige Anordnung erlassen, und die Nachricht wurde von den Mitgliedern des Judenrates dementiert.

Aber je mehr man erfuhr, was sich im Ghetto ereignete, desto besorgter wurde man. Tag und Nacht wurden Juden in den Straßen und auf öffentlichen Plätzen erschossen, sogar in ihren eigenen vier Wänden. Erst wenige Tage zuvor war eine Anzahl junger Männer auf der Straße zusammengetrieben und weggebracht worden – niemand wußte wohin. Man hatte kein Wort mehr von ihnen gehört. Die Nachrichten der letzten Nacht waren sogar noch beunruhigender.

Ich verließ meine Wohnung und ging hinunter auf den Hof. Da die Menschen nicht wagten, sich auf den Straßen zu versammeln, scharten sie sich in kleinen Gruppen in den Hauseingängen. Mit nervösen Gesten und Furcht in den Augen, gedämpft und besorgt, sprachen die Leute über die jüngsten Verhaftungen. Die Luft über dem Hof war merkwürdig bedrückend. Sogar die Kinder waren ruhig und gingen still zwischen den Erwachsenen umher. Die Menge wurde größer und größer, da immer mehr Mieter aus ihren Häusern auftauchten.

»Gibt es Neuigkeiten?«

»Dafür ist es zu früh. Aber heute werden wir bestimmt etwas erfahren.«

»Still! Dieses ganze Gerede wird uns nur Ärger bringen.«

»Was kommt, das kommt, egal, was wir tun«, sagte ein alter Mann mit zitternder Stimme.

»Faßt euch ein Herz, Juden«, rief ein anderer Mann. »Ihr werdet sehen, mit Gottes Hilfe werden wir auch dieses neue Unglück überstehen.«

Mit solchen Glaubensbeteuerungen versuchten die Ghettobewohner sich gegenseitig zu beruhigen und zu ermutigen.

Tatsächlich, dachte ich, warum sollten wir verzweifeln? In den zwei Jahren, seit man uns ins Ghetto eingesperrt hatte, hatten wir Demütigung und Hunger erlitten. Warum sollten wir nun die Hoffnung verlieren?

Eine plötzliche Unruhe unterbrach meine Gedanken. Friedmann, ein Nachbar und Mitarbeiter des Judenrats, erschien. Sein blasses, verängstigtes Gesicht und sein eiliger Gang zogen jedermanns Aufmerksamkeit auf sich. Einige versuchten ihn aufzuhalten. Brachte er schlechte Neuigkeiten? Da er für den Judenrat arbeitete, mußte er genau wissen, was vor sich ging.

Der kleine, stämmige Beamte sah erschöpft aus. Als man ihn anhielt, sah er prüfend auf die Gesichter um sich herum und sagte: »Ja, es wird sehr bald schon Deportationen geben.« Er zögerte, dann fuhr er fort: »Die Juden aus den Umsiedlungslagern, die von der Wohlfahrt leben, und die Insassen der Gesia–Strafanstalt werden als erste gehen.«

Hier und da hörte man Seufzer der Erleichterung. Aber andere fühlten eine neue Bedrohung. »Was ist mit denen von uns, die nur Anträge auf Unterstützung eingereicht haben? Werden wir auch deportiert?« brach die schrille Stimme einer Frau herein.

»Unsinn!« entgegnete ihr jemand nervös. »Sie werden noch ein paar tausend mehr abholen, aber dann wird wieder Ruhe einkehren.«

»Noch nicht einmal die wissen es genau«, sagte Friedmann mit einem Schulterzucken. Er sprach von den Funktionären des Judenrates.

»Wer weiß es dann?« fragten einige Stimmen gleichzeitig. »Wir stehen kurz vor einer Katastrophe, und niemand sagt uns, was wir tun sollen.«

Die allgemeine Besorgnis wuchs. Einige Mieter gingen fort, um die letzten Neuigkeiten ihren Freunden und ihrer Familie zu erzählen. Andere wagten sich in der Hoffnung, dort Genaueres zu erfahren, auf die Straße. Ich schloß mich einer kleinen Gruppe an, die sich um Friedmann gesammelt hatte und ihn mit weiteren Fragen überhäufte. Er sagte uns, daß die Direktoren des Judenrates eine geheime Sitzung abhielten, aber er hatte keine Ahnung, was geschehen würde.

Draußen auf der fast leeren Straße tauchten kleine Gruppen neugieriger Juden aus jedem Hauseingang auf. Jeder schaute die Ghettomauer entlang zur Ecke Leszno und Zelazna, wo die deutschen Patrouillen kürzlich verstärkt worden waren. Das plötzliche Auftauchen dieser Sonderwachen hatte die Gemeinde in Schrekken versetzt.

Eine Gruppe von Juden, die sich um einen Zuckerwaren- und Tabakverkäufer versammelt hatten, hörte aufmerksam der Geschichte eines zwölfjährigen Jungen zu, eines der vielen Kinder, die sich ihr Brot verdienten, indem sie durch die Ghettomauern schlüpften, um von den Nichtjuden Nahrung zu kaufen. Als er heute die Spalten und Öffnungen überprüft hatte, durch die er zur »arischen Seite« durchschlüpfen könnte, hatte er entdeckt, daß die Mauer überall von Deutschen und Ukrainern umzingelt war. Es war gefährlich, sich der Mauer auch nur zu nähern. Er hatte fast mit seinem Leben dafür bezahlt.

Der Junge brach mitten im Satz ab, als zwei Trupps der jüdischen Polizei im Gänsemarsch vorbeischritten, gefolgt von mehreren leeren Lastwagen.

Was konnte das bedeuten?

»Die jüdische Polizei hat für heute Befehle bekommen«, sagte der Tabakverkäufer. Mehrere Trupps der Ghettopolizei waren an diesem Morgen, zusätzlich zu den üblichen deutschen Patrouillen, durch die Straßen gezogen. Wie zur Bestätigung wurde nun die Luft vom Aufheulen einer Sirene zerrissen, und ein mit Deutschen besetztes Auto raste heran. Aufgeschreckt flohen die Juden in alle Richtungen, nur um sich wieder zu versammeln, sobald das Fahrzeug außer Sicht war. Es lag eine Schwere in der Luft, die etwas Schlimmeres bedeutete als alles, was das Ghetto bisher erlebt hatte.

Ich mußte nach meiner Mutter sehen. Sie lebte im Haus Leszno 66, nur drei Häuser weiter. Ich war aus der Wohnung, die ich mit ihr und meinem Bruder und meiner Schwester geteilt hatte, ausgezogen, nachdem die Polizei gekommen war, um mich wegen meiner Arbeit im Untergrund zu verhaften. Meine Mutter sah mir mit Furcht in den Augen entgegen.

»Ist etwas passiert?« fragte sie schließlich.

»Nichts – gar nichts, wirklich«, versicherte ich ihr. »Nur eine Menge Gerüchte – nichts Sicheres.« Ich erzählte ihr, was ich gehört hatte.

Meine Mutter seufzte resigniert. »Was nützt das schon? Ich habe keine Kraft mehr, mit irgend etwas fertigzuwerden. Wir werden gehen, wenn die anderen gehen – was das Schicksal ihnen zuteilt, wird auch unser Los sein.«

Meine Mutter hatte schon seit dem Beginn des Krieges an einer Fußverletzung gelitten, aber die Schmerzen waren unwichtig. Sie konnten in einer anderen Stadt genauso gut wie im Ghetto behandelt werden. Irgendwo anders hinzuziehen, war nicht so schlimm, solange sie mit ihren Kindern zusammenbleiben konnte. Mein Vater war ein Jahr zuvor an Lungenentzündung gestorben.

Wie die meisten von uns nahm meine Mutter an, die nahenden Deportationen wären lediglich Übersiedlungen in eine andere Gegend. Schließlich war das Ghetto nun schon seit Monaten voller Lastwagen und Pferdewagen, die Juden aus den nahe gelegenen Städten herbeibrachten. Nun, so glaubten wir, war es an uns, an einen anderen Ort gebracht zu werden. Meine Mutter hatte sich wie gewöhnlich mit dem Unvermeidbaren abgefunden. Aber sie war überaus besorgt wegen meines fünfzehnjährigen Bruders Chaim und meiner sechzehnjährigen Schwester Henia. Trotz ihrer Bemühungen war keiner von beiden in der Lage gewesen, eine Beschäftigung in den Fabriken zu finden, die für die Deutschen arbeiteten.

Das gespannte Schweigen zwischen meiner Mutter und mir wurde vom Klang erregter Stimmen auf dem Hof und zugeschlagener Türen durchbrochen. Ich hatte kaum Zeit, aus dem Fenster zu sehen, als unsere Tür aufgestoßen wurde und unsere Nachbarin, Frau Zachermann, hereinstürzte. Seit dem Beginn des Krieges, als ihr Mann nach Rußland gegangen war, hatte sie allein mit ihren drei kleinen Kindern gelebt.

Sie war wie von Sinnen. »Haben Sie gehört?« schrie sie. »Sie haben Bekanntmachungen ausgehängt – Plakate über die Deportationen!«

Wir waren sprachlos. Also stimmten die Gerüchte! »Sagen Sie«, sagte meine Mutter mit zitternder Stimme, »was steht auf den Plakaten?«

Frau Zachermann schien die Frage nicht zu hören. Sie rang die Hände, lief hin und her und klagte: »Was sollen wir tun? Was soll ich nur mit meinen Kindern tun?«

Ich stürzte davon, um mir die Plakate anzusehen. Die Straße war bereits voll von Menschen, die aus allen Hauseingängen herbeiströmten, nachdem die Nachricht sich von Haus zu Haus verbreitet hatte, und die sich mit den Ellbogen nah genug herankämpften und -drängelten, um die an die Mauer geklebten Proklamationen zu lesen. Jeder schien von dem Bedürfnis verzehrt zu werden, die Proklamation mit eigenen Augen zu sehen, die Ankündigung in sich aufzunehmen, sie für sich selbst zu deuten. Mein Herz klopfte, als ich mich durch die Menge gekämpft hatte und nah genug stand, um die gedruckten Worte zu lesen. Die Buchstaben hüpften und tanzten vor meinen Augen, als ob sie sich meinem Verständnis entziehen wollten, aber sie brannten sich in mein Bewußtsein.

Auf Grund einer Anordnung der deutschen Besatzungsmacht werden alle Juden von Warschau, ungeachtet ihres Alters oder Geschlechtes, deportiert. Nur diejenigen, die in den deutschen Werkstätten, im Judenrat, bei der jüdischen Polizei und im jüdischen Krankenhaus beschäftigt sind, sind davon ausgenommen. Jeder zu Deportierende darf fünfzehn Kilogramm Gepäck mitnehmen, einschließlich Bargeld, Wertsachen und Proviant für drei Tage. Wer sich nicht an diesen Erlaß hält, wird mit dem Tode bestraft.

(Unterzeichnet) Der Judenrat.

Die Straße wurde zu einem Menschenmeer, als die Menge vor den deutschen Plakaten kopflos herumlief und sich mühte, zwischen den Zeilen zu lesen, die Bedeutung hinter den Worten auszuloten. Vergebens suchte ich zu begreifen, daß es so weit gekommen war. Scharen von verwirrten Juden standen beisammen und redeten, debattierten und mutmaßten laut, nicht länger im Flüsterton. Ihr einziges Gesprächsthema war das harte Schicksal, das man für sie bestimmt hatte. Verstreute Stimmen stellten schreckliche Fragen, die unbeantwortet blieben: »Wohin gehen wir? Wie viele wird man deportieren?« Die Plakate lieferten keinen Anhaltspunkt.

»Dieser ganze Wirrwarr wird nur ein paar Tage dauern, dann wird die ganze Sache vorbei sein. Sie können unmöglich eine ganze Stadt deportieren«, sagte jemand beruhigend. Andere wagten ebenfalls Worte der Ermutigung.

Einige Juden wandten sich an die Zentrale des Judenrates um Rat; andere standen herum, berieten sich mit ihrer Familie und ihren Freunden und versuchten sich zu entschließen, was sie tun sollten. Es war keine Zeit zu verlieren – alle konnten die Befehle sehen. Das Geschäftsleben war bereits fast zum Erliegen gekommen. Geschäfte und Stände wurden geschlossen, die Waren verschwanden aus den Schaufenstern. Bettler machten sich eilig davon aus Angst, unter den ersten zu sein, die man aufgriff. Es ging das Gerücht, daß Frachtwaggons herbeigebracht und auf Nebengleise geschoben würden. Hilflos bahnte ich meinen Weg von Gruppe zu Gruppe, während die Worte »Deportation – sofortige Deportation!« immerzu auf mein Hirn einhämmerten.

Ich dachte an meine Begegnung mit Leon Michelson vor wenigen Tagen. Er hatte, halb in Gedanken versunken, gesagt: »Ob wohl die Juden, die deportiert werden, dasselbe Schicksal haben wie die Juden von Chelmno?« Ich erschauerte bei dem bloßen Gedanken. Vor einigen Monaten hatten drei jüdische Totengräber, die wie durch ein Wunder aus Chelmno entkommen waren, das Ghetto mit Geschichten von Juden, die vergast worden waren, aufgeschreckt. Einige weigerten sich, die Geschichte zu glauben;

selbst diejenigen, die sie glaubten, weigerten sich zu denken, daß wir eines Tages dasselbe Ende nehmen würden. Daß Warschau, unsere Hauptstadt, eine solche Katastrophe ereilen würde, war einfach außer Frage.

Die Schreie »Genschuvka, Genschuvka!« rissen mich aus meinen Gedanken. Es sah so aus, als ob das jüdische Gefängnis in der Gesia 24 geräumt würde. Wenn das stimmte, dann hatten die Deportationen in der Tat begonnen! Beinahe augenblicklich eilten ganze Scharen von Juden, und ich mit ihnen, in die Richtung des Gefängnisses. An der Kreuzung Lubecki und Gesia wimmelte es bereits von hunderten von Juden. Die jüdische Polizei bewachte die Gefängnistore. Es war verboten, den Bürgersteig vor dem Gefängnis zu benutzen, wo ein leerer Wagen hinter dem anderen stand. Mehrere Lastwagen waren bereits hineingefahren. Während ich zusah, öffneten sich einige Male die Tore, um ein weiteres Fahrzeug hineinzulassen.

Man hörte das Geräusch von verhaltenem Weinen; Männer bissen sich auf die Lippen, Frauen zerkratzten sich die Gesichter und rangen vor Verzweiflung die Hände. Am meisten betroffen waren die Angehörigen der Insassen – die meisten waren Juden, die erwischt worden waren, als sie Essen schmuggelten. Hin und wieder kämpfte sich ein Mann oder eine Frau, ein kleines Bündel fest an sich gedrückt, durch die Menschenmenge, in der Hoffnung, einem inhaftierten Verwandten ein Stück Brot reichen zu können, wenn er herausgebracht würde. Die Augen der Zuschauer folgten traurig den Gefangenen, den ersten, die dieses neue Unglück erleiden mußten.

Die Menge verweilte so für einige Zeit. Dann plötzlich begannen sie zu schieben und zu drängeln; Klagegeschrei erfüllte die Luft. Einige der Zuschauer hatten ihre Verwandten in einem Wagen erkannt, der aus dem Gefängnis herausfuhr. Innerhalb von wenigen Augenblicken begann die jüdische Polizei, die Menge zu zerstreuen. Ihnen folgten berittene deutsche Soldaten, die durch die Gefängnistore strömten. In wahnsinniger Angst stoben wir auseinander. Über dem Durcheinander durchdrang lautes Wehgeschrei die Luft, das nach und nach vom Rattern der Wagen und dem Klappern der Pferdehufe auf dem Kopfsteinpflaster erstickt wurde … So fing alles an.

Vor den Werkstätten

Obwohl ich die neuen Plakate wieder und wieder las, konnte ich immer noch nicht glauben, daß die Deportationen wirklich begonnen hatten. Die Menschen wechselten beruhigende Worte – vielleicht ebensosehr, um sich selbst zu täuschen, wie um einander zu trösten. Die Wolken würden sich wieder auflösen. Höchstens sechzigtausend würden deportiert werden. Sicherlich nicht mehr. Dies war die allgemeine Ansicht unter den Gemeindeführern.

Jedermann war ängstlich besorgt, nicht zu »denen« zu gehören. Man mußte Arbeit finden, um einen Arbeitsnachweis zu erhalten; dann konnte man sicher sein, so besagte der deutsche Erlaß, im Ghetto bleiben zu dürfen. Das Ghetto setzte sein Vertrauen in das gedruckte Wort; Arbeiter würden nicht deportiert werden. Das Leben wäre hart, aber immer noch erträglich. Dennoch war es so gut wie unmöglich, eine Stelle in einer deutschen Fabrik zu bekommen. Solche Stellen waren äußerst rar. Man mußte den Arbeitgebern eine bestimmte Summe zahlen oder brauchte gute Verbindungen zu den jüdischen Geschäftsbesitzern. Eine andere Möglichkeit war, Freundschaft mit jemandem zu schließen, der bereits seit einiger Zeit in einer deutschen Fabrik arbeitete und ein gutes Wort einlegen konnte. Ohne solche Aussichten war der Besitz einer Nähmaschine die letzte Alternative. Wenn man eine hatte, konnte man sie vielleicht gegen eine Stelle eintauschen.

Das Viertel um die Straßen Leszno, Prosta und Nowolipki, wo sich die deutschen Werkstätten konzentrierten, wurde täglich von Juden belagert. Jeden Morgen nach dem Ende der Ausgangssperre bildeten sich vor den geschlossenen Fabriktoren Schlangen. Je früher man da war, je näher man bei der Tür stand, desto größer war die Wahrscheinlichkeit, eingelassen zu werden. Wer nicht in der Schlange wartete, hastete umher auf der Suche nach Arbeit – irgendeiner Arbeit –, dem Schlüssel zum Überleben. Jeden Tag wurden neue Werkstätten eröffnet, manchmal ohne Genehmigung.

Sobald irgend jemand einige Nähmaschinen in ein paar leere Räume stellte und Arbeitsnachweise auszustellen begann, liefen die Juden Sturm auf seine Türen. Wir griffen nach Strohhalmen. Schwarzmarkthändler fälschten Arbeitsnachweise und verkauften sie zu horrenden Preisen. Arbeit war eine wertvolle Ware, die an den mit dem höchsten Angebot verkauft wurde.

Jeden Morgen eilte mein Bruder Chaim zum Arbeitsamt, das an den Judenrat angeschlossen war und Arbeiter für die *placowkes*, die deutschen Zwangsarbeitergruppen, die außerhalb des Ghettos arbeiteten, beschaffte. Chaim war begierig, einen Platz in solch einer *placowka* zu bekommen, aber er hatte kein Glück. Solche Stellen erhielt man normalerweise durch Bestechungsgelder – die wir uns nicht leisten konnten. Henia, meine sechzehn Jahre alte Schwester, hatte sich entschlossen, ihre Stelle in einer Gemeindeküche, die von der jüdischen Selbsthilfeorganisation unterhalten wurde, zu behalten. Alle diese Beschäftigten waren fürs erste sicher.

Die Fabrik von Többens, einer der größten deutschen Betriebe, lag nah bei meinem Heim in der Leszno 70. Jeden Morgen schloß auch ich mich der Schlange an, gemeinsam mit anderen Juden, die vor den noch verschlossenen Türen warteten und hofften, eine Stelle zu bekommen. Eines Morgens, während ich dort wartete, hatte ich Sarah Samorak getroffen, die beste Freundin meiner

Mutter, die in der Pawia 7 wohnte. Sie hatte mich zur Seite gezogen, verstohlen um sich schauend in ihren Brustausschnitt gegriffen und mehrere kleine glänzende Gegenstände hervorgeholt.

»Meine einzigen Wertsachen«, sagte sie und hielt eine goldene Kette und zwei Ringe in ihrer Handfläche. »Wenn ich ihnen das gebe, werden sie wohl für meinen Mann und mich Arbeit haben.«

Sie wartete gespannt darauf, daß ich ihr zustimmte. Natürlich hatte sie gute Chancen, einen Job zu bekommen – weitaus bessere als andere ohne solche Schmuckstücke, die sie als Bestechung anbieten konnten. Aber sie war nicht die einzige; es herrschte kein Mangel an Juden, die ihre letzten Juwelen oder Wertsachen zu den Fabriken brachten. Und was war mit den weniger Glücklichen, die, wie ich, keine Juwelen, Nähmaschinen oder nützlichen Verbindungen besaßen? Nun, sie hatten nichts zu verlieren, also standen sie zusammen mit den anderen in einer Schlange und versuchten ihr Glück; vielleicht konnten sie gewinnen, indem sie ihre Geschicklichkeit zeigten. Ich konnte nur hoffen, Glück zu haben und eine Chance zu bekommen, meine Nähkünste zu zeigen. Und falls es nichts für mich gab, würde sich vielleicht etwas für meinen Bruder oder meine Mutter ergeben. Es blieb nichts anderes übrig, als es zu versuchen …

Der Sommermorgen war schwül geworden. Ein ständiger Menschenstrom bewegte sich zur Werkstatt, einige schleppten Nähmaschinen und Klappstühle, einige trugen ihre Kinder.

»Wir werden den ganzen Tag hier verbringen müssen. Keiner weiß, was passieren wird, also dachte ich, es wäre eine gute Idee, die Kinder mitzubringen«, sagte eine junge Frau, die an der einen Hand ein kleines Mädchen hielt und mit der anderen einen Kinderwagen mit einem jüngeren Kind schob. Mit der Menge wuchs auch das Gedränge; jeder war bestrebt, näher an die noch verschlossenen Türen zu gelangen. Der Tag war drückend heiß; Schweiß bildete sich auf den hageren, müden Gesichtern. Magere Kinder mit trockenen Lippen streiften still zwischen den Erwachsenen umher und hörten ernst und mit furchtsamen Augen zu, was die Erwachsenen sagten.

Während ich wartete, hungrig und durstig, von allen Seiten von der vorwärtsdrängenden Menge eingezwängt, erspähte ich Anka Wolkowicz. Nachdem Alter Bass, ein Mitglied unserer Untergrund-Jugendgruppe, verhaftet worden war, hatte ich zeitweise in Ankas Wohnung gewohnt. Seit einigen Tagen war sie wegen ihres fünf Jahre alten Sohnes Larry verzweifelt, der sich im Medem Sanatorium im Miedzeszyn, am Rand von Warschau aufhielt. Sie konnte sich nicht entscheiden, ob sie das Kind dort lassen oder ihn ins Ghetto bringen sollte. In Miedzeszyn war es vorläufig ruhig. »Was soll ich tun?« fragte sie jeden, dem sie zufällig auf der Straße begegnete.

Sie erkannte mich in der Menge. »Du hast nicht meine Schwestern gesehen, oder?« fragte sie mich nervös.

»Nein, ich habe sie nicht gesehen«, antwortete ich. Anka lebte mit drei ihrer Schwestern zusammen, die von den Deutschen aus Wloclawek vertrieben worden waren. Erst am Vortag war es einer von ihnen gelungen, um den Preis einer Nähmaschine eine Stelle in einer Fabrik zu bekommen. Ich hatte sie alle die ganze Nacht hindurch weinen hören; sie waren zu dritt, und nur eine konnte gerettet werden. Welche würde es sein? Eine einzige erhältliche Stelle hatte alle vier in Verzweiflung gestürzt. An diesem Morgen waren wieder alle vier zur Fabrik geeilt.

»Also hast du noch nichts für dich selbst gefunden?« fragte ich Anka.

»Nein, gar nichts. Ich laufe herum wie eine Verrückte, und um Larry mache mir auch Sorgen. Was denkst du, was ich mit ihm tun sollte? Sollte ich ihn doch hierherbringen?«

Offen gesagt dachte ich nicht über Larry nach, sondern über meine eigene Familie. Ich war selbst in einer Notlage; wie sollte es mir da möglich sein, in einem solchen Dilemma Ratschläge oder Hilfe zu geben? Aber Anka wartete nicht auf eine Antwort. Sie schob sich bereits durch die Menge. Zurückschauend rief sie mir zu: »Ich kann nicht länger hierbleiben. Wenn du meine Schwestern siehst, sag ihnen, ich sei telefonieren gegangen, um herauszufinden, wie es im Sanatorium aussieht.« Und sie verschwand.

Es gab viele andere wie Anka, die wie benommen und voller Sorge über das Schicksal ihrer Kinder umherwanderten. Einige von ihnen hätten sogar Arbeit finden können, wenn es nur jemanden gegeben hätte, der sich um ihre Kinder gekümmert hätte. Ich sah unsere Nachbarin Frau Zachermann sich einen Weg durch die Menge bahnen. Sie hatte zumindest eine Chance, im Tausch für ihre Nähmaschine eine Stelle zu bekommen. Nun stieß sie erregt vor, um ihren Platz in der Schlange wiederzufinden. Wahrscheinlich war sie nach Hause gelaufen, um nach ihren Kleinen zu sehen und alle Nachbarn, die sie traf, eindringlich zu bitten, sie nicht im Durcheinander zu vergessen.

Das Gedränge wurde schlimmer, da immer mehr Menschen sich denen, die draußen warteten, anschlossen. Ich konnte kaum noch atmen. Die Menge wurde unruhig. Dann ein Ruf: »Sie lassen Leute ein!«

Sofort begann die Menge vorwärtszudrängen, drückte und stieß sich bis zum Eingang des Arbeitsamtes vor. Ich wurde umgestoßen und von einem Meer aus Rücken und Ellbogen mitgerissen; Kinder weinten; Frauen schrien die um sie Stehenden an, vorsichtig zu sein: Die Kleinen liefen Gefahr, zertrampelt zu werden. Aber die Menge drängte weiter, rücksichtslos. Ich hörte, wie eine Tür geschlossen wurde. Der Druck ließ ein wenig nach, und die Menge verharrte auf der Stelle. Irgendwie war ich aus der Schlange gedrückt worden, weit nach vorn neben die Tür. Was sollte ich nun tun?

»Als erste kommen immer die hinein, die mit ihren Ellbogen umgehen können!« rief eine bekannte Stimme aus. Ich drehte mich um und sah Frau Zachermann neben mir stehen, die ihre Nähmaschine festhielt und schwer atmete. »Ich stehe seit heute früh hier in der Schlange, aber sie haben mich trotzdem ausgeschlossen. Es hat keinen Sinn, noch länger zu warten. Sie werden heute nicht mehr aufmachen.«

Wir sahen einander hilflos an. Was konnten wir sonst noch tun? Hier zu warten hieß nur, immer und immer wieder dasselbe zu erleben. Was war mit der Werkstatt in der Prosta? Dort verteilten sie zumindest Nummern am Eingang, es konnte immer noch möglich sein, hineinzukommen. Wir hatten nichts zu verlieren. Wir konnten genausogut dort unser Glück versuchen.

Um uns herum waren lauter Juden, die ebenso ausgelaugt und erschöpft waren wie wir. Sie hatten seit dem Morgengrauen in der drückenden Hitze gewartet, aber nichts erreicht. Ich schlängelte mich zusammen mit Frau Zachermann und ein paar anderen aus der Menge heraus und eilte zur Prosta. Ringsumher schleppten Leute Nähmaschinen, einige fuhren Rikschas, andere schoben Handkarren. Jedermann war in Eile, erhitzt und besorgt. Hin und wieder raste ein mit Deutschen beladener Wagen durch das Ghetto. Gespräche brachen mitten im Satz ab, verstummten, während die Augen voller Angst den uniformierten Gestalten folgten. Wo würden sie als nächstes halten? Welches Haus würden sie umzingeln, um die Bewohner für die Deportation zu ergreifen? Hin und wieder ging eine Frau – oder manchmal ein Mann – weinend vorüber, aber niemand schenkte dem seine Aufmerksamkeit. Man mußte weiterdrängeln, sich um die dringendste Sache von allen kümmern: sich selbst und die eigene Familie zu schützen.

Nach langer Zeit kamen wir endlich bei der Werkstatt in der Prosta an, wo sich eine drängelnde Schlange, ähnlich derjenigen, die wir in der Leszno verlassen hatten, gebildet hatte. Hier wenigstens versuchten einige jüdische Polizisten, einen Anschein von Ordnung aufrechtzuhalten. Wir schlossen uns der Schlange an. Es dauerte nicht lange, bis sich eine Tür öffnete und einige sichtlich aufgeregte Juden erschienen. Die Wartenden draußen versuchten sie anzuhalten, um herauszufinden, was los war. Aber diejenigen, die erschienen waren, waren reserviert und nicht zu Gesprächen bereit; sie sagten nur, daß sie angestellt worden seien. Alles, was diese Glücklichen, die von allen anderen beneidet wurden, wollten, war, nach Hause zu eilen.

Zwei weitere Männer kamen heraus mit einem Lächeln auf den verschwitzten Gesichtern; ganz klar, auch sie waren angenommen worden. Sie gingen auf jemanden in der Menge zu und flüsterten etwas, das niemand sonst hören konnte. Niemand war über ihre Geheimnistuerei erstaunt. Wenn man eine Stelle gefunden hatte, warum sollte man seine neugefundene Sicherheit gefährden, indem man sein Geheimnis mit anderen teilte? Diejenigen mit Beschäftigungsnachweis blieben untereinander, sie fürchteten vielleicht, der eine oder andere böse Blick könnte ihr Glück zunichte machen.

Ich sah mich nach einem bekannten Gesicht um und entdeckte Sarah Samorak, die gerade aus der Fabrik gekommen war. Ich ging schnell auf sie zu, in der Hoffnung, sie könnte mir etwas Nützliches sagen. Aber als ich sie anhielt, sah sie mich nur merkwürdig an. Als ich sie fragte, was drinnen vorgegangen sei, weigerte sie sich, meine Frage zu beantworten. Unbehaglich schaute sie hierhin und dorthin, dann eilte sie fort.

Das von der besten Freundin meiner Mutter! Nur einige wenige Stunden früher, als wir noch im selben Boot saßen, war sie nur zu begierig, mit mir zu sprechen. Nun, da sie sich sicher fühlte, hatte sie sich völlig verändert.

Wir warteten noch eine Weile vor dem Fabriktor, obwohl sonst niemand mehr eingelassen wurde. Nach und nach wurde die Schlange dünner: ein weiterer Tag ging ergebnislos zu Ende. Es wurde dunkel. Niedergeschlagen und hungrig begaben wir uns auf den Heimweg. Meine Gedanken kreisten um meine Familie. Als wir uns unserer Straße näherten, hörten wir schmerzerfüllte Schreie. Mehrere Wagen fuhren vorbei, beladen mit Juden, die saßen und standen, Säcke an sich drückten, die alles enthielten, was sie an erbärmlicher Habe noch im letzten Moment zusammenraffen konnten. Einige starrten mit leeren Augen geradeaus, andere trauerten und klagten und rangen die Hände. Frauen rauften sich die Haare oder klammerten sich an ihre Kinder, die verwirrt inmitten der verstreuten Bündel saßen und die Erwachsenen in stummer Furcht ansahen. Eine einzelne Frau lief hinter dem letzten Wagen mit ausgestreckten Armen her und schrie: »Mein Kind! Gebt mir mein Kind zurück!«

Eine kleine Stimme antwortete aus dem Wagen. »Mama! Mama!«

Die Leute in der Straße sahen zu wie hypnotisiert. Die Mutter, keuchend nun vor Erschöpfung, lief immer weiter hinter dem Wagen her. Eine der Wachen flüsterte dem Fahrer etwas zu, der daraufhin seine Pferde zum Galopp antrieb. Die Schreie der Mutter wurden verzweifelter, als die Pferde davonzogen. Die Prozession bog in die Karmelicka ein. Die Schreie der Deportierten verhallten, nur der Schrei der gequälten Mutter durchdrang noch immer die Luft.

»Mein Kind! Gebt mir mein Kind zurück!«

Wir standen wie versteinert. Frau Zachermann, die zweifellos an ihre eigenen Kinder dachte, war in Tränen aufgelöst. Wir hatten die unausweichliche Wahrheit von Angesicht zu Angesicht gesehen. Besessen von unserer wahnsinnigen Suche nach einer Anstellung hatten wir kaum bemerkt, daß jeden Tag sechs- oder siebentausend Juden deportiert wurden. Aber nun konnten wir die Frage nicht mehr ignorieren, über die wir vor lauter Geschäftigkeit nicht hatten nachdenken können: Was sollten wir tun? Die Deportationen weiteten sich aus; jeden Tag konnten sie auch uns verschlingen. Wo gab es Sicherheit? Wir wurden nun von einer einzigen Sorge in Anspruch genommen – uns selbst zu retten. Sie machte jeden anderen Gedanken zunichte, sie verdrängte jedes andere Gefühl.

Ausweise

Am 23. Juli wurde der Tod von Adam Czerniakow, dem Leiter des Judenrates, bekannt. Er hatte sich das Leben genommen. Was hatte ihn zu dieser Verzweiflungstat gebracht? Einige behaupteten, er habe einen Nervenzusammenbruch gehabt; andere sagten, er habe sich geweigert, den Deutschen als Handlanger zu dienen. Was immer auch der Grund war, sein Tod blieb ein Rätsel. Aber schon nach kurzer Zeit hatten wir aufgehört, darüber nachzudenken. Wir konnten uns nur noch um uns selbst und unsere Familien Sorgen machen.

Die Razzien waren nun in vollem Gange. Stunde für Stunde warfen die Nazis ihre Netze aus, bis sie fast jedes Haus im Ghetto erreicht hatten. Verloren die Illusion, daß die Deportationen bald enden würden; keiner sprach mehr von einem Maximum von sechzig- oder siebzigtausend Juden. Zunächst hatten wir die Tage gezählt, in der aussichtslosen Hoffnung, die Deportationen wären in Kürze vorüber. Aber nun stand für uns fest, daß der harte Erlaß nicht aufgehoben würde.

Deutsche Fahrzeuge rasten mit heulenden Sirenen auf zwei Rädern durch die Ghettostraßen, feuerten in die Fenster jüdischer Häuser und schossen wahllos auf Fußgänger, die in Deckung gingen, sobald nur ein Auto erschien.

Jeden Morgen hallten die Ghettostraßen von den Stechschritten der jüdischen Polizei wider, die signalisierten, daß ein neuer Tag mit seinen Razzien begonnen hatte. Jede andere Art der Aktivität kam zum Erliegen. Die Menschen blieben in ihren Häusern, zu verängstigt, sich hinauszuwagen. Man konnte nicht wissen, welches Haus oder welcher Block als nächstes von der Polizei umzingelt und gestürmt würde. Riesige, mit weinenden Juden beladene Wagen fuhren in Abständen vorüber; sie fuhren zum Deportationszentrum, dem Umschlagplatz, wo Güterwagen auf sie warteten. Die Furcht vor dem, was uns dort erwartete, dämpfte unsere Fähigkeit, über irgend etwas außer unserer eigenen Rettung nachzudenken; alles andere, selbst Hunger, war unwichtig. Mehr und mehr gingen wir wie betäubt umher und wachten nur durch den gelegentlichen wahnsinnigen Schrei eines Deportierten in der Wirklichkeit auf. Man mußte auf sich selbst aufpassen, wollte man nicht das nächste Opfer sein.

Eines Tages hatte ein Freund eine Botschaft für mich hinterlassen. Ich sollte früh am nächsten Morgen mit Fotos von mir und meiner Familie in der Nowolipki 25 erscheinen. Dort befanden sich die Büros von *Zytos*, der einzigen Wohlfahrtsorganisation des Ghettos, die noch arbeitete. Ich sollte dort Freunde treffen und vielleicht einen Arbeitsnachweis erhalten. Das war ein Hoffnungsschimmer. Meine Stimmung hellte sich auf. Meine Freunde vom Untergrund hatten an mich gedacht. Ich war nicht verlassen.

Am nächsten Morgen eilte ich zum verabredeten Ort. Obwohl es noch sehr früh war, herrschte bereits große Geschäftigkeit auf den Straßen. Die jüdische Bevölkerung ging nicht, sie rannte – sei es zur Arbeit, auf der Suche nach einer Arbeit oder um einen wichtigen Einkauf zu erledigen. Die Straße selbst schien voller Sorge zu sein, wie angesteckt von den eiligen Bewegungen ihrer Fußgänger. Tatsächlich waren die frühen Morgenstunden die einzige relativ sichere Zeit; die jüdische Polizei bereitete sich noch auf den neuen Tag mit seiner grausigen Arbeit vor. Man mußte diese Stunden so gut nutzen, wie man konnte. Ich eilte weiter, wie die anderen auch.

An der Ecke Karmelicka und Nowolipki traf ich auf Cyvia Wax, ein schlankes, schönes siebzehnjähriges Mädchen, die bei *Skif* (Sozialistischer Kinder Farband) gearbeitet hatte, der sozialistischen Untergrundorganisation für Kinder. Auch sie war in Eile und mußte eine wichtige Mission ausführen, bevor die Razzien anfingen. Als wir uns trennten, flüsterte sie, sie sei dabei, Arbeitsnachweise unter ihren Freunden auszuteilen.

Dann hörte ich jemanden rufen. Ich erkannte Jan Bilak, einen anderen jungen Mitarbeiter von *Skif*, der eine Rikscha zog. Auch er verteilte Arbeitsnachweise, aber seine waren für die weiter entfernt Wohnenden bestimmt. Mit seiner Rikscha konnte er die entlegeneren Bezirke schneller erreichen. Er erklärte, daß er nichts zu befürchten hätte, selbst wenn er von der Polizei angehalten würde, weil die Deutschen für die Fahrt zum Umschlagplatz Rikschas benötigten. Ich drängte Bilak nicht zu erklären, was all die Ausweise zu bedeuten hatten; ich würde dies gewiß in den Büros von *Zytos* erfahren.

Meine Hoffnung stieg. Als ich bei den Büros ankam, waren sie bereits überlaufen, die Luft voller Zigarettenqualm. Fragen wurden gestellt; Ausweise wurden vorgezeigt. Jedermann war rastlos, niemand konnte stillsitzen. Wer von der Straße hereinkam, wurde sofort mit Fragen belagert: »Was geht draußen vor?«

»Bis jetzt noch nichts.« Die Antwort war immer dieselbe. Jedesmal ließ die Anspannung ein wenig nach.

Wartet jeder hier auf Arbeitsnachweise? fragte ich mich.

Ein Mann tauchte aus den Büros auf. Alle Augen wandten sich ihm zu. »Gibt es irgendwelche Neuigkeiten?«

»Drinnen wissen sie nichts«, war die Antwort.

»Sie wissen nichts?« rief jemand aus. »Wir alle kommen hierher, um etwas zu erfahren, ein paar Ratschläge zu bekommen – und sie wollen nichts sagen …«

Als ich meine Umgebung nach bekannten Gesichtern durchforschte, erspähte ich Abrascha Blum und drängelte mich durch die Menge zu ihm. Er sprach mit Abramek Bortenstein. Abrascha, ein hervorragender Anführer und die Seele des illegalen *Bund*, war groß und dunkelhäutig, mit einem langen ernsten Gesicht und feurigem Blick. Selbst inmitten des allgemeinen Chaos strahlte er freundliche Heiterkeit aus, als er mit Abramek sprach, der selbst ein Anführer der illegalen sozialistischen Jugendorganisation *Zukunft* war.

Die beiden begrüßten mich herzlich und nahmen dann ihre Unterhaltung wieder auf. Ich hörte zu und begann nach und nach zu verstehen, was vor sich ging. Ihre Gruppe hatte es geschafft, vom Judenrat eine Reihe fingierter Arbeitspapiere zu erhalten, die unter arbeitslosen jungen Leuten verteilt wurden. Solche Ausweise wurden von der Polizei anerkannt und konnten ihre Besitzer vor der Deportation retten. Sie bemühten sich, Werkstätten zu organisieren; auch das war ein Mittel, junge Leute vor der Deportation zu bewahren. Ein solcher Schritt erforderte Absprachen mit dem Judenrat. Aber nun hatte der Tod von Czerniakow, dem Präsidenten, sie alle in Verwirrung gestürzt.

Emmanuel Ringelblum, ein bekannter Historiker, trat hinzu. Er murmelte eine höfliche Entschuldigung und zog Abrascha kurz zur Seite. Als Abrascha zurückkam, fragte er nach meinen Fotos, gab mir ein Formular, in das ich meine persönlichen Daten eintragen sollte, und ging mit Ringelblum fort. Abramek erzählte mir von der allgemeinen Hilflosigkeit, die die Gemeindearbeiter ergriffen hatte. Sie wollten helfen, aber sie arbeiteten mit einem schweren Handicap. Überall hatten die Deutschen neue Leute eingesetzt. Die jüdischen Beamten, die früher ein gewisses Maß an Einfluß im Ghetto gehabt hatten, waren entlassen worden. Abramek dachte, die beste Maßnahme gegen die Razzien sei es, sich zu verstecken, um der Deportation zu entgehen. Man konnte den Deutschen nicht trauen. Man sollte alles mögliche tun, um im Ghetto zu bleiben. Hier konnte man wenigstens mit den Ereignissen Schritt halten und mit dem, was man erwarten mußte … Abramek schien angespannt und erregt. Er setzte nur wenig Vertrauen in die fingierten Ausweise, die an die jungen Leute verteilt wurden. Sie wären besser als nichts, sagte er, aber sie gäben keine wirkliche Sicherheit. Jeder Tag brachte Nachrichten von neuen Deportationen. Jeder war angesichts der allgemeinen Bedrohung hilflos.

Trotz dieser Prophezeiungen seufzte ich erleichtert. Die zweifelhafte Sicherheit, die die Ausweise brachten, war besser als überhaupt keine Sicherheit. Zumindest die würde ich bekommen.

Kuba Zilberberg, ein Mitglied der Jugendgruppe, kam herüber, um mit uns zu sprechen. Er brachte gute Neuigkeiten. Sein Vater, ein wohlhabender Kaufmann aus der Gesia, beabsichtigte gemeinsam mit mehreren anderen Juden, einen Betrieb auf dem Többens-Gelände zu eröffnen, um deutsche Militäruniformen herzustellen, und hoffte, einige Bekannte anwerben zu können, ohne dafür Bestechungsgelder zu benötigen. Sie mußten natürlich Schneider sein. Kuba war zum *Zytos*-Büro gekommen, um Namen von qualifizierten Bewerbern zu erhalten. Eine Stelle bei Többens bedeutete ein größeres Maß an Sicherheit – wenn auch nur für eine Handvoll Arbeiter.

Erneute Unruhe draußen ließ uns zu den Fenstern laufen. Die Polizei sammelte sich unten in der Straße. Unsere Verwirrung wich bald der Panik. Einige schossen aus dem Gebäude, andere rannten von einem Raum in den nächsten oder versammelten sich in Gruppen vor den Türen der verschiedenen Büros in der Hoffnung, drinnen Schutz zu finden. Es war sicherer dort. Man konnte sich unter die Angestellten mischen und vielleicht als Mitarbeiter durchgehen.

»Eine Blockade! Eine Razzia! Das Haus ist umzingelt!« flüsterte jemand entsetzt. »Was sollen wir tun?«

Ich wollte Abrascha noch einmal sehen. Vielleicht hatte er schon einen Ausweis für mich. Schließlich gelang es mir, mich mit ein paar anderen in eines der Büros zu schieben. Gleich hinter der Tür hielten wir an und schauten prüfend in die nervösen Gesichter der Beamten und Angestellten.

»Warum sagt uns niemand, was wir tun sollen? Wir haben Arbeitsnachweise«, sagte jemand laut.

Aber keiner antwortete ihm. Die Angestellten waren verängstigt; viel zu viele Menschen bevölkerten die Abteilung und bedrohten jedermanns Sicherheit. Sie versuchten die Besucher zu überreden, wieder zu gehen, aber die weigerten sich. »Warum sollten wir uns diskriminieren lassen?« »Wir wollen auch nicht deportiert werden.« Die Angestellten gaben es auf, sie zu verjagen. Egal was passierte, man konnte nichts tun. Jeder vergaß den anderen. Die jüdische Polizei konnte jeden Augenblick das Büro stürmen.

Schweißdurchtränkt konnte ich mich gerade noch zum Schreibtisch von Dr. Ringelblum und Abrascha vorarbeiten, die immer noch Ausweise austeilten. Es gelang mir, für mich selbst, für meine Mutter und meinen Bruder Arbeitsnachweise zu erhalten, die besagten, daß wir alle Angestellte von *Zytos* seien. Zumindest hatte ich nun eine Art von Ausweis. Jeder Ausweis konnte ein wenig Sicherheit bedeuten. Aber ich mußte mit diesem Sicherheitspfand nach Hause eilen, bevor ich in die Polizeirazzia geriet.

Ich verabschiedete mich von Abrascha, Abramek und Kuba und lief mit ein paar anderen die Treppe hinunter. Aber es war zu spät; die Tür war bereits geschlossen. Ein jüdischer Polizist stand schon da und versperrte den Ausgang. Wir appellierten an ihn, zeigten ihm unsere Ausweise, erklärten, wir hätten wichtige Aufgaben auszuführen – es nutzte alles nichts. Er beharrte darauf, daß er seine Befehle habe. Was konnten wir tun? Wieder nach oben gehen? Einer aus unserer Gruppe bewegte sich auf den Polizisten zu, nahm ihn beiseite und steckte ihm etwas zu. Der Polizist schaute sich verstohlen um, öffnete das Tor und sagte uns, wir sollten schnell hinausgehen.

Die Straße war menschenleer. Ein Stück weiter weg stand ein Sonderkommando still und hörte den Befehlen eines Offiziers zu. Eine andere Truppe trat an der Ecke der Karmelicka auf der Stelle. Man hörte das Knarren von leeren Wagen, die sich näherten. Eine neue Razzia stand kurz bevor. Es war besser, ihnen aus dem Weg zu gehen. Wir nahmen eine Abkürzung zur Karmelicka, wo wir von einer barschen Stimme angehalten wurden: »Wohin geht ihr? Ihr habt hier nichts zu suchen!«

Noch einmal zeigten wir unsere Ausweise vor, erklärten und appellierten. Schließlich durften wir weitergehen. Nur noch einige Blocks, und ich war zu Hause. Ich seufzte vor Erleichterung.

Die falschen Ausweise waren hilfreich gewesen, zumindest für den Augenblick.

In den Händen der Polizei

Die jüdischen Polizeibeamten waren nun wichtige Leute im Warschauer Ghetto. Die Nazis verließen sich darauf, daß sie ihre Razzien durchführten, Arbeitsnachweise kontrollierten und unbeschäftigte Juden in die Wagen verluden, um sie zu den wartenden Eisenbahnwaggons zu transportieren. Die Polizei war bei niemandem sehr beliebt; selbst in den besseren Zeiten war bekannt, daß sie die Menschen tagtäglich belästigte und drangsalierte, indem sie auf strikte Befolgung der Nazi-Anweisungen beharrte. Nun war sie sogar noch feindlicher und aggressiver geworden. Sie war gefürchtet, wurde aber auch gleichzeitig beneidet. Unter anderem, weil jüdische Polizisten sicher waren; selbst die Deutschen hatten bisher ihre Verwandten in Ruhe gelassen. Ihnen wurde niemals mit »Umsiedlung« gedroht.

Eines Nachmittags in der ersten Woche der Deportationen hielt ich mich zufällig bei meiner Mutter auf, als eine Polizeikolonne plötzlich unser Gebäude abriegelte. Allen Bewohnern wurde befohlen hinunterzugehen und sich im Hof zu versammeln. In ihrer Aufregung versuchten die Menschen ein paar Habseligkeiten zusammenzuraffen, aber die Eindringlinge, von denen einige weiße Armbinden mit der Aufschrift »Judenrat« trugen, sagten: »Ihr werdet genug Zeit haben, eure Sachen zu holen, sobald die Wagen hier sind.« Nun waren also nicht nur die Polizisten, sondern auch noch die Funktionäre des Judenrats delegiert worden, bei der Aufgabe der »Umsiedlung« mitzuhelfen.

Die unglücklichen Hausbewohner fügten sich den Anweisungen. Ohne Protest zu erheben, wurden sie rüde die Treppe heruntergetrieben. Mit der gleichgültigen Arroganz der Privilegierten schleppten die jüdischen Polizisten Kinder, Alte und Kranke hinunter in den Hof. Eine Reihe der Bewohner besaß Arbeitsnachweise, dennoch waren alle Gesichter bleich vor Furcht. Familien klammerten sich aneinander und suchten in der gegenseitigen Nähe Trost.

Die Alten wurden in den Hintergrund geschoben, während die Jüngeren in die vorderen Reihen gestellt wurden. Kinder schmiegten sich eng an die Erwachsenen. Mit klopfendem Herzen bereiteten sich die bestürzten Bewohner auf die Inspektion vor. Mehrere Frauen schoben sich rüde an uns vorüber und gingen, stolz ihre Arbeitspapiere vorzeigend, nach vorn zu den Polizisten.

»Diese Frauen werden sofort freigelassen werden«, murrten einige der Anwesenden. »Ihre Männer arbeiten bei der Polizei.« Und tatsächlich, als die Polizisten die Ausweise sahen, milderte sich ihre Arroganz; sie lächelten und bedeuteten den Frauen, nach Hause zurückzugehen. Neidische Blicke folgten ihnen, als sie davoneilten.

Drei Männer näherten sich der Polizei. Jemand hinter mir flüsterte, daß dies die reichsten Juden aus unserem Haus waren. Es war leicht zu erraten, daß sie die Polizisten bestechen wollten. Die Polizei hatte nie etwas dagegen, sich schmieren zu lassen. Für gewöhnlich konnte man sich ihrem Zugriff entziehen – gegen Bezahlung. Die Polizei konnte jederzeit ihr Soll an Deportierten woanders erfüllen; wer weder Bargeld noch Arbeitsnachweise besaß, um sein Verbleiben im Ghetto zu rechtfertigen, gehörte zu den ersten, die festgenommen wurden. Atemlos beobachteten wir die Transaktion. Falls die Polizei die Bestechungsgelder annahm, würde die Inspektion wahrscheinlich nicht zu streng werden. Schließlich erschien ein breites Lächeln auf den Gesichtern des Trios. Sie hatten die Polizisten, wo sie sie haben wollten.

Die Inspektion wurde fortgesetzt, und die Polizisten kontrollierten wortlos die Arbeitsausweise, die die Bewohner vorzeigten.

Wer versuchte, eine Frage zu stellen oder eine Entschuldigung vorzubringen, erhielt den Befehl: »Sei still, bis du dran bist!« Ich stand schweigend neben meiner Mutter und meinem jungen Bruder. Ein Polizist warf einen flüchtigen Blick auf unsere Papiere und ging dann weiter. Was würde uns noch erwarten? Nach dem Ende der Inspektion wurde einigen Juden, die weder Ausweise noch Geld hatten, befohlen zur Seite zu treten. Doch andere Juden in derselben mißlichen Lage wurden übergangen. Wonach, fragte ich mich, trafen die Polizisten ihre Entscheidung? Es gab Proteste. Damit bestimmte Menschenleben verschont blieben, mußten andere zu Opfern gemacht werden.

Von diesen dem Untergang Geweihten kannte ich nur einige wenige: zwei alte Schwestern, Tzirel und Sima, die in einer Papiertütenfabrik arbeiteten, und Reb Avrom, der früher Kutscher war, und seine Familie. Zusammen mit den anderen wurde ihnen befohlen, ihre armseligen Bündel zu nehmen und auf die Wagen zu warten. Wir übrigen, die für den Moment gerettet waren, seufzten unwillkürlich.

Aber die Juden, die deportiert werden sollten, rührten sich nicht. Mit vor Furcht aschweißen Gesichtern flehten sie die Polizisten um Gnade an. Eine alte Frau ergriff zitternd wie Laub die Hand eines Polizisten und bat inständig, indem sie in unsere Richtung zeigte: »Bitte lassen Sie mich hierbleiben. Meine Tochter ist da drüben. Lassen Sie mich bei ihr bleiben. Wenn ich alleine bin, werde ich sterben.«

Fanya, die Tochter des Kutschers, klammerte sich an ihre kleine Schwester und beharrte durch ihre Tränen hindurch: »Sie können doch selbst sehen, wie schwach und am Ende wir sind. In einer anderen Stadt, unter Fremden, werden wir einfach sterben. Haben Sie Mitleid!«

Es nutzte nichts. Die Männer in Uniform ignorierten ihr Leid. Einige der weniger Abgehärteten verließen, durch die Szene erschüttert, den Hof.

Wir standen wie versteinert. Neben mir murmelte jemand: »Lieber Gott! Mach diesem Elend ein Ende!« Doch nicht einer der gut 150 Juden, die verschont worden waren, unternahm einen Hilfeversuch. Sie wollten ihr eigenes Glück nicht gefährden. Die einen dankten dem Herrn für seine Gnade; die anderen, besiegt und schicksalsergeben, gaben ihre Säcke und Körbe ab und kletterten langsam in die wartenden Wagen. Von dort aus starrten sie die zurückgebliebene Menge an. Einige von ihnen brachen in Verzweiflungsschreie aus. Welches Leid spiegelte sich in ihren Augen! Welch stumme Vorwürfe! Wir standen dort, betäubt, stumm und voller Gewissensbisse. Als die Polizei dem Wagen den Befehl gab loszufahren, wurde noch ein letztes Bündel auf den Wagen geschleudert. Die Menschen darinnen warfen einen letzten Blick auf ihre glücklicheren Nachbarn und auf das große, graue Gebäude, in dem sie gewohnt hatten und das sich nun ihren Blicken entzog, als der Wagen langsam aus dem Hof ratterte. Wir standen wie angewurzelt und konnten kaum glauben, daß der Alptraum vorüber war. Dann, immer noch von diesem Erlebnis erschüttert, umarmten wir einander und murmelten: »Nun, zumindest dieses Mal hatten wir Glück …«

Aber warum hatte niemand den anderen geholfen? Warum war niemand – warum war ich nicht – für sie eingetreten? Zurückschreckend versuchte ich diese Fragen zum Schweigen zu bringen, meine Feigheit zu rechtfertigen, indem ich mir sagte: »Unsere eigenen Aussichten, im Ghetto bleiben zu dürfen, waren gering genug. Wir konnten es uns nicht leisten, unseren Hals für andere zu riskieren.«

Kurze Zeit später errichtete die Polizei an der Ecke Zamenhofa und Nowolipki eine Straßensperre, vor der die Ausweise aller Passanten kontrolliert wurden. Alle Juden ohne ordentliche Papiere mußten sofort in einen wartenden Wagen steigen. Ich zeigte meinen Ausweis und wurde weitergewinkt.

Eine durchdringende Stimme ließ mich innehalten. Sie kam

von einer Frau in mittleren Jahren, die mit zwei Polizisten kämpfte, die sie zu einem wartenden Wagen schleppten. Ihre Schreie ließen das Blut gefrieren. Eine Menschentraube von Juden stand daneben und verfluchte die Polizisten leise, aber sie rührten sich nicht. Schließlich wurde sie überwältigt und von der Polizei in das Fahrzeug geworfen. Zunächst lag die Frau bewegungslos, dann begann sie wieder zu schreien: »Habt Gnade, jüdische Mitbürger, helft mir! Ich habe kleine Kinder zu Hause. Helft mir …« Ihre Schreie blieben ohne Antwort, die elende Frau verfiel schließlich in leises Weinen.

Wenige Augenblicke später wurden zwei kleine Mädchen, Schwestern von ungefähr zehn und zwölf Jahren, auf denselben Wagen gehievt. Sie protestierten nicht, schrien nicht, sondern fügten sich teilnahmslos, hielten sich mit umherschweifenden Augen bei der Hand; vielleicht suchten sie ihre Mutter. Sie setzten sich, eng aneinandergeschmiegt, in den Wagen und weinten leise. Selbst der Polizist im Wagen war bewegt. Er kramte suchend in seinen Taschen, dann streichelte er sie über die Stirn.

Nach und nach füllte sich der Wagen. Fast alle Opfer widersetzten sich, nicht einer beugte sich widerstandslos. Sie stritten, sie flehten, und einige versuchten sogar, Geld in die Hände ihrer Fänger zu drücken. Aber es nützte alles nichts; nicht einer wurde wieder aus dem Wagen herausgelassen. Die anderen Juden, die die Szene von weitem beobachteten, suchten unter den Gesichtern der Gefangenen nach irgendwelchen Verwandten oder Bekannten. Als sich der Wagen in Bewegung setzte, wurden die Schreie und Hilferufe lauter und durchbohrten von neuem jedermanns Herz. Augen voller Mitleid folgten den abfahrenden Opfern, aber nicht einer wagte, sich ihnen zu nähern. Erst als der Wagen außer Sichtweite war, begannen die Beistehenden, die hastig gekritzelten Zettelchen an Verwandte, die die dem Untergang geweihten Gefangenen auf die Straße geworfen hatten, aufzusammeln.

Viele solcher Zettel gelangten am Ende in die Hände derer, für die sie bestimmt waren. Wer eine solche Nachricht erhielt, dem blieb nur noch eines übrig – ein privates Gespräch mit einem Mitglied der jüdischen Polizei. Es war möglich, daß ein mitfühlender Polizist die Befreiung einer verurteilten Person arrangierte, bevor er zum Abtransport in einen Frachtwagen verladen wurde. Sicher, dieses Komplott mußte im geheimen ausgeführt werden und den Deutschen unbekannt bleiben. Man brauchte die richtigen Verbindungen, Einfluß und vor allem Geld.

Wenn die Polizisten nach einer Razzia nach Hause kamen, sahen sie sich von kummervollen, bettelnden Juden belagert, die gekommen waren, um die Freilassung ihrer Angehörigen auszuhandeln. Jeder hatte Geld oder ein wertvolles Schmuckstück mitgebracht. Wenn der Polizist nur bereit war, zu kooperieren …

Mit leidvollen, tränenüberströmten Gesichtern baten die Juden um Einlaß. Welchen Haß sie auch für die Männer empfinden mochten, die nur wenige Stunden zuvor geholfen hatten, ihre Lieben in die Wagen zu verladen, er wurde nun unterdrückt. Wenn sie die Polizisten mit gedämpftem Tonfall ansprachen, weinten sie leise, um den Mann in Uniform nicht zu verärgern. Diejenigen, deren Geschenke von dem Polizisten angenommen wurden, konnten sich in der Tat glücklich schätzen. Sie konnten wenigstens hoffen. Aber in den meisten Fällen war all ihr Bitten umsonst.

In unserem Gebäude wohnte ein jüdischer Polizist, der manchmal Bestechungen annahm. Jede Nacht hörten wir die bittenden Stimmen der Verwandten der Deportierten. Der Klang ihres Weinens wurde vom wütenden Bellen des Polizisten begleitet, der den Besuchern zu gehen befahl. Einige wenige jüdische Polizisten weigerten sich, an den schrecklichen Razzien teilzunehmen. Aber diese traten innerhalb weniger Tage zurück. Alle, die bei der Polizei blieben, einschließlich derjenigen, die einem oder zwei Opfern geholfen hatten, wurden vom Rest des Ghettos als Feinde betrachtet, als Ausgestoßene, von denen man nur das Schlimmste zu erwarten hatte.

Meine Familie wird deportiert

Mit der Zeit nahm die Wucht der Deportationen zu. Deutsche und Ukrainer schlossen sich der jüdischen Polizei bei den grimmigen Razzien an. Private jüdische Fabriken wurden systematisch liquidiert und die Arbeiter deportiert. Einige Arbeitsausweise, darunter viele, die vom Judenrat ausgegeben worden waren, wurden von den Deutschen nicht mehr anerkannt. Die Karten, die ich erhalten hatte, waren innerhalb weniger Tage wertlos. Nur die Personen, die in den deutschen Fabriken beschäftigt waren, waren berechtigt, im Ghetto zu bleiben. Alle anderen Juden mußten sich nun auf Befehl bei der Verladestelle einfinden.

Einige im Ghetto erhielten Briefe von Deportierten, die den deutschen Beteuerungen Glaubwürdigkeit verliehen, die Zwangsumgesiedelten hätten woanders Arbeit erhalten. Aber zur selben Zeit ging das Gerücht, daß die scheinbar beruhigenden Nachrichten in Wirklichkeit absichtlich falsche Darstellungen waren, abgefaßt in einer kodierten Sprache, die zuvor von dem Schreiber und dem Empfänger ausgemacht worden war, um die deutsche Zensur zu umgehen, und die beunruhigendsten Informationen enthielten über das, was wirklich geschah.

Dennoch glaubten zu dieser Zeit nur wenige, daß die Deutschen ihre Opfer zwangen, fröhliche Nachrichten an ihre Angehörigen nach Hause zu schicken, während sie in Wirklichkeit kurz davor waren, das Todeslager Treblinka zu betreten. Alle Neuigkeiten waren vage; es war einfach, der angenehmen Hoffnung nachzugeben, es seien gute Nachrichten. Der Optimismus wurde – am

29. Juli – von neuen Aushängen ermutigt, in denen die Juden aufgefordert wurden, freiwillig beim Verteilungszentrum vorzusprechen, wo man sie mit drei Kilo Brot und einem Kilo Marmelade belohnen würde.

»Wenn die Deutschen Brot verteilen, dann müssen sie uns brauchen«, trösteten die Juden einander. »Sonst würden sie kein Mehl an uns verschwenden.«

Viele versperrten sich einfach dem Verdacht, die Brotlaibe könnten ein Lockmittel sein, mit dem sie zu den Eisenbahnwaggons gebracht werden sollten. Die Aussicht, den Hunger stillen zu können, egal für wie lange, und Arbeit zu finden – sorgfältig genährt von der deutschen Propaganda im Ghetto –, reichten aus, die nagenden Zweifel zum Verstummen zu bringen.

Wer weder Vertrauen zu den Deutschen noch Arbeitspapiere besaß, dem blieb als letztes Mittel nur noch, sich zu verstecken. Aber das war nicht einfach; das Versteck mußte absolut sicher sein, denn Entdeckung bedeutete Tod.

Da war Baruch Zifferman. Ich hatte nach der Errichtung des Ghettos eine Zeitlang in seiner Wohnung gelebt, wo wir nachts gemeinsam die Untergrundzeitung des *Bund* für den Druck vorbereitet hatten. Zifferman war immer ordentlich gekleidet gewesen, stets hatte er peinlich genau auf sein Äußeres geachtet. Wie anders sah er aus, als ich ihn während einer der kurzen Atempausen zwischen den Übergriffen auf der Straße wiedertraf. Schmutzig und zerknittert, mit langem bleichem Gesicht, eine Bandage mit Blutflecken um den Kopf, erzählte er mit trockener, rauher Stimme von seinen jüngsten Erlebnissen.

Die Deutschen hatten die Nowolipki abgeriegelt, wo er sich mit seiner Frau und seinem kleinen Sohn in Birnbaums Haus versteckt hatte, dessen massive Eisentür nur schwer aufzubekommen war.

Als die Deutschen riefen »Alle Juden runter!«, hatten die Bewohner die Tür abgeschlossen und waren geblieben, wo sie waren. Dann das gefürchtete laute Hämmern, daß sie die Eisentür öffnen sollten. Krachende Schläge von Eisenstangen kamen als nächstes, begleitet von deutschen Befehlen, sofort die Tür zu öffnen. Die fünf Juden drinnen drückten sich eng aneinander, bewegten sich nicht und fragten sich, ob die Tür standhalten würde.

Die wütenden Rufe der Deutschen und das Hämmern an der Tür wurden lauter. Schließlich, ächzend und mit quietschenden Angeln, gab die Tür nach, und mehrere finster blickende Ukrainer stürmten hinein, die jedem befahlen, die Hände hochzunehmen. Nachdem die zitternden Opfer durchsucht und ihrer Wertsachen beraubt worden waren, befahl man ihnen, sich in einer Reihe an die Wand zu stellen. Selbst als die Gewehre auf ihn gerichtet wurden, glaubte Zifferman nicht im Traum, daß die Eindringlinge tatsächlich schießen würden; er nahm an, sie versuchten die Juden nur einzuschüchtern. Aber die Schüsse durchbrachen seine Gedanken, und er fiel zu Boden.

Als er das Bewußtsein wiedererlangte, war alles still. Die Ukrainer waren fort. Seine Frau, sein Sohn und die Birnbaums waren tot. Irgendwie schaffte er es, den Hof zu erreichen, wo andere Juden ihn fanden und seine Wunden behandelten. Nun ging er in seiner Erstarrung umher. Seine Stimme zitterte, als er mir von Raizel Malinowski erzählte, die ebenfalls in der Nowolipki gewohnt hatte. Als die Deutschen ihr Haus umzingelten, hatte sie versucht, sich zusammen mit mehreren Nachbarn auf dem Dachboden zu verstecken. Die Ukrainer fanden und erschossen sie alle, dann nahmen sie die Uhren von den Handgelenken der Leblosen.

Jede Razzia wurde nun von wahllosen Erschießungen begleitet. Anfang August waren die Deportationen unter die Leitung des berüchtigten Kontingents »Einsatz Reinhardt« gestellt worden, das einige Zeit zuvor die brutale »Umsiedlung« in Lublin durchgeführt hatte.

Wir hatten geplant, uns gemeinsam mit unserer Nachbarin Frau Zachermann zu verstecken. Wir wollten einen ihrer drei Räume mit einem Schrank absperren. Aber gerade als wir begonnen hatten, die Möbel zu verrücken, bekam Frau Zachermann Angst und sagte die Vereinbarung ab. Wenn wir umgesiedelt würden, sagte sie, könnten wir vielleicht in einer anderen Stadt überleben. Wenn wir andererseits hier bei unserem Täuschungsversuch gefangen würden, dann würden wir ganz gewiß erschossen.

So standen wir ohne Arbeitsnachweise oder ein Versteck da. Meine Mutter und mein Bruder hatten sich im Keller der öffentlichen Suppenküche in der Nowolipki 12 versteckt, wo meine Schwester arbeitete. An dem Tag, als das Versteck gefunden wurde, waren sie zufällig an einem anderen Ort.

Meine Mutter war verhärmt; sie hatte sich der Verzweiflung ergeben und sagte manchmal: »Früher oder später fallen wir doch in ihre Hände. Vielleicht wäre es besser, sich ihnen gleich zu ergeben.« Von Hunger gequält neigte mein Bruder dazu, ihr zuzustimmen. Dennoch konnte es keiner von uns über sich bringen, die Wohnung zu verlassen. Aber einige unserer Nachbarn, besonders die Ärmsten unter ihnen, die man bereits einmal entwurzelt hatte, taten es; sie gingen freiwillig mit ihren Kindern zum Umschlagplatz.

Die Furcht vor dem unbekannten Ziel der Eisenbahnwaggons war der Hauptgrund, der uns davon abhielt, uns selbst auszuliefern. Wir beschlossen durchzuhalten. Morgen – oder übermorgen oder am Tag darauf –, so sagten wir uns, mußte sich unsere Lage bessern. Am 2. August ging wieder das Gerücht, daß unser Block von den Deutschen abgeriegelt werden sollte. Jeder dort, einschließlich der Familien der jüdischen Polizisten, lebte nun in Furcht vor der bevorstehenden Razzia. Die Gerüchte stammten von den Verwandten der Polizisten, von denen einige an diesem Morgen nach Hause geeilt waren, um ihre Familien zu warnen. Die Nachrichten reisten schnell und hinterließen überall Verwirrung.

Ein sicheres Versteck zu finden war schwierig; allein unser Häuserkomplex war mehrere Male durchsucht worden, und seine Verstecke waren kein Geheimnis mehr. Nichtsdestoweniger nahmen die verstörten Juden eilig Zuflucht auf Dachböden, in Kellern oder wo immer sie sich verstecken konnten. Wer ein sicheres Versteck gefunden hatte, weigerte sich, das Geheimnis zu teilen, damit nicht zu viele andere am gleichen Ort unterschlüpften. Sie teilten ihr Glück nur mit den nächsten Angehörigen. Jeder versuchte, nah bei seinem Heim zu bleiben, so daß er im Falle seiner Deportation zumindest eine Chance hatte, ein wenig von seiner Habe mitzunehmen.

Meine Mutter, mein Bruder und ich machten uns auf den Weg zu der Küche, wo meine Schwester arbeitete. Als wir in die Karmelicka kamen, sahen wir die bekannte Polizeiblockade und gingen denselben Weg wieder zurück. Sogar am hellen Tag mußte man Angst haben, sich auf der Straße aufzuhalten. Die Geschäfte und Stände waren geschlossen. Die Leute wagten sich nicht weiter; nur noch die jüdische Polizei war zu sehen, zusammen mit einigen wenigen Rikschas und leeren Wagen. Wir atmeten freier, als wir uns unserem Heim näherten. Ich drängte meine Mutter und meinen Bruder, in meine Wohnung in der Leszno 72 zu kommen. Einige meiner Freunde trafen sich dort, weil die Atmosphäre dort weniger bedrückend war als in ihren eigenen Häusern.

Eine drängende Ruhelosigkeit trieb mich jedoch weiter. Ich besuchte Anka Wolkowicz, die mit dem Plan des Gebäudes vertrauter war als ich und deshalb vielleicht ein Versteck kannte. Sie kenne einen guten Platz, sagte sie, nur könne sie nicht dorthingelangen. Unter diesen Umständen schien es das Beste zu sein, im dritten Gebäude zu bleiben, wo es leere Wohnungen gab, deren Bewohner wenige Tage zuvor weggebracht worden waren. Man konnte sich durch ein offenes Fenster dieses Hauses in ein anderes auf der Nowolipki zwängen. Falls es eine Razzia gab, konnten wir zu dem anderen Haus hindurchkriechen – und vielleicht dem Tod noch einmal entkommen.

Eine große Anzahl von Juden wanderte bereits nervös vor dem verlassenen Gebäude umher. Es war unwahrscheinlich, daß sich alle im entscheidenden Moment hineinzwängen konnten. Aber sie hatten keine andere Zuflucht: So saßen sie niedergeschlagen, angespannt und verängstigt auf den Stufen, um ihrer einzigen Aussicht auf Sicherheit so nahe wie möglich zu sein. Hin und wieder spähte einer von ihnen durch das Tor, um zu sehen, ob sich jemand näherte. Beim ersten Geräusch einer Sirene suchte jedermann Deckung. Wenn das Fahrzeug nur vorüberraste oder in eine andere Richtung abbog, setzten die Juden sich wieder hin oder nahmen ihr zielloses Umherwandern wieder auf. Sie tauschten kaum ein Wort untereinander; die Furcht hatte sie sprachlos gemacht. Einige besaßen echte Arbeitspapiere. Sie waren relativ zuversichtlich, was ihre eigene Sicherheit anging, und versuchten, die weniger Glücklichen so gut sie konnten damit zu beruhigen, daß sie sich auf ihre eigenen, nicht ganz so echten Ausweise verlassen könnten.

Der Geruch von Suppe strömte aus einem offenen Fenster, wo einige Frauen die Ruhepause genutzt hatten, um eine heiße Mahlzeit für ihre hungernden Familien zuzubereiten. Das köstliche Aroma folterte unsere Nasen und verschärfte den Hunger, den wir alle fühlten. Die Nahrungsknappheit erlaubte den meisten von uns nur einmal am Tag zu essen. Mein Bruder wurde immer ruheloser. Meine Mutter versuchte ihm Mut zuzusprechen: »Hab doch Geduld, bald ist es Nacht, und irgendwie werden wir schon durchkommen ...«

Falls einer von uns gefangen würde, so beschlossen wir, sollte er versuchen, beim Sammellager zu bleiben, um nicht mit den ersten deportiert zu werden. Wem von uns die Flucht gelang, sollte keine Mühe scheuen, die anderen zu befreien.

Der Morgen ging vorüber. Die versammelten Juden gingen zurück in ihre Häuser, denn sie gingen davon aus, es werde, da es bis jetzt keine Blockade gegeben hatte, wahrscheinlich keine mehr an diesem Tag stattfinden. Meine Mutter und mein Bruder gingen hinauf in ihre Wohnungen. Ich blieb im Hof.

Plötzlich gab es einen Aufruhr. Überrumpelt rannte ich, anstatt mit den anderen zu dem kleinen Fenster zu eilen, um mich bis zum nächsten Gebäude durchzuquetschen, die Treppe hinauf zu meinem eigenen Zimmer. Andere riefen ungeduldig: »Geh weiter – geh aus dem Weg!« Die Tür zu meiner Wohnung stand offen. Ich stand dort und versuchte zu entscheiden, ob ich hineingehen oder zu dem kleinen Fenster stürzen sollte. Ankas Schwestern stürmten hinein und waren dabei, die Tür zu schließen. Ich zwängte mich hinein und überwachte die Lage durch das Fenster. Es war zu spät; die Deutschen waren bereits im Hof, ihre schneidenden Stimmen erklangen: »Alle Juden herunter!«

Was konnten wir tun? Der Rucksack, der unsere Habe enthielt, lag bereit. Nein – es war besser, sich einzuschließen und nur zu öffnen, wenn man es uns befahl. Die Eindringlinge konnten uns während der Durchsuchung übersehen. Die Stimmen wurden lauter. Die eiligen Schritte unserer Nachbarn hallten im Treppenhaus wider.

Meine Gedanken kehrten zu meiner Mutter und meinem Bruder in ihren Zimmern zurück, nur drei Häuser entfernt. Sie würden sicherlich während der Razzia festgenommen werden. Ich schimpfte mit mir, weil ich zugelassen hatte, daß wir uns trennten.

Aber wir in Ankas Zimmer mußten nun unsere eigene Entscheidung fällen. Wir bewegten uns auf Zehenspitzen, damit wir nicht durch ein Geräusch unsere Anwesenheit verrieten, und zogen unsere Mäntel an. Es gab Schüsse, das Krachen von fallendem Glas, ein Durcheinander von heiseren Schreien. »Runter! Legt euch auf den Boden!« warnte eine Stimme. Noch mehr Schüsse.

Von dort aus, wo wir waren, konnten wir deutlich sehen, was sich auf dem gegenüberliegenden Dach abspielte. Eine Kette von Juden kroch über einen Steg auf dem Dach, der die einzige Verbindung zwischen diesem Haus und dem nächsten war. Es war ein lebensgefährliches Wagnis. Ein Ausrutscher, eine ungeschickte Bewegung – und alles war vorüber. Die kriechenden Juden blickten sich vorsichtig um. Einer, der hinter einem Kamin gekauert hatte, war vom Feind ausgemacht und erschossen worden.

In unserem eigenen Haus hörten wir schnelle, schwere Schritte, zuerst die Treppe hinauf, dann an der Tür zu unserer Nachbarwohnung. Durch die Wand konnten wir einen scharfen Befehl hören, dann wurden Möbel verschoben, die Stimme einer Frau bat um Gnade für einen kranken Vater. Ein paar Minuten später hörte man schlurfende Schritte – zweifellos die des Kranken – auf dem Korridor.

Nun schlugen sie an unsere Tür. Ich sah meine Begleiterinnen an – sie saßen wie festgefroren. Eine von Ankas Schwestern ging auf Zehenspitzen zur Tür. Immer noch stumm standen wir übrigen auf. Gewehrkolben hämmerten nun an die Tür. Wir warteten schweigend. Nach dem, was uns wie eine Ewigkeit erschien, öffnete das Mädchen, das an die Tür gegangen war. Drei Ukrainer, die Karabiner im Anschlag, platzten herein und brüllten: »Runter mit euch, und zwar schnell!« Sie durchwühlten die Einrichtung, suchten unter dem Bett und unter dem Tisch.

Wir nahmen unsere Bündel auf und gingen in betäubtem Schweigen hinaus. »Beeilt euch! Schneller!« rief ein anderer Ukrainer, der neu hinzugekommen war. Im Hof erschien aus dem anderen Gebäude eine weitere Gruppe von Juden, die ihre Bündel an sich drückten. Ukrainer, Deutsche und die jüdische Polizei, die nun mit einem größeren Aufgebot erschienen war, trieben uns zu den Toren. Der Asphalt war blutbespritzt; ein schwaches Stöhnen kam von einer zusammengesunkenen Gestalt, die vor der Mauer in einer sich ausbreitenden Blutlache lag. Ein Jude, der eine Art Ausweis in der Hand hielt, näherte sich den Deutschen und begann an sie zu appellieren und bekam dafür mit dem Gewehrkolben einen Schlag über den Kopf.

Draußen wimmelte der Bürgersteig von Juden. Es herrschte ein einziges Durcheinander: eine Unmenge von Eltern, Kindern, Koffern und Bündeln, die sich hinaus- und hineinschoben, und das

Geräusch von unterdrücktem Weinen. Ein Stück weiter weg wurden Namen aufgerufen. Männer und Frauen klammerten sich mutsuchend aneinander. Hier und da schloß jemand seinen Gürtel oder band seine Schuhe zu – wofür zuvor keine Zeit gewesen war – oder schnürte sein Bündel fester, um auf die Deutschen einen guten Eindruck zu machen. Aber die Mehrheit wartete einfach nur und schaute in sprachlosem Schrecken in die arroganten breiten Gesichter der Offiziere, um herauszufinden, was sie als nächstes tun würden.

Wo war meine Familie? Wie konnte ich sie in diesem Tumult finden? Wo sollte ich nach ihnen suchen? Fast erstickt von den drängenden Körpern konnte ich kaum einen Muskel bewegen, geschweige denn nach meiner Mutter und meinem Bruder suchen. Obwohl ich von Mitmenschen umgeben war, fühlte ich mich allein und hilflos. Was waren wir denn schließlich? Nur Objekte, mit denen man alles machen konnte … Betäubt ließ ich mich von der Menge mittragen, gleichgültig gegenüber dem Gedränge, den harschen deutschen Befehlen, dem Treten und Trampeln. Ein Gefühl von resigniertem Fatalismus überkam meine Willenskraft: Soll geschehen, was will, dann haben wir es hinter uns.

»Haltet eure Arbeitsnachweise für die Inspektion bereit!«

Die Menschen machten sich bereit. Erneut wurde gedrückt und geschoben: Jedermann, der einen Fetzen Papier besaß, war darauf erpicht, bei den ersten zu sein. Die Deutschen waren bereits mit der »Selektion« beschäftigt. Sie standen am Straßenrand und schauten nur flüchtig auf die vorgestreckten Ausweise.

»Nach links! Nach links! Nach links!«

Nach jedem Urteilsspruch führten zwei jüdische Polizisten das Opfer an seinen vorbestimmten Platz. Die an die rechte Seite geführt wurden, befanden sich auf der einen Seite des Bürgersteiges; die man nach links befohlen hatte, befanden sich mitten auf der Straße. Die zitternden, ausgestreckten Hände, die zerknüllten Papierfetzen zogen in rascher Folge vorüber, bis das rhythmische

»Links! Rechts! Links!« zu einem bedeutungslosen Refrain geworden war. Der zuständige deutsche Offizier machte sich nicht einmal die Mühe, die Ausweise zu lesen; ein kurzer Blick, und das Schicksal des Inhabers war besiegelt. Nachdem die Sonne hinter den Gebäuden untergegangen war, stand immer noch eine recht große Menge auf dem Bürgersteig und wartete darauf, abgefertigt zu werden. Ankas Schwestern, eine von ihnen mit einem Kind an der Hand, schlurften mit ihren echten Arbeitspapieren in der Hand vorüber.

»Links! Links!«

Das Mädchen stellte eine Komplikation dar. Die Polizei führte sie auf die Mitte der Straße; sie protestierte nicht, in ihrem Gesicht spiegelten sich Apathie und Resignation.

Dann kamen Julian Welikowski, seine Frau und sein Kind. Er war mein Lehrer in der jiddischsprachigen staatlichen Schule in der Mila 51, der *folkshul*, gewesen. Er hatte sein Leben seinen Schülern gewidmet, und sie liebten ihn für seine Gutherzigkeit und seine schöne Stimme. Seit Beginn des Krieges hatte er unermüdlich für die Organisation illegaler Schulklassen, Suppenküchen und Vereine gearbeitet. Nun ging er langsam voran, zog dabei seinen linken Fuß nach und trug einen Rucksack auf den Rücken gebunden. An der einen Hand hielt er seine vierjährige Tochter, mit dem anderen Arm, über dem sein Stock hing, stützte er seine blasse, verängstigte Frau. Die drei näherten sich dem zuständigen Deutschen, der sie bereits ins Auge faßte. Indem er das Papier, das der Lehrer vorzeigte, mit einer Handbewegung abtat, befahl der Deutsche: »Links!«

Das Trio stand einen Augenblick verständnislos da. »Nach links, verdammt noch mal!« wiederholte der Deutsche. Welikowski zog langsam seinen Arm unter seiner Frau fort, nahm seine Tochter hoch und drückte sie mit einem Schaudern an seine Brust, während er sich nach links abführen ließ. Seine Frau folgte ihm schweigend.

Einige von denen, die man auf die linke Seite befohlen hatte, versuchten der jüdischen Polizei zu entkommen. Sie weinten und jammerten und bettelten, von der Deportation verschont zu bleiben. Sie wollten wieder zu ihren Familien, von denen sie gerade getrennt worden waren.

Innerlich sehnte auch mich danach, meine Mutter und meinen Bruder zu finden, obwohl ich noch nicht von der »Selektion« erfaßt worden war. Meine Augen durchsuchten die Menge nach ihnen, doch vergeblich.

Ein anderes vertrautes Gesicht stand nun vor dem deutschen Inspekteur. Es gehörte einem Nachbarn, der mir erst an diesem Morgen ein von den deutschen Behörden abgestempeltes Dokument gezeigt hatte, das ihn berechtigte, eine Werkstatt zu eröffnen. Ich hatte keinen Zweifel, daß er durchgelassen würde, und offenbar war er ebenso sicher; wie nebenbei reichte er dem Offizier seinen Ausweis und zeigte auf seine Frau und seinen zehnjährigen Sohn, die neben ihm standen.

»Der Mann nach rechts! Die Frau und das Kind nach links!«

Die Polizei trat vor, um den Befehl auszuführen. Der Mann blieb stehen, zeigte wieder auf seinen Ausweis und machte dem Offizier Vorhaltungen. Der Deutsche blieb hart. Der Mann klammerte sich an seine Frau und seinen Sohn und bat die jüdische Polizei inständig unter Tränen, sie nicht zu trennen; die Frau und das Kind drückten sich eng aneinander, ihre Augen flehten stumm. Die jüdische Polizei hatte ganz offensichtlich zu viel Angst vor den Deutschen, um zu helfen. Mit einem letzten gequälten Schrei wurden sie zu der Menge derjenigen, die deportiert werden sollten, gestoßen.

Die »Selektion« ging rasch voran. Bald würde ich an der Reihe sein. Ich besaß keinen Arbeitsausweis, nur eine kleine gekritzelte Notiz, die mir von meinem Freund Kuba Zilberberg gegeben worden war und die mich berechtigte, zur Többens Werkstatt zu gehen und mich dort registrieren zu lassen. Dennoch war das besser als gar keine Papiere. Ein mondgesichtiger Deutscher nahm den Zettel und hielt ihn einen Augenblick lang in der Hand. Er warf mir einen skeptischen Blick zu und fragte ironisch: »Ist das Ihr Arbeitsausweis?«

»Ja«, murmelte ich, »das ist mein Arbeitsausweis von Többens.« Ich hatte seinen Urteilsspruch vorausgeahnt und wollte es nun ungeduldig hinter mich bringen. Der Inspekteur warf mir einen weiteren durchdringenden Blick zu.

»Nach rechts!«

Ich konnte meinen Ohren kaum trauen – gehörte ich wirklich zu den Glücklichen? Im nächsten Augenblick wurde ich zu dem Lager der »Sicheren« geführt.

Dort war die Menge kleiner, und ich hatte einen guten Überblick über die ganze Szene. Ich überflog die riesige Menschenmenge mitten auf der Straße, voller Angst, meine Mutter und meinen Bruder unter den für die Deportation Bestimmten zu entdecken. Aber ich konnte sie nirgends sehen; nicht unter denen, die, wie ich, verschont worden waren.

Auch die Menschen um mich herum suchten die Straßenmitte nach ihren Familien ab. Hin und wieder versuchte einer von den Verschonten, zu der Gruppe derjenigen, die deportiert werden sollten, zu gelangen, aber die Ukrainer versperrten ihnen den Weg. Wir, die in Sicherheit auf dem Bürgersteig standen, tauschten kein einziges Wort. Wir alle betrachteten die Gruppe der anderen in stummer Qual.

Während die »Selektion« andauerte, kamen Lastwagen und Straßenbahnwagen, die uns den Blick verstellten. Wir konnten nur sehen, wie sich die Fahrzeuge langsam mit Menschen füllten. Die Ukrainer bewachten mit gezückten Pistolen die Eingänge der Wagen. Einige Juden von unserer sicheren Seite unternahmen einen letzten verzweifelten Versuch, ihre dem Untergang geweihten Verwandten zu erreichen.

Unsere Augen waren starr auf die Wagen gerichtet, die völlig überladen wieder fortfuhren, in der Hoffnung, und gleichzeitig voller Angst, einen Verwandten oder einen Freund zu sehen.

»Faiga – Faiga …« Ich glaubte, die Stimme meines Bruders zu hören. Ich bemühte mich, durch die Fenster des Straßenbahnwagens etwas zu sehen, aber die Gesichter dahinter waren schwer zu erkennen. Die schwere Hand eines Ukrainers auf meiner Schulter hielt mich zurück.

Einer nach dem anderen verschwanden die Autos und Waggons in der Zelazna. Nun gab es keinen Tumult mehr, überhaupt kein Geräusch mehr, nur das rauhe Gelächter der Deutschen, das in dem verlassenen Gebäude widerhallte. Die Straßenmitte war leer. Neben dem Bordstein lagen die Leichen zweier Juden. Zerfetzte Kleidungsstücke und Schuhe lagen überall verstreut herum. Eine kleine Gruppe von Ukrainern durchstöberte einen Sack, den einer der Deportierten zurückgelassen hatte; die Deutschen waren bereits zu ihren Autos zurückgegangen. Wir wenigen, die verschont worden waren, standen da mit leeren Gesichtern, sprachen nicht, starrten die Straße hinunter auf das letzte der Fahrzeuge, die unsere verlorenen Verwandten mit sich nahmen.

Der Umschlagplatz

Meine Lieben waren fort. Was sollte ich nun tun? An wen sollte, an wen konnte ich mich wenden?

Gemeinsam mit meiner Schwester, die noch immer ihre sichere Stelle in der öffentlichen Küche hatte, durchstreifte ich einsam und benommen das Ghetto. Wir hatten uns bereits an den jüdischen Polizisten, der in unserem Haus wohnte, gewandt, dann einige Bekannte, die mit dem Judenrat in Verbindung standen, um Rat gefragt, uns um Einfluß bemüht, geweint, gebetet und gefleht – alles ohne Ergebnis. Mit amerikanischen Dollars oder anderen

Wertsachen hätten wir Mutter und Chaim vielleicht retten können. Aber wir waren mittellos.

Unglücklich durchstreiften wir den Umschlagplatz, um Neues zu erfahren. Andere taten dasselbe. Der Schneider Mintz, ein Nachbar und Bekannter von uns, arbeitete in der Nachtschicht bei Többens. In derselben Razzia, in der auch unsere Mutter und unser Bruder gefaßt worden waren, wurde er zusammen mit seiner Frau und zwei Schwestern ergriffen und zum Umschlagplatz geschickt, wo sie die ganze Nacht verbracht hatten. Glücklicherweise kam an diesem Morgen sein deutscher Aufseher aus der Fabrik, um bei den deutschen Behörden Fürsprache einzulegen, und eine Gruppe von Többens' Arbeitern, zu denen Mintz gehörte, wurde freigelassen. Er hatte jedoch in dieser Nacht auf dem Umschlagplatz meine Mutter und meinen Bruder gesehen und brachte eine Nachricht von ihnen – einen Fetzen Papier, auf den mein Bruder Chaim mit Bleistift eine Botschaft gekritzelt hatte.

Sie ständen gerade an, um sich ihre Brotration abzuholen, hatte Chaim geschrieben. Sie seien unerträglich hungrig und durstig und wollten sich lieber beeilen, ehe es kein Essen mehr gab und sie ohne eine Brotkrume in die Waggons gestoßen würden. Das war alles … und es waren die letzten Worte, die ich von meiner Mutter und meinem Bruder hörte.

Ich wußte, daß sie seit zwei Tagen ohne Nahrung gewesen waren, denn ich war nach meiner Freilassung in die Wohnung zurückgegangen und hatte dort einen halbverschütteten Sack Mehl auf dem Tisch und einen leeren Teller mit einem Glas Wasser daneben gesehen. Meine Mutter hatte gerade begonnen, Mehlklöße für die Suppe zuzubereiten, als die Razzia begann. Sie hatte keine Gelegenheit mehr, ihre Arbeit zu Ende zu führen.

Ich überhäufte Mintz mit Fragen: In welcher Verfassung waren die Deportierten? Aber er war zu gepeinigt, um zusammenhängende Antworten zu geben.

»Es wimmelt vor Menschen«, sagte er hustend. »Kinder und

Alte, Männer und Frauen, wo du hinsiehst, alle durcheinander. Ein Menschenmeer, und doch ist jeder einsam, in sich gekehrt. Verzweiflung … es gibt niemanden, mit dem man reden, den man fragen könnte. Und kein Wasser – nichts, nichts …« Er brach schluchzend zusammen. Auch wir brachen zusammen und weinten über unser eigenes Unglück.

Da ich immer noch hoffte, etwas für meine Mutter und meinen Bruder tun zu können, rannte ich ein zweites Mal mit einem kleinen Essenspaket zum Umschlagplatz. Unterwegs traf ich unsere Nachbarin Frau Zachermann. Während der Razzia in unserer Straße am Tag zuvor, als sie noch in der Többens Fabrik arbeitete, hatten die Deutschen ihre drei kleinen Kinder mitgenommen. Sie hatte versucht, die Kleinen mit ihrem gültigen Arbeitsnachweis herauszubekommen, aber ohne Erfolg. Beladen mit Päckchen eilte sie nun mitten die Straße hinunter und starrte geradeaus, als hätte sie in der Ferne etwas Wichtiges gesehen.

Ich bat sie, einen Augenblick zu warten, damit ich ein paar Zeilen kritzeln konnte, die ich in das für meine Familie bestimmte Essen stecken wollte – falls sie noch dort waren. Sie sah mich verdutzt an, als ob sie mich nicht verstanden hätte, dann riß sie mir das Paket aus der Hand und rief aus: »Tut mir leid, aber ich kann nicht länger warten! Ich muß mich beeilen, meine kleine Tochter wird schon weinen!« Ihr kamen die Tränen, als sie von ihrer zweijährigen Tochter sprach. Sie biß sich auf die Lippen, um sich zu beherrschen, und sagte: »Gott weiß, ob ich sie jemals wiedersehen werde.« Sie setzte den Korb wieder auf ihre Schultern und fragte: »Und was ist mit Ihnen?«

Was konnte ich sagen? Immer wieder hatten meine Schwester und ich davon gesprochen, uns Mutter und Bruder anzuschließen und ihr Schicksal zu teilen. Aber irgendwie hatten wir gezögert, weil uns die Furcht vor dem Unbekannten zurückhielt. »Ich werde hier noch ein bißchen umherlaufen«, antwortete ich schwach. »Vielleicht finde ich noch einen Weg, sie herauszubekommen.«

»Sie verschwenden Ihre Zeit«, kommentierte Frau Zachermann mit einem schiefen Lächeln. »Das habe ich auch schon versucht.« Und ohne auf eine Antwort zu warten küßte sie mich. »Nun, wahrscheinlich werden wir uns nicht mehr wiedersehen.« Sie eilte davon.

Ich stand da wie betäubt, während meine Augen ihr jenseits der Ghettomauer folgten. Zum ersten Mal erkannte ich die schreckliche Wahrheit, daß nicht nur die freundliche Frau Zachermann, sondern auch meine Mutter und mein Bruder für immer aus meinem Leben verschwunden waren.

Die »Freiwilligen«

Zehn Tage, seitdem die Deportationen begonnen hatten – war das erst so kurze Zeit her? Wir hatten so viel durchgemacht.

Tausende und abertausende von Juden waren bereits deportiert worden, und niemand wußte genau, wo sie sich aufhielten. Einige dachten noch immer, man habe die Deportierten für irgendeine Arbeit eingesetzt. Ein Gerücht lautete, man habe sie eilig in die Stadt Smolensk nahe der deutsch-russischen Front geschafft, um dort Schützengräben auszuheben. Aber mittlerweile neigte eine stetig wachsende Zahl von Juden dazu, die schrecklichen neuen Gerüchte zu glauben, daß alle Versprechen der Deutschen falsch waren und die sogenannte »Umsiedlung« in Wirklichkeit nur eines bedeutete – den Tod! Wir wehrten uns gegen diesen schauerlichen Gedanken. Unsere Lieben waren unter den Deportierten. Nein, sie mußten noch am Leben sein, sie waren sicher noch am Leben … irgendwo …

An jedem Tag, den die Razzien andauerten, schleppten sich Juden, allein oder in kleinen Gruppen, Eltern und Kinder, beladen mit Bündeln, Körben und verbeulten Koffern, ihrer letzten erbärmlichen Habe, durch die nun fast leeren Straßen zum Umschlagplatz. Einige gingen langsam und mit gesenkten Köpfen, andere eilten dahin, als ob sie keine Zeit hätten. Keiner hielt sie auf oder versperrte ihnen den Weg: Das waren die »Freiwilligen«. Das Ghetto beobachtete ihren stummen, resignierten Marsch ohne Erstaunen. In den Verstecken und Fabriken schmerzte so manches Herz vor stummer Bewunderung für die Kraft, die diese Menschen dazu gebracht hatte, wenigstens diesen entscheidenden Schritt zu tun. Meine Schwester und ich konnten diesen Mut nicht aufbringen.

Das Ghetto war von Hoffnungslosigkeit erfüllt. Es gab nicht die geringste Sicherheit. Erschöpft wie sie waren vor Entbehrung, ausgemergelt oder aufgetrieben vor Hunger, zermürbt von der ständigen Furcht, gefangengenommen zu werden, gaben viele den Kampf einfach auf. Ihre diabolische Taktik brachte den Deutschen eine reiche Ernte ein. Der Hunger trieb die ausgehungerten Juden zu den Warteschlangen, wo jeder seine drei Kilo Brot erhielt – bevor sie in die bereitstehenden Eisenbahnwaggons gestoßen wurden. Drei Kilo Brot wogen schwer in den Augen eines Verhungernden. Die Versuchung, nur einmal den nagenden Hunger zu stillen, verdunkelte alle anderen Gedanken, einschließlich der Furcht vor dem Unbekannten, dem Bestimmungsort der Eisenbahnwaggons. In seiner tragischen Hilflosigkeit ließ sich das Opfer von den beruhigenden Versprechungen der Deutschen, sein täglicher Überlebenskampf werde bald ein Ende haben, einlullen …

Vielleicht stimmte es ja, und es wartete wirklich Arbeit auf sie.

Jakub Katz, ein Barbier aus Kalisz, den ich als einen intelligenten Mann während meiner Arbeit im Untergrund kennengelernt hatte, war 1940 zusammen mit seiner Frau und seinen beiden Töchtern nach Warschau vertrieben worden, wo seine Familie einige Zeit im Flüchtlingslager in der Leszno 14 dahinvegetierte. Katz hatte hart gearbeitet, Hunger und Kälte ertragen, hatte kaum für das Nötigste sorgen können und doch gehofft, er könne den

Sturm überstehen. Ich traf ihn in den ersten Tagen der deutschen Razzien. Entnervt und ausgehungert teilte er mir mit, daß seine Frau bereit sei, sich den Deutschen zu ergeben. »Und Sie?« fragte ich erstaunt. Schließlich war Katz mit der Untergrundpresse vertraut. Er hätte es besser wissen müssen, als den deutschen Versprechungen zu glauben. Was war nur über ihn gekommen?

»Man kann nicht bis in alle Ewigkeit Hunger leiden«, sagte er düster. »Wir haben keine Kraft mehr, um weiterzumachen. Wir werden hier ohnehin zugrunde gehen.« Sein fahles, ausgemergeltes Gesicht und seine traurigen, eingesunkenen Augen bestätigten seine Worte. Schon am nächsten Tag erfuhr ich, daß er das Ghetto verlassen hatte.

Die Witwe Chaveleh, deren Mann im Krieg gestorben war, kam oft zu uns nach Haus. Sie lebte in der Mila 48 und war glücklich, wenn sie für ihre Dienste als Näherin mit einer Schüssel Suppe und einem Stück Brot bezahlt wurde. An dem Abend, nachdem meine Mutter und mein Bruder fortgebracht worden waren, kam sie in Mutters Wohnung, als ich zufällig dort war. Schüchtern blieb sie auf der Schwelle stehen, ein kleine verschrumpelte Frau mit einem Korb, und fragte mich nach meiner Mutter. Sie war gekommen, um sie um ein paar Zloty zu bitten – zum letzten Mal, sagte sie und fügte hinzu: »Sehen Sie, ich gehe gleich zum Umschlagplatz, um die drei Kilo Brot zu bekommen, und vielleicht finde ich hin und wieder Arbeit als Näherin in einer anderen Stadt.«

Als sie von unserem Unglück erfuhr, kam plötzlich ein merkwürdiger Glanz in ihre stumpfen Augen; sie schien zu frohlocken. Sie müsse sich jetzt beeilen, sagte sie, wenn sie meine Mutter noch einholen wolle. Es sei leichter, mit Freunden zu reisen. Hunger war nicht der einzige Grund, aus dem sich die Menschen freiwillig ergaben. Es gab Juden, die weiterhin im Ghetto sicher gewesen wären, die echte Arbeitspapiere und auch Arbeit in deutschen Fabriken besaßen. Sie wurden von den schwierigen Bedingungen ringsumher nicht zermürbt. Im Gegenteil, sie hegten immer noch einen starken Willen zu überleben und Widerstand zu leisten. Und dennoch gingen sie freiwillig zu den wartenden Eisenbahnwaggons. Sie taten dies nur aus einem einzigen Grund: Sie wollten nicht von ihren Familien getrennt werden.

Abramek Bortenstein war sich des Schicksals, das die Deportierten erwartete, wohl bewußt gewesen. Er arbeitete in Roerichs Fabrik in der Nowolipki 74. Er hätte Arbeitspapiere bekommen und in Warschau bleiben können. Doch während der Razzia in der Mila, als seine Frau und seine einjährige Tochter vertrieben zu werden drohten, hatte er seine Arbeit aufgegeben – der einzige sichere Ort damals – und war mit seiner Familie in ein Versteck gegangen. Zusammen mit einer Gruppe von Juden hatten sie sich auf einem Speicher versteckt. Die Luft auf dem Dachboden war zum Ersticken, und das Baby wimmerte. Die anderen in der Gruppe fürchteten, daß die Schreie des Babys sie verraten würden, und zwangen Abramek, mit seiner Familie das Versteck zu verlassen. Draußen auf der Straße setzten die Deutschen unterdessen ihre Selektion der Ghettobewohner fort: unbeschäftigte Juden nach links, Beschäftigte nach rechts. Abramek zeigte seine Arbeitspapiere nicht vor, er folgte seiner Familie schweigend nach links, anstatt sie im Angesicht des Todes zu verlassen.

Auch einer meiner Schulkameraden, Jurek Blones, der letztlich am Aufstand teilnehmen sollte, wurde zusammen mit seinem jüngeren Bruder Lusiek zum Umschlagplatz gebracht. Während einige in die Waggons verladen wurden, wurden andere junge Männer ausgewählt und wieder zur Arbeit geschickt. Jurek, der zweiundzwanzig Jahre alt und ein fähiger Automechaniker war, hätte sich retten können. Aber man hätte es seinem kleinen Bruder nicht erlaubt, zu bleiben. Genau in diesem Augenblick wurde Jurek von einem deutschen Kollegen entdeckt, der ihm Zeichen gab, zur Seite zu treten. »Du könntest noch in der Fabrik von Nutzen sein«, sagte er.

»Aber was ist mit meinem kleinen Bruder?« entgegnete Jurek.

»Er muß deportiert werden«, war die Antwort.

»Dann bleibe ich bei ihm; er wäre nicht dazu in der Lage, für sich selbst zu sorgen.«

Jurek und sein Bruder wurden in einen Güterzug mit dem Ziel Treblinka gestoßen. Irgendwie schnitt Jurek ein Loch in den Waggon, und die beiden Brüder sprangen aus dem rasenden Zug. Wie durch ein Wunder überlebten sie und erreichten Warschau. Ich traf sie, kurz nachdem sie sich in das Ghetto zurückgeschmuggelt hatten. Schließlich schlossen sich die beiden Brüder einer Widerstandsorganisation an. Beide zeichneten sich während des Warschauer Ghettoaufstandes aus.

Meine Schwester und ich trafen eine ähnliche Entscheidung. Als ich erfuhr, daß für die öffentliche Küche in der Nowolipki, wo sie arbeitete, eine Razzia geplant war, jagte ich zu ihr, um sie vor der bevorstehenden Gefahr zu warnen, und bat sie inständig, sich zusammen mit mir zu verstecken. Wir seien die einzigen Überlebenden in unserer Familie, sagte ich; wir sollten wenigstens zusammenbleiben. Entweder wir entkämen alle beide, oder wir gingen den letzten Weg gemeinsam. Sie hörte aufmerksam zu, dann antwortete sie mit zitternder Stimme: »Es tut mir leid, ich kann meinen Posten nicht verlassen.«

Um mich zu beruhigen, versuchte sie mir zu versichern, die Deutschen würden keine Arbeitenden belästigen. Kein Betteln meinerseits konnte sie umstimmen. Am selben Tag wurde die ganze Belegschaft der Küche in einen der Deportationszüge verladen. Meine Schwester ging mit ihnen.

In der Werkstatt

Ich war jetzt allein – meine Mutter, meine Schwester und mein Bruder waren auf dem Weg in eine schrecklich ungewisse Zukunft. Mein Herz pochte nicht mehr so stark wie früher während der Razzien. Es gab jetzt nicht mehr viel, wovor man sich noch hätte fürchten können.

Einige wenige, die das Glück hatten, aus Treblinka zu entkommen, kamen mit den Geschichten über ihre grauenhaften Erlebnisse in das Ghetto zurück. Ich weigerte mich zu glauben, meine Lieben könnten tot sein. Denk besser nicht darüber nach, sagte ich mir: Sie müssen noch irgendwo am Leben sein. Ich bedauerte oft, nicht mit ihnen gegangen zu sein. Warum sollte ich mich der ständigen Qual, der ständigen Furcht vor der Deportation aussetzen, wenn es ohnehin keinen Ausweg gab? Ich war deprimiert und apathisch und lebte in diesen Tagen wie eine Maschine.

Es war, als sei mein Herz versteinert, als hätte sich mein Lebenswille aufgelöst. Wären meine Freunde nicht gewesen, so wäre ich mehr als einmal in die Falle gegangen. Sie ließen mich in dieser schweren Zeit nicht im Stich.

Wenige Tage, nachdem meine Familie zum Umschlagplatz gebracht worden war, besuchte mich Kuba Zilberberg. Er sorgte dafür, daß ich in der Werkstatt seines Vaters in der Muranowska 38 eine Stelle bekam. Während wir in der Rikscha fuhren, erzählte mir Kuba, daß diese Werkstatt eine Zweigstelle der Többens-Fabrik sein werde und daß er bereits mehreren anderen Freunden dort eine Arbeit verschafft habe. Aber diese unerwartete Aussicht auf Sicherheit machte kaum Eindruck auf mich; ich war allem gegenüber gleichgültig. Kuba schien meine Gedanken zu spüren und versuchte mich zu trösten. »Noch ist nicht alles verloren. Wir werden den Sturm schon überleben.« Drei Tage später, als er einen anderen Freund zur Werkstatt fuhr, wurde er selbst zu den Deportationszügen fortgebracht.

In der Werkstatt, der ich zugeteilt worden war, liefen immer noch die letzten Vorbereitungen. Juden liefen geschäftig in drei riesigen Räumen umher, die mit Nähmaschinen, Tischen, langen Bänken und anderem Arbeitsgerät eingerichtet waren. Die Angestellten unterhielten sich laut miteinander, während sie von einem Raum in den anderen gingen. »Wann fangen wir an zu nähen?« fragten sie immer wieder die Beamten.

Hin und wieder eilten die überarbeiteten Besitzer, Zilberberg, Helfgot und Friedman – sie alle waren frühere Textilwarenhändler –, herbei, um an den Aufseher zu appellieren:

»Entweder wir fangen jetzt an, oder es gibt eine Katastrophe.«

Obwohl sich viele für die erhältlichen Jobs in der Werkstatt bewarben, waren nur wenige von ihnen gelernte Schneider. In den ersten Tagen mußte vielen der angeworbenen Arbeiter erst gezeigt werden, wie sie mit einer Nadel umzugehen hatten. Grauhaarige Köpfe nickten aufmerksam zu den Anleitungen, die ihnen Jüngere erteilen mußten. An den Tischen entlang standen jeden Tag Schlangen von Frauen, die auf eine freie Stelle warteten. Kaum hatte ein Arbeiter seinen Platz verlassen, setzte sich schon eine eifrige Anwärterin mit der Forderung: »Ich will auch nähen!«

Es wurde gezankt und geweint. Einige Frauen hatten Stühle von zu Hause mitgebracht, aber es nützte nichts; die Frauen, die noch auf eine Stelle warteten, mußten abgewiesen werden. Die Älteren waren die Verzweifeltsten; sie waren sich sehr wohl der Tatsache bewußt, daß die Deutschen sie am allerwenigsten brauchen würden.

Schließlich hatten die meisten Bewerber eine Stelle bekommen, und die Werkstatt nahm die Arbeit auf. Aber kurz darauf zogen neue Wolken auf: Es gab Spannungen in den Beziehungen zu Többens, und die Lieferung neuer Uniformstoffe wurde zurückgehalten. Die Gefahr der Betriebsschließung schwebte über uns; unsere Sicherheit stand auf dem Spiel. Die unbeschäftigten Arbeiter saßen mit grimmigen Gesichtern über ihren stillen Nähmaschinen und erzählten sich zum hundertsten Mal die Gerüchte, die sie von den Büroangestellten aufgeschnappt hatten: Többens hielt seinen Vertrag nicht ein, er forderte eine exorbitante Summe, er bestand darauf, daß die Zahl der Beschäftigten reduziert werde. Tage vergingen ohne Arbeit, und doch meldete sich jeder regelmäßig bei der Werkstatt zur Arbeit. Es war sicherer dort als zu Hause.

Während einer dieser Phasen, in denen nicht gearbeitet wurde, veranstalteten die Deutschen eine Razzia. Wir wurden von einem jüdischen Polizisten alarmiert, dessen Frau eine unserer Mitarbeiterinnen in der Werkstatt war. Jede von uns griff hastig nach einem zugeschnittenen Stoffstück und begann wie wild zu nähen. Ältere Frauen legten Make-up auf; die Jüngeren bürsteten ihr Haar. Mütter suchten panisch nach einem Versteck für ihre Kinder. Zwei junge Mütter verbargen ihre Kinder in einem Kleiderschrank. Sogar die Büroangestellten griffen nach einem Stück Stoff und gaben vor, eifrig zu nähen.

Wir hörten Stimmen auf der Straße. Wir waren schreckerfüllt, aber niemand wagte aufzusehen. »Sie sind schon im Hof!« verkündete der jüdische Polizist, unser Späher, atemlos. Eine unheimliche Stille breitete sich im Raum aus. Wir konnten hören, wie Türen geöffnet wurden, dann schwere Schritte auf der Treppe. Augenblicke später rief der Aufseher aus: »Sie sind hier! Schaut nicht zur Tür! Arbeitet weiter!«

Die Nähmaschinen begannen zu klappern; mein Herz pochte. Als ich verstohlen aufsah, erblickte ich mehrere Deutsche und Ukrainer am Eingang zu unserem Raum.

»Sind das alle Arbeiter hier?« fragte eine schroffe deutsche Stimme.

»Hat sich keiner versteckt?« folgte der Offizier.

»Nein, Herr Offizier«, kam die Antwort.

Die Deutschen durchstöberten die Schränke und die Stoffstükke. Wir wagten nicht, die Köpfe zu heben; wir wagten nicht, mit der Arbeit aufzuhören. Schließlich schloß sich die Tür. Die Deutschen und ihre Eskorte waren zum nächsten Raum weitergegangen. Von dort konnten wir ein Kind schreien hören und dann den gellenden Schrei einer Frau. Das versteckte Kind war gefunden worden. »Weiterarbeiten! Weiterarbeiten!« zischte der Aufseher.

Aber unsere Hände nähten nicht mehr. Wir lauschten auf das kleinste Geräusch aus dem Nebenraum. Noch mehr Schritte. Unsere Tür flog auf, und zwei Ukrainer stürmten wieder hinein, suchten wie wild unter den Tischen und Maschinen und kippten den Stoffstapel um. Dann stürmten sie wieder hinaus. Wir atmeten leichter. Gott sei Dank hatten sie nicht den Schrank durchsucht. Einige Minuten lang konnten wir im Nebenraum eine harsche deutsche Stimme hören, aber die Worte waren nicht zu verstehen. Dann herrschte Stille.

Geduld! Noch nicht bewegen! Die Deutschen könnten zurückkehren! Schließlich hörten wir die Stimme des jüdischen Polizisten: »Sie sind weg!«

Die Werkstatt verwandelte sich in ein Irrenhaus. Wir wollten wissen, wer mitgenommen worden war, wie viele und wie. Mehrere alte Menschen waren ergriffen worden, ebenso die Mutter und ihr Kind. Die Betriebsbeamten waren aufgebracht, weil die Deutschen ein Kind auf ihrem Gelände gefunden hatten. Das konnte nichts Gutes bedeuten. Jedermann war in Sorge. »Wenn die Arbeiter in ihren Betrieben festgenommen werden können, dann ist man nirgendwo mehr sicher«, sagte jemand voller Vorahnung.

Bevor wir uns von diesem Vorfall erholen konnten, wurde unser Betrieb gestürmt. Dieses Mal nahmen die Deutschen ein Drittel der Arbeiter mit, die meisten waren alte Männer und Frauen und Kinder. Ich entkam um Haaresbreite. (Während der vorausgegangenen Tage waren meine Füße vom Hungern so angeschwollen, daß ich keine Schuhe anziehen konnte. Ich hatte für einige Tage bei Manja Wasser, der Frau eines *Bund*-Anführers, Zuflucht gefunden, die mich gedrängt hatte, einen Tag in ihrem Haus zu bleiben.)

Es schien, daß uns nichts mehr vor unserem Schicksal retten konnte, nicht einmal die deutschen Betriebe, obwohl sie als einzige die Erlaubnis hatten, Juden auf ihrem Gelände zuzulassen. Und doch klammerte sich jeder an diesen letzten Fetzen von Hoffnung. »Vielleicht wird eine gewisse Anzahl von Betrieben verschont bleiben, und ich werde dazugehören«, hoffte jeder. Es war dasselbe in den anderen Betrieben. Aber man hatte keine Zeit zum Grübeln, man mußte auf der Hut sein.

Ich verbrachte eine außergewöhnliche Nacht in Manja Wassers Haus. Es gab Gerüchte, die Deutschen würden eine nächtliche Razzia durchführen. Durchsuchungen und Deportationen fanden normalerweise am Tage statt, aber diese Razzia war für die Nacht angesetzt. Unsere Gruppe, darunter Roma Brandes – Manjas Schwester, die zuvor an einer jüdischen Schule unterrichtet hatte –, ging nicht zu Bett, sondern saß mit verhaltenem Atem um eine kleine Lampe herum hinter zugezogenen Vorhängen, damit uns das Licht nicht verriet. Würde es eine Razzia geben, oder war das nur ein Gerücht? Gespannt lauschten wir nach dem geringsten Geräusch. Ein Auto fuhr vorüber. Das Stapfen von Stiefeln. Zum Glück hielten sie nicht vor unserem Haus. Unsere Herzen klopften. Die Nacht vergrößerte unsere Ängste. Wir saßen starr auf unseren Stühlen; schon das Geräusch der geringsten Bewegung würde wahrscheinlich unwillkommene Aufmerksamkeit erwecken, und so saßen wir einfach da, starrten einander an …

»Ich möchte euch gerne etwas über eine Reise nach Wien erzählen, die ich einmal gemacht habe«, durchbrach Roma plötzlich das Schweigen.

»Was willst du uns erzählen?« fragte eine andere Stimme überrascht.

»Von Wien«, wiederholte sie. Sie schien in Gedanken versunken zu sein und mit ihren Augen, die merkwürdig in der Dunkelheit glitzerten, ganz woanders. Sie schien völlig ruhig zu sein und brachte sogar ein schwaches Lächeln zustande. Sie wirkte ausgesprochen seltsam. Wie konnte sie ausgerechnet jetzt an Wien denken?

»Laß es gut sein«, sagte jemand bissig. »Wir müssen ganz still sein, damit wir verdächtige Geräusche hören können.«

»Und wenn die Deutschen kommen, kann uns so und so nichts retten«, versetzte Roma und begann, ohne auf unsere Zustimmung zu warten, mit ihrer Erzählung. Keiner unterbrach sie. Zunächst tauschten wir bedeutungsvolle Blicke. Die Anspannung hat sie mitgenommen, dachten wir. Wir konnten ihr ebensogut erlauben, sich zu erleichtern.

Nach und nach gewannen ihre Worte an Bedeutung. Sie gab uns eine anschauliche Beschreibung von Wien, wo die Olympischen Spiele abgehalten worden waren, und beschrieb das festliche Aussehen der Metropole und der jubelnden jungen Athleten. Sie erzählte uns von den Paraden und von der Gastfreundschaft der Österreicher. Ihre Geschichte faszinierte uns immer mehr. Sie erzählte sie mit einer seltsamen Inbrunst, fließend und voller Farben.

»Das reicht!« unterbrach sie jemand. »Ich kann das nicht mehr ertragen. Wie kannst du Wien in diesen Zeiten noch preisen? Wo sind sie denn jetzt, deine edlen Österreicher?«

Diese Bemerkung ernüchterte uns. Mit einem Schlag gewann die nackte Wirklichkeit wieder die Oberhand. In der Tat – wo waren die Österreicher oder überhaupt irgend jemand? Im Ghetto hatte man nicht genug Zeit oder Seelenfrieden gehabt, darüber nachzudenken.

Roma ließ sich nicht abhalten. »Glaubt ihr, daß die ganze Welt weiß, was im Ghetto vor sich geht, und so grausam und blutdürstig ist?« fragte sie.

»Ich weiß nicht, was ich heute noch denken soll. Ich weiß nur, daß wir in der Klemme sind«, erwiderte einer bitter.

Darauf folgte eine hitzige Diskussion. Die Gruppe vergaß die lauernde Gefahr. Unsere schwärenden Wunden brachen auf; wir machten unserer Enttäuschung über unsere Nachbarn Luft und unserem Groll auf sie, auf die ganze Welt.

Die Zankerei ging mir auf die Nerven, und ich beteiligte mich kaum an der Diskussion. Wien mit seinen Olympischen Spielen schien unwirklich und weit fort. Aber ich fühlte, daß Romas Erzählung ihren Glauben an die Menschheit widerspiegelte.

Sie argumentierte, unsere mißliche Lage sei ausschließlich darauf zurückzuführen, daß die ganze Welt nun in einen blutigen Krieg verwickelt war.

»Rechtfertigt so ein Krieg unsere totale Vernichtung?« fragte jemand. »Wenn das deutsche Volk dafür verantwortlich gemacht worden wäre, vielleicht hätten sie dann das Gemetzel eingestellt.«

Die Diskussion dauerte an, bis die Morgendämmerung durch die Vorhänge drang. Kurze Zeit später, während einer der ausgedehnten Razzien in der Mila, wurde Roma nach Treblinka deportiert. Aber ihre Worte – und mehr noch vielleicht ihr Glaube an die Menschheit – sollten noch für lange Zeit in meinem Kopf und in meinem Herzen bleiben.

Vom Fenster des Verstecks in der Gesia 13 sah ich den Marsch des Waisenhauses von Janusz Korczak. Die Kinder gingen still, sie trugen Bettücher, sie hielten sich bei der Hand, umgeben von deutschen Soldaten und angeführt von Dr. Korczak, einem gebeugten, alternden Mann. Er, der entgegen aller Erwartung sein Waisenhaus und die Schule im Ghetto weiterbetrieben hatte, begleitete nun seine Schützlinge auf ihrem Weg in den Tod. An diesem Tag »liquidierten« die Deutschen die letzten verbliebenen Kindereinrichtungen im Ghetto.

Unsere Peiniger erließen neue Verordnungen. Das »Kleine Ghetto« sollte liquidiert werden; allen jüdischen Bewohnern der südlichen Sektion, angefangen mit der Chlodna, wurde befohlen, ihre Häuser innerhalb von 24 Stunden zwischen dem 9. und 10. August 1942 zu räumen. Nur diejenigen, die in den Betrieben von Többens und Roerich arbeiteten, waren ausgenommen. Allen ohne Beschäftigung, einschließlich der Verwandten derjenigen, die für die deutschen Betriebe arbeiteten, wurde befohlen, sich beim Umschlagplatz in der Stawki einzustellen. Jeder Arbeitslose, der nach dem Ultimatum noch im Kleinen Ghetto vorgefunden würde, würde sofort erschossen.

Dem folgte ein Erlaß auf dem Fuße, der befahl, bestimmte Straßen seien bis zum 20. August zu räumen. Die deutschen Betriebe sollten in bestimmten Sektoren zusammengezogen werden, wo die Arbeiter auch ihre Wohnquartiere erhalten sollten. Den Beschäftigten der deutschen Unternehmen war es nicht erlaubt, die Gebiete zu verlassen, die man ihnen zugewiesen hatte. Sollten sie an einem anderen Ort entdeckt werden, würden sie »umgesiedelt«. Das galt auch für unseren Betrieb. Dieser sollte mit den anderen Többens-Abteilungen zusammengelegt werden und in das Gebäude des ehemaligen jüdischen Krankenhauses in der Nowolipie 69 umziehen.

Verwirrung und Aufruhr waren die Folge; Familien, deren Mitglieder an unterschiedlichen Orten arbeiteten, wurden auseinandergerissen, während die, die keine Arbeit hatten, völlig ratlos waren. Bei der Wohnungszuteilung brachen Kämpfe aus. Die Menschen belegten jedes Quartier, das sie finden konnten, und wurden doch nur von der jüdischen Polizei wieder ausgewiesen. Die Menschen aus dem Kleinen Ghetto zogen in das Hauptghetto um; Leute hasteten hin und her, schoben Handkarren oder trugen Säcke und Bündel. Kleine Kinder wurden heimlich transportiert; da sie nicht arbeiten konnten, hatten sie gar kein Recht, im Ghetto zu sein.

Hin und wieder hielt ein verwirrter Jude inne und fragte: »Ist es sicher, wenn ich weitergehe?« Jeder war von der Furcht beherrscht, in die Falle einer Razzia zu geraten und deportiert zu werden. Es herrschte ständiger Aufruhr in den Straßen; Lastwagen mit Betriebsausrüstungen und Maschinen rollten in einem ununterbrochenen Strom vorüber. Morgens und abends, wenn die Razzien zeitweise aufhörten, füllten sich die Straßen mit Juden, die mit ihren lebenswichtigsten Dingen umherliefen. Die Menschen hatten sich schnell mit der Idee versöhnt, daß sie fast alles, was sie besaßen, aufgeben mußten. Das einzige, was jetzt zählte, war eine neue Unterkunft.

Auf der Straße stolperte man über die Leichen von Juden, erschossen vielleicht, als sie versuchten, einer »Blockade« zu entgehen. Die Straßen waren übersät mit zerbrochenem Mobiliar, zerrissenem Bettzeug, altem Küchengerät – Dingen, denen niemand die geringste Aufmerksamkeit schenkte. Es war nun keine Zeit zu verlieren; man mußte sich beeilen, um das Ultimatum für die Suche nach einem neuen Quartier einzuhalten. An unserem Bestimmungsort gab es großes Gedränge und zornige Wortgefechte über die passenden Quartiere; die Spätankömmlinge mußten in die Räume ziehen, die keine Fenster oder Türen hatten.

Der Transfer dauerte zwei Wochen an; währenddessen setzten die Deutschen ohne Unterlaß ihre grausige Arbeit fort, umzingelten ganze Wohnblocks und deportierten tausende von Juden.

Unser neues Quartier lag in einem baufälligen vierstöckigen Gebäude, aus dem die Deutschen fast alle vorigen Bewohner evakuiert hatten. Was sie zurückgelassen hatten, erinnerte noch an ihr Leben in diesem Haus; zerfetzte Kleidung und Bettücher, alte Schuhe und Glaswaren lagen verstreut auf dem Boden und in den geöffneten Schränken.

Unsere neue Werkstatt im ehemaligen jüdischen Krankenhaus lag in einer völlig anderen Umgebung als unsere alte Arbeitsstätte. Es war ein moderner weißer Bau mit einem kleinen Garten, langen Fluren und vielen Türen und Treppen, die in geräumige Zimmer führten. Das Tageslicht strömte durch die breiten, hohen Fenster hinein und blendete unsere roten, geschwollenen Augen.

Wir fühlten uns in den großen Zimmern verloren und winzig. Es war etwas Widersinniges an diesen Glastüren und dem weißen Inneren, das nicht zu unserer traurigen Verfassung paßte. Wir hatten uns in der schmutzigen, engen Werkstatt in der Muranowska viel mehr zu Hause gefühlt, wo wir bereits jeden Spalt und jeden Winkel, die weiter abseits gelegenen Korridore und den Dachboden kannten. Dort konnte man im Notfall in einem Nebenhaus Schutz suchen oder in der Menge der anderen Juden verschwinden. Der neue Betrieb hingegen war mit einem Stacheldrahtzaun eingegrenzt worden, der unsere Bewegungsfreiheit bis auf die uns zugeteilten Quartiere einschränkte.

Mit der Zeit gewöhnten wir uns an die neue Umgebung. Wie Automaten standen wir bei Morgengrauen auf und gingen dann geschlossen zu unseren Plätzen in der Werkstatt. Dort herrschte dann schon einiges Leben; die Arbeiter tauschten eifrig die Brote und Würstchen, die sie von den nichtjüdischen Schmugglern erhalten hatten, oder feilschten um Haushaltsgegenstände, die sie mitgebracht hatten, oder sie tauschten die jüngsten Neuigkeiten über den Krieg und Gerüchte aus.

»Die Rettung kann jederzeit kommen – man kann nie wissen«, sagte jemand hoffnungsvoll. Andere hingegen erzählten von den Juden, die am Vortag erschossen worden waren, von bekannten Persönlichkeiten, die kürzlich deportiert worden waren, oder von den Schikanen, die der Judenrat von den Deutschen hinzunehmen hatte.

Die Furcht vor dem, was der Tag bringen konnte, begleitete uns von dem Augenblick, in dem wir aufwachten, bis in den unruhigen Schlaf hinein. Dieser nervöse Austausch von knappen Fragen und zittrigen Antworten, dieses Herumhasten, damit wir stets beschäftigt waren – das war das einzige, womit wir unsere Angst in Schach halten konnten.

Eine Glocke ertönte. Das Tauschen und Handeln hörte abrupt auf. Schweigend hasteten wir zu unseren Arbeitsplätzen. Das Produktionssoll für den Tag mußte erfüllt werden. Wehe dem Arbeiter, der zurücklag und den Zorn von Herrn Murmann auf sich zog, dem großen, eleganten, grauhaarigen deutschen Aufseher, der ebenso steif und starr aussah wie sein blendend weißer gestärkter Kragen. Nichts entging seinem durchdringenden Blick. Wenn ein Arbeiter krank wurde, konnte er nur beten, daß Murmann seinen leeren Stuhl nicht bemerken und einen Mann vom Werkschutz veranlassen würde, ihn zu Hause aufzusuchen. Ein Arbeiter, der wegen hohen Fiebers nicht arbeiten konnte, war ein sicherer Kandidat für die sofortige Deportation.

Durch die Unterernährung geschwächt, von Schmerzen verfolgt und in ständiger Furcht brachen viele Arbeiter über ihren Maschinen zusammen und konnten ihr Soll nicht erfüllen. Es gab viele solcher Fälle …

Die Zeit schleppte sich dahin. Die Nähmaschinen klapperten unablässig. Unsere Köpfe waren schwer, die Zunge wie aus Pergament, die Augen brannten, denn wir sahen nichts als den grünen Stoff, den wir direkt unter der Nadel durchführten, zehn Zentimeter breit, zehn Zentimeter lang. Quadrat um Quadrat, und diese wieder zu größeren Quadraten – ein Universum aus Quadraten. Quadrate, unser einziger Horizont.

Wir ersehnten das Ende des Tages, die Schüsseln mit unserer Ration dünner Suppe und den Erschöpfungsschlaf, in den wir uns flüchten konnten vor der Schufterei und der Angst des Tages. Wenn man sich nur am nächsten Morgen nach dem Erwachen nicht in demselben Chaos wiedergefunden hätte!

Selbst die kurze nächtliche Erholung wurde uns manchmal verweigert; das nicht zu sättigende Verlangen der Deutschen nach Produktion zwang uns oft, 30 Stunden hintereinander zu schuften. An solchen Tagen tauchte Herr Murmann gerade dann auf, wenn wir uns eben nach unserer Suppenration angestellt hatten, und befahl uns barsch, zur Arbeit zurückzugehen – als Strafe, wurde uns gesagt, weil wir unserem Soll hinterherhinkten.

Bis Mitternacht waren die meisten von uns krank vor Erschöpfung. Und dennoch wagte niemand, den Kopf auf die Maschine zu legen. Murmann war hellwach – und er beobachtete uns. Er bewegte sich fast so lautlos wie eine Katze, um dann unbemerkt mit der Reitgerte in der Hand hinter seinem ausgewählten Opfer zu stehen.

In unserer Abteilung hatten wir ein Versteck, den Schrank mit den fertigen Kleidungsstücken, in dem man sich unentdeckt ausruhen konnte. Jede halbe Stunde wechselten wir uns dort ab. Murmann machte in unserer Sektion mehrmals die Runde und bemerkte nicht, daß etwas nicht stimmte, bis er eines Tages, als er den Stapel fertiger Uniformen inspizierte, einen Missetäter im Versteck entdeckte. Es war Raisel, ein sechzehnjähriges Mädchen, unsere jüngste Näherin. Mit einem teuflischen »Aha!« stürzte er sich auf sie und verprügelte sie gnadenlos, bis die Schläge seiner Peitsche ihr Stöhnen zum Schweigen brachten. Murmanns Gesicht war karmesinrot vor Wut, ihm stand buchstäblich Schaum vor dem Mund.

Niemand von uns wagte sich zu bewegen; jeder Peitschenschlag pfiff durch die Luft wie ein schriller Fluch. Als er schließlich müde wurde, schlug er dem Vormann mitten ins Gesicht und stolzierte hinaus.

Sobald er fort war, eilten wir zum Schrank, um die verletzte und blutende Raisel wiederzubeleben. Das Stöhnen und Schreien aus den anderen Abteilungen sagte uns, daß noch andere Unglückliche in Verstecken wie dem unseren gefunden worden waren oder sich anderer Dinge schuldig gemacht hatten, die Murmanns Zorn erregt hatten.

Das war unser Leben in den »ruhigen« Zeiten zwischen einer »Selektion« und der nächsten.

In den Klauen des Todes

Während der schrecklichsten Phase des Ghettos teilte ich eine Wohnung mit vier anderen, darunter mein lieber Freund Jankel Gruszka. Wir waren zusammen in dem Warschauer Untergrundkomitee der *Zukunft* gewesen, hatten zu denselben geheimen Zellen gehört und bei der Organisation illegaler Kindergruppen mitgeholfen.

Jankel kannte kaum ein eigenes Leben. Begeisterter und glühender Sozialist, der er war, widmete er sich ganz und gar der jeweiligen Aufgabe, die man ihm zugewiesen hatte. Sein Glaube an Gerechtigkeit und Menschlichkeit war echt und tief. Er war ein wahrer Idealist, dessen Wahrnehmung der Wirklichkeit manchmal von seiner Vision, wie sie sein sollte, verzerrt wurde.

»Er hätte in einer anderen Welt, in einer anderen Zeit leben sollen …«, sagte einmal ein Freund über ihn. Aber alle seine Freunde liebten ihn wegen seiner Freundlichkeit und seiner Hingabe.

In den qualvollen Tagen der Aussiedlung (ein deutscher Euphemismus für Deportation) wurde Jankel sehr deprimiert, obwohl es nicht in seiner Natur lag, sich über seine eigene Zukunft Sorgen zu machen. Hager, ausgemergelt und verzweifelt verbrachte er ganze Tage in der Isolation. Er wurde allem gegenüber gleichgültig; eine todesähnliche Apathie war an die Stelle seiner einstigen Lebhaftigkeit und Munterkeit getreten. Er verlor sogar jedes Interesse an der Bürstenfabrik, in der er arbeitete.

»Wozu soll man denn noch kämpfen?« fragte er oft. Er ahnte den Tod voraus und ergab sich in sein Schicksal.

Edzia Russ war völlig anders als Jankel. Das gutmütige Mädchen mit kastanienbraunen Haaren und braunen Augen war eine ehemalige Schulkameradin von mir. Sie hatte sich immer mit ihrem ganzen Wesen nach dem Leben gesehnt und konnte sich nicht mit der Vorstellung, sterben zu müssen, versöhnen. Sie trotzte den immer gegenwärtigen Gefahren und Fallen und setzte

Himmel und Erde in Bewegung, um am Leben zu bleiben. Ihr Mann Henach Russ, einer von den herausragenden Anführern der Jugendorganisationen, war der Herr des Hauses. Mit seinen feurigen Augen, seiner Schlagfertigkeit und einiger Autorität in seiner Stimme hielt dieser schlaksige lebendige Mann uns alle in seinem Bann.

Schloima Pav, der vierte in unserer Runde, war ein energiegeladener Sozialist, der zunächst in Lodz und später im Ghetto aktiv gewesen war. Er war intelligent, und er besaß Stolz. Doch seit seine Frau deportiert worden war, war er zu einem trauernden Einsiedler geworden – der Inbegriff der Resignation.

Wir halfen einander zu überleben, weiterzumachen, den Hunger zu ertragen und mit der Furcht vor der Deportation fertig zu werden, die über unseren Köpfen schwebte.

Unsere gemeinsame Behausung bestand aus zwei dunklen Zimmern. Die Tür dazwischen wurde von einem riesigen Schrank versperrt, in den wir eine Öffnung hineingeschnitten hatten, durch die wir im Notfall hindurchkriechen konnten. In der Abenddämmerung versammelten sich dort nach einem Tag voller Arbeit unsere Freunde aus den umliegenden Betrieben, um auf unsere Rückkehr zu warten. Ihre Zahl war geschrumpft. Einige von ihnen waren in der Bürstenfabrik in der Swientojerska beschäftigt, andere in Roerichs Betrieb in der Nowolipki oder bei Schultz, wieder andere arbeiteten im Többens-Betrieb in der Leszno. Es war streng verboten, von einem Betrieb zum nächsten zu gehen, aber die Menschen waren bereit, das Risiko auf sich zu nehmen, um die neuesten Entwicklungen zu erfahren.

Eines Tages waren mehrere Freunde erschienen. Wir waren alle hocherfreut; sieben waren dem Tod entkommen.

Der kleine Moische Kaufman, den das Zentralkomitee des *Bund* in Wilno zur Arbeit in Warschau eingesetzt hatte, berichtete uns von einem Wunder. In Roerichs Betrieb, wo Moische arbeitete, hatte eine Razzia stattgefunden. Die Deutschen waren gekommen und hatten mehrere hundert Männer verhaftet. Gemeinsam mit sechs anderen hatte es Moische geschafft, sich zu verstecken. Aber auch sie waren festgenommen worden und zusammen mit tausenden anderen in die Eisenbahnwaggons verladen worden. Moische war zufällig in demselben Waggon wie Haika Belchatowska und Gutta Blones.

Es dämmerte. Der Wagen war bis zur Erstickung vollgeladen. Die sieben klammerten sich aneinander und hofften, dem Rachen des Todes zu entkommen. Es gelang ihnen, eine Leiste des vernagelten Fensters hochzustemmen, sich durch die Öffnung hindurchzuquetschen und allen Gefahren trotzend hinauszuspringen. Moische ging als erster, die Mädchen folgten nach. Velvel Rozowski half ihnen durch die Öffnung. Er sollte als letzter springen. Die Wachen feuerten eine Salve ab, aber der Zug raste weiter. Die Entkommenen, alle unverletzt, fanden einander auf den Schienen wieder.

Da sie Angst hatten, sich in die polnische Umgebung zu wagen, machten sie sich im Schutz der Dunkelheit auf den Weg zurück zum Ghetto und zu dem Betrieb, in dem sie arbeiteten. Der kleine Moische wurde wie ein Held begrüßt. Welch ein Glück! Sieben Leute waren dem Rachen des Todes entrissen worden!

Doch unsere Freude währte nicht lange angesichts der Nachricht einer neuen Katastrophe. An diesem Tag hatte es in der Werkstatt von Schultz eine Razzia gegeben. Hunderte von Arbeitern waren gefangengenommen worden; Verstecke waren entdeckt und viele Flüchtlinge aufgespürt worden. Dem Betrieb von Többens stand dasselbe Schicksal bevor. Die Deutschen richteten ihre Aufmerksamkeit nun auf die Fabriken; die Anzahl der Arbeiter im Ghetto sollte begrenzt werden.

Erneut verfielen wir in Sorge. Wer konnte wissen, was uns bevorstand? Würde es uns, wie dem kleinen Moische, gelingen, aus einem rasenden Zug zu springen, der uns zu einem Todeslager bringen sollte?

Eines Tages bekamen wir Besuch von Elie Linder, der wie durch ein Wunder aus Treblinka entkommen war. Obwohl uns die Neugier verzehrte, von den Bedingungen im Lager und den Umständen seiner Flucht zu erfahren, zögerten wir, ihn zu fragen.

»Nun, erzähl uns etwas! Sag doch wenigstens irgend etwas!« platzte jemand heraus, um das bedrückende Schweigen zu brechen.

Elies schmales Gesicht mit den sonst scharfen Zügen war verhärmt. Er erzählte uns, wie er, zusammen mit seiner Frau Liebe und seinem einjährigen Kind, von seiner Arbeit im jüdischen Krankenhaus mitgenommen worden war. Nachdem sie in Treblinka angekommen waren, wurden sie zusammen mit tausenden anderer Juden unter einem Hagel von Schlägen zu dem sogenannten »Duschhaus« gebracht. Sie wurden am Eingang angehalten, wo man den Frauen und Kindern befahl, auf die linke Seite zu gehen und sich auszuziehen. Die Männer sollten warten, bis sie an der Reihe waren. Noch mehr Schläge prasselten auf sie nieder, als sie darum baten, bei ihren Lieben bleiben zu dürfen. Als sie ihre Kleider abgelegt und das Kind ausgezogen hatte, hatte Liebe nach der Hand ihres Mannes gegriffen und unter Tränen gesagt: »Elie, wir werden uns nicht mehr wiedersehen!«

Die Gefühle übermannten ihn für einen Augenblick, und Elie hielt inne. In qualvoller Spannung warteten wir auf seine nächsten Worte. »Ja«, begann er schließlich wieder, »das waren ihre letzten Worte …« Die Deutschen hatten sie getrennt und dann Liebe zusammen mit vielen anderen Frauen in die »Duschen« geschoben und gestoßen.

Elie wußte, daß die Männer innerhalb von Minuten an der Reihe sein würden. Schwindelnd und wie wahnsinnig suchte er rings umher nach einem Fluchtweg. Sein Blick fiel auf einen Berg abgelegter Kleider. Vielleicht konnte er sich darunter verbergen. Aber wie? Es wimmelte vor Deutschen und Ukrainern.

»Ausziehen – und zwar schnell!« Der deutsche Befehl erging mit Knüppelschlägen und Pistolenschüssen. Während er sich auszog, schob Elie sich zu dem Haufen zerknüllter Kleider. Als die Deutschen einen Augenblick mit anderen Opfern beschäftigt schienen, sprang er in den Haufen und grub sich hinein. Er zitterte vor Angst und wagte kaum, den Gestank, der aus dem zusammengewürfelten Kleiderberg kam, einzuatmen. Er wartete, bis die Geräusche schlurfender Schritte und gebrüllter Befehle verstummt waren. Als er vorsichtig auftauchte, sah er eine Gruppe jüdischer Gefangener, die in der Nähe Leichen vergruben. Er schloß sich ihnen an.

Als er später mit einer Arbeitskolonne die Kleider der Opfer sortierte, versuchte Elie wieder zu fliehen. Wieder versteckte er sich in einem Haufen Kleiderlumpen und wartete auf den Anbruch der Nacht.

In der Dunkelheit erkannte er die Silhouette eines Zuges vor dem nächtlichen Himmel und wand sich wie ein Wurm in einen der Güterwagen, wo er sich zwischen den Lumpen versteckte, mit denen der Waggon beladen war. Dort hielt er sich in dieser Nacht und am nächsten Tag voller Todesangst versteckt, bis der Zug endlich aus dem Depot rollte.

Kurze Zeit später wurden einige Waggons (darunter seiner) vom Zug abgekoppelt und auf ein anderes Gleis rangiert. Durch Risse in der hölzernen Wand sah er Felder, Bauernkaten und Bäume am rasenden Zug vorüberziehen. Da war der Zug bereits weit vom Todeslager entfernt. Er war nicht mehr in unmittelbarer Gefahr.

Schließlich sprang Elie Linder aus dem Güterzug. In Etappen gelangte er nach Praga, wo er unter seinen nichtjüdischen Freunden die Runde machte. Er hoffte, bei ihnen Unterschlupf zu finden, aber alle hatten Angst, ihn aufzunehmen, und er mußte ins Ghetto zurückkehren.

Nachdem er seine schreckliche Geschichte erzählt hatte, verließ Elie uns. Keiner versuchte ihn aufzuhalten. Wir waren wie vor den Kopf geschlagen. Obwohl wir seit langem geahnt hatten, welches Schicksal die jüdischen Deportierten erwartete, hatten wir nun unseren ersten Augenzeugenbericht gehört. Keiner von uns sagte ein Wort oder schlief in dieser Nacht. Wir wälzten uns in unseren Betten hin und her und dachten an Elie Linder und seine wundersame Flucht.

»Wir müssen uns Personalausweise besorgen.« Die erste Reaktion kam von Henach. Er hatte recht; der übliche Arbeitsausweis, der zuvor anerkannt worden war, war nicht mehr gültig. Laut den Gerüchten, die in der Fabrik umgingen, würden diejenigen, die einen Ausweis mit dem Stempel der SS *(Schutzstaffel)* besaßen, nicht deportiert werden; diese Ausweise wurden von den Nazi-Behörden anerkannt. Immer wieder hatten wir uns bei der Betriebsleitung um solche Ausweise beworben, aber ohne Erfolg.

»Das beste ist, sich gleich beim Arbeitsamt darum zu bewerben«, wagte ich mich vor. Henach drängte mich, mich am nächsten Tag um die Sache zu kümmern.

Eine Zeitlang ging in der Fabrik alles seinen gewohnten Gang. Nichts Ungewöhnliches wurde befürchtet. Dennoch beschloß ich, mich beim Arbeitsamt, das dem Betrieb gegenüber lag, zu erkundigen. Ich eilte durch die Fabrikkorridore, ohne gesehen zu werden, und auch mit dem Wachmann am Tor hatte ich keine Schwierigkeiten.

Obwohl es mitten in der Arbeitszeit war, herrschte im *Collegium* beträchtliche Aktivität. Hunderte von Bittstellern, die meisten von ihnen arbeitslose junge Männer, waren begierig, sich für die *placowkes* eintragen zu lassen. Wieder andere waren wie ich wegen der Personalausweise gekommen. Unter ihnen waren die *machers*, die windigen Geschäftemacher, die sich die anderen mit Geld und Ellbogen aus dem Weg schafften. Jeder war in Eile, unter Druck, verzweifelt. Plötzlich drängte alles voller Panik zu den Treppen. »Das Haus ist umstellt!« rief jemand in der Nähe der Tür. »Die Deutschen sind hier!«

Ich fühlte mich vom Pech verfolgt. Ich hatte den Betrieb für wenige Minuten verlassen, nur um in eine Falle zu laufen. Was konnte ich tun? Zurück zur Fabrik laufen kam nicht in Frage; die Deutschen waren bereits am Eingang des *Collegiums*. Aber zu bleiben, wo ich war, bedeutete sichere Gefangennahme. Und es gab kaum Plätze, wo man sich hätte verstecken können.

Die Beamten hörten auf zu arbeiten; alle waren in Aufruhr und Panik. Ich raste die Treppe hinauf in den sechsten Stock – zu den Wohnungen der Beamten –, wo ich atemlos einen der Bewohner bat, mich einzulassen. Aber die Beamten hatten Angst; dies war ihre erste deutsche Razzia. Jemand ergriff meinen Arm und versuchte mich die Treppe hinunterzuzerren. »Unbefugte haben hier keinen Zutritt!« Ich bettelte. »Ich will nicht in der Gaskammer sterben!« Ich kämpfte mich aus seinem Griff. Woher nahm ich die Kraft zu kämpfen? Vielleicht aus Elie Linders Geschichte.

Mittlerweile konnte ich die Stimmen der jüdischen Polizisten hören, die allen Beamten herunterzukommen befahlen. Ich war allein in einem langen schmalen Flur mit vielen Türen zurückgelassen worden. Unten konnte ich die Geräusche eines Handgemenges zwischen einigen Juden und einem jüdischen Polizisten hören, der sie daran hindern wollte, die Treppe hinaufzugehen. Um mich drehte sich alles. Ich versuchte die Türen und fand schließlich eine unverschlossen.

Ich befand mich in einem riesigen, verlassenen Raum, dessen Einrichtung aus zwei langen Bänken, einem Schreibtisch, einem Stuhl und zwei unverschlossenen Medizinschränken bestand. Ich kroch in einen der Schränke. Ich konnte weiter entfernt undeutliche Stimmen hören, Pfeifen, zeitweise Geschützfeuer. Dann plötzlich merkwürdige Stille. Meine Füße waren taub; ich hatte Angst mich zu bewegen und damit mein Versteck zu verraten. Die Zeit schleppte sich dahin; kein Mensch war in Sicht. Unfähig zu denken spitzte ich die Ohren nach verdächtigen Geräuschen.

Schritte! Waren es Deutsche oder Leute aus dem Arbeitsamt? Die Schritte waren leicht und langsam, also waren es bestimmt keine Deutschen. Dann öffnete sich die Tür, und ich hörte eine

Frauenstimme: »So eine Hölle haben wir noch nie erlebt!« Vorsichtig tauchte ich aus dem Schrank auf.

Die Deutschen waren sehr gründlich gewesen. Sie hatten alle Bewerber und viele Beamte verhaftet.

Verzweifelt ging ich zur Fabrik zurück. Die Arbeiter hatten den Vorfall im *Collegium* durch die Straßenfenster mit angesehen. Eine Zeitlang hatten sie befürchtet, die Deutschen würden auch im Betrieb eine Razzia veranstalten, aber wir wurden verschont.

»Wie hast du es geschafft, zu entkommen?« fragten meine Freunde. Aber bevor ich Gelegenheit hatte zu antworten, flüsterte jemand: »Sie deportieren eine neue Gruppe – diesmal aus dem Kleinen Ghetto.« Wir verließen unsere Maschinen, ließen unser Werkzeug fallen und starrten schweigend aus dem Fenster.

Eine gewaltige, schäumende schwarze Flut ... Rikschas trugen Kranke, Männer, Frauen und Kinder, Alte und Junge schleppten sich mühsam vorüber. Ein Gesicht nach dem anderen zog unter uns vorbei, apathische, aufgeregte, verängstigte Gesichter, einige starr, andere jeder Hoffnung beraubt. Wir beobachteten sie gespannt und suchten nach einem bekannten Gesicht unter den tausenden, die vorüberschlurften. Der Anblick machte mich schwindelig. Alle Gesichter mischten sich bis zur Unkenntlichkeit; nur noch gesenkte Köpfe und Bündel und gebeugte Rücken, eine einzige Woge der Menschheit. Sie marschierten schweigend, die Atmosphäre war erstickend, nur der Klang der Schritte, aller möglicher Arten von Schritten, langsam und flink, von Erwachsenen und Kindern ... seine Kadenz schlug eine letzte Warnung: »Vergeßt es niemals!«

»Du hast Glück«, flüsterte Edzia mit verzerrter, heiserer Stimme. Ja, dachte ich, ich habe wirklich Glück. Ich hätte eine von ihnen sein können.

Die düsterste Zeit des Warschauer Ghettos

Eines Nachts im September 1942 wurde ich von Geräuschen im Haus geweckt. Konnte das eine nächtliche Razzia sein? Bisher hatten die Deutschen ihre Arbeit stets bei Tage durchgeführt, aber möglich war alles. Vorsichtig weckte ich meine Freunde. Wir krochen in unser Versteck im Nebenzimmer. Dann schlüpfte ich auf den Korridor. Keine Deutschen in Sicht. Wozu der Aufruhr? Was war geschehen?

Ein neuer Erlaß war ergangen. Die Ankündigungen sollten morgens um sieben Uhr ausgehängt werden. In den sechs Wochen seit Beginn der Deportationen hatte es Dekrete ohne Ende gegeben. Jedesmal verzagten wir alle aufs neue und suchten wie besessen nach Mitteln und Wegen, dem Treibnetz zu entkommen, unserer Gefangennahme und Verschleppung zum Umschlagplatz zu entgehen.

Die Ankündigungen, die am nächsten Morgen ausgehängt wurden, befahlen allen Juden, die sich noch im Ghetto – in den Fabriken und Werkstätten – aufhielten, sich in der Mila, der Wolynska und der Lubecki zu versammeln, wo man bestimmen würde, wer die Berechtigung hatte, weiter im Ghetto zu bleiben. Alle Juden, die sich nicht bis um 10 Uhr an dem bestimmten Ort einstellen würden, würden erschossen werden. Jeder sollte genügend Brot für drei Tage mitbringen.

Die Aussicht auf eine neue »Selektion« solchen Ausmaßes war niederschmetternd. Alte Leute versteckten sich in den Kellern. Frauen legten Make-up auf und hofften so, einen guten Eindruck auf die Deutschen zu machen und verschont zu werden.

Ich lief zu meinen Freunden in einer anderen Fabrik, um herauszufinden, wie es ihnen ging. Auch sie waren ratlos. Einige von ihnen dachten daran, in ein Versteck zu gehen – eine verlockend einfache Wahl. Mehr als einmal hatten wir uns auf Dachböden und in verborgenen Zimmern versteckt, mit angehaltenem Atem, um nicht entdeckt zu werden. Nun, das kam täglich vor, das war für uns der Alltag! Aber die jetzige Situation war anders. Wir müßten uns tagelang verstecken und könnten am Ende nicht mehr herauskommen! Einige von uns entschlossen sich deshalb, den deutschen Befehlen zu folgen und sich zu melden. Wir waren schließlich jung; vielleicht hatten wir Glück.

Um halb zehn an diesem Morgen sah man verängstigte Juden umherhasten, die Bündel und Pakete schleppten. Sie waren auf der Jagd nach Brot. Niemand schien irgendwelche Nahrungsvorräte zu besitzen. Ich hatte hundert Zloty und hielt nach einem der Verkäufer Ausschau – die meisten waren außerhalb des Ghettos beschäftigte jüdische Arbeiter –, die gelegentlich etwas Brot hineinschmuggelten.

Ich fand einen, der von einer Menge streitender, zankender Menschen umgeben war, die wie ich auf der Suche nach Brot waren. Der Verkäufer behauptete, er habe keins. Impulsiv steckte ich ihm mein ganzes Geld zu und wartete, bis sich die Menge zerstreute. Der Kerl fragte mich, ob das mein Geld sei, und zog dann einen Laib unter seinem Mantel hervor. »Eigentlich«, sagte er, »wollte ich den Laib für mich behalten, aber Sie können ihn haben. Ich werde noch einen finden.«

Ich eilte heim, um meinen Freunden meine Beute zu zeigen. Dann teilten wir das Brot auf und trafen unsere letzten Vorkehrungen. Inzwischen waren unsere Freunde aus den anderen Fabriken gekommen, um uns Lebewohl zu sagen. Schweigend und weinend nahmen wir voneinander Abschied. Jankel Gruszka ging in seine Bürstenfabrik, Velvel Rozowski und Moische Kaufman zu Roerich; Henach, Edzia und ich kehrten in unsere Schneiderwerkstatt zurück. Pav beschloß, sich zu verstecken. Wer wußte, ob wir uns jemals wiedersehen würden?

Henach, Edzia und ich waren wahrscheinlich die letzten, die das Haus verließen. Hof und Straßen waren menschenleer. Türen und

Fenster standen weit offen. Mobiliar, zerrissenes Bettzeug, zerbrochenes Steingut und andere Utensilien lagen wie Abfall auf der Straße – eine Szenerie, die an ein Pogrom erinnerte. Eine unheilvolle Stille lag über diesem Ort, der noch vor kurzem vor Leben gebrodelt hatte. Dann erschienen die Deutschen, schlugen Türen ein und zerbrachen Fenster, spähten in jeden Winkel und jede Ecke auf der Suche nach versteckten Juden …

Wir eilten zur Fabrik, in der es vor Menschen wimmelte, auf den Treppen, auf den Fluren, sogar an den Nähmaschinen. Alle Arbeiter waren dort. SS-Truppen und Ukrainer hatten sich in einer Reihe vor dem Eingang aufgestellt. Sie unterstanden dem Befehl eines Offiziers und Herrn Murmanns, der eine Peitsche in der einen und ein Päckchen Karten in der anderen Hand hielt – unser Schlüssel zum Leben oder zum Tod.

Wir wurden in Viererreihen aufgestellt. Man befahl uns, kehrtzumachen, uns hinzusetzen, dann wieder mit dem Gesicht zum Tor aufzustehen. Nach dem Drill wurden wir wieder in Reihen aufgestellt, und die Selektion begann. Es herrschte großes Drängen und Stoßen; jeder versuchte aus Furcht, es könnte nicht genügend Karten für alle geben, nach vorne zu gelangen. Die Frauen machten sich ein letztes Mal zurecht, kämmten ihr Haar, wischten Tränen fort, setzten ein Lächeln auf und versuchten, dem deutschen Offizier schöne Augen zu machen.

Nicht jedem gelang es, sein wahres Alter zu verbergen oder sich bei dem Offizier einzuschmeicheln. Die Schreie derjenigen, die keine der lebensspendenden Karten erhalten hatten, zerrissen die Luft. Ich wurde von der Menschenwoge davongetragen und konnte gerade noch die Luft anhalten. Jeder um mich herum drängte in dieselbe Richtung …

Schüsse erklangen. Die Menschenmasse hielt inne. »Es ist nichts«, sagte eine deutsche Stimme. »Ihr Juden hattet es nur ein bißchen zu eilig. Ihr müßt Geduld haben; wir kümmern uns um alles. Nur keine Aufregung!«

Je näher meine Konfrontation mit dem deutschen Offizier kam, desto mehr wuchs meine Furcht. Würde er mir die Karte, die mein weiteres Überleben bedeutete, geben, oder würde er sie mir verweigern und mich so zu Deportation und Tod verurteilen? Zitternd streckte ich meine Hand aus. Ich wandte meinen Kopf zur Seite. Meine Hand blieb leer. Mir war kalt, die Muskeln in meinem Gesicht erstarrten. Mit hängenden Schultern ließ ich meine ausgestreckte Hand sinken und fühlte in demselben Augenblick, wie etwas hineingesteckt wurde. Eine Karte! Ich war gerettet.

Henach und Edzia warteten noch darauf, an die Reihe zu kommen. Ich fühlte mich schuldig – fast als ob ich sie verraten hätte. Der Gedanke an das noch ungewisse Schicksal meiner lieben Freunde brachte mich zur Verzweiflung. Bedeutete diese heißbegehrte Karte nur, daß ich unter den letzten sein würde, die zugrunde gingen? Ich konnte mich nicht länger beherrschen und begann zu weinen.

Aber am Ende teilten meine Freunde mein Glück. Bewaffnet mit den kostbaren Karten gingen wir langsam zusammen durch die verlassenen Straßen. Die grelle Sonne verbrannte unsere Gesichter; wir waren naßgeschwitzt und fühlten uns elend. An der Ecke Smocza und Gesia, wo die »Hauptselektion« stattfand, schauten Kommandoeinheiten der Deutschen, der Ukrainer und der jüdischen Polizei den tausenden von Juden zu, die durch die Straßen drängten und die Gehsteige und Höfe füllten. Wir hielten in der Mila, wo man uns angewiesen hatte, auf eine zweite Inspektion zu warten.

Familien und Freunde klammerten sich wild aneinander. Einmal getrennt, würden sie sich vielleicht nie mehr wiedersehen. Die Beschäftigten jeder Fabrik suchten die Gemeinschaft und die gegenseitige Unterstützung der anderen, doch nicht alle Juden waren in Fabriken registriert. Ich traf mehrere Freunde; wir wechselten wenige Worte, tauschten Grüße aus und trennten uns in tiefer

Niedergeschlagenheit, ohne uns weiter miteinander unterhalten zu haben.

Pav erschien. Er wollte mit uns gehen, aber weil er nicht in der Fabrik gewesen war, hatte er keinen Ausweis. Wir wußten nicht, wie wir ihm helfen sollten. Wir waren selbst hilflos, verloren in einem Meer hilfloser Menschen. Pav verließ uns. Ob die begehrte Karte uns retten konnte, darüber konnten wir jetzt nur mutmaßen. Auf jeden Fall mußten wir uns einer weiteren Selektion stellen.

Kinder und Alte lagerten zwischen Bündeln und Paketen auf Hausstufen oder auf dem Gehsteig. Die Alten dösten halb vor sich hin. Hitze und Durst waren unerträglich. Kaum jemand kümmerte sich um die Kinder, die unbeaufsichtigt durch die Menschenmenge wanderten. Viele von ihnen waren ihren Eltern fortgelaufen, vielleicht, um ihnen so die Gelegenheit zu geben, sich zu retten. Wer Kinder bei sich hatte, war verloren. Die Kleinsten wurden in Rucksäcken versteckt oder zwischen Bündeln warmer Kleider verborgen – aber was war mit den Acht- und Zehnjährigen? Sie verstanden; sie stellten keine Fragen. Wie weise und verständig diese Kleinen waren, die ihre Mütter zu überreden versuchten, ohne sie weiterzugehen, und darauf beharrten, sie, die Kinder, würden es irgendwie schaffen, allein zu entkommen.

Vor dem Holzzaun mit dem engen Durchgang zur Zamenhofa standen hunderte von SS-Wachen, Gestapo-Offizieren, Ukrainern und polnischen Polizisten in Reihen aufgestellt. Die Offiziere riefen: »Nach links! Nach rechts! Nach rechts!« Familien wurden getrennt, Eltern von ihren Kindern fortgerissen. Man mußte sich beeilen. Der Weg nach links war bekannt – er führte nach Treblinka. Hunderte von Eisenbahnwaggons warteten bereits auf dem Umschlagplatz.

Hinter mir hörte ich einen zehn Jahre alten Jungen ruhig sagen: »Vater, ich fürchte, wir werden getrennt werden.« Der Vater beobachtete bestürzt das Tor. Kinder wurden nach links geführt. Der Vater packte die Hand des Jungen und versuchte seine Ängste zu beschwichtigen. Nach einigem Flüstern verschwand der Junge, kehrte aber kurz darauf zurück. »Vater«, berichtete er, »sie sind nicht mehr da.« Der Vater schien ihn gedrängt zu haben, sich bei einer anderen Gruppe zu verstecken.

Wir stellten uns auf. Es wurde nicht mehr gesprochen. Geschützfeuer ertönte. Das Meer zusammengepreßter Menschen drängte sich zu einer Woge zusammen. Wer in der Reihe stand, ließ sich auf die Knie fallen. Als die Aufregung nachließ, konnten wir das Stöhnen der Verwundeten hören. Innerhalb einer halben Stunde standen wir auf. Der Vater und sein Sohn standen immer noch in der Nähe.

»Vater, ich werde gehen. Versuche es«, sagte das Kind. »Wohin willst du gehen?« fragte der Mann weinend und hielt den Jungen an der Schulter fest.

Unfähig mich noch länger zu beherrschen, flüsterte ich dem Vater zu: »Warum ziehen Sie nicht Ihren Mantel an und lassen Ihren Sohn darunterschlüpfen? Wir geben Ihnen nach vorne und nach hinten Deckung.«

Im nächsten Augenblick tat es mir leid, daß ich mich eingemischt hatte. Der Mann starrte uns nur sprachlos an. Unser Marsch ging weiter. Der Junge wiederholte immer wieder: »Vater, was sollen wir tun?«

»Hören Sie auf, Zeit zu vergeuden, Freund.« Henach wurde ungeduldig. »Schluß mit der Zögerei. Man hat Ihnen geraten, was Sie tun sollen – jetzt tun Sie es auch!« Geschwind half er dem verblüfften Vater, den Jungen mit einem Seil um seine Taille zu binden, und wir alle halfen ihm dabei, seinen Mantel überzuziehen. Henach und seine Frau standen auf der einen Seite, und ich auf der anderen Seite neben ihm. Ängstlich näherten wir uns dem Ausgang. Wenn die List entdeckt wurde, würde man uns alle nach links befehlen. Schweigend schleppten wir uns weiter.

Schließlich standen wir am Tor, vor uns die Beschäftigten einer anderen Werkstatt; wir wurden wieder zurückgedrängt. Bis zur

Erstickung zusammengepfercht, warteten wir auf den Befehl vorzutreten. Hier und da hatten sich verängstigte einzelne aus der Schlange entfernt, nachdem sie gesehen hatten, daß Älteren ihre Karten fortgenommen und diese jüngeren Leuten gegeben worden waren. Der Verlauf der Selektion wurde von Fenstern und Balkonen aus beobachtet. Es war das beste, nicht ganz vorne in der Reihe zu stehen. Wir stellten uns an, erschöpft und voller Furcht, während über Leben und Tod entschieden wurde.

Schließlich war die Reihe an uns. Vor uns und auf beiden Seiten der Zamenhofa standen Reihen hochrangiger Gestapo- und SS-Offiziere. Sie untersuchten die Vorbeimarschierenden und zerrten dann einige aus der Schlange. Wir gingen an ihnen vorüber, die Karten in unseren hocherhobenen Händen, unsere Augen auf den Offiziersstock des deutschen Kommandanten gerichtet. Walter Többens selbst, der Fabrikbesitzer, stand neben dem deutschen Offizier.

Wir beobachteten den Stock des Kommandanten. Er zeigte nach rechts! Es gelang uns, unseren verwirrten Freund zu einem engeren Abschnitt der Mila zu schubsen. Dort waren wir sicher. Pav war auch dort. Irgendwie hatte er es geschafft, im letzten Moment eine Karte zu bekommen. Die Ukrainer beobachteten jede unserer Bewegungen, als wir die Mila entlangmarschierten (wir durften nicht anhalten). Unser Freund schaute sich verstohlen um, knöpfte dann seinen Überzieher auf und küßte weinend den Kopf seines Sohnes.

»Seien Sie vorsichtig. Der Ukrainer steht in der Nähe«, warnte ihn jemand. »Wir werden versuchen, den Jungen außer Sicht zu halten.«

An der Ecke Gesia und Zamenhofa erblickte ich eine alte Frau, die ganz allein umherging. Wie war sie dorthin gekommen? Vielleicht war sie allein zu Haus gelassen worden und suchte nun ein Versteck. Besorgt sah ich, wie sie schwankend weiterging. Sie fiel auf in der verlassenen Straße. Ein junger Deutscher in einem Automobil rief ihr zu, sie solle warten, aber sie ging ohne darauf zu achten weiter; vielleicht war sie taub. Das Auto hielt an. Der junge Deutsche stieg mit einer Pistole in der Hand aus, ging zu der alten Frau und feuerte, fast wie nebenbei, zwei Kugeln in sie hinein. Sie brach blutüberströmt zusammen. Der Deutsche ging ruhig zu seinem Wagen zurück und fuhr davon.

Der Vorfall ereignete sich blitzschnell. Die Ukrainer erlaubten uns nicht, uns der toten Frau zu nähern. Schweigend gingen wir an der Leiche vorüber.

Die Selektion dauerte vom 6. bis zum 12. September. SS-Sondereinheiten und ukrainische Wachen plünderten die Häuser. Jeder, der von ihnen herausgezerrt wurde, wurde erschossen. In ihren Verstecken verhungerten und verdursteten die Juden. Ein endloser Zug schwarzer Waggons sammelte die Leichen in den Straßen auf.

Das Inferno dauerte eine Woche. In dieser Zeit wurden ungefähr 60 000 Juden deportiert; weitere 4000 starben, wo sie gerade waren; sie verhungerten oder wurden erschossen.

»Laßt uns Widerstand leisten«

Sie waren jetzt nicht mehr da, unsere Verwandten und Freunde, unsere Mitarbeiter aus der Werkstatt. So viele von ihnen waren nach der »Selektion« in der Mila verschwunden. Noch am Vortag hatten sie gearbeitet; nun waren ihre leeren Sitze und ihre stillen Maschinen stumme Zeugen des Schreckens der letzten Tage. Wir saßen betäubt und starr auf unseren Plätzen. Die bedrückende Stille im Raum wurde nur von Schluchzen hin und wieder unterbrochen.

Wir hatten also überlebt. Aber wozu? Warum sollten wir uns etwas vormachen? Früher oder später würden wir alle deportiert werden – die Deutschen brauchten unsere Arbeit nicht so dringend, als daß sie uns verschonen würden.

Murmann lief enerviert in der Werkstatt umher. Er schlug jedem ins Gesicht, der ihm im Weg stand, und schrie, er würde die Werkstatt schließen und uns alle deportieren lassen, wenn die Maschinen weiter stillstünden. Seine Drohungen trafen nur auf Schweigen und Apathie.

An diesem Abend eilte ich zum Gelände von Schultz' Werkstatt. Die Zerstörung war verheerend. Auch dort standen die Maschinen still, die Wohnungen leer. Viele meiner Freunde waren während der Massenrazzien gefangen worden: Bortenstein, seine Frau und sein Kind, Manja Wasser und ihre Tochter, Anka Wolkowicz, Michelson und Jankel Gruszka. Sie alle waren nach links befohlen worden.

Ich ging heim. Eine weitere quälende Nacht, ein weiterer öder Tag im Betrieb. Trotz Verfolgung und Verzweiflung schien das Leben weiterzugehen, schleppte sich mit schlurfenden Schritten weiter, der deutschen Täuschungsmanöver wohlbewußt, bis an den Rand, den Abgrund: Treblinka. Alle Wege des Ghettos schienen nach Treblinka zu führen; es gab kein Entkommen.

Ein Funken, der während der »friedlichen« Tage des Ghettos nur geglommen hatte, begann nun zu glühen, langsam, versuchsweise zuerst, dann aber immer wilder: »Wenn es ohnehin unser Schicksal ist zu sterben, dann laßt uns mit Würde sterben! Laßt uns Widerstand leisten und den Feind teuer für unser Leben bezahlen!«

Der Gedanke an Widerstand war im Zuge der Gerüchte über die Vernichtung der Juden in den Gebieten von Wolyn, Lwow und Wilno Ende 1941 aufgekommen. Im darauffolgenden März trafen sich jüdische Vertreter verschiedener politischer Untergrundorganisationen, um die Bildung einer gemeinsamen militärischen Truppe zu besprechen, die die Ghettogemeinde für eine aktive Kampfansage an die deutsche Wehrmacht ausbilden sollte. Für einige war es bereits offensichtlich, daß die Deutschen die methodische Vernichtung wahrscheinlich nicht auf die Juden in Ostpolen beschränken würden; sie mußte sich zwangsläufig auf die Ghettos von Warschau und anderswo erstrecken.

Einige Vertreter jedoch hielten dieses Wagnis für verfrüht. Die völlige Vernichtung der Juden, egal wo sie waren, konnte man sich nur als eine Vergeltungsmaßnahme der Deutschen vorstellen. Widerstand konnte nur in Zusammenarbeit mit dem polnischen Untergrund erfolgreich sein. Obwohl man zu dieser Zeit keine Einigung mit dem antifaschistischen Block der Zionisten und Kommunisten erzielte, organisierte der *Bund* Kampfeinheiten von jungen Männern und Frauen, die eine militärische Ausbildung erhielten.

Im Juli 1942, nachdem die Deportation der Warschauer Juden begonnen hatte, unternahm man einen zweiten Versuch, sich zu einigen. Wieder kam die Frage des bewaffneten Widerstandes auf, und wieder fand sie keine einstimmige Unterstützung. Die jüdischen Anführer wollten nicht den Tod derjenigen, die noch zu überleben hofften, zu verantworten haben. Die vorherrschende Meinung war immer noch, daß nicht mehr als etwa 60 000 oder 70 000 Menschen deportiert werden würden und daß der Rest überleben würde. Wie konnte es jemand unter diesen Umständen über sich bringen, das Leben des gesamten Warschauer Ghettos für den aktiven Widerstand aufs Spiel zu setzen?

Als die Deportationen fortdauerten, wurden in der jüdischen Untergrundbewegung – dazu gehörten der *Bund*, *Helahutz*, *Dror*, *Hashomer Hatzair* und die Kommunistische Partei – Stimmen laut, die die Juden bedrängten, den Deutschen nicht zu vertrauen. Sie warnten, Deportation bedeute Tod, und rieten zum Widerstand. Diese Warnungen blieben unbeachtet; der Lebenswille löschte die grausige Wirklichkeit aus.

»Gegen die Deutschen zu kämpfen heißt einfach, den Tod herausfordern«, lautete die allgemeine Meinung. Nachdem wir so viel ertragen hatten, sollten wir uns selbst ans Messer liefern? Das Leben mußte weitergehen, egal zu welchem Preis. Die Illusion, daß man einfach überleben mußte, war stärker als alle warnenden Stimmen.

Aber einmal handelten wir nach unserer Überzeugung. Unsere Werkstatt war plötzlich von Deutschen und Ukrainern umzingelt. Der Betrieb verwandelte sich in ein Irrenhaus. Voller Todesangst vor der bevorstehenden Selektion hasteten die Arbeiter auf der Suche nach einem Versteck umher. Die wenigen sicheren Verstekke hatte das Aufseherpersonal für sich reklamiert. Die Arbeiter gaben auf und gingen zu ihren Maschinen zurück.

Pav, Henach, Edzia und ich beschlossen, auf den Plätzen zu bleiben und uns nicht fortzerren zu lassen, selbst wenn man auf uns schießen sollte. Henach stieg auf einen Stuhl und sprach zu den anderen Arbeitern:

»Ihr wißt, wohin man uns deportieren wird! In unser Verderben! Bleibt hier, wenn die Deutschen kommen, rührt euch nicht von euren Plätzen! Habt ihr gehört? Wehrt euch, wenn sie euch wegschleppen wollen!«

Beklommenes Schweigen folgte auf seine Worte; sprachlos und ungläubig sahen die Arbeiter einander an. Auch ich war über Henachs Wagemut erstaunt; schließlich waren wir in einer gemischten Gruppe. Manche waren uns ganz unbekannt. Es war schwierig, aus ihrem Schweigen darauf zu schließen, ob sie Henach zustimmten oder nicht. Es wurde geflüstert. Wir vier blieben auf unseren Plätzen und warteten.

Die Tür flog auf, und eine verängstigte Stimme warnte uns: »Die Deutschen sind im Haus. Alle sollen in den Hof hinunter gehen!« Nach kurzem Zögern gingen die Arbeiter zum Ausgang. Wir vier blieben eine Weile zurück, bevor wir den anderen folgten. Zum Glück beschränkte sich die deutsche »Selektion« an diesem Tag auf ein Stockwerk. Aber wir hatten gelernt, daß selbst der kleinste Schimmer von Hoffnung auf persönliches Überleben stärker war als jede Furcht vor der Selektion.

Zur selben Zeit häuften sich die Fälle von Brandstiftung in den deutschen Lagern im Ghetto. Die Feuer wurden von den verschiedenen Widerstandsgruppen gelegt.

Noch elektrisierender war der Anschlag auf Josef Szerinski, den verhaßten Kommandanten der jüdischen Polizei. Israel Kanal, ein Mitglied von Akiba, verwundete ihn mit zwei Kugeln schwer, aber es gelang ihm nicht, ihn zu töten. Der Versuch, Schmerling, einen deutschen Kollaborateur der jüdischen Polizei, zu töten, mißlang ebenfalls.

Aber die ersten Anzeichen eines aktiven jüdischen Widerstandes waren da. An einem Tag im Oktober fand ich, als ich von der Arbeit heimkehrte, eine Nachricht von Abrascha Blum. Ich hatte ihn seit dem Beginn der Deportationen, als er mir einen Arbeitsausweis gegeben hatte, nicht mehr gesehen. Ich hatte gehört, daß er bereits mehrere Male zu den Deportationswaggons gezerrt worden war, daß ihm aber irgendwie jedesmal die Flucht gelungen war. Aus welchem Grund er mich auch sehen wollte, es war wahrscheinlich wichtig.

Ich ließ mein Abendessen ausfallen und hastete hinaus auf die Straße, um mich einer der Gruppen anzuschließen, die von ihrer Arbeit außerhalb des Ghettos heimkehrten. Nur sie hatten die Erlaubnis, sich abends auf der Straße aufzuhalten. Ich wich den Wachen aus und schlüpfte in eine dieser Kolonnen. Die Arbeiter jeder Fabrik gingen in getrennten Gruppen. Den Arbeitern aus den anderen Fabriken war es verboten, sich ihnen anzuschließen. Es würde noch eine weitere Inspektion im eigentlichen Ghetto geben, an der Ecke Zamenhofa und Gesia.

Das ehemalige Ghetto war nun in drei Distrikte aufgeteilt. Die Werkstätten und Wohnblöcke von Többens, Schultz und Roerich waren in einem Sektor. Ein weiteres war das »wilde« oder Zentrale Ghetto, die Heimstatt der *placowkarzes*, die außerhalb des Ghettos auf der »arischen« Seite arbeiteten, ebenso die der Arbeitslosen, die sich versteckt hatten. Die Bürstenfabriken waren im letzten Sektor.

Wir marschierten durch leere Straßen – Smocza, Nowolipki und Zamenhofa –, ihre vierstöckigen Gebäude standen dunkel und trostlos, ihre klaffenden Fenster starrten blind. Ein paar Wochen zuvor hatte es in diesen Straßen vor Juden, vor Aktivitäten aller Art gewimmelt. Nun waren sie verlassen.

Erst bei Einbruch der Nacht kam ich in der Mila 5 an, dem Zuhause von Philosoff, einem ehemaligen *Bund*-Aktivisten aus Lodz. Einige Freunde – die letzten einer Gruppe junger Aktivisten aus der sozialistischen Untergrundbewegung – warteten bereits in seinem kleinen Zimmer. Ich hatte sie lange Zeit nicht mehr gesehen; sie arbeiteten in anderen deutschen Fabriken.

Laibel Szpichler konnte seine Freude kaum bändigen, als er Moische Kaufman und Velvel Rozowski erzählte, wie er es geschafft hatte, seinem vierjährigen Sohn das Leben zu retten. Er hatte sich mit einem polnischen Arbeiter angefreundet und ihn überredet, sein Kind gegen Geld zu verstecken. Dennoch, fuhr Laibel fort, war die Chance, bei den ortsansässigen Polen Asyl zu finden, ziemlich gering, weil sie sich vor der Gestapo fürchteten.

Nachdem er die Jalousien heruntergezogen hatte, erzählte uns Philosoff von seinen eigenen Erfahrungen mit den Nichtjuden. Auch er war in einer deutschen Schuhfabrik außerhalb des Ghettos beschäftigt gewesen. Seine polnischen Kollegen waren den jüdischen Arbeitern gegenüber freundlich; sie teilten mit ihnen ihr Essen, halfen ihnen bei den gemeinsamen Aufgaben und waren der Ansicht, daß nicht alle Juden deportiert werden würden.

Pav und Grillak saßen in einer Ecke und lasen eine deutsche Zeitung, die Philosoff in das Ghetto hatte schmuggeln können. »Wenn die Deutschen im Winter in Rußland im Schlamm versinken, dann kriegen sie das, was sie verdienen«, bemerkte Pav, aber Grillak gab keinen Kommentar ab. Neben ihnen saß Marek Edelmann. Während der Razzien der Nazis versorgte er seine Freunde mit gefälschten Dokumenten, die wenigstens hin und wieder einen vor der Deportation bewahren konnten.

Alle waren nervös und liefen von einem zum anderen, um ihre Erfahrungen auszutauschen. Solche Treffen unserer Untergrundgruppe kamen während der Zeit der Razzien selten vor, und die Anwesenden waren begierig, Neuigkeiten zu erfahren und Ratschläge für das Überleben zu bekommen. Am nächsten Tag konnte es zu spät sein.

Die freundliche Atmosphäre war herzerwärmend. Ich fing Fetzen von Unterhaltungen auf, die mich an die Zeit vor dem Krieg erinnerten. Obwohl alle in ihre Gespräche vertieft zu sein schienen, konnte man die Ungeduld spüren, mit der sie auf unseren Anführer, Abrascha Blum, warteten. Endlich erschien er. Seine schlaksige Gestalt schien länger denn je, sein Gesicht bleicher, aber ruhig.

Jemand verschloß die Tür. Abrascha begrüßte die Anwesenden. Dann setzten sie sich hin, die einen aufs Bett, die anderen auf die Fensterbank, wieder andere auf den Fußboden. Nach kurzem Schweigen begann Abrascha zu reden.

Seine Ansprache war wie eine Welle, die mich zugleich aufrichtete und überwältigte. Zunächst konnte ich die Ideen, die er uns unterbreitete, nicht begreifen und mußte die Umsitzenden mehrere Male bitten, mir bestimmte Punkte zu erklären. Zusammen mit den anderen saß ich wie betäubt und versunken in dem, was er sagte.

Abrascha berichtete uns von einem jüdischen Koordinationskomitee, das im Ghetto gebildet worden sei. Das Ziel dieses Komitees, zu dem Vertreter der verschiedenen politischen Untergrundorganisationen gehörten, sei es, alle Kräfte des Untergrunds zu verschmelzen und den bewaffneten Widerstand zu organisieren.

»Wir dürfen uns der Deportation nicht länger unterwerfen«, sagte Abrascha. »Wir müssen bewaffneten Widerstand leisten. Mittlerweile weiß jeder, wohin diese Güterwaggons fahren. Aber man muß auch wissen, wie man sterben will«, sagte Abrascha seinen gebannten Zuhörern. »Eine Kampfeinheit des Koordinationskomitees, die vor kurzem gebildet worden ist, wird zur Zeit durchorganisiert. Diese Einheit wird die Grundlagen für den geplanten Widerstand schaffen und die militärische Ausbildung durchführen. Die einzige Frage ist: Wie viele Überlebende haben wir noch? Wird eine so kleine Gruppe von Aktionisten etwas ausrichten können?«

Dann beantwortete er seine eigene Frage: »Es stimmt, wir sind nur wenige; die meisten unserer Mitglieder und Anführer sind deportiert worden. Aber wir sind nicht allein. Auch andere Organisationen bereiten sich auf den Kampf vor. Wir müssen unsere Bemühungen mit den Übriggebliebenen in den Werkstätten koordinieren. Überall, wo unsere Leute arbeiten, müssen Zellen und Kreise gebildet werden, damit der aktive Widerstand vorbereitet werden kann. Wir müssen Waffen besorgen. Es müssen enge Kontakte mit nichtjüdischen Sympathisanten geschaffen werden. Wir müssen auch die Frauen und Kinder aus dem Ghetto schaffen, um sie aus den Kämpfen herauszuhalten.«

Ich hörte ihm atemlos zu. Mehr als einmal seit der Deportation meiner Mutter, meines Bruders und meiner Schwester hatte ich den impulsiven Wunsch, gegen die Deutschen zum Schlag auszuholen, bändigen müssen; in mir tobte ein leidenschaftliches Rachegefühl.

Nun liefen die Vorbereitungen für die konkrete Tat. Das unbefriedigte Rachebedürfnis, das jeder von uns hegte, sollte sich nun Luft machen können. Der Gedanke an den Tod war ein fester Bestandteil unseres Weltbildes geworden; wir wußten, daß alle Wege dorthin führten. Jedes Gesicht trug nun den Ausdruck grimmiger Entschlossenheit. Wir sahen einander nur an, denn wir wagten nicht, seine Rede zu unterbrechen. Keiner von uns bezweifelte die Stichhaltigkeit von Abraschas Argumenten. Unser Schweigen bewies, welchen Eindruck seine Botschaft auf uns machte.

Erst dann folgte eine Diskussion, wie die Kampfabschnitte eingerichtet werden sollten. Die Verantwortung für die Durchführung der verschiedenen Aufgaben wurde verteilt: Edelman und Grillak wurde die Bürstenfabrik zugewiesen und Avrom Feiner der Betrieb von Schultz. Moische Kaufman und Velvel Rozowski sollten die Verantwortung für Roerichs Betrieb übernehmen. Fast jeder der Anwesenden war nun mit einer Aufgabe betraut worden.

Nach dem Treffen sprachen alle aufgeregt über ihre bevorstehenden Pflichten. Ich war die einzige, der keine bestimmte Aufgabe zugewiesen worden war, und ich fühlte mich inmitten der Aufregung und Vorfreude im Stich gelassen. Als ich gerade gehen wollte, zog Abrascha mich zur Seite.

»Du siehst wie eine Nichtjüdin aus«, sagte er. »Wie würde es dir gefallen, auf die ›arische‹ Seite zu gehen? Dort wirst du für das Vorhaben, von dem du gerade gehört hast, etwas Wesentliches tun können.«

»Natürlich würde mir das gefallen«, sagte ich ein wenig verwirrt. »Aber wie soll ich das anstellen?«

»Niemand darf etwas davon erfahren. Du bekommst deine Anweisung in ein paar Tagen«, sagte Abrascha. Ich stellte keine Fragen mehr und verabschiedete mich von ihm.

War es wirklich möglich, daß ich aus diesem Ghetto-Inferno herauskommen sollte? Daß ich die Werkstatt verlassen und die täglichen Razzien hinter mir lassen könnte? Was sollte ich als nächstes tun? Wer würde mein Kontaktmann sein? Ich lag in dieser Nacht wach und grübelte über das Treffen und Abraschas Vorschlag nach und über das, was bald passieren würde.

Ich verlasse das Ghetto

Einige Wochen später klopfte es eines Abends an die Tür. In dem dämmrigen Licht des Korridors konnte ich den Mann, der nach mir fragte, nicht erkennen, aber ich bat ihn hinein. Es war Michal Klepfisz, ein Ingenieur, der seit vielen Jahren für den *Bund* und den *Morgenstern*, die jüdische Sportorganisation, tätig war.

»Michal, was für eine angenehme Überraschung!« rief ich aus. »Was führt dich her? Du bist ziemlich lange aus dem Ghetto fortgewesen. Wie geht es deiner Frau und deinem Kind?«

»Ich bin hier, um dich mitzunehmen, Feigel«, antwortete er. »Mach dich bereit; du wirst das Ghetto in den nächsten beiden Tagen verlassen. Inzwischen werde ich für dich gefälschte Papiere vorbereiten und versuchen, ein paar Leute im polnischen Bezirk zu benachrichtigen.«

Mein Herz machte einen Satz.

»Mach dich bereit«, wiederholte er. »Ich erwarte dich am Eingangstor zum Ghetto um acht Uhr morgens. Du wirst mit einer Arbeitskolonne gehen müssen, die zu ihrer Arbeit nach draußen geht; das ist das beste.«

»Gib mir eine Adresse, wo ich dich erreichen kann, falls wir uns verpassen«, schlug ich vor.

Er zögerte. »Ich habe noch keine Adresse. Ich lebe noch bei jemandem im Keller. Aber ich gebe dir eine vorübergehende Adresse, Gornoszlonska 3. Präge sie dir ein, nichts Schriftliches.«

Er mußte weiter zu einem Treffen mit Abrascha. Ich brachte ihn auf die Straße, wo er sich der letzten Arbeiterkolonne anschloß, die zurückkam und in der Nacht verschwand.

Ich würde das Ghetto in zwei Tagen verlassen! Ich brannte vor Aufregung. Auch meine Mitstreiter hatten diese Aura des Geheimnisvollen; die erste Gruppe von Widerstandskämpfern war in Többens' Betrieb gegründet worden. Mir schwirrte der Kopf. Hin und wieder konnte ich jenseits der Ghettomauer, entlang der Zelazna, die Bewegungen von Erwachsenen und Kindern ausmachen, von Frauen, die Körbe trugen, von einem raschen Lebenstempo. Aber hier im Ghetto waren die Straßen tot, das Leben war zum Stillstand gekommen. Abgesehen von einer gelegentlichen deutschen Patrouille war kaum jemals eine Menschenseele zu sehen.

Die Vorstellung, dem Ghetto entkommen zu können, entfachte neue Hoffnung unter den Arbeitern. Es schien der einzige Weg zu sein, wie man überleben könnte. Aber Flucht war leichter gesagt als getan. Zum einen mußte man, wenn man über die Mauer schlüpfen wollte, den nichtjüdischen Schmugglern eine ungeheure Summe zahlen. Darüber hinaus konnte man einen deutschen Wachposten bestechen, sich aber nicht sicher sein, ob er sein Opfer nicht schließlich doch erschießen würde. Mit einer jüdischen Arbeitsbrigade hinauszugehen, die auf dem Weg zu einer Arbeit außerhalb des Ghettos war, war die einzige mögliche Alternative – aber eine höchst gefährliche.

Mehrere Juden mit arischen Gesichtszügen – und wohlgefüllten Geldbörsen – hatten bereits versucht, das Ghetto zu verlassen. Einige waren gefaßt und entweder augenblicklich erschossen oder deportiert worden. Das hielt die anderen nicht zurück, und einigen gelang die Flucht.

Außerhalb des Ghettos lag eine fremde Welt, wo man sich einen Unterschlupf suchen und nichtjüdische Freunde aufsuchen mußte, die einem helfen konnten, gefälschte Papiere, eine Unterkunft und Arbeit zu bekommen. Vor allem brauchte man Geld – viel Geld –, um jeden kleinen Gefallen bezahlen zu können. Verzweifelte Juden versuchten, sich mit ihren nichtjüdischen Bekannten »auf der anderen Seite der Mauer« in Verbindung zu setzen, aber die meisten Bitten stießen auf taube Ohren.

Einige, denen es gelungen war, in den »arischen« Bezirk hinüberzuwechseln, kamen ein paar Wochen später in das Ghetto zurück. Sie waren nicht mit den Erpressungen fertig geworden, die dort grassierten.

Ich würde hinausgelangen, indem ich so tat, als gehörte ich zu einer Arbeiterbrigade. Es gab keine andere Fluchtmöglichkeit. Die Vormänner der Arbeitergruppen, die außerhalb arbeiteten, konnten manchmal die Abwesenden durch andere ersetzen. Solche Gelegenheiten waren selten und teuer. Ich bezahlte.

Ich sollte die letzte Ausgabe des Untergrundblattes mitnehmen, die eine detaillierte Beschreibung und eine Karte des Vernichtungslagers in Treblinka enthielt. Meine Zimmergenossen, die wußten, worauf ich mich vorbereitete, rieten mir, die Zeitung in meinen Schuhen zu verstecken. Wir nahmen unter Tränen voneinander Abschied. Mit einem traurigen Lächeln, das trösten sollte, versprachen wir, einander nicht zu vergessen. Wir schüttelten uns die Hände. Ob ich sie jemals wiedersehen würde?

5. Dezember 1942. Um sieben Uhr morgens strömten die Menschen durch die Straßen zur Arbeit. Es herrschte ein reger Tauschhandel, denn die Juden tauschten ihre letzte armselige Habe – einen Mantel, einen Rock, ein altes Paar Schuhe – bei denen, die auf der »arischen« Seite arbeiteten, gegen ein Stück Schwarzbrot ein. Später würden dann die Waren aus dem Ghetto geschmuggelt und an die nichtjüdischen Verkäufer veräußert werden.

Nach einigem Suchen fand ich einen jüdischen Anführer einer vierzigköpfigen Arbeiterkolonne, der mir gegen 500 Zloty erlaubte, mich seiner Gruppe anzuschließen. Ich war die einzige Frau in der Einheit. Wir marschierten in einer Kolonne zum Ghettotor, wo wir auf tausende anderer Arbeiter stießen, Männer und Frauen.

Die Morgenwache, die schwer verstärkt worden war, war damit beschäftigt, die Schlange zu inspizieren. Die Leute stießen und drängelten, wo immer sie konnten, weil sie dem prüfenden Blick der Gestapo zu entgehen hofften – um auf die »arische Seite« zu entkomen, um ein paar Besitztümer aus dem Ghetto zu schmuggeln. Die Inspektion hatte gerade begonnen. Wir warteten ängstlich und zitterten in der frostigen Morgenluft. Man wußte nie, was die Deutschen als nächstes tun würden.

Einige, die gerade inspiziert worden waren, traten zurück und schlugen die Hände vor ihre zerschlagenen Gesichter. Sie waren verprügelt worden, weil sie Dinge bei sich hatten, die die Deutschen für Schmuggelware hielten. Einer hüpfte barfuß im Schnee; der Deutsche hatte Gefallen an seinen Schuhen gefunden. Mehrere andere standen halbbekleidet und zitternd in der beißenden Kälte, während sich ein warm angezogener Deutscher Zeit nahm, sie zu durchsuchen. Ein alter Mann flehte einen deutschen Soldaten an, ihn nicht von seiner dreizehn Jahre alten Tochter zu trennen. »Sie ist wirklich eine Arbeiterin, genau wie ich! Hier ist ihr Fabrikausweis!« argumentierte er erregt. Der Soldat erteilte ihm eine brutale Abfuhr. In seiner Verzweiflung schaute sich der alte Mann mit flehendem Blick um, aber keiner wagte ihm zu helfen. Seine Tochter wurde auf die Seite zu einer Holzbaracke befohlen, von wo aus sie hilflos zu ihrem Vater hinübersah.

Meine Abteilung wurde als nächste inspiziert. Zunächst ging alles glatt.

»Wie seid ihr an diese Frau gekommen?« bellte der Deutsche.

»Sie arbeitet in der Fabrikkantine«, erklärte der Gruppenführer.

Der Soldat betrachtete mich mit Verachtung. »Mir gefällt dein Gesicht nicht«, schnappte er. Er zeigte auf die Holzbaracke.

»Ich beneide sie nicht«, bemerkte jemand. Das Blut gefror mir in den Adern bei dem Gedanken, die Untergrundzeitung könnte bei mir gefunden werden. In diesem Fall würde die ganze Arbeiterkolonne – nicht nur ich allein – in Haft genommen werden. Empörung zeigte sich auf den Gesichtern um mich herum. Ein jüdischer Polizist erschien. Es wimmelte vor Soldaten und Polizisten; es gab keine Möglichkeit zu fliehen.

»Bitte lassen Sie mich hinausschlüpfen, wenn der Deutsche fort ist«, flüsterte ich dem Polizisten zu.

»Erwarten Sie, daß ich mein Leben für Sie riskiere?« schnappte der Polizist. »Der Deutsche wird gleich wieder da sein!« Vor dem Eingang zu der Holzbaracke lag ein verletzter, blutender Mann. Auf der anderen Seite stand das junge Mädchen. Betäubt blieb ich einen Moment lang stehen. Der Polizist stieß mich hinein.

Ich war in einem schwach beleuchteten Raum, dessen blutbespritzten Wände mit Karten, Tabellen und Fotos von halbnackten Frauen tapeziert waren. Zerfetzte Kleidungsstücke und Schuhe lagen auf dem Boden verstreut. Das Mobiliar bestand nur aus einem kleinen Tisch und einem Stuhl inmitten des Knäuels abgelegter

Kleider – abgesehen von einer Knute, die unterhalb des kleinen Fensters baumelte. Ich stand vor der Wand und wartete. Ein Wachsoldat trat ein und begann mit der Befragung. Ich versuchte, die Furcht zu bezwingen, die mich zu verschlingen schien.

»Voller Name.«

Ich antwortete.

»Arbeitsstätte.«

Ich nannte den Zielort der Kolonne.

»Ich verstehe! Jetzt zeigen Sie mir, was Sie bei sich haben.« Er zog mir den Mantel und mein Kleid aus und untersuchte sie sorgfältig unter einer Lampe, wobei er die Säume und Taschen absuchte. Meine Schuhe! Wenn er nach denen fragen sollte, wäre ich verloren.

»In Ordnung, jetzt die Schuhe!« befahl er.

Kälte durchschauerte mich. Meine Gedanken rasten. Um Zeit zu schinden, begann ich langsam meine Schuhe aufzubinden. Der Vernehmungsbeamte starrte mich ärgerlich an und befahl: »Beeilen Sie sich! Hören Sie auf, herumzutrödeln! Geben Sie mir Ihre Schuhe! Sehen Sie die Peitsche?«

Als ich fortfuhr, an den Schnürsenkeln zu fummeln, griff der Nazi nach der Peitsche und kam auf mich zu.

In diesem Augenblick, wie durch ein Wunder, flog die Tür auf und jemand rief: »Herr Leutnant, kommen Sie schnell! Ein Jude ist gerade entflohen!«

Der Offizier schoß hinaus und schlug die Tür hinter sich zu. Alleingelassen zog ich mich schnell an und ging durch die Tür.

»Wohin gehen Sie?« Eine Wache hielt mich an.

»Zu der Arbeiterkolonne«, antwortete ich und versuchte, ungezwungen zu klingen. »Ich bin bereits inspiziert worden.«

Die Wache beäugte mich einen Moment lang mißtrauisch, dann winkte er mich weiter. Kurz darauf wurde ich von der Menge auf der »arischen Seite« verschluckt, die kurz davor war, loszumarschieren.

Michal Klepfisz sollte am Ghettotor auf mich warten, aber er war nirgends zu sehen, und ich konnte mich nicht länger dort aufhalten, sonst würde mich mein Deutscher einholen. Schließlich entdeckte ich die Gruppe der Arbeiter, mit denen ich hinausmarschiert war. Sie freuten sich, als sie mich sahen.

»Sie haben Glück«, sagte der Anführer zu mir. »Da kommt kaum jemals einer heil heraus.«

Bald darauf rollten wir auf einem Lastwagen durch die polnischen Straßen. Unsere weißen Armbinden wiesen uns als Juden aus. Die Straßen waren mir vertraut; kaum etwas hatte sich in den letzten wenigen Jahren verändert. Mehrere Polen jagten hinter unserem Lastwagen her. Sie waren darauf aus, etwas von uns zu kaufen, aber keiner von uns hatte etwas zu verkaufen. Wir näherten uns dem Ziel der Arbeiter. Ich zerbrach mir den Kopf, wie ich schnell davonkommen konnte.

Den anderen war klar, daß ich einen Auftrag haben mußte, und sie drängten mich, die Armbinde abzulegen und aus dem Fahrzeug zu springen. Ich befolgte ihren Rat und paßte einen Moment ab, in dem keine Passanten zu sehen waren. Dann sprang ich aus dem langsam fahrenden Lastwagen. Rasch ging ich davon, bog in eine andere Straße ein und verlangsamte meinen Schritt.

Weit fort vom Ghetto war ich nun frei – doch mein Freiheitsgefühl wurde von einer merkwürdigen Ruhelosigkeit beeinträchtigt. Ich war in meiner eigenen Stadt, doch ich sah kein einziges bekanntes Gesicht. Es war hier, als ob in den letzten beiden Jahren nichts geschehen wäre. Straßenbahnen, Autos, Fahrräder flitzten an mir vorüber, die Geschäfte waren offen, die Kinder auf dem Weg zur Schule; Frauen trugen frische Brote und andere Lebensmittel. Der Kontrast zum Ghetto war erschreckend. Das war eine andere Welt, eine Welt, in der es vor Leben wimmelte.

Konnte das Leben, das ich zurückgelassen hatte, nur eine Illusion sein? Das fragte ich mich, als ich durch die Straßen Warschaus ging. Wie fremd und neu alles um mich herum war!

Schließlich erreichte ich die Gornoszlonska 3 – die Adresse, die Michal mir gegeben hatte. Ich ging zum Keller und klopfte an die Tür. Eine blonde Frau ließ mich ein. Michal war dort und hieß mich willkommen. Seine warmherzige Begrüßung zeigte, wie erleichtert und froh er war.

»Da bist du endlich! Ich habe Stunden am Tor gewartet!«

Michal hatte zusammen mit seinem Vermieter, Stefan Machai, seit dem frühen Morgen am Tor auf mich gewartet und war gerade erst zurückgekehrt.

»Ich hatte nicht erwartet, daß du dich heute hinauswagen würdest; die Wachen waren sehr streng«, sagte Michal, nachdem wir unsere Fassung wiedergefunden hatten und bei einer Tasse Tee zusammensaßen.

Ich schaute mich um. Zwei kleine, niedrige Räume, die von einer vierköpfigen Familie bewohnt wurden. Stefan Machai, ein Nichtjude, schien Michal zu mögen. Vor dem Krieg hatten sie zusammengearbeitet; Stefan als ungelernter Arbeiter, Michal als Ingenieur. Der stämmige Nichtjude, jetzt ein Rikscha-Fahrer, betrachtete es als eine Ehre, den ehemaligen Ingenieur bei sich zu Gast zu haben. Die alte, schmale Schlafkoje, die Michal benutzte, nahm die Hälfte des Küchenraumes ein.

Michal schien traurig. Auf meine Frage sagte er ruhig: »Meine Schwester Gina ist im Krankenhaus gestorben. Wir beerdigen sie heute. Wenn du magst, kannst du mit mir zum Friedhof kommen.«

Ich erzählte ihm nichts von den Qualen, die ich beim Verlassen des Ghettos durchgemacht hatte. Mein Erlebnis verblaßte im Angesicht des Todes. Ich hatte Gina Klepfisz vor dem Krieg kennengelernt, als ich mit ihr in einer Vorstadt von Praga für die *Zukunft* arbeitete; sie organisierte dort eine Kindergruppe. Sie war ernsthaft und auch gutherzig gewesen; die Kinder beteten sie an. In der letzten Zeit hatte sie als Krankenschwester im Ghetto gearbeitet. Mit ihrer warmen und sympathischen Art, auf ihre Mitmenschen zuzugehen, und der einzigartigen Gelassenheit, mit der sie schwierigen Situationen begegnete, eignete sie sich wunderbar für solche Aufgaben.

Nun war das erste, was ich hörte, kaum im arischen Bezirk angekommen, daß sie tot war. Michal und ich gingen schweigend zum Krankenhaus, wo er seine Frau, Ruszka Perczykow, treffen sollte.

Ruszka war ganz in Schwarz und kämpfte mit gesenktem Kopf gegen die Tränen an. Eine Krankenschwester führte uns schweigend in das Leichenschauhaus. Ginas Leiche war weiß gekleidet. Meine Augen sahen starr auf diesen leblosen Körper – alles, was von einer Frau übriggeblieben war, die ich als lebhaft und energiegeladen in Erinnerung hatte und die als Angestellte des Krankenhauses dabei mitgeholfen hatte, Juden vom Umschlagplatz fortzuschmuggeln. Sie hatte die zum Tode verurteilten Männer und Frauen im Schutz der Dunkelheit über den Stacheldrahtzaun geführt und dabei ihr eigenes Leben aufs Spiel gesetzt. Einmal war sie von einem jüdischen Polizisten geschnappt worden. Ihr mutiges Eintreten hatte seinen Zorn zwar etwas gedämpft, aber sie wurde aus ihrer Anstellung entlassen. Daraufhin war sie mit ihrem Bruder, ihrer Schwägerin und deren einjährigem Kind auf die »arische Seite« hinübergewechselt.

Die Krankenschwester gab uns ein Zeichen, daß jemand kam. Wir bekreuzigten uns, damit niemand argwöhnte, Gina sei Jüdin gewesen. Gina war als christliche Patientin registriert worden, unter dem Namen Kazimiera Juzwiak; diese Identität mußte bestehen bleiben. Sie sollte als Christin begraben werden.

Eine kleine Trauergesellschaft erwartete uns am Friedhof. Unter ihnen waren Jankel Celemenski und Hanka Alexandrowicz. Celemenski hatte in Krakau als Nichtjude leben können. Erst wenige Tage zuvor hatte er die dreizehnjährige Hanka aus dem Krakauer Ghetto gerettet. Auch Zygmunt, Zalman Friedrich, war anwesend. Es war in der Tat eine merkwürdige Beerdigung: Von den zehn Trauergästen, die der Bahre folgten, waren nur zwei, Anna

Wonchalska und ihre Schwester Marisia Sawicka, Christen. Das Begräbnis wurde nach den Riten der römisch-katholischen Kirche abgehalten. Das Grab wurde mit einem Kreuz versehen.

Wir verabschiedeten uns von Gina Klepfisz, einer der wenigen Warschauer Jüdinnen, die auf einem Friedhof beerdigt wurden, zu einer Zeit, in der tausende von Juden vergast und verbrannt wurden.

Meine ersten Schritte unter den Ariern

Meine hervorstechendsten Gesichtszüge waren tatsächlich »arisch« – eine ziemlich kleine Nase, graugrüne Augen, glattes hellbraunes Haar. Aber ich besaß keinerlei Ausweise. Ich hatte keine Unterkunft. Ein paar Tage blieb ich in der Wohnung der verstorbenen Gina Klepfisz, aber die anderen Mieter begannen sich zu beschweren, es gebe viel zu viele Fremde im Haus. Die Vermieterin bekam Angst, und ich mußte gehen. Ich zog zu Stefan Machai in den Keller der Gornoszlonska 3, wo Michal lebte, aber dort konnte ich nur ein paar Tage bleiben. Ich benutzte einen alten Ausweis, der auf eine Vladislawa Kowalska ausgestellt worden war. In der Folge nahm ich den Namen Vladka an. Ich brauchte eine amtliche Bescheinigung, damit ich mich um eine Unterkunft bewerben und meinen Aufenthalt auf der »arischen Seite« legalisieren konnte.

Jeden Tag traf ich meine Freunde. Keiner von ihnen hatte bisher ein ordentliches Wohnquartier gefunden. Sie hatten nur wenige Kontakte zu nichtjüdischen Familien, und das machte alles noch schlimmer. Jankel Celemenski, Celek, wohnte bei einem jungen Christen in einem trostlosen Zimmer in einem Logierhaus in der Wspolna. Celek war nicht gemeldet und sprach nur mühsam und mit einem schweren Akzent Polnisch; er würde sicher von den anderen Mietern erkannt werden.

Mit Findigkeit, Mühe und sehr viel Geld gelang es Michal, die Geburtsurkunde und den Ausweis eines Bauaufsehers zu bekommen. Beide waren auf den Namen Tadeusz Metzner ausgestellt, der zur Zeit in Deutschland arbeitete. Entzückt meldete sich Michal als Bewohner der Gornoszlonska 3 und gebürtiger Pole.

Eines frühen Morgens, als er noch in der Küche schlief, kam eine alte Nichtjüdin in die Wohnung, die Tadeusz Metzner besuchen wollte. Sie sagte, er sei ihr seit langem vermißter Sohn. Glücklicherweise begriff der Vermieter sofort die Situation und sagte der Besucherin, ihr Sohn sei auf Reisen. Michal war inzwischen hellwach und hielt vor Furcht, die alte Frau könnte darauf bestehen, nach ihm zu suchen, den Atem an. Schließlich ging sie, kam aber oft zurück, um herauszufinden, warum ihr Sohn seiner eigenen Mutter aus dem Weg ging. Michal war gezwungen, sich nach einem neuen Quartier umzusehen, denn er fürchtete, die hartnäckige alte Frau könnte über ihn stolpern und ihn als Betrüger entlarven.

Zygmunt gelang es am besten, sich in seiner neuen Umgebung zurechtzufinden. Er hatte lange Zeit in der polnischen Zone gewohnt, besaß in der Nachbarschaft einige Bekannte und war als Mitbewohner bei einer arischen Familie gemeldet. Seine Frau hatte ebenfalls bei einer arischen Familie Zuflucht gefunden, und ihr fünf Jahre altes Kind, Else, war in einem Waisenhaus der polnischen Kirche in einem der Vororte von Krakau untergebracht. Zygmunt war mehrere Male von Spitzeln durchsucht worden, aber es war ihm gelungen, seinen Fängern zu entwischen. Zu dieser Zeit war er der führende Untergrundaktivist. Er konnte sich frei bewegen und hatte die Möglichkeit, ganz verschiedene Aufgaben auszuführen.

Stefan Machai war sich darüber im klaren, daß wir alle Juden waren; er bestand lediglich darauf, daß wir uns tagsüber außerhalb des Hauses aufhalten sollten. Er befürchtete, die anderen Mieter könnten unsere Anwesenheit entdecken und ihn bei den Behörden anzeigen. Und so liefen wir jeden Tag, bei jedem Wetter, in der Stadt herum und paßten auf, daß wir nicht ohne ordentliche Papiere gefaßt wurden. Erst nach Einbruch der Nacht konnten wir, erschöpft vom Herumgehen, in den Keller zurückkehren, wo wir einander unsere Erlebnisse vom Tage berichteten.

Eines Abends erfuhren wir, daß Zygmunt um Haaresbreite entkommen war. Er hatte es nur knapp geschafft, seine Verfolger abzuhängen, und würde sich für eine Weile wieder im Ghetto verstecken müssen. Nun waren nur noch drei von uns auf der »arischen Seite« übrig: Michal, Celek und ich. Wir trafen uns mehrmals täglich und lebten nur dafür, Neuigkeiten aus dem Ghetto zu erfahren.

Dann wandte sich mein Glück zum Besseren. Mit Hilfe seiner nichtjüdischen Freundin, Wanda Wnorowska, besorgte mir Michal eine Arbeit als Näherin. Wnorowska wußte, daß ich Jüdin war, und empfing mich herzlich. So hatte ich tagsüber einen Unterschlupf, verdiente meinen Unterhalt und erhielt einen Ausweis. Die Zeit verging; ich lernte einige Nichtjuden kennen und fand mich mehr und mehr in der neuen Umgebung zurecht.

Nach zwei Wochen informierte mich Michal, daß Mikolai Berezowski, sein wahrer Name war Dr. Leon Feiner, mich sehen wollte. Er war der *Bund*-Vertreter in dem Koordinationskomitee auf der »arischen Seite« und die zentrale Figur des jüdischen Untergrunds und unserer Liaison mit dem polnischen Untergrund. Ich hatte bei meinem Umgang mit Celek und Michal so oft seinen Namen gehört, daß er mir wie ein ehrlicher und treuer Freund erschien, obwohl ich ihn noch nie getroffen hatte.

Ich sollte ihn in der Sewerynow 6, einem Kloster mit einem der Öffentlichkeit zugänglichen Restaurant, zwischen zwei und drei Uhr nachmittags treffen. Das Restaurant diente unserem kleinen Kreis von Untergrundaktivisten als Treffpunkt. Da unsere Gruppe keinen festen Treffpunkt hatte, mußten wir verschwiegene öffentliche Orte benutzen und konnten uns dabei nicht zu oft an derselben Stelle treffen.

Michal begleitete mich zum Kloster, das an einer ruhigen, kaum belebten Gasse lag. Neben der Küche lagen ein kleiner Warteraum, in dem man rauchen konnte, eine Garderobe und zwei geräumige Säle. Unsere Gruppe aß für gewöhnlich in dem einen dieser Säle, der von alten grünen Palmen, die man vor die Fenster gesetzt hatte, abgeschirmt wurde, zu Mittag. Hier herrschte eine fremd gewordene Gelassenheit. Die Besucher waren zumeist Büroangestellte und verarmte Angehörige der Mittelklasse. Verglichen mit anderen öffentlichen Kantinen waren die Preise hier sehr moderat.

Michal führte mich zu einem kleinen unbesetzten Tisch und flüsterte mir Anweisungen zu. Zwei Männer dinierten an einem Tisch zur Rechten. Einer von ihnen war ungefähr vierzig, mit einem dichten schwarzen Haarschopf, dunklem Gesicht und bescheidener schwarzer Kleidung. Er sah aus wie ein unterer polnischer Regierungsbeamter. Das war Borowski, Dr. Adolf Berman, Vertreter des Jüdischen Nationalkomitees auf der arischen Seite und Führer der Linken *Poale Zion*. Neben ihm saß ein blonder Herr mit einem gepflegten Schnurrbart und ruhigem, selbstbewußtem Auftreten. Das war Henryk, Salo Fishgrund, der in Krakau vor dem Krieg ein *Bund*-Aktivist gewesen war. Unser Celek saß allein an einem Tisch gegenüber.

Bald darauf betrat ein großer, eleganter älterer Herr mit silbernem Haar und einem hochgedrehten Schnurrbart, hellen Augen und rosigen Wangen – das Ebenbild eines polnischen Landjunkers – den Saal. Wie Henryk strahlte er Selbstbewußtsein aus. Das war Mikolai. Er erfaßte die Szene mit einem Blick und gesellte sich, als er Michal sah, zu uns.

Nach einem Austausch von Freundlichkeiten bestellten wir unser Essen. Gleichmütig und mit dem Anflug eines Lächelns sprach Mikolai zu mir mit väterlicher Wärme. Obwohl er bereits von mir gehört hatte, war er neugierig, mehr über mein Leben zu erfahren. Ich erzählte ihm kurz von mir, und er schloß, daß ich mich als Frau freier bewegen konnte und nicht so auffallen würde wie ein Mann.

»Unsere Aufgabe ist es, mehr Freiwillige zu gewinnen«, bemerkte er. »Aber wir müssen sehr vorsichtig sein; wenn wir nur einen Fehler machen, bringen wir viele Leute in große Gefahr.«

»Was ist meine Aufgabe?«

»Wie Sie zweifellos wissen, besteht unsere Hauptaufgabe darin, Kontakte zu Nichtjuden herzustellen, eine Unterkunft für Frauen und Kinder zu finden, den Juden, die sich versteckt haben, beizustehen und insbesondere herauszufinden, wo man Waffen herbekommen kann.« Wir hörten gut zu, als Mikolai leise mit seinen Anweisungen fortfuhr. »So weit es möglich ist, muß sich jeder von uns seine eigenen Aufgaben schaffen; das heißt, er muß neue Freundschaften pflegen, aber mit äußerster Vorsicht. Haltet mich über alle neuen Kontakte und alle neuerworbenen Unterkünfte und Waffen auf dem laufenden.«

Als die Kellnerin zu uns kam, unterbrachen wir unsere Unterhaltung. Als sie wieder fort war, fragte mich Mikolai, ob ich alles verstanden hätte.

»Ich habe alles verstanden«, antwortete ich. »Aber wer wird mein Kontaktmann sein? Mit wem soll ich in Verbindung bleiben?«

»Bleiben Sie vorerst mit Henryk und mir in Verbindung«, erwiderte er. Dann fuhr er nach kurzer Pause mit lauterer Stimme fort: »Ich glaube, Sie werden mit der Situation zurechtkommen.«

Wieder tauschten wir für die Ohren der Kellnerin Kommentare über das Wetter und das Essen aus. Als sie gegangen war, einigten wir uns darauf, daß ich Henryk und Mikolai jeden Tag im Kloster zum Mittagessen treffen sollte. Alles weitere würde an diesem Treffpunkt festgelegt werden. Bei besonderen Anlässen sollte ich

Henryk bei ihm zu Hause in der Senatorska 9 besuchen. Michal regelte noch ein paar Kleinigkeiten, dann war das Treffen vorüber.

Diese ruhige Unterhaltung beim Mittagessen in einer Klosterkantine war ein Wendepunkt in meinem Leben und Handeln. Von da an sollte ich ein wesentlicher aktiver Bestandteil des Untergrunds sein. Ich begann ein neues Leben. Dem Gespräch im Klosterrefektorium entsprechend, wo praktisch alle Aktivisten, die sich auf Grund ihres arischen Aussehens in der Öffentlichkeit bewegen konnten, zusammenkamen, setzten wir unsere Aktivitäten fort.

Kurz nach meiner ersten Verabredung im Kloster lernte ich zufällig Arieh Wilner, Jurek, kennen. Ich war in unserem Keller in der Gornoszlonska 3, als ein junger Mann in den Zwanzigern, gut gekleidet, mit gesunder Gesichtsfarbe und Stupsnase – offensichtlich kein Jude, dachte ich –, mehrere hölzerne Kisten ablieferte. Da unser Vermieter einen Handkarren besaß, wurden ihm gelegentlich Pakete gebracht, die er bei verschiedenen Adressen abgeben sollte. Ich war nicht im geringsten über den Besuch des Fremden erstaunt, aber ich fand es merkwürdig, daß Michal ihn so herzlich begrüßte und so erfreut über den Handel aussah. Vielleicht ist er ein freundlicher Nichtjude, sagte ich mir. Der Vermieter setzte einen Preis fest und fragte, wie üblich, nach dem Inhalt der Kisten.

»Nägel.«

Nach einigem Feilschen wurde der Handel festgemacht. Michal sollte noch Anweisungen geben, wann und wo die Auslieferung stattfinden sollte. Der Vermieter ging fort, um die Kisten zu verstauen. Der junge Nichtjude flüsterte mit Michal, und als er ging, bemerkte er fröhlich: »Hoffentlich machen wir noch mehr solcher Geschäfte.«

Als er mich mißtrauisch beäugte, beruhigte ihn Michal und stellte mich vor. »Das ist Vladka – eine von uns. Sie hat vor kurzem das Ghetto verlassen.«

Der Lieferant lächelte. »Viel Glück – sehr viel Glück!«

Später erfuhr ich, daß der Lieferant Arieh Wilner von *Hashomer Hatzair* war, der die Jüdische Kampforganisation, *Zhydowska Organiacja Bojowa*, auf der arischen Seite vertrat, und daß die Kisten keine Nägel, sondern die ersten zehn Revolver enthielten, die nach langen Verhandlungen beim polnischen Untergrund, *Armia Krajowa*, beschafft worden waren.

Ich wurde in die Geheimnisse eingeweiht, durch die ein neues Kapitel in unserem Leben aufgeschlagen werden sollte. Tag für Tag wurde ich tiefer in ein gefährliches Unterfangen hineingezogen und kam dabei mit den wichtigsten Anführern der Untergrundbewegung in Kontakt.

Szmalcownicy – Erpresser

Ich hatte erwartet, daß auf der »arischen Seite« ein starkes Interesse am Leben im Ghetto herrschen würde, daß die Nichtjuden, die so nahe an der Mauer lebten und die schreckenerregenden Geschehnisse im Ghetto beobachten konnten, von dem, was sie sahen, verfolgt würden. Ich hatte gedacht, die Polen wären darauf erpicht, ihren jüdischen Bekannten und Nachbarn zu helfen. Schließlich hatten sie Seite an Seite mit ihnen gearbeitet, ihre Kinder zusammen mit den jüdischen Kindern großgezogen und Freude und Trauer mit ihren jüdischen Nachbarn geteilt. Nun, da die Juden so unbarmherzig ausgerottet wurden, wäre es doch nur natürlich, wenn die Polen etwas menschliches Mitleid und Hilfsbereitschaft gegenüber den Juden zeigen würden.

Aber es dauerte nicht lange, bis etwas passierte, das meine Illusionen zerstörte. Eines Sonntags spazierte ich durch eine Warschauer Straße im »arischen Bezirk«, nicht allzu weit von der Ghettomauer entfernt. Am Krasinski-Platz gegenüber der Mauer lag ein Spielplatz. An diesem Sonntag war er überlaufen von Jugendlichen und Erwachsenen, die Sport trieben, tanzten und spielten. Die kleinen Cafés platzten aus den Nähten vor jungen Männern, die aßen, tranken und es sich gutgehen ließen. Ich blieb in einiger Entfernung stehen und beobachtete die Szene, dann drehte ich mich nach links um. Die Ghettomauer war nur einen Steinwurf entfernt. Zwei unterschiedliche Welten in derselben Straße.

Plötzlich erklang eine Gewehrsalve auf der anderen Seite der Mauer. Man hörte Schmerzensschreie, dann Stille. Die Deutschen hatten ein neues Opfer im Ghetto gefordert.

Ich sah zum Park. Hatten die Menschen dort die Schüsse gehört? Einige hatten erschreckt und alarmiert über die Schulter nach hinten gesehen. Aber einer von ihnen deutete zur Mauer und machte mit seiner anderen Hand eine Bewegung, die ihnen anzeigte, daß sie sich keine Sorgen zu machen brauchten.

»Das galt nur den Juden«, sagte ein junger Pole mit einem Grinsen – und setzte sich wieder auf seine Schaukel.

Es war ein sonniger Wintertag; die Prachtstraße war voller Familien, die hier ihren Sonntagsspaziergang absolvierten. Ich beobachtete die gutgekleideten Nichtjuden, wie sie in gemächlichem Tempo dahingingen, während die kleinen Kinder den älteren vorausliefen. Aber vor meinem geistigen Auge sah ich meine Leute im Ghetto und einen Offiziersstock, der hierhin und dorthin zeigte, während eine rauhe Stimme Tod und vorläufige Begnadigung austeilte, unablässig »Nach links! Nach rechts! Nach links! Nach rechts!« intonierend.

Lautes Geschrei vor mir brachte mich zurück in die Wirklichkeit. Zwei ältere Polen schleppten einen blassen, ärmlich gekleideten jungen Mann mit sich. Seine Augen flehten die Beistehenden in wahnsinniger Furcht um Hilfe an. Hin und wieder appellierte er an seine Schächer, aber sie zerrten ihn fort und riefen: »Jude! Dreckiger Jude!« Die beiden hatten ihn zweifellos auf der Straße aufgegriffen und hielten ihn nun gefangen. Höchstwahrscheinlich hatte er kein Geld gehabt, um sich freizukaufen.

Ich folgte ihnen in einigem Abstand und sah, wie ein Nichtjude davonlief und dann mit einer deutschen Wache zurückkam. Der Jude ergab sich anscheinend nun in sein Schicksal und hörte auf, sich zu wehren.

Der Deutsche hielt ein vorbeifahrendes Taxi an. Er stieß den jungen Mann rüde hinein und stieg dann, gefolgt von den beiden polnischen Denunzianten, hinter ihm ein. Damit war das Schicksal der Unglücklichen besiegelt.

Eine große Menge war zusammengekommen. Ich studierte die Gesichter und die Gesten. Die nichtjüdischen Zuschauer waren nicht besonders stolz auf das, wovon sie gerade Zeugen geworden waren. Einige schüttelten mit dem Kopf, andere lächelten gequält. Aber keiner mischte sich ein oder protestierte. Sie nahmen ihren Sonntagsspaziergang wieder auf, als sei nichts geschehen.

Wie konnten die Polen so gleichgültig bleiben? Den Rest des Tages ging ich verzweifelt umher. Ich konnte noch nicht heimgehen; meine Vermieterin erwartete einige Verwandte und wollte nicht, daß sie von ihrem Logiergast etwas erfuhren.

Als ich mich schließlich heim wagte, wartete dort bereits Ania, Hancia Werkzweig-Ellenbogen, auf mich. Ania hatte mit ihrem Mann Bolek, Hayim Ellenbogen, im Medem-Kindersanatorium gearbeitet, bis die Deutschen es im August aufgelöst hatten. Wie durch ein Wunder war es ihnen gelungen, zusammen mit Boleks Schwester Perele, einer Lehrerin, auf die »arische Seite« zu fliehen. Ania lebte mit ihrem Mann bei ein paar armen Nichtjuden und arbeitete als Näherin. Bis jetzt war alles ruhig verlaufen, doch heute schien sie in Sorge zu sein.

»Gestern, als ich gerade aus der Straßenbahn steigen wollte«, sagte sie mir, »klopfte jemand gegen das Fenster und winkte mir zu. Es war Bolek. Er sah sehr aufgeregt aus, aber er schien glücklich zu sein, daß er mich endlich gefunden hatte. Er hatte an der

Haltestelle seit Stunden gewartet, um mich zu warnen, daß ich nicht nach Hause gehen solle. Die *szmalcownicy* lauerten dort auf mich.«

Besorgt hielt sie einen Moment inne, dann fuhr sie fort. »So, wie es aussieht, hat ein Nichtjude Bolek als Juden erkannt und ist ihm nach Haus gefolgt, um Geld zu fordern; er hat alles mitgenommen, was er kriegen konnte. Aber das war ihm nicht genug. Er wollte Bolek mitnehmen und ihn einem deutschen Wachposten ausliefern. Zwei Schläger haben den *szmalcownik* auf dem Weg begleitet. Aber Bolek hat es irgendwie geschafft, sie abzuschütteln. Nun hatte er Angst, daß sie zu unserer Unterkunft zurückkommen und mich dort finden würden, also hat er an der Haltestelle gewartet, um mich zu warnen.«

Wieder hielt sie an, atemlos und weinend, dann brach es aus ihr heraus: »Letzte Nacht hat uns eine Frau für ein paar Zloty aufgenommen, aber jetzt haben wir kein Dach über dem Kopf.«

»Ich werde mit meinem Vermieter sprechen«, versuchte ich sie zu trösten. »Vielleicht kann er etwas für euch arrangieren.«

Stefan Machai war leicht angetrunken. Als ich ihn um Hilfe bat, versuchte er sich herauszureden, sagte mal ja, mal nein. Schließlich sagte er zu, sie könnten zwei Nächte in seinem Haus bleiben, die Miete müßte im voraus gezahlt werden.

Nun, zumindest hatten wir eine Atempause von zwei Tagen. Danach würden wir weiter sehen. Es war schwierig, Wohnquartiere zu finden; nicht nur für die Neuankömmlinge, sondern auch für die Juden, die bereits seit einiger Zeit auf der »arischen Seite« waren. Es war nicht einfach, den Anschein aufrechtzuerhalten, man sei kein Jude. Man mußte auf jede Bewegung, jedes Wort aufpassen, wenn man sich nicht verraten wollte. Den Polen bereitete es keine Schwierigkeiten, Juden zu erkennen. In der letzten Zeit hatten junge Polen, denen klar wurde, daß einige Juden aus dem Ghetto entkommen waren, keine Zeit verloren, aus ihrem Wissen durch *szmalcowe* – Erpressung – Kapital zu schlagen. Sobald sie auf einen Juden stießen, forderten sie Geld, und wenn sie nicht genug fanden, zogen sie ihrem Opfer Mantel, Schuhe oder irgend etwas anderes von Wert aus, das er gerade auf dem Leibe trug. Ein solcher Charakter hatte sich gerade zu Celeks Mantel verholfen. Diese *szmalcownicy* gab es überall. Sie suchten die Wohnviertel heim, streiften durch Straßen und Fabriken und suchten nach ihren Opfern.

Die Juden auf der »arischen Seite« lebten in Todesangst vor den Deutschen und waren folglich bereit, alles, was sie besaßen, zu opfern, um nicht an sie ausgeliefert zu werden. Wenn es sich herausstellte, daß ein Jude mittellos war, dann übergaben ihn die Erpresser der Gestapo, die einen Preis von 100 Zloty auf den Kopf jedes Juden ausgesetzt hatte. Ohne diese polnischen Informanten hätten die Deutschen niemals so viele Juden gefangen. Natürlich waren nicht alle Polen von dieser Art. Einige zeigten sogar Mitleid, aber das waren nur wenige, und ihr Beistand war gering.

Michal war bereits erpreßt worden. Er war groß, blond und blauäugig, aber seine jüdisch aussehende Nase verriet ihn. Er vermied es tunlichst, gesehen zu werden.

Auch ich bekam in den ersten Wochen meiner Tätigkeit im »arischen Bezirk« eine Kostprobe von den Erpressungen. Wir hatten aus dem Ghetto die Nachricht erhalten, daß man zur Zeit vor allem Metallfeilen brauchte. Diese Feilen waren für den Gebrauch der Juden gedacht, die in einer Razzia gefaßt und in die Züge nach Treblinka verladen worden waren. Ihre einzige Hoffnung war die Flucht aus dem rasenden Zug. Mit einer Feile bewaffnet, konnte ein Gefangener eine kleine Lücke in die Fenstergitter sägen und dann versuchen, in die Freiheit zu springen. Gelang dies, so bedeutete es das Überleben; zumindest fürs erste.

Michal und mir war die Aufgabe zugeteilt worden, solche Feilen zu besorgen. An einem eisigen Nachmittag fanden wir uns in der Nähe der deutschen Fabrik in der Chmielna 2 ein. Wir hatten bereits einige Feilen erhalten und versuchten nun, mit dem jüdischen Gruppenanführer, der dort arbeitete, Kontakt aufzunehmen. Wir hofften, er würde einen von uns mitnehmen, wenn er und einige seiner Männer ins Ghetto zurückkehrten.

Michal ging zum verschlossenen Fabriktor, während ich Wache stand und die Straße absuchte, um sicherzugehen, daß keine Deutschen in der Nähe waren. Auf mein Zeichen hin bediente Michal die Klingel am Tor. Ich sah ihn etwas in die Hand des Wachpostens drücken, der die Tür öffnete. Er trat ein, und das Tor schloß sich hinter ihm.

Ich blieb allein zurück und wartete; meine Anspannung und Angst wurden immer größer. Schließlich öffnete sich das Tor und Michal erschien. Noch bevor wir ein Wort gewechselt hatten, konnte ich an seinen hängenden Schultern und seinem schweren Schritt erkennen, daß wir unser Ziel nicht erreicht hatten.

Die jüdischen Arbeiter hatten sich in den letzten Tagen nicht zur Arbeit gemeldet. Die nur zu bekannten Razzien waren im Ghetto wieder aufgenommen worden. Die jüdischen Arbeiterbrigaden, die auf der »arischen Seite« beschäftigt waren, wurden nun »selektiert«.

Wir verließen die Fabrik und besprachen verschiedene Möglichkeiten, wie wir die Feilen in das Ghetto schmuggeln könnten. Plötzlich hörten wir hinter uns Schritte. Drei Nichtjuden spürten uns nach. Offensichtlich waren sie *szmalcownicy*, und es war nicht wahrscheinlich, daß sie uns gehen lassen würden. Wir gingen schneller, sie kamen uns nach.

Wir hatten keine nennenswerte Summe bei uns; ich hatte 10 Zloty und Michal ungefähr 50 – ein Almosen. Genau in diesem Moment fuhr eine Straßenbahn vorüber. Wir versuchten beide aufzuspringen. Michal gelang es, und er fuhr davon. Atemlos lief ich hinter der Bahn her, obwohl ich wußte, daß es keinen Sinn hatte. Kräftige Hände packten mich von hinten an den Schultern und drehten mich herum, so daß ich den drei Schurken gegenüberstand, die uns verfolgt hatten. Der eine, der mich festhielt, war groß und hatte trübe Augen. Er ließ mich los, weil nun seine beiden Begleiter da waren, um jeden Fluchtversuch meinerseits zu vereiteln, und grinste blöde mit einer höhnischen Verbeugung.

»Sie haben versucht, uns zu entkommen, aber so leicht werden Sie uns nicht los.«

»Was wollen Sie von mir?« fragte ich und tat verwirrt.

»Wollen Sie damit sagen, Sie wissen nicht, wer wir sind?« Der Sprecher war lächerlich klein und abgemagert, mit schwarzen, durchdringenden Augen. »Wir jedenfalls kennen Sie! Warum haben Sie um die Fabrik herumgeschnüffelt, wo sie Juden beschäftigen?«

»Ich habe Arbeit gesucht«, antwortete ich. Es war die einzige plausible Antwort, die mir einfiel.

»Versuchen Sie nicht, uns hereinzulegen«, schnaubte der Große. »Sie sind aus dem Ghetto, und der andere, der fort ist, ist auch ein Jude.«

Eine neugierige Menge begann sich um uns zu scharen. Die Verzweiflung gab mir ein, alles auf eine List zu setzen. Mit einem aufgesetzten ruhigen Lächeln forderte ich meine Verfolger auf, mich zu begleiten, und begann loszugehen. Sie folgten mir.

»Wenn Sie wollen, daß wir Sie gehen lassen, geben Sie uns dreitausend Zloty – eintausend für jeden von uns. Dann lassen wir Sie allein.«

Dreitausend Zloty! Ich hatte weniger als 50 bei mir, aber meine Fänger wußten das nicht. Ich beschloß, so lange wie möglich ihre Habgier auszunutzen. Ich versicherte immer wieder mit Nachdruck, ich sei Christin und könne nicht verstehen, warum ich belästigt wurde.

Anscheinend waren sie entschlossen, mich in die Ecke zu treiben. Drohend kamen sie immer näher. Der Große sprach wieder.

»Erwarten Sie, daß wir mit Ihnen zum Vergnügen spazierengehen, Sie jüdisches Weibsstück? Geben Sie uns das Geld, oder wir bringen Sie geradewegs zu den Deutschen, die werden schon mit Ihnen abrechnen!«

Ich wußte, wenn sie das täten, wäre es mein Ende. Ich mußte meinen Bluff durchziehen, sonst ginge es mir schlecht.

»Also gut, gehen wir«, sagte ich mit einem ärgerlichen Achselzucken. »Dann werden Sie für Ihre Verdächtigungen und für Ihre Erpressungsversuche Rechenschaft ablegen müssen.«

Offensichtlich schwankend geworden, flüsterten meine Begleiter untereinander. Ich schritt voran, ohne auf sie zu achten. Ich mußte eine Fluchtmöglichkeit ausmachen, bevor wir einem deutschen Wachposten begegneten.

Sie folgten mir noch eine Weile, aber der Klang ihrer Schritte hinter mir wurde schwächer und verschwand schließlich ganz. Ich wechselte die Straßenseite und schaute vorsichtig zurück. Sie hatten angehalten, beobachteten mich aber noch immer. Offensichtlich waren sie sich immer noch nicht sicher, ob ich eine Jüdin war oder nicht. Das war nicht der richtige Zeitpunkt, um fortzulaufen; es war besser, davonzuspazieren, als ob nichts geschehen sei. Ich mischte mich unter die Menge und entfernte mich nach und nach von meinen Verfolgern. Schließlich befand ich mich in einer engen Straße, wo kein Mensch zu sehen war. Ich stieg in eine Straßenbahn und wechselte mehrere Stunden lang von einer Bahn in die andere, bis ich mich davon überzeugt hatte, daß niemand mir folgte.

Viele Juden hatten nicht so viel Glück wie ich. Wenn die *szmalcownicy* die Juden auch nicht direkt töteten, wie die Deutschen, so brachten sie die Juden doch um die letzten Besitztümer, ohne die man unmöglich auf der »arischen Seite« eine Zuflucht finden konnte. So stürzten sie viele ihrer Opfer in Verzweiflung und brachten ihnen oft den Tod.

Frau Brzeska, eine freundliche, aufrechte, mitfühlende Polin, die in der Topiel 8 wohnte, hatte fünf Juden in einer Notlage Unterschlupf gewährt. Ihre ersten jüdischen Logiergäste waren eine

Mutter und deren Sohn gewesen, ein früheres Mitglied der jüdischen Polizei. Beide hatten typisch jüdische Gesichtszüge und durften folglich nicht gesehen werden. Sie bekamen oft von den Nichtjuden Besuch, die sie der Brzeska als Logiergäste empfohlen hatten.

Eines Tages tauchten *szmalcownicy* auf, die sich offensichtlich gut auskannten und sich direkt zu dem Zimmer begaben, in dem die alte Frau und ihr Sohn wohnten. Die Diebe nahmen den beiden Geld und Schmuck ab und versicherten der ängstlichen Vermieterin, sie würden nicht wiederkommen; die Juden könnten weiterhin dort sicher bleiben.

Was sollten die Mutter und ihr Sohn nun tun? Es gab keine andere Unterkunft, und sie hatten kein Geld mehr. Sie bettelten darum, noch eine kleine Weile bleiben zu dürfen, damit sie ihren letzten Besitz verkaufen und versuchen könnten, ein anderes Versteck zu finden.

Einige Wochen später kamen die *szmalcownicy* wieder. Sie nahmen jeden Lumpen und alles Bargeld mit, das ihre Opfer noch besaßen. Die Vermieterin hatte nun Todesangst, aber sie hatte nicht das Herz, ihre Mieter hinauszuwerfen. Mutter und Sohn sprachen immer wieder von Selbstmord. Die Mutter bestand darauf, ihr Sohn werde überleben, wenn sie ihm nicht mehr zur Last fiele.

Eine andere freundliche Polin nahm das Paar auf, aber kurze Zeit später nahm die Mutter Zyankali. Nicht zu Hause, sondern am Stadtrand, so daß sie nicht einmal im Tod irgend jemanden belasten würde. Ihr Sohn verschwand spurlos.

Der jüdische Untergrund versuchte die Erpresser zu bekämpfen. Wir appellierten sogar an den polnischen Untergrund, unseren angeblichen Verbündeten, in seinen Untergrundzeitungen eine Kampagne zu starten, damit die polnische Bevölkerung die *szmalcownicy* als Verbrecher und deutsche Kollaborateure betrachtete und entsprechend mit ihnen verfuhr. Unglücklicherweise stießen unsere Appelle auf Ohren, die gegenüber jüdischen Bitten mit Taubheit geschlagen waren. Die Erpresser machten mit ihrer diabolischen Arbeit einfach weiter.

Wie wir Waffen besorgten

Das Hauptziel unserer Mission auf der »arischen Seite« – ein Ziel, für das wir ständig Gefahren auf uns nahmen, uns wie verschreckte Tiere versteckten, eine falsche Identität annahmen, von einer Unterkunft zur nächsten zogen, um nicht als Juden erkannt zu werden – war es, Waffen für den Widerstand im Ghetto zu beschaffen. Dieses Anliegen verlangte die rückhaltlose Zusammenarbeit aller Gruppen und Elemente im Ghetto; eine Zusammenarbeit, die schwerer wog als ideologische und doktrinäre Unterschiede. Uns alle vereinte der Wunsch, an unseren Folterknechten, den Mördern unserer Freunde und Verwandten, den Feinden unseres jüdischen Volkes, Rache zu nehmen.

Nach und nach vergrößerte sich unser »arisches« Kontingent, da sich uns neue Kuriere aus dem Ghetto anschlossen. Wir trafen uns weiterhin von Zeit zu Zeit im Keller in der Gornoszlonska 3, wo die Gespräche ausnahmslos um die eine entscheidende Frage kreisten: wie? Wie sollten wir, als Fremde unter den Polen, als gewöhnliche polnische Bürger verkleidet, mit so verbotenen und seltenen Waren wie Waffen und Sprengstoff Handel treiben können? Jedesmal, wenn meine Kameraden aus dem Untergrund erfuhren, daß ich Mikolai treffen sollte, baten sie mich herauszufinden, wie weit er mit seinen Bemühungen war, Waffen zu beschaffen.

Wir wußten, daß der polnische Untergrund geheime Waffenlager hatte. Mikolai stand mit den Anführern des polnischen Untergrunds in Kontakt. »Sie machen uns ständig Versprechungen!«

sagte er mir immer wieder. Wir waren gezwungen, zu warten. Wir fragten uns oft, warum der Untergrund sich weigerte, uns zu helfen, obwohl wir bereit waren, großzügig zu zahlen. Unsere Kontakte mit den Polen waren jedoch dürftig und brachten uns oft Leid; viele Male wurden wir verraten und verkauft.

Jurek, Arieh Wilner, war es gelungen, eine beträchtliche Anzahl von Revolvern und Handgranaten von einer Christin zu kaufen. Aber kaum hatte er seinen Koffer mit den »Waren« in seine Wohnung geschafft, da fiel die Gestapo über ihn her. Sie fanden die Waffen und nahmen Jurek zusammen mit den anderen Mietern fest. Wir waren überzeugt, daß die Nichtjüdin, die ihm die Waffen verkauft hatte, ihn verraten hatte. Als uns eine gute Freundin von Jurek, Tosia Altman von *Hashomer Hatzair*, davon erzählte, waren wir wie gelähmt. Es gab kein Entkommen vor den Klauen der Gestapo. Aber Tosia ließ sich nicht abschrecken; sie war zu uns gekommen, um sich bei Stefan Machai Rat zu holen; vielleicht kannte er jemanden, den man bestechen konnte.

Einige Monate später erfuhr ich, daß Jurek von der Gestapo gefoltert worden war. Seine Hände und Zehen waren zu Brei geschlagen worden, aber er hatte seine Gefährten nicht verraten. Wegen eines Irrtums der Gefängnisleitung wurde Jurek vom Pawiak-Gefängnis in das Kawenczyn-Lager bei Warschau überführt. Von dort aus gelang es ihm, sich mit dem jüdischen Untergrund in Verbindung zu setzen, der ihn hinausschmuggeln konnte. Schließlich kehrte er in das Warschauer Ghetto zurück, wo seine Verletzungen im Krankenhaus behandelt wurden. Jurek kam später während des Ghettoaufstandes in der Mila 18 um. Er starb zusammen mit dem Stab der Jüdischen Kampforganisation, darunter Mordechai Anielewicz, dem heldenhaften Anführer des Ghettoaufstands.

Sein Verlust war ein schwerer Schlag für den »arischen Bezirk« des jüdischen Untergrunds. Er war ein furchtloser und energiegeladener Aktivist gewesen. Michal wurde sein Nachfolger.

Für mich war es ein großes Ereignis, als es mir gelang, meinen ersten Revolver zu beschaffen. Ich hatte ihn vom Neffen unseres Vermieters, Heniek Dubiel, für 2000 Zloty gekauft. Immer wieder drehte ich ihn in meinen Händen hin und her und gab vor, ihn genau zu prüfen, obwohl ich nicht die geringste Ahnung hatte, wie er funktionierte. Ich kaufte ihn schließlich, denn ich vertraute darauf, daß meine Freunde ihn, wenn nötig, reparieren könnten. Ich eilte in unseren Keller, um Celek und Michal meinen neuen Schatz zu zeigen. Dort fand ich die beiden im Gespräch mit Bernard Goldstein, einem Mitglied vom Zentralkomitee des *Bund*. Ich hatte Bernard lange Zeit nicht gesehen; er hatte sich im Ghetto versteckt, und die Gestapo war ihm auf den Fersen. Auf der »arischen Seite« zeigte er sich kaum in der Öffentlichkeit. Er war ein Waffenexperte. Ich zeigte ihm die Waffe, die ich gekauft hatte, und er versicherte mir, daß ich nicht betrogen worden war. Als nächstes mußte ich mich mit dem Ghetto in Verbindung setzen.

Obwohl das Ghetto keinen Kontakt mit der »arischen Seite« haben sollte, gab es ein paar Telephone in den Betrieben, durch die man die ganze Stadt erreichen konnte. Eines dieser Telephone befand sich im Büro der Bürstenfabrik. Zweimal am Tag, zu verabredeten Zeiten, bezog einer unserer Kameraden dort Stellung, um Botschaften von der »arischen Seite« entgegenzunehmen. Wir riefen dort nur im Notfall an. In der Regel erledigten wir unsere Telephonate von Münzfernsprechern aus und benutzten dabei eine kodierte Sprache, die nur die Eingeweihten verstehen konnten. Wenn die Telephonzentrale das Gespräch unterbrach, um nach unserer Nummer zu fragen, was oft geschah, hängten wir auf und liefen fort.

Wir kamen überein, den Revolver zwischen acht und neun Uhr an diesem Abend durch ein Loch in der Mauer an der Ecke Swientojerska und Bonifraterska in das Ghetto zu schmuggeln. Dort wurde fast an jedem Abend etwas geschmuggelt, denn die polnischen Wachposten waren für Bestechungsgelder empfänglich, und man konnte über die Mauer klettern. Wir verpackten den Revolver in einer Schachtel, damit es aussah wie ein gewöhnliches Paket. Unser Vermieter schob die Schachtel durch das Loch, ohne ihren Inhalt zu kennen, und nahm seinen üblichen Lohn von 75 Zloty entgegen.

Celek gelang es, eine ganze Reihe Waffen zu besorgen. Er befreundete sich mit einem polnischen Sozialisten namens Janek, der ihm im Haus seiner Mutter in der Browarna 20 eine Unterkunft verschaffte. Janek hatte Celek drei Revolver und vier Schachteln Dynamit für 6000 Zloty versprochen. Diese Aussichten machten uns überglücklich; eine solche Erwerbung wäre ein echter Glücksfall. Aber wir standen immer noch vor dem Problem, wie wir unsere Errungenschaft in das Ghetto schmuggeln sollten.

Ich hastete zu unserem üblichen Treffpunkt im Kloster, um Mikolai zu informieren, der den Kauf bestätigen und das Geld beschaffen mußte. Mikolai gab seine Zustimmung und bewilligte die erforderliche Summe.

»Könnt Ihr diesem Nichtjuden trauen?« fragte er.

Diese Frage war schwer zu beantworten. Celeks Bekannter gehörte zum polnischen Untergrund. Darüber hinaus hatte einer der polnischen sozialistischen Anführer für ihn gebürgt. Alles schien in Ordnung zu sein, aber keiner konnte dafür garantieren, wie er sich unter unvorhergesehenen Umständen verhalten würde.

Mikolai verließ für ein paar Minuten den Raum, dann kehrte er zurück und legte ein Päckchen Zigaretten vor mich hin. Das war unsere Währung. Während ich das Päckchen in meine Handtasche fallen ließ und mich von ihm verabschiedete, fühlte ich, wie seine Augen mir mit väterlicher Sorge folgten.

Später stellte mich Celek seinem Kontaktmann Janek vor. Er war ein kleiner, netter junger Nichtjude. Er schien mir ein bißchen sehr viel mit seinen Heldentaten im polnischen Untergrund zu prahlen, machte aber auf mich einen grundsätzlich vertrauenswürdigen Eindruck. Er versprach sogar, beim Schmuggeln der Waffen in das Ghetto mitzuhelfen.

Ich übergab ihm das Geld in einem kleinen Café in der Radna 18, wo wir auf ihn und einige seiner Freunde tranken, die zufällig auch dort waren. Dann verabredeten wir Zeit und Ort für das Treffen.

Janek traf zu der verabredeten Zeit ein, zu unserer großen Enttäuschung jedoch ohne Revolver und mit nur drei kleinen Päckchen Dynamit. Er erklärte, die Revolver seien verlorengegangen; einer seiner Freunde sei verhaftet worden, als er die Waffen bei sich trug. Das Geld, das wir für die Revolver gezahlt hatten, war dahin. Wir trösteten uns mit dem Gedanken, daß wir zumindest das Dynamit hätten, das im Ghetto gebraucht werden würde.

Einer der geschicktesten Waffenbeschaffer war Tadek, Tovje Shaingut, von *Hashomer Hatzair*, der neu in unseren Reihen war. Er war ein kräftiger, junger Bursche mit einem unordentlichen Haarschopf, der mit seinem Benehmen, mit den schweren hohen Stiefeln und dem langen Übermantel wie ein Bauer wirkte.

Tadek erschien zum ersten Mal nach Jureks Unglück in unserem Keller. Er besuchte uns häufig, und als er seine Unterkunft verlor, zog er schließlich bei uns ein. Es dauerte nicht lange, bis Tadek sich mit unseren nichtjüdischen Gefährten angefreundet hatte und begann, mit ihnen Geschäfte zu machen. Er war oft in Janeks Begleitung und hängte sich an Heniek Dubiel und andere. Wir waren ein wenig verärgert, als wir erfuhren, daß Tadek heimlich bei unseren eigenen Quellen Waffen kaufte. Warum hatte er uns nichts davon gesagt? Wir haben den Grund nie erfahren; es war einfach seine Art vorzugehen. Er war gerissen und auch furchtlos und ließ sich von keinem Hindernis abschrecken. Er trug stets einen Revolver bei sich und verkündete, er würde niemals lebend gefangen werden.

Er mußte eine Vorahnung gehabt haben. Mehrere Monate, nachdem er zu uns gekommen war, stellte er den Kontakt zu einigen Nichtjuden in Praga her, wo er eine Waffenlieferung erhalten sollte. Gemeinsam mit Kazik, Symcha Ratheiser, einem anderen Ghettokämpfer, ging Tadek in die Washington 80, um die versprochenen Waffen abzuholen.

Alles schien in Ordnung zu sein, als er das Haus betrat. Aber sie hatten kaum damit begonnen, die Waffen zu untersuchen, als wie wild an die Tür geklopft wurde, und im nächsten Augenblick stürzte die Gestapo in das Haus. Der einzige Fluchtweg war das Fenster. Unsere Kameraden griffen nach ihren Revolvern und schoben sich dorthin. Schüsse fielen. Kugeln pfiffen den beiden um die Köpfe, als sie aus dem Fenster sprangen. Kazik hatte Glück und entkam, aber Tadek wurde getroffen und war auf der Stelle tot. Es war, wie er vorausgesagt hatte. Die Deutschen hatten ihn nicht lebend bekommen.

Wie wir Waffen schmuggelten

Die Übergabe der einmal erworbenen Waffen an das Ghetto stellte uns wieder vor neue Probleme und Gefahren. Die Rückkehr in das Ghetto war schon ohne Schmuggelware nicht einfach. Wenn man nichts dabei hatte, konnte man sich unter eine der jüdischen Arbeitergruppen mischen, die von der »arischen Seite« zurückkehrten. Trug man aber etwas bei sich, mußte man damit rechnen, durchsucht und am Ghettotor verhaftet zu werden. Wir mußten sicherere Wege finden.

Michal war es einmal gelungen, einen Revolver in das Ghetto zu schmuggeln, den er von Fishgrund gekauft hatte. Er hatte sich mit einem nichtjüdischen Schmuggler in Verbindung gesetzt, der als Eisenbahnarbeiter im Ghetto arbeitete, und sich bei Einbruch der Nacht mit ihm verabredet. Als der Nichtjude nicht erschien, beschloß Michal, alleine vorzugehen. Er hatte von den polnischen

Passanten erfahren, auf welchem Wege er sich in das Ghetto hineinwinden könnte.

Dazu mußte er den Abschnitt des Umschlagplatzes überqueren, wo die Deutschen jeden verdächtigen Passanten durchsuchten. In seiner Manteltasche hielt Michal seinen Revolver fest in der Hand, bereit, ihn zu seiner Verteidigung zu benutzen, falls ihn jemand anhalten sollte. Zum Glück konnte er seinen Auftrag durchführen. Aber wir mußten zuverlässigere Schmuggelwege finden.

Die Ghettomauer erstreckte sich entlang der Okopowa und Dzika parallel zu einer Allee, die Parysowski-Platz hieß. Unternehmer hatten die Wachen an dieser Kreuzung bestochen und einen blühenden Schmuggel entwickelt. Wagemutige Nichtjuden kletterten auf die Ghettomauer, um von den Juden Kleidungsstükke, Unterwäsche, Schuhe, Nähmaschinen und andere Waren zu kaufen. In ihrer Verzweiflung trennten sich die Juden gegen lächerlich geringe Summen von ihrem Besitz. Es gab da auch noch die »tapferen Jungs«, die die verlassenen jüdischen Häuser plünderten, Kommoden, Betten, Anrichten und anderes Mobiliar auseinandernahmen und ihre Beute über die Mauer hievten, um sie dann auf der anderen Seite wieder zusammenzubauen. Der Schwarzmarkt und diese rücksichtslosen Plünderungen jüdischer Wohnungen florierten eine Zeitlang an der Mauer. Schließlich aber stöberten die deutschen Behörden die meisten Schmuggelwege auf, und einige der Schmuggler wurden erschossen. Mit jedem Tag wurde es schwieriger, das Ghetto zu betreten oder zu verlassen.

Michal führte mich als erster in die Schmuggelgegend am Parysowski-Platz. Auf diesem Weg hatten er und Jurek ihren ersten Posten Waffen geschmuggelt – ungefähr zehn Revolver, die die Vertreter des Jüdischen Koordinationskomitees auf der »arischen Seite« vom polnischen Untergrund gekauft hatten. Die Revolver waren in kleine Kartons verpackt und mit Nägeln bedeckt. Stefan

Machai hatte sie auf einem Handwagen fortgerollt. Michal und Jurek, alle beide bewaffnet, folgten ihm in vorsichtigem Abstand. Alles lief gut, bis die drei von einem polnischen Polizisten angehalten wurden, der ihre Transportlizenz sehen wollte. Zum Glück befriedigten ein paar Zloty seine Neugier, und er erlaubte ihnen, weiterzugehen.

Einige Kameraden von der Kampforganisation, die auf der anderen Seite der Mauer warteten, hörten Michals Kennwort. Einer von ihnen kletterte auf die Mauer, nahm die Kartons mit den »Nägeln« entgegen und reichte sie seinen Kameraden hinunter. Wäre einer der Kämpfer abgefangen worden, dann hätten sie das Feuer eröffnet. Keiner hätte es zugelassen, daß die so begierig erwarteten Revolver in die Hände des Feindes fielen.

Später machte auch ich von dieser Route Gebrauch. Das erste Mal war ich mit Michal dort, um ein Paket Feilen für die Kampforganisation hinüberzubefördern. Wir gingen als Bettler verkleidet zur Mauer. Ich trug das Paket, während Michal das dem Ghetto gegenüberliegende, baufällige Gebäude betrat, das den nichtjüdischen Schmugglern als Hauptquartier diente. Nachdem wir ihren Agenten für das Privileg, über die Mauer klettern zu dürfen, bezahlt hatten, warteten wir ziemlich lange. Dann, auf das Signal eines jungen Polen hin, krabbelte Michal nach oben. Ich reichte ihm das Paket; er nahm es und sprang von der Mauer ins Ghetto. Die Aufgabe war erledigt, und ich ging nach Hause.

Beim zweiten Mal ging ich allein zum Parysowski-Platz. Diesmal war mir aufgetragen worden, drei Schachteln Dynamit zu befördern. Eine tödliche Stille herrschte in der Gegend; die Schmuggler waren auffallend abwesend. Ich wurde mißtrauisch und fragte eine vorübergehende ältere Frau, warum dort alles so ruhig sei.

»Sie haben heute morgen zwei Schmuggler erschossen«, antwortete die alte Frau. »Ein paar von ihnen wurden verhaftet. Die Patrouillen sind verstärkt worden.«

Was nun? Aufschub war undenkbar; das Dynamit wurde im Ghetto verzweifelt gebraucht. Auf der anderen Seite der Mauer warteten meine Kameraden darauf. Ich rief im Ghetto an, um nach dem neuen Stand der Dinge zu fragen. Ich sagte ihnen, daß ich das Paket über Feifers Fabrik schmuggeln wollte. Ich würde sie später wieder anrufen.

Die Fabrik lag an der Okopowa in der Nähe der Gliniana, neben dem Ghetto. Über diesen Weg konnten gelegentlich Juden auf die »arische Seite« fliehen, und unsere Untergrundbewegung hatte ihn als Schmuggelweg benutzt. Es gab jedoch ein Problem, denn ein deutscher Wachposten stand dem Fabriktor gegenüber und hatte nicht nur den jüdischen Friedhof, der parallel zu der anderen Seite der Okopowa lag, sondern auch Feifers Betrieb fest im Auge. Ich klingelte, und der Wachmann öffnete das Tor. Der düstere Durchgang war menschenleer. Ich feilschte darum, ein kleines Paket ins Ghetto schmuggeln zu dürfen. Der alte Mann zögerte, ließ sich aber schließlich von etwas Bargeld und einer Flasche Wodka überreden. Hocherfreut rief ich die Kameraden an und sagte ihnen, sie sollten um sechs Uhr in der Nähe von Feifers Gerberei bereitstehen.

Als ich in der Dämmerung in die Okopowa kam, war sie fast menschenleer. Ich hielt mich außer Sichtweite und beobachtete den Wachposten, der sich überhaupt nicht zu bewegen schien. Da ich nicht das Risiko eingehen wollte, gesehen zu werden, beschloß ich, mich flach auf den Boden zu legen, bis es vollkommen dunkel war. Schließlich, es kam mir fast wie eine Ewigkeit vor, drehte sich der Posten zur Seite, um eine Zigarette anzuzünden. Ich raste zum Tor und klingelte. Der Wachmann ließ mich herein, führte mich dann durch verschiedene Arbeitsräume, Treppen herauf und herunter, bis wir schließlich zu einer kleinen Kammer kamen, die mit Kisten und Kästen vollgepfropft war. Ich betrachtete prüfend den Raum und versuchte, den Durchgang zu finden, der ins Ghetto führte. Der Wachmann zeigte auf eine Zimmerecke. »Halten Sie sich bereit«, sagte er und drehte das Licht ab. Ich hörte, wie sich etwas in der Dunkelheit bewegte. Schließlich wurden die Umrisse eines kleinen vergitterten Fensters sichtbar.

»Beeilen Sie sich, daß Sie Ihr Paket loswerden!« drängte er mich.

Auf Zehenspitzen ging ich zu dem kleinen Fenster hinüber und spitzte Augen und Ohren. Kein Geräusch. Waren meine Kameraden möglicherweise schon fort? Ich rief mit ganz leiser Stimme: »Jurek! Jurek!«

»Da bist du endlich!« antwortete jemand flüsternd.

Ein Schatten erschien an dem kleinen Fenster. Es war Janek Bilak, ein Mitglied der Kampforganisation und der *Zukunft*. Er kannte keine Angst und schien immer die gefährlichsten Missionen der ganzen Gruppe anzunehmen, die in der Bürstenfabrik ihren Stützpunkt hatte. Ich versuchte, das Paket Dynamit durch das Gitter zu schieben, aber das Paket war zu groß. Wie konnte ich es so schnell neu verpacken, daß der Wachmann nichts von seinem Inhalt bemerkte?

»Beeil dich!« flüsterte Janek von draußen.

»Hab bitte Geduld – ich muß es neu verpacken.« Ich bat den Wachmann, mich ein paar Minuten allein zu lassen, aber er antwortete wie wahnsinnig: »Lassen Sie mich Ihnen helfen!« Ich hatte keine Wahl. Gemeinsam zerrten und fummelten wir herum, lösten die Schnüre, packten aus, packten um und schnürten das Paket wieder zu. Es schien Stunden zu dauern. Der Wachmann zitterte wie Laub. Warum hatte er mir nicht von Anfang an geraten, das Paket in kleinere Päckchen aufzuteilen? Die Stimmen draußen drängten mich immer wieder, mich zu beeilen. Was glaubten sie wohl, was ich tat?

Schließlich war die Aufgabe erledigt. Mein Atem ging schwer, mein Herz klopfte, und ich war naß vor Angstschweiß, als ich das Dynamit durch das Gitter schob. Der Wachmann warf das Fenster zu und drehte das Licht an. Sein Gesicht war rot, und sein Mund stand weit offen, als ob er nach Luft schnappte. Er war schweißüberströmt. Ich sammelte die übrige Verpackung und ein wenig verschüttetes Dynamitpulver auf.

»Sehen Sie«, beruhigte ich ihn – und mich –, »es gab gar keinen Grund zur Angst. Alles ist gutgegangen.«

»So ein Risiko gehe ich nie wieder ein«, stammelte der Wachmann. »Ich habe mich zu Tode gefürchtet.«

Ich schob dem alten Mann 300 Zloty und eine Feldflasche Wodka in die zitternde Hand und sagte ihm auf Wiedersehen.

»Sagen Sie mir die Wahrheit: Was war in diesen Paketen?« fragte er mich plötzlich.

»Nichts Besonderes«, sagte ich ihm. »Es waren nur ein paar Pakete mit Farbpulver.«

»Das war alles?« fragte er alte Mann und beäugte mich mißtrauisch.

»Ja, das war alles«, antwortete ich und ging.

Auf solchen Wegen wurden unsere »Farben« und unsere »Nägel« zu der Jüdischen Kampforganisation im Ghetto hinüberbefördert.

Wieder im Ghetto

Während wir auf der »arischen Seite« Waffen kauften und in das Ghetto schmuggelten, hielten wir engen Kontakt zum Untergrund innerhalb des Ghettos. Michal, Celek, Tadek und andere überquerten hin und wieder die Mauer, um illegale Literatur, Briefe und Waffen hineinzubringen und Anweisungen und Aufträge für uns, die auf der »arischen Seite« arbeiteten, hinauszubringen. Eine meiner Missionen bestand darin, Geld, einige Briefe und illegale polnische Literatur in das Ghetto zu schmuggeln und an Abrascha Blum auszuhändigen.

Gegen sechs Uhr morgens erreichte ich den Parysowski-Platz, wo ich dem Hauptschmuggler die damals übliche Gebühr von

75 Zloty zahlte und dann wartete, bis ich an die Reihe kam. Eine Stufenleiter lehnte an der drei Meter hohen Mauer. Ich stieg schnell hinauf und sprang auf die andere Seite hinunter. Sofort band ich mir anstelle der Armbinde, die alle Juden im Ghetto tragen mußten, ein weißes Taschentuch um den rechten Arm. Niemand achtete auf mich. Die wenigen jüdischen Schmuggler, die sich dicht an die Mauer drängten, waren an die nichtjüdischen Händler gewöhnt. Ich lief schnell zu der Bürstenfabrik in der Franciszkanska 32, wo ich Abrascha treffen sollte.

Als ich mich von der Ghettomauer entfernte, erkannte ich Luba Bielicka, Abraschas Frau. Sie trug, wie schon vor dem Krieg, die weiße Uniform der Leiterin einer jüdischen Schwesternschule. Selbst während der Zeit der Deportationen war sie auf ihrem Posten geblieben.

Sie sprach gerade mit Zygmunt, der uns als erster aus dem Untergrund von den Schrecken Treblinkas erzählt hatte. Als er einmal einen befreundeten nichtjüdischen Eisenbahnarbeiter auf der Strecke Warschau–Malkin nach Sokolow begleitete, hatte er an einer Stelle, wo die Gleise sich verzweigten, aussteigen müssen; Zivilisten durften hier nicht weiterreisen. Von den anderen Passagieren hatte er erfahren, daß Tag für Tag mit Menschen vollbeladene Züge über diese Nebenstrecke zum Bahnhof von Treblinka fuhren. Die Züge kamen in der Regel leer zurück.

Am nächsten Tag traf Zygmunt einen Augenzeugen, der gerade aus Treblinka geflohen war. Es war Azriel Wallach, ein Neffe des sowjetischen Diplomaten Maxim Litvinov. Von ihm erfuhr Zygmunt die schrecklichen Tatsachen über Treblinka. Dann brachte er die Neuigkeiten nach Warschau.

Später, auf der »arischen Seite«, wurde er von den *szmalcownicy* so sehr bedrängt, daß er in das Ghetto zurückkehrte.

Ein kleines Mädchen von fünf Jahren klammerte sich an Luba. Ich zögerte, zu ihnen zu gehen, bis Zygmunt mich sah und mich zu ihnen heranwinkte. Wir begrüßten uns.

»Ist auf der ›arischen Seite‹ alles ruhig?« fragte mich Luba.

»Einigermaßen ruhig«, sagte ich.

»Wie du siehst, wollen wir das Kind hinüberschaffen«, bemerkte Zygmunt.

»Wie wollt ihr das fertig bekommen?«

»Die Wachen sind heute bestochen worden; wir haben auch einen freundlichen Nichtjuden bestochen, damit der das kleine Mädchen zu einer abgelegenen Straße im ›arischen Bezirk‹ mitnimmt und dort zurückläßt. Wenn ein Fremder sie dort herumirren sieht, ein verlassenes Kind, dann wird er sie wahrscheinlich zu einem Waisenhaus bringen. Unser christlicher Freund wird aus einiger Entfernung beobachten, wohin das Kind gebracht wird«, erklärte Zygmunt.

»Die Kleine spricht Polnisch, und sie weiß, wie sie sich zu verhalten hat. Vielleicht wird sie das retten«, fügte Luba hinzu.

Was sollte ich ihnen sagen? Daß es im »arischen Bezirk« keinen Ort gab, wo das Kind bleiben konnte? Schweigend betrachtete ich das kleine Mädchen, das unserer Unterhaltung aufmerksam folgte. Immer wieder hob sie ihre dunkelbraunen Augen zu Luba, die ihr über den Kopf strich.

Die Deutschen hatten die Eltern des Kindes mitgenommen, und Luba hatte sich seit langem um sie gekümmert. Aber das Krankenhaus, in dem Luba gewohnt hatte, sollte bald liquidiert werden. Auf der »arischen Seite« hatte das Kind wenigstens eine kleine Überlebenschance.

Luba, Zygmunt und das kleine Mädchen warteten auf ein Signal des Schmugglers. Das Kind gab keinen Laut von sich; ihre Augen wanderten von Zygmunt zu Luba und dann zu mir. Ob sie ihre tragische Situation verstand? Ich verabschiedete mich von meinen Freunden und von der Kleinen. Vielleicht würde ihr Plan ja doch noch gelingen.

Nur wenige Menschen waren im Ghetto zu sehen; die Straßen waren verlassen und trostlos, die Häuser unbewohnt und leer. Möbelstücke lagen zusammen mit zerrissenem Bettzeug und Laken verstreut herum. Es gab niemanden, der sie brauchte. Jeder Mauerstein, jede Tür, jedes Haus legte Zeugnis ab von den schrecklichen Geschehnissen, die hier an der Tagesordnung waren.

Die düsteren Ghettostraßen, die man zum Schweigen gebracht hatte, waren mir lieber als die fröhliche Geschäftigkeit in den Straßen auf der »arischen Seite«. Das Ghetto war ein öder Ort, aber es war meine eigene, wirkliche Welt, in der ich ich selbst sein konnte. Hier brauchte ich nicht das gezwungene Lächeln zu tragen, daß ich für meine polnischen Nachbarn aufsetzte. Hier mußte ich mir keine höhnischen Bemerkungen der Polen anhören, daß die Juden bekamen, was sie verdienten, und daß Hitler Polen von der »jüdischen Plage« reinigen würde. Hier mußte ich nicht ständig in der Angst leben, als Jüdin entlarvt zu werden. Ich war unter meinesgleichen.

Am Tag durften sich nur die auf den Ghettostraßen aufhalten, die eine Sondererlaubnis besaßen. Deutsche Patrouillen machten ihre Runden; ab und zu mußte ich in einem Haus Zuflucht suchen. Ich traf mehrere verängstigte und abgehärmte Juden, die Säcke auf den Schultern trugen. Fast alle Juden schleppten solche Säcke, egal wohin sie gingen. Während der ersten Tage der Aussiedlung, als die Juden noch die deutschen Lügen über die Arbeitslager glaubten, hatte jeder Jude ständig ein paar Sachen bei sich getragen, die er brauchen würde – einen Rock, ein Handtuch, ein Hemd. Mittlerweile wußte jeder, was in Treblinka vor sich ging; dennoch weigerten sie sich, sich von ihren Säcken zu trennen. Ein Jude konnte jederzeit aufgegriffen werden – und dann könnte der Sack auf jeden Fall nützlich sein.

Von Zeit zu Zeit wurde mir – für einen kümmerlichen Preis – ein Kleidungsstück oder Bettzeug angeboten, ein alter Rock, eine Bluse, ein abgenutzter Kopfkissenbezug. Die Verzweiflung der Verkäufer zerriß mir das Herz, aber ich mußte weiter.

Einen halben Block weiter sah ich einen Jungen von vierzehn

Jahren in zerfetzten Hosen. Sein zerzaustes Haar starrte vor Federn, in seinem grimmigen Gesicht traten die Augen hervor. Er suchte den Bürgersteig und den Rinnstein ab, schaute alle paar Sekunden hoch und stöberte dann weiter. Ab und zu fand er etwas, rieb es an seinen Lumpen ab und biß hinein. Wie konnte er jetzt noch etwas auf den Ghettostraßen finden, wo die Leute kaum noch etwas fortwarfen?

»Sie kommen! Sie kommen!« rief plötzlich ein Kind.

Die Menschen flohen in alle Richtungen. Man konnte gar nicht vorsichtig genug sein.

Die Deutschen gingen weiter. Auf einmal bemerkte ich Luba hinter mir. Es werde noch eine Weile dauern, bis das Kind das Ghetto verlassen könne, sagte sie. Also habe sie das kleine Mädchen nicht weit von der Ghettomauer bei Zygmunt zurückgelassen. Sie bat mich, sie zu ihrer Wohnung in der Gesia 6 zu begleiten. In diesem Block lag das jüdische Krankenhaus; dort konnte ich Abrascha vielleicht finden.

Es war sicherer, mit Luba zu gehen als allein. Ihre weiße Schwesterntracht war eine Art Schutz.

Das Krankenhaus war in Aufruhr. Bündel gepackter Rucksäcke zeigten, daß Belegschaft und Patienten auf Abruf bereitstanden.

Abrascha war nicht dort. Ich ging und setzte meinen Weg in die Franciszkanska fort, wo er mich treffen sollte. Ich mußte noch vorsichtiger sein als sonst, als ich mich der Bürstenfabrik näherte, denn dort gab es zusätzliche deutsche Patrouillen. Um ihnen aus dem Weg zu gehen, benutzte ich Tore, Durchgänge und Wege und kam schließlich in der Franciszkanska an. Dort herrschte viel mehr Leben als auf den anderen Ghettostraßen; die Straße war voller jüdischer Hausierer und Arbeiter, die nach Hause eilten. Am zahlreichsten und auffälligsten war jedoch die jüdische Polizei. Sie war überall. Hin und wieder hielt einer von ihnen einen vorübergehenden Juden an, um seinen Ausweis zu kontrollieren. Wenn sich herausstellte, daß die Papiere nicht ganz in Ordnung waren, begann das Feilschen über die angemessene Bestechungssumme. Die jüdischen Gesetzeshüter mochten Geld. Von Zeit zu Zeit erschien eine deutsche Patrouille; dann verschwanden die Juden im Nu.

Hier traf ich Lusiek Blones, den jüngeren Bruder eines ehemaligen Schulkameraden. Er war mit seinen dreizehn Jahren das jüngste Mitglied in der Kampforganisation; ein kleiner magerer Kerl, aber schlau und mutig.

»Bist du auf dem Weg zu unserer Gruppe?« fragte er mich erfreut.

»Ja«, sagte ich.

»Dann komm mit.«

Lusiek kannte alle Ein- und Ausgänge der Bürstenfabrik; ich folgte ihm, über Dachböden kriechend, Treppen hinauf und hinunter, in ein Loch hinein und aus einem anderen wieder heraus. Viele Juden nahmen diesen verschlungenen Weg, der sicherer war als die Straßen.

Verschmutzt und mit blauen Flecken erreichten wir unser Ziel, eine baufällige Wohnung im vierten Stock. Hier wurde gerade eine Gruppe der Ghetto-Kampforganisation für den Kampf gegen die Deutschen im Umgang mit Waffen ausgebildet. Ich kannte fast alle von ihnen. Sie waren vor dem Krieg meine Kameraden im *Skif* gewesen. Ich war mit einigen von ihnen zur Schule gegangen. Sie begrüßten mich herzlich. Sie alle waren neugierig auf Nachrichten von der anderen Seite der Mauer. Abrascha Blum war bei ihnen; in seinem Händedruck lag Wärme.

Wir hatten wenig Zeit zum Plaudern. Abrascha führte mich in einen leeren Raum, in dem Bauholz, Nägel und Papier herumlagen. Die Tür war zu, ich holte den Brief, einige amerikanische Dollar und einen Stapel Untergrundliteratur heraus und reichte sie Abrascha. Erfreut fragte er mich: »Hattest du Schwierigkeiten auf dem Weg hierher?«

»Gar keine«, sagte ich.

Ich beobachtete ihn, als er schweigend den Brief las. Sein Gesicht, wie immer ernst und sogar noch blasser und abgezehrter, als ich es in Erinnerung hatte, wurde länger und verlor die ruhige Maske, die es sonst trug. »Nun«, sagte er schließlich mit erstickter Stimme, »das ist ziemlich deutlich. Von jetzt an sind wir ganz auf uns gestellt.«

Ich erzählte ihm von unseren Schwierigkeiten, im »arischen Bezirk« Waffen zu beschaffen und dazu mit unseren bescheidenen Mitteln.

Abrascha kannte das Problem. Auch das Ghetto versuchte Waffen zu kaufen. Der Waffenhandel florierte im Ghetto; man konnte von den nichtjüdischen und sogar von den jüdischen Schmugglern Waffen erhalten – für einen guten Preis. Aber die Waffen, die man sich dort beschaffen konnte, waren nur ein Tropfen im Ozean. Wir richteten so wenig aus, gemessen an dem, was wir brauchten.

Es kursierten Gerüchte, daß das Ghetto bis zum Frühling 1943 von allen Juden geräumt sein sollte. Abrascha sprach über die Möglichkeiten, wie jüdische Frauen und Kinder auf die »arische Seite« übersiedelt werden konnten. Wir müßten versuchen, so viele Verstecke wie möglich zu finden, sagte er. Nur auf der »arischen Seite« gab es überhaupt eine Chance, daß ein paar jüdische Kinder gerettet werden konnten.

»Welche Schwierigkeiten gibt es?« fragte Abrascha.

»Es ist sehr schwierig«, erklärte ich. »Die Polen wollen kein Risiko eingehen. Und wenn einer von ihnen bereit ist, einen Juden bei sich aufzunehmen, fordert er eine ungeheure Summe.«

Abrascha seufzte. »Ja, die Welt will nicht wissen, was mit uns geschieht. Auf Hilfe von außen können wir kaum hoffen. Das Ghetto ist so gut wie isoliert.«

Ich erzählte ihm von unseren Unternehmungen, von den Mühen, Abfuhren und Rückschlägen, die wir erlitten hatten. Er hörte zu und sagte, wie zu sich selbst: »Auch die Menschen im Getto müssen zusätzliche Vorkehrungen treffen. Die Deutschen haben Wind davon bekommen, daß etwas im Busche ist; sie suchen schon … Die Bretter und Planken sind in diesem Zimmer so angebracht worden, daß man sich dahinter verstecken kann, falls die Deutschen eine Razzia veranstalten.«

Wir gingen in ein anderes Zimmer, wo wir auf weitere Rekruten trafen. Romanowicz und Dunski, zwei junge Kerle von ungefähr zwanzig, bastelten an einem Revolver herum.

»Das Ding scheint Ladehemmung zu haben«, meinte Dunski.

Lusieks Bruder, Jurek Blones, war auch dort; er ölte gerade einen Revolver. Seine drei Jahre ältere Schwester Gutta Blones, dunkel und gutaussehend, war das einzige Mädchen in der Gruppe. Sie war gerade damit beschäftigt, Essen vorzubereiten.

Ich war ungeduldig, auf die »arische Seite« zurückzukehren. Es war einfacher und weniger gefährlich, sich am Tag über die Mauer zu stehlen. Aber ich blieb, denn ich wurde von der Hochstimmung der jungen Männer angesteckt, die ihre Erfahrungen austauschten und immer wieder ihre Gespräche unterbrachen, um Gutta zu drängen, sich mit dem Essen zu beeilen.

»Das Brot hier hat der Bäcker eigens unserer Gruppe zukommen lassen«, erzählte mir Janek Bilak. »Wir bekommen es umsonst.«

Jurek warf ein: »Das wenige Geld, das wir haben, müssen wir für Waffen ausgeben. Janek und ich haben dem Bäcker die Lage erklärt, und er hat sich bereit erklärt, uns jeden Tag mit Brot zu versorgen.«

»Wissen die Leute im Ghetto von der Kampforganisation?« fragte ich.

»Das will ich meinen!« erwiderte einer der Männer. »Seit Laikin, dieser Hurensohn von einem jüdischen Polizeikommandanten, umgebracht worden ist. Jeder weiß, daß wir das waren.«

»Die jüdischen Spitzel im Ghetto haben Todesangst vor uns«, warf Gutta ein.

Marek Edelman trat ein, der Kommandant aller Widerstandsgruppen im Fabrikgebiet, der den *Bund* im Generalkommando der Kampforganisation vertrat. Er wurde von Berlinski, einem anderen Mitglied des Generalkommandos, begleitet.

»Wir freuen uns, daß du gekommen bist«, begrüßte er mich. »Wir wollen dir etwas Schmuck mitgeben, um ihn auf der ›arischen Seite‹ zu verkaufen.«

»Woher habt ihr den Schmuck?« fragte ich erstaunt.

Marek erklärte nüchtern, die Kampforganisation habe von den Juden im Ghetto, von denen man wußte, daß sie reich waren, Steuern erhoben, besonders von denen, denen es gut gegangen war, seitdem das Ghetto errichtet worden war. Sie wurden brieflich davon in Kenntnis gesetzt, wann und wo sie eine bestimmte Geldsumme für die Kampforganisation zu deponieren hatten. Bevor ein solcher Brief abgesandt wurde, forschten die Widerstandsgruppen sorgfältig nach, ob der Empfänger wirklich in der Lage war, seinen Beitrag zu leisten. Die Steuer wurde auch dem Judenrat auferlegt. Das Eintreiben dieser Steuern war ein gefährliches Geschäft. Man wußte nie, wer an dem bestimmten Zahlungsort auf einen wartete. Daher waren die Eintreiber bewaffnet. Nicht alle Juden gaben freiwillig nach; auf manche mußte erst Druck ausgeübt werden, bevor sie der Kampforganisation ihren Beitrag übergaben.

Marek zog ein kleines Paket unter der Matratze hervor und gab mir ein paar Schmuckstücke. Wir sollten den Schmuck auf der »arischen Seite« so teuer wie möglich verkaufen und den Erlös der Kampforganisation übersenden.

Ich aß einen Teller Kartoffelsuppe und eine Scheibe Brot. Dann war es Zeit zu gehen. Wir schüttelten uns schweigend die Hände; ich war zu bewegt, um zu sprechen. Das war vielleicht das letzte Mal, daß ich einen von euch gesehen habe, dachte ich, als wir uns trennten.

»Sei vorsichtig, wenn du über die Mauer steigst«, mahnte Abrascha.

Jurek begleitete mich zu der Ghettomauer. Rasch gingen wir durch die immer dunkler werdenden Straßen und kamen an den Juden vorbei, die nach einem Arbeitstag in den deutschen Betrieben nach Hause gingen. An der Mauer erkundigte sich Jurek bei den Schmugglern, ob man jetzt sicher über die Mauer konnte. Es sei nicht sicher, sagten sie ihm; wir mußten warten, bis die deutschen Patrouillen gegangen waren. Wir suchten uns ein verlassenes Haus in der Szczensliwa, wo wir uns bei einem zerbrochenen Fenster hinsetzten, beobachteten und abwarteten. Einer nach dem anderen erschienen die Schmuggler.

Das war meine Gelegenheit …

»Warte ein bißchen«, hielt Jurek mich zurück. »Du mußt nicht die erste sein.«

Durch das Fenster sahen wir, wie eine Frau, dann noch eine über die Mauer kletterte. Plötzlich gab es Schüsse. Wir zogen uns vom Fenster zurück. Dann herrschte völlige Stille. Die Straße war verlassen, bis auf eine Frau, die in einer Blutlache vor der Mauer lag. Hätte Jurek mich nicht zurückgehalten, wäre das auch mein Schicksal gewesen. Wir warteten; es war gefährlich, nach draußen zu gehen.

Die bedrohliche Stille dauerte etwa eine Stunde. Dann begannen die Menschen sich wieder zu rühren. Zwei Männer gingen zu der toten Frau. Einer von ihnen schüttelte traurig den Kopf. Ein paar andere hoben die Leiche über die Mauer, wo die Schmuggler schon wieder ihre Geschäfte betrieben.

»Also, auf Wiedersehen, Jurek. Ich werde es jetzt versuchen.« Ich nahm die weiße Binde vom Arm. Wir liefen die Straße hinunter zur Mauer. Jurek half mir, über die Mauer zu klettern. Ich sprang auf die andere Seite hinunter und war wieder auf arischem Boden. Sofort erschien ein polnischer Polizist und packte mich am Arm, aber gegen eine kleine Entschädigung ließ er mich gehen.

Wieder war ich eine Fremde in einer seltsamen fremden Welt.

Jüdische Kinder auf der »arischen Seite«

Eine unserer Aufgaben als Untergrundkuriere, die außerhalb des Ghettos operierten, war die Rettung jüdischer Kinder. Das schonungslose Vernichtungsprogramm der Deutschen ließ nur sehr wenige Kinder im Ghetto übrig. Von den Überlebenden war nur eine kleine Anzahl über die Mauer geschmuggelt worden, denn es war schwierig, Polen zu finden, die jüdischen Kindern Zuflucht gewähren wollten.

Im Winter 1942 waren die ersten Züge polnischer Kinder, die aus dem östlichen Abschnitt der Gegend von Zamoscz evakuiert worden waren, von den Polen voller Mitgefühl empfangen worden. Frauen liefen mit Brot und Kleidung für die hungrigen, zitternden Kinder zu den versiegelten Eisenbahnwaggons. Doch dieselben Polen blieben gegenüber dem Schicksal der Kinder ihrer jüdischen Nachbarn im Ghetto gleichgültig. Nur wenige von ihnen waren bereit, ein jüdisches Kind zu beherbergen, selbst gegen Geld nicht.

Wir scheuten weder Mühen noch Kosten, wenn es darum ging, Polen dazu zu überreden, jüdische Kinder bei sich zu verstecken. Zwei neue jüdische Kuriere schlossen sich uns für diesen Teil unserer Mission an. Sie waren von Marek Edelman für die Arbeit im »arischen Bezirk« empfohlen worden, nachdem sie aus dem Ghetto geflohen waren und dem jüdischen Untergrund ihre Dienste angeboten hatten. Marysia, Bronka Feinmesser, eine junge Frau von zwanzig Jahren, hatte zuvor als Telephonistin im jüdischen Kinderkrankenhaus gearbeitet. Inka Schweiger hatte in demselben Krankenhaus als Kinderärztin gearbeitet.

Die Mütter, die uns ihre Kinder anvertrauten, waren den Tränen nahe. Wie schwer fiel es ihnen, sich von ihren Kleinen zu trennen, nachdem sie sie durch so viele Gefahren hindurch beschützt hatten. Ob sie sie jemals wiedersehen würden? Und doch wurde ihr Leid durch die Hoffnung, daß ihre Kinder vielleicht auf der »arischen Seite« eine Überlebenschance haben würden, gemildert.

Einige Mütter brachten es nicht fertig, sich von ihren Kindern zu trennen. Einmal sprachen Abrascha und ich mit Manja, der Frau von Artur Zygielbojm.

»Manja«, sagte ich zu ihr, »wir könnten uns auf der anderen Seite um deinen Artek kümmern. Das Problem ist nur, daß wir noch nicht in der Lage sind, für euch beide eine Unterkunft zu besorgen.«

Manja erblaßte. Sie dachte einen Moment lang nach, dann sagte sie: »Ich kann das nicht, glaubt mir, ich kann mich nicht von Artek trennen. Mein Sohn hat jetzt nur noch mich. Ich behüte ihn wie meinen Augapfel. Zusammen haben wir all dieses Elend und Unglück durchgemacht. Ohne mich würde er sterben.«

Was konnte ich Manja sagen? Welche Garantie konnte ich ihr geben? Ich wollte sie davon überzeugen, daß Artek jenseits der Mauer sicherer sein würde als bei ihr im Ghetto. Aber ich konnte nicht sprechen. Abrascha war ruhiger als ich und versuchte sie zu überzeugen, daß es im Ghetto mit jedem Tag gefährlicher wurde, daß es am Rande eines blutigen Kampfes stand. Er drängte sie, noch einmal über die Sache nachzudenken und ihren Sohn über die Mauer zu schicken, wo er gute Chancen hatte zu überleben.

Manja hörte ihn schweigend an. Der Kampf zwischen Vernunft und Liebe spiegelte sich in ihrem blassen, verzerrten Gesicht. Ich beschrieb so gut ich konnte den Platz, den wir für ihren Sohn bei einem ehrlichen, vertrauenswürdigen polnischen Bahnarbeiter, der uns von einem unserer Mitarbeiter empfohlen worden war, gefunden hatten.

»Nein, ich kann nicht.« Es schien, als ob ihr die Entscheidung von einer Kraft abgerungen wurde, gegen die sie nicht länger kämpfen konnte. »Egal wie mein Schicksal aussehen wird, es wird auch das Schicksal meines Sohnes sein. Wir haben so viel miteinander durchgemacht. Vielleicht werden wir sogar überleben. Wenn nicht, sterben wir zumindest zusammen.«

Und so trennte sich Manja nicht von ihrem Sohn. Beide sollten während des Ghettoaufstandes den Tod finden.

Die Wahrheit war, daß wir nie wissen konnten, was mit den Kindern, die wir auf die »arische Seite« schmuggelten, geschehen würde. Es bestand immer die Gefahr, daß sie etwas sagen oder tun würden, womit sie sich verrieten, oder daß die Polen, die sie bei sich aufnehmen wollten, es sich im letzten Augenblick anders überlegten.

Nellie und Vlodka Blit, ein Zwillingspärchen von zehn Jahren, waren sicher über die Ghettomauer gelangt. Michal hatte sie bei einer Familie namens Dubiel in einem Haus nahe der Fabrik auf der Czerniakowska untergebracht, in dem er selbst wohnte. Frau Dubiel, eine nette alte Polin, war etwas enttäuscht gewesen; sie hatte Kinder mit arischen Gesichtszügen, nicht mit braunen Augen und dunklem Haar, erwartet. Dennoch nahm sie sie bei sich auf. Die beiden Mädchen sprachen perfekt Polnisch und waren vorsichtig genug, niemals das Ghetto zu erwähnen.

Die Mädchen waren sehr unglücklich über die Trennung von ihrer Mutter. Sie aßen nichts, sprachen mit niemandem und versteckten sich in Ecken und Winkeln. Doch wenn sie auch in Gegenwart von Fremden eher mürrisch waren, so wurden sie munter, wenn sie mich sahen. Sie hofften, daß ich Briefe oder Nachrichten für sie hätte.

»Bringen Sie uns etwas von drüben?« fragten sie, kaum daß ich eingetreten war. Wenn ich ihnen einen Brief von ihrer Mutter brachte, waren sie vor Freude außer sich.

»Bitte, bitte sagen Sie uns – wie sieht Mama jetzt aus?« bettelten sie dann. Und ich erzählte ihnen bis in die Einzelheiten hinein von meinem Gespräch mit ihrer Mutter, Fella Blit, die in den *Cyszo*-Schulen als Lehrerin gearbeitet hatte. Ich traf sie immer, wenn ich auf einer meiner Missionen im Ghetto war.

Die Kinder beruhigten sich etwas, als die Dubiels in ein neues Quartier in der Swientojerska 21 zogen, die parallel zu der Ghettomauer verlief und von dieser in einen polnischen Wohnbezirk mit dem Krasinski-Park und einen jüdischen Wohnbezirk, der an die Wolowa grenzte, geteilt wurde. Die Fenster der neuen Wohnung der Dubiels lagen auf der Straßenseite.

Bei einem meiner Besuche liefen die Kinder mir schreiend entgegen: »Schnell, schnell, kommen Sie herein! Wir müssen Ihnen etwas zeigen!«

Sie zogen mich zum Fenster und zeigten auf eine Frau, die im Ghetto herumging. Aber wir konnten nur einen kurzen Blick auf sie werfen, denn genau in diesem Moment entdeckte uns der ukrainische Wachposten und zielte mit seinem Karabiner auf uns. Hastig zogen wir uns vom Fenster zurück. Die Deutschen erlaubten niemandem von der polnischen Seite, sich dem Ghetto zu nähern – nicht einmal durch ein Fenster zu schauen. Die kleinen Mädchen erzählten mir, daß sie ihre Mutter jeden Tag sahen.

»Wie hat eure Mutter das Fenster entdeckt?« fragte ich erstaunt.

Die alte Frau Dubiel erklärte, daß ihr Mann zufällig ein paar Tage im Ghetto gearbeitet hatte. Eines Tages brachten ihm die Kinder, die er versteckte, Brot und Milch und baten ihn, ihre Mutter ausfindig zu machen und ihr etwas Essen zu bringen. Herr Dubiel fand die Mutter und zeigte ihr die Fenster seines Hauses. Danach ging sie jeden Tag in die Wolowa und ging dort, sobald sie sicher war, daß sie nicht beobachtet wurde, langsam auf und ab und fixierte dabei die geschlossenen Fenster der Dubielschen Wohnung. Die kleinen Mädchen warteten dann schon auf sie und spähten durch die Vorhänge.

»Und wenn der ukrainische Wachposten seine Runde macht, reden wir über die Ghettomauer hinweg ein paar Worte miteinander oder lassen sogar eine Nachricht hinunterfallen«, sagte Nellie zu mir.

Natürlich war das gefährlich. Jemand konnte bemerken, was da vor sich ging, und den Deutschen Bericht erstatten. Damit wäre das Schicksal nicht nur der Mutter, sondern auch das der Mädchen und der Dubiels besiegelt gewesen. Schweigend und ohne Einwände akzeptierten die Mädchen meine Warnung, aber ihre dunklen Augen sahen mich traurig an. Ich senkte den Kopf, denn ich fühlte mich schuldig. Warum mußte ich es sein, die die einzige Quelle von Freude zum Versiegen brachte, die diese Kinder und ihre Mutter noch hatten?

Die Kinder überlebten, aber ihre Mutter sollte in Majdanek umkommen.

Olesch Blum war sechs, als seine Mutter ihn mir anvertraute. Auch er sprach perfekt Polnisch. Er wußte, daß er das Ghetto niemals erwähnen durfte, und prägte sich ein, daß sein Name nun Olesch Kowalski war. Er war ruhig, als er seiner Mutter auf Wiedersehen sagte, doch sobald sie außer Sichtweite war, konnte er sich nicht mehr beherrschen. Ganz anders als im düsteren Ghetto war er plötzlich dem geschäftigen Betrieb Warschaus ausgesetzt. Wie alle Kinder plapperte er vor sich hin und stellte Frage um Frage:

»Warum gibt es hier so viele Autos und Straßenbahnen und drüben gar keine? Warum gibt es hier so viele Läden mit schönen Dingen und drüben nicht? …«

Olesch und ich nahmen die Straßenbahn zu seinem neuen Heim. Seine unablässigen Fragen machten mich nervös. Die Passagiere begannen zu lächeln und einander bedeutsame Blicke zuzuwerfen. Ich mußte mit ihm aussteigen, denn ich hatte Angst, der Junge würde sich verraten. Mit seinem unschuldigen Geplapper konnte er uns beide ins Unglück stürzen.

Oleschs neues Heim war die Wohnung von Marja Barkowska in der Krochmalna 83, wo sich zwei alte Nichtjüdinnen einen kleinen Raum teilten. Olesch blieb jedoch nur wenige Tage bei ihnen, denn seine Anwesenheit machte sie ängstlich. Er weinte zwar nicht, aber er war sehr zurückhaltend und sprach kaum ein Wort. Weder Spielzeug noch Süßigkeiten weckten sein Interesse. Er saß still da, starrte vor sich hin und sehnte sich nach seinen Eltern. Wenn ich ihm ein Spielzeug schenkte, leuchteten seine braunen Augen einen Moment lang auf, dann fiel er wieder in seine Apathie zurück. Oft fragte er: »Wie lange muß ich noch warten, bis ich meine Mutter und meinen Papa wiedersehe?« Er protestierte und weinte nie, aber er wurde immer blasser und dünner.

Man fand eine neue Unterkunft für ihn bei einem nichtjüdischen Ehepaar im Bezirk Zoliborz am Wilson-Platz, das selbst einen sechs Jahre alten Sohn hatte. Sie hatten sich bereit erklärt, den kleinen Olesch für kurze Zeit gegen 2500 Zloty pro Monat bei sich unterzubringen. In der Gesellschaft seines neuen christlichen Spielkameraden kam wieder Leben in Olesch, aber hin und wieder wachte er nachts weinend auf und lief zu seinen Gasteltern. Schließlich gelang es seiner Mutter, auf die »arische Seite« zu fliehen, und das Ehepaar erlaubte ihr, ihren Sohn von Zeit zu Zeit zu besuchen. Er gewöhnte sich an sein neues Leben, das jedoch kurze Zeit später wieder zerstört wurde, als die Deutschen in der Zoliborz-Gegend eine Razzia veranstalteten. Das Ehepaar bekam Angst, und er wurde in ein neues Heim am Stadtrand überführt. Er hat jedoch überlebt.

Der Fall der einjährigen Krysia Klog lag viel einfacher. Sie war bei einer armen polnischen Familie in Pludy, einer Vorstadt Warschaus, untergebracht worden. Barfuß, ungewaschen und ungekämmt wanderte das kleine Kind durch die schmutzigen, fast leeren Räume. Die unterdrückte, schwache nichtjüdische Wirtin schenkte dem kleinen jüdischen Mädchen kaum Beachtung; sie war kaum dazu in der Lage, für ihre eigenen Kinder zu sorgen.

Die Frau verteilte Krysias gesamte Habe an ihre eigenen Kinder. Gleich, wie viele Kleider und Schuhe für Krysia besorgt wurden – niemand sah sie jemals in Schuhen oder in irgend etwas anderem als in Lumpen. Sie sah auch unterernährter aus als die anderen Kinder, obwohl die Frau jeden Monat 2500 Zloty für Krysias Unterhalt erhielt. Dennoch schien Krysia sich wie zu

Hause zu fühlen. Wie schlecht man sie auch behandelte – sie reagierte darauf nur mit einem sanften Lächeln und suchte sich dann still eine Ecke, in der sie sich verstecken konnte.

Obwohl uns bekannt war, in welch miserabler Umgebung das Kind lebte, mußten wir sie dort lassen – es war immer noch sicherer als im Ghetto. Krysias Eltern gelang es, aus dem Zug auf dem Weg nach Treblinka zu entfliehen. Die Wirtin erlaubte ihnen, ihr Kind zu sehen, aber die Vereinigung der Familie war nur von kurzer Dauer. Sie wurden bei der Gestapo gemeldet und fortgebracht. Das Kind war während des Überfalls zufällig außer Haus und blieb so verschont. Wir schafften es, ein neues Heim für sie zu finden. Auch sie überlebte den Krieg.

Die sechsjährige Else Friedrich und die einjährige Irena Klepfisz – die Töchter von Zygmunt und Michal – wurden mit Hilfe einer katholischen Kirchengemeinde untergebracht. Die Nonnen nahmen die kleinen Mädchen auf, ohne ihre Herkunft zu kennen. Waisenhäuser und Kirchen waren das sicherste Asyl für jüdische Kinder. Man konnte sich im allgemeinen darauf verlassen, daß die Nonnen die jüdischen Kinder nicht melden würden, selbst wenn sie erfuhren, daß sie Juden waren. Es gab auch nicht die Angst, daß die Kinder hinausgeworfen würden, sobald sie kein Unterhaltsgeld mehr erhielten. Solche Unterbringungsmöglichkeiten mußten von »reinen Ariern« ausgemacht werden, die mit den Nonnen auf gutem Fuß standen, und von solchen Freunden gab es schmerzlich wenige.

Großes Unglück widerfuhr dem zwölfjährigen Mika Perenson. Gegen eine beträchtliche Menge Bargeld hatten sich die Bewohner von Dubiels Haus bereit erklärt, vier weitere Juden aufzunehmen: Paula Flinker, Friedrichs Frau, Ruta Perenson und ihren Sohn Mika. Mika und sein nichtjüdischer Führer, Dubiels eigener Sohn, waren sicher über die Mauer geklettert und eilten gerade zum Versteck, als zwei polnische Polizisten sie verhafteten und ins Gefängnis brachten.

Mehrere Tage lebten wir in der tödlichen Angst, die beiden Gefangenen könnten zusammenbrechen und uns verraten. Damit wäre die Sicherheit des neuen Verstecks und der Dubiels, bei denen die beiden kleinen Blit-Zwillinge wohnten, in Gefahr gewesen. Einige Tage später konnten wir einen Polizisten bestechen, ihnen Essenspakete zu überbringen.

Die ersten Nachrichten aus dem Gefängnis waren zutiefst erschütternd. Man hatte bei Mika zwölf Revolverkugeln gefunden. Das Kind wurde gefoltert, damit es verriet, woher es die Kugeln hatte, dazu seine Adresse im Ghetto, den Namen seiner Mutter und wohin es selbst hatte gehen wollen. Die polnischen Polizeibeamten waren erstaunt, daß ein jüdischer Junge so tapfer sein konnte.

Zunächst konnten wir uns nicht erklären, wie Mika sich die Kugeln besorgt hatte; vielleicht hatte jemand absichtlich die Munition zwischen seinen Sachen versteckt. Auf jeden Fall weigerte sich Mika nachzugeben; er gab sein Geheimnis nicht preis. Seine Mutter schickte uns verzweifelte Botschaften und flehte uns an, ihn zu retten. Aber wir waren hilflos; wir besaßen keine Kontakte zu der Polizei. Erst als Stefan Machai zufällig einen Kriminalkommissar traf, den er kannte, sahen wir einen kleinen Hoffnungsschimmer. Es bestand die Möglichkeit, Mika gegen eine beträchtliche Bestechungssumme freizubekommen. Darauf folgten Tage und Wochen der Verhandlungen, Versprechungen, Schweigegeldzahlungen und des ängstlichen Wartens.

Inzwischen löschten Stefan Machai und seine Freunde bei der Geheimpolizei ihren Durst mit Wodka und Schnaps. Stefan hatte sich sehr verändert. Er war nicht mehr der nette Mann, der so lange mit uns zusammengearbeitet hatte, und der freundliche Wirt, der uns große Dienste erwiesen hatte. Er verkehrte mit Leuten aus der Unterwelt. Dennoch konnten wir unsere Beziehung zu ihm nicht abbrechen. Schließlich stand Stefan mit den illegalen Unterhändlern in Kontakt, den zwielichtigen Gestalten, die Mikas Schicksal in der Hand hatten.

Schließlich und endlich gelang es uns, Mika und seinen nichtjüdischen Begleiter gegen eine ungeheure Summe freizubekommen. Es stellte sich heraus, daß die Kugeln Dubiels Sohn gehörten, der Mika über die Mauer in den »arischen Bezirk« begleitet hatte. Der junge Nichtjude war anscheinend in Panik verfallen und hatte sie in Mikas Jackentasche fallen lassen. Kurz vor Ausbruch des Ghettoaufstands brachte ein polnischer Polizist Mika in das Ghetto. Dort ereilte ihn das Schicksal vieler anderer jüdischer Kinder.

Besonders erschütternd war für mich ein Besuch bei *Centos (Centrala Opieki nad Sierotami)*, dem Waisenhaus in der Dzika 3 im Ghetto. Es war im Winter. Bolek war, kurz bevor ich mich zu einer meiner Missionen ins Ghetto aufgemacht hatte, zu mir gekommen und hatte mich gebeten, für seinen zehn Jahre alten Bruder Luzerel, der in einem der *Centos*-Waisenhäuser lebte, ein kleines Essenspaket mitzunehmen. Luzerel hatte zusammen mit seinem Bruder eine Zeitlang im »polnischen Bezirk« auf der Straße gelebt. Der unglückliche Junge hatte sich auf Dachböden und Speichern und unter den Christen versteckt, aber diese Verstecke waren immer nur vorübergehend gewesen. Aus irgendeinem Grund konnte er keinen ständigen Zufluchtsort finden und kehrte in das Ghetto zurück. Schließlich gelangte er in das *Centos*-Waisenhaus. Dorthin ging ich, um ihn zu besuchen.

Im Ghetto herrschte zu dieser Zeit eine Art Waffenstillstand. Einige der deutschen Betriebe waren geöffnet, und einige der noch im Ghetto lebenden Juden versuchten sich mit der illusorischen Hoffnung zu trösten, daß die Deportationen vorüber seien. Sie besaßen immer noch einen starken Überlebenswillen. Beim geringsten Anzeichen für ein Nachlassen der Deutschen in ihrem Krieg gegen die Juden flammte die Hoffnung, man könne überleben, wieder auf. Um die Juden noch weiter in ihrer Selbsttäuschung einzulullen, erlaubten die Deutschen die Öffnung von *Centos*, wo Kinder, deren Eltern deportiert worden waren, oder

Jugendliche, die von der »arischen Seite« zurückgekehrt waren, weil sie sich auch dort in Gefahr befanden, einigermaßen sicher sein konnten.

Mein Besuch bei *Centos* ließ mich mit einem schmerzlichen Gefühl der Leere zurück. Die Straße war verlassen, kein Mensch war zu sehen. Darüber hinaus lag das Waisenhaus nahe beim Umschlagplatz, wo die Züge zu den Todeslagern stets bereitstanden.

Als ich das Gebäude betrat, schien es menschenleer zu sein. Zuerst war ich nicht sicher, ob ich überhaupt am richtigen Ort war. Erst als ich die Treppe zum zweiten Stock hinaufging, hörte ich den leisen Klang von Kinderstimmen. Ein Junge erschien auf dem dämmrigen Korridor. Verängstigt fragte er mich etwas und verschwand, bevor ich antworten konnte. Bald darauf kam er in Begleitung eines älteren Mannes wieder, der mich ein paar Augenblicke lang abschätzend ansah und mich dann auf Polnisch fragte, woher ich kam und was ich wollte.

Seine bohrenden Fragen beunruhigten mich, zur gleichen Zeit kamen mir aber die Stimme und die polnische Diktion des Fragestellers bekannt vor. Es war Grinkraut, ein alter Bekannter. Vor dem Krieg hatte er als Vertretungslehrer für Polnisch an der jüdischen *folkshul* gearbeitet, an der ich meinen Abschluß gemacht hatte. Ich hatte ihn als gutherzigen, bescheidenen und ständig lächelnden Mann in Erinnerung, dessen Augen hinter seinen Brillengläsern blitzten. Sobald ich meinen Namen erwähnte, ließ er seine Zurückhaltung fallen und wurde freundlich, wie in den alten Zeiten.

Wir sahen uns einem Moment lang schweigend an. Die Erinnerungen an die Schule, die Klasse, das Ghetto schossen uns durch den Kopf. Grinkraut war nun in dieser Einrichtung beschäftigt, wo er mit den letzten überlebenden Waisen des Ghettos zusammenlebte und versuchte, ihnen Vater und Lehrer zu sein. Ich wagte die Bemerkung, daß es unter diesen Umständen sehr schwierig sein mußte, Lehrer zu sein. Ein flüchtiges schwaches Lächeln erschien auf seinem gealterten, hageren Gesicht.

»Man tut sein Bestes unter den Umständen«, antwortete er. Er zeigte mir das Klassenzimmer, die harten Schlafkojen, die Wände, von denen die Farbe abblätterte. Er erzählte nichts von sich, und ich stellte keine Fragen. Während unserer Unterhaltung ging mir immer wieder ein Gedanke durch den Kopf: Wie konnte man in so großer Nähe zum Deportationszentrum Kinder unterrichten? War Grinkraut nicht klar, daß all seine Mühen umsonst waren, weil früher oder später eine deutsche Razzia alles auseinanderreißen und zerstören würde?

Inzwischen war Boleks Bruder Luzerel erschienen. Er war unordentlich gekleidet und zerzaust, sah ansonsten aber recht gut aus.

»Wie geht es dir hier, Luzerel?« fragte ich ihn.

»Viel besser als drüben«, sagte er zufrieden. »Manchmal gibt es nicht genug zu essen, aber zumindest bin ich hier mit anderen Kindern zusammen.« Ich gab ihm das Essenspaket und fragte ihn, was ich seinem Bruder ausrichten sollte.

»Nichts Besonderes«, sagte er. »Ich wäre sehr gerne bei ihm, aber sonst ist es hier gar nicht so schlecht.«

Nachdem wir uns noch ein wenig unterhalten hatten, sah ich, daß er ungeduldig darauf wartete, wieder zu seinen Klassenkameraden zurückgehen zu können. Also verabschiedete ich mich von ihm und ließ ihn gehen.

Grinkraut wartete an der Tür auf mich. »Und was ist, wenn die Razzien wieder anfangen?« wagte ich ihn zu fragen, aber ich bedauerte meine Frage sofort. Ich hätte ihn nicht an die grausame Wirklichkeit erinnern dürfen. Doch seine Antwort kam schnell und bestimmt: »Wenn es wieder welche gibt, dann gehen wir gemeinsam.«

Ich stellte ihm keine Fragen mehr, und wir verabschiedeten uns.

Ein paar Wochen später wurden die Deportationen im Ghetto wiederaufgenommen. Das *Centos*-Waisenhaus wurde nicht verschont; auch Luzerel und sein Lehrer Grinkraut nicht.

18. Januar 1943 – die erste Schlacht

Am 18. Januar 1943 brach im Ghetto eine heftige Schießerei los. Das gelegentliche Bellen eines Maschinengewehrs war schon seit langem ein vertrautes Geräusch. Dies hier aber war anders.

Ich lief mit Michal und Celek zur Ghettomauer, um nachzusehen, was los war. Wir kamen nicht sehr nah heran; ein verstärkter Trupp von SS und ukrainischen Wachsoldaten hielt die Neugierigen auf Abstand. Im Ghetto schien eine große Deportation stattzufinden. Immer, wenn die Deutschen eine besonders große Anzahl Juden deportierten, wurden zusätzliche Wachen in der Nähe der Mauer plaziert. Wir konnten uns nicht mit der Bürstenfabrik in Verbindung setzen. Ängstlich warteten wir nahe der Mauer und versuchten, durch beiläufige Gespräche mit der polnischen Polizei und der Zivilbevölkerung herauszufinden, was im Ghetto vor sich ging. Es gingen verschiedene Gerüchte um: Juden schossen auf Deutsche; Juden wehrten sich gegen die Deportation; tote Deutsche lagen auf den Ghettostraßen herum. Aber keiner wußte genau, was sich hinter der Ghettomauer abspielte. Die Polen waren unruhig; die Menschen standen in kleinen Gruppen zusammen, flüsterten miteinander, zuckten die Schultern, gingen auseinander.

Stimmte es, daß Juden Deutsche töten? fragten sich die Polen. Was es auch sein mochte, etwas Ungewöhnliches geschah auf der anderen Seite der Mauer. Welche Auswirkung würde das auf sie, die Polen, haben?

Bei Einbruch der Nacht hörte das Schießen auf. Wir hatten immer noch keine Nachricht von unseren Kameraden. Zwei Tage lang herrschte große Unruhe; am dritten wurde es etwas ruhiger. Die Deutschen verringerten die Zahl der Wachen um die Ghettomauer herum, aber die ukrainischen Patrouillen blieben. Wir beschlossen – mochte geschehen, was wollte –, in das Ghetto zu gehen und uns mit der Kampforganisation in Verbindung zu setzen.

Am fünften Tag nach dem Ausbruch der Schießereien gelang es

Michal, über die Mauer zu klettern. Wir warteten ungeduldig auf seine Rückkehr. Als er zurückkam, konnte er uns berichten, was im Ghetto passiert war.

Mehrere deutsche Abteilungen hatten das Ghetto betreten, um eine ausgedehnte Razzia durchzuführen. Die Güterwagen standen aufgereiht am Umschlagplatz bereit. Wie immer waren die Deutschen und die Ukrainer in die Häuser und Betriebe eingebrochen, um die Juden herauszuholen. Doch dieses Mal fanden sie nur leere Räume vor. Die Juden waren gewarnt worden und hatten sich vor der Razzia versteckt.

Dennoch gelang es den Deutschen mit großer Mühe, eine beträchtliche Anzahl von Juden aus dem »wilden Ghetto« herauszuscheuchen, aus dem die deutschen Betriebe abgezogen worden waren und das noch nicht offiziell als jüdischer Wohnbezirk anerkannt worden war. Als sie unter schwerer Bewachung zum Umschlagplatz gebracht wurden, hatten einige der Deportierten zu rufen begonnen: »Juden, rennt um euer Leben! Rennt so schnell ihr könnt!«

Zu diesem Zeitpunkt begann die Schießerei. Die Menge der Deportierten fiel mit Zähnen und Klauen, mit Händen, Füßen und Ellbogen über die deutschen Soldaten her. Es wurde geschossen, und darauf begann eine regelrechte Schlacht. Die Deutschen, vom Widerstand überrascht, gerieten in Verwirrung. Als sie den Ernst der Lage erkannten und das Feuer verstärkten, war fast die gesamte Gruppe der Deportierten bereits geflohen und hatte sich in den nächstgelegenen Gebäuden versteckt.

Der Zusammenstoß ging auf das Konto einer Gruppe der Kampforganisation unter Mordechai Anielewicz. Zum ersten Mal leisteten die Juden organisierten Widerstand gegen die Deportation. Weitere Scharmützel ereigneten sich in der Zamenhofa 56, in der Muranowska 44, der Mila 63 und an weiteren Stellen. Sie alle wurden von Itzhak Zuckerman, Eliezer Geller und Aryeh Wilner durchgeführt.

Ihre einzigen Waffen waren vier Revolver und einige wenige Handgranaten. Die Kämpfer hatten sich in den Gebäuden versteckt und gewartet, bis die Deutschen mit den Juden vorbeimarschierten. Mit ihren wenigen Waffen war es ihnen tatsächlich gelungen, eine Reihe von Deutschen zu töten, deren Waffen an sich zu nehmen und sich dann durch Dachspeicher und enge Gassen auf andere Stellungen zurückzuziehen.

Der Betrieb von Schultz war ein weiterer Brennpunkt des Widerstands gewesen. Eine Abteilung von SS-Truppen hatte unter den Juden, die noch stark genug zur Zwangsarbeit waren, eine ausgedehnte »Selektion« begonnen. Zornig wegen der geringen Zahl von Juden, die er bei der Arbeit vorgefunden hatte, trat der deutsche Kommandant auf den Balkon zur Nowolipie 44 und ermahnte die unter ihm stehenden Juden, ihre Produktion zu erhöhen. Sollte ihr Ausstoß zurückgehen, warnte er sie, würde er alle Juden aus dem Ghetto deportieren lassen und alle erschießen oder hängen lassen, die sich versteckten.

Plötzlich erklangen mehrere Schüsse aus der Einfahrt gegenüber dem Balkon, auf dem der Kommandant stand. Der Deutsche wurde zum Schweigen gebracht. Als die Juden hin und her liefen, um in Deckung zu gehen, wurde noch mehr geschossen. In dem folgenden Tumult versuchte Avrom Feiner, der energische Anführer der *Bund*-Untergrund-Jugendbewegung, dessen Kampfgruppe mit ihrem einzigen Revolver den tödlichen Schuß abgefeuert hatte, einem Deutschen einen wirkungsvolleren Karabiner abzuringen. Er bezahlte für diesen Versuch mit seinem Leben. Den anderen Mitgliedern seiner Gruppe gelang jedoch die Flucht.

Die Juden verbarrikadierten sich an anderen Stellen im Ghetto und widersetzen sich dem Feind mit ihrem mageren Vorrat an Waffen.

In der Nacht des 17. Januar wurde in Hallmanns Möbelfabrik ein deutscher Werkschutzmann mit Säure beworfen. Die Wachen dort nahmen einen jungen Arbeiter namens Zandman fest, der zu der Kampforganisation gehörte. Sie fanden eine Flasche Säure bei ihm und wollten ihn gerade der Gestapo übergeben, als eine Gruppe Maskierter, angeführt von Mordechai Anielewicz, den Betrieb betrat. Darunter waren auch meine engen Freunde Gabriel Frishdorf und Boruch Spiegel, die am späteren Ghettoaufstand beteiligt waren. Mit vorgehaltener Waffe fesselten sie die Wachen und zerstörten ihre Akten. Dann gingen sie zusammen mit Zandman und warnten die Wachen, sich innerhalb der nächsten fünfzehn Minuten nicht zu bewegen. Dieser kühne Streich wurde schnell und sauber durchgeführt.

Nur wenige Männer der Kampforganisation hatten an dem Kampf teilgenommen. Es fehlten immer noch Waffen für einen großangelegten Widerstand. Dennoch waren die überrumpelten Deutschen gezwungen worden, ihre Deportationen zu unterbrechen. Sie hatten von den verachtenswerten Juden ihren ersten Schlag erhalten. Nichtsdestoweniger gelang es den Deutschen, mehrere tausend Juden aus dem »Kleinen Ghetto« und den Betrieben zu deportieren.

Das Ghetto war stolz auf dieses Ereignis. »Sie sind in Panik geraten«, sagten die Juden frohlockend und erzählten es sich immer wieder bis in die Einzelheiten. Es war jedoch klar, daß die Deutschen wiederkommen und unbarmherzig ihr Ziel verfolgen würden, Warschau »judenrein« zu machen.

Die Kampforganisation wußte auch, daß nur wenig Vorbereitungszeit für einen offenen Kampf gegen den deutschen Versuch, alle Juden aus dem Ghetto zu deportieren, blieb. Man konnte mit den wenigen Revolvern, die die Organisation besaß, kaum etwas ausrichten. »Waffen! Gebt uns Waffen!« war der leidenschaftliche Appell des Ghettos.

Der Wendepunkt

Nach dem Aufstand im Januar erhielt die Jüdische Kampforganisation von der *Armia Krajowa*, der rechtsgerichteten polnischen Untergrundarmee, eine Waffenlieferung: fünfzig Revolver und fünfzig Granaten. Die wenigen jüdischen Aktivisten auf der »arischen Seite« waren vor Aufregung außer sich und scheuten keine Mühen, so schnell wie möglich noch mehr Revolver, Granaten oder Dynamit zu beschaffen. Das war unser einziges Ziel. Abends versammelten wir uns stets in der Gornoszlonska 3 und träumten laut davon, wie gut es wäre, wenn wir selbst Handgranaten herstellen könnten. Aber wir hatten mit vielen Schwierigkeiten zu kämpfen. Wir hatten nur wenige Verbindungen, und es gab kaum jemanden, von dem wir Waffen hätten kaufen können.

Ständig kamen dringende Appelle aus dem Ghetto. An einem windigen Sabbatabend fand ich Jurek Blones in der Wohnung von Henryk in der Senatorska 9 vor. Jurek war gerade aus dem Ghetto gekommen, wo er eine Kampfabteilung anführte. Das dunkelblonde Haar war zerzaust, das Gesicht blaß und grimmig, die Kleider vom Klettern über die Mauer zerrissen.

Er erklärte, er sei auf einer Sondermission. Im Ghetto würden verzweifelte Vorbereitungen für den bevorstehenden Kampf getroffen. Es herrschte großer Waffenmangel; er war hauptsächlich gekommen, um den Nachschub zu beschleunigen.

»Aber wir kennen kaum jemanden, von dem wir mehr Waffen bekommen könnten«, versuchte ich ihm zu erklären.

»Das ist euer Problem. Wir im Ghetto können euch dabei nicht helfen«, erwiderte er. »Ich will euch nur zur Eile antreiben – denn sonst könnte es zu spät sein.«

Jurek blieb einen Tag lang auf der »arischen Seite«. Ich nahm ihn in meine Wohnung in der Gornoszlonska 3 mit. Während ich mit ihm dorthin ging, hatte ich ständig Angst, er könnte verhaftet werden. Er sah so typisch jüdisch aus mit seinen dunklen Augen in seinem hageren Gesicht. Michal, Celek und ich verbrachten den Tag mit ihm und diskutierten über die Lage im Ghetto.

»Wir, die Kampforganisation, sind ständig auf der Hut; es kann jede Minute eine Razzia geben. Waffen, das ist es, was wir am meisten brauchen!« Jurek sprach mit Nachdruck. Er fragte uns nach unseren Beziehungen zu den Nichtjuden.

Unser Bericht war kaum sehr ermutigend. Jurek, ansonsten eine gutmütige Natur, geriet in Wut. »Kann das wirklich sein, daß man uns wehrlos im Stich läßt?« rief er. Es war schwierig für ihn, die Wahrheit über unsere tragische Notlage zu akzeptieren. Immer wieder sagte er mit brechender Stimme: »Sagt mir, warum helfen sie uns so wenig?«

Was konnten wir ihm schon sagen, wo wir uns doch dieselben Fragen stellten?

»Wenn man es nur ohne Hilfe von außen schaffen könnte«, murmelte jemand.

Michal hörte nur zu und beteiligte sich kaum an unserem Gespräch. Hin und wieder stand er auf, ging ein paar Schritte im Raum herum und setzte sich wieder hin.

Bei Einbruch der Nacht begleitete ich Jurek zurück zur Ghettomauer, wo ich ihn an der Ecke Krasinski-Platz und Swientojerska verließ. Ich sah ihn mit einem polnischen Polizisten sprechen, ihm dann etwas Geld geben, woraufhin sich der Polizist abwandte und Jurek über die Mauer kletterte. Er verschwand aus meinem Blick. Dieses Mal war es glattgegangen.

Was konnten wir tun? Woher konnten wir Waffen bekommen? Die Zeit wurde knapp. Am nächsten Morgen traf ich Michal im Keller der Gornoszlonska. Er hatte ein Chemiebuch bei sich.

»Beeil dich, ich möchte dir etwas zeigen«, sagte er.

Er las eine Stelle aus dem Buch vor, die sich mit den Möglichkeiten beschäftigte, aus Pottasche, Salzsäure, Zyanid, Zucker und Benzin Bomben herzustellen. Mein Kopf füllte sich mit chemischen Formeln – und mit dem Gedanken, all dies könne zu greifbaren Ergebnissen führen.

»Man sollte es versuchen«, schloß Michal.

»Aber was ist mit der Ausrüstung?« fragte ich skeptisch.

»Wir werden versuchen, die Chemikalien in gewöhnlichen Flaschen zu mixen. Sie könnten wie Geschosse oder Handgranaten funktionieren. Daraus könnte etwas werden!«

»Glaubst du wirklich, solche Flaschen wären unseren Leute im Ghetto nützlich?«

»Und ob ich das glaube! Wenn wir es nur schaffen könnten!« Er blieb bis spät in die Nacht auf und studierte seine Formeln.

Aber wo sollten wir die Chemikalien hernehmen, und wo sollten wir mit ihnen arbeiten? Nach ein paar Tagen hatten wir nur geringe Mengen der notwendigen Ingredienzen zusammen. Wir mischten sie heimlich zusammen, wenn unsere Vermieter ausgegangen waren.

Unsere Flaschen waren fertig, die Zündschnüre angebracht, da stellte sich ein neues Problem: Wo sollten wir unsere neue Waffe ausprobieren? Schließlich würde es eine große Explosion geben, und das konnten wir nicht einfach vor unseren Nachbarn verbergen. Michal versuchte, seinen neuen Wirt, Stanislaw Dubiel, zu bestechen, damit er ihm erlaubte, sein Experiment auszuführen.

Am späten Abend testete Michal seine Waffe in dem verlassenen Kalkbrennofen der Fabrik, in der Dubiel lebte. Mit einer mächtigen Explosion zerbarst die Flasche, und die Flüssigkeit darin loderte zu einer blendenden Flamme auf. Wir hatten Erfolg! Michal war in einem Freudentaumel. Später gab er zu, dasselbe Experiment heimlich bereits zuvor einmal gemacht zu haben, aber es war kläglich gescheitert. Aber nun konnten wir endlich darauf hoffen, selbstgebastelte Bomben herzustellen.

Mikolai stellte Michal einem polnischen Untergrund-Offizier namens Julian vor, der Sprengstoffexperte war. Ihr erstes Treffen fand abends in einer Kirche in der Fabryczna statt. Michal erlernte schnell die Kunst, Granaten, Bomben und »Molotowcocktails« herzustellen. Schweigend, aber zufrieden kehrte er dann, beladen mit Blättchen und Formeln, aus der Kirche zurück und verbrachte die ganze Nacht damit, sein Material zu studieren.

Die Kampforganisation ermächtigte uns, so viel Material wie möglich zu kaufen und zu verarbeiten. Wir waren glücklich, daß unsere Arbeit diese Wendung genommen hatte. Wir waren nicht mehr von unzuverlässigen und widerwilligen Lieferanten abhängig. Wir machten unsere Waffen tatsächlich selbst. Dennoch mußten wir vor Denunzianten auf der Hut sein. Es wäre unmöglich gewesen, die Sprengkörper in großen Mengen auf der »arischen Seite« herzustellen; für ein solches Projekt hatten wir einfach nicht genug Platz.

Daher kletterte Michal wieder über die Mauer und organisierte im ganzen Ghetto, vor der Nase der Deutschen, kleine »Munitionsfabriken«. Wo immer er Gruppen der Kampforganisation vorfand, wurde ihnen beigebracht, wie man Handgranaten machte und »Molotowcocktails« mixte.

Unsere Arbeit auf der »arischen Seite« bestand darin, die notwendigen Chemikalien zu besorgen und zur Weiterverarbeitung in das Ghetto hineinzuschmuggeln. Es war schwierig, das erforderliche Benzin, Säure und Pottasche zu bekommen. Um keine Aufmerksamkeit zu erregen, kauften wir die »Ware« von Lieferanten in der ganzen Stadt und mußten gelegentlich das Risiko eingehen, die Ingredienzen mit einem Pferdewagen durch Warschau zu transportieren. Wenn wir entdeckt wurden, dann bedeutete das den Tod. Bis sie ins Ghetto geschmuggelt werden konnten, versteckten wir die Taschen und Schachteln mit den Chemikalien unter unseren Betten.

Ein Denunziant

Die größte Gefahr für den Untergrund waren die Denunzianten. Einige der *melinas*, die wir benutzten, waren plötzlich entdeckt und gestürmt worden; wir erlitten einen Schlag nach dem anderen. Wir argwöhnten – nein, wir waren sicher –, daß unter uns ein Spitzel war, der uns bei der Gestapo und der polnischen Polizei verriet. Unser Verdacht fiel zunächst auf Stefan Machai, unseren früheren Vermieter. Stefan hatte auf einmal aufgehört zu arbeiten und die Gewohnheit angenommen, tagelang zu Hause herumzulungern. Er protzte mit neuer und kostspieliger Kleidung und schwelgte in teurem Essen und Trinken. Woher hatte er seinen neuen Reichtum?

Da wir Stefans wirtschaftliche Lage kannten und seine Lebensweise beobachtet hatten, waren wir natürlich mißtrauisch. Aber wir konnten keinen Beweis für seine Schuld finden; außerdem war es fast undenkbar, daß der freundliche und großzügige Stefan uns verraten hatte. Er war mit vielen von uns näher bekannt, stellte uns seine Wohnung für Treffen zur Verfügung, und gelegentlich durften wir dort auch die Nacht verbringen. Er kannte auch die Verstecke einiger Juden; wir hielten ihn fast für einen von uns. Wie könnte er für unsere Feinde arbeiten?

Zu dieser Zeit beherbergte Anna Wonchalska ein dreizehnjähriges jüdisches Mädchen names Zoshka Ribak. Zoshka konnte sich frei in der Stadt bewegen; niemand vermutete ihre wahre Identität. Eines Tages stattete Stefan Anna einen unerwarteten Besuch ab, unter dem Vorwand, er habe mit ihr ein kleines Problem zu besprechen. Zufällig traf ich Anna an diesem Tag. Was hatte Stefan vor? Zweifel begannen an mir zu nagen. Ich drängte Anna, Zoshka für ein paar Tage fortzuschicken und alle Beweise für den Aufenthalt des Mädchens bei ihr loszuwerden. Vielleicht war mein Verdacht ungerechtfertigt, sagte ich zu ihr, aber es war besser, vorsichtig zu sein.

Anna tat, was ich sagte. Zwei Tage später stürmte nachts die Gestapo ihr Haus und stellte alles auf den Kopf. Sie suchten nach einem belastenden Beweis, aber sie fanden nichts.

War dieser Besuch der Gestapo nur ein Zufall?

Eines Sonntagmorgens bekamen die Dubiels, bei denen die Blit-Schwestern Zuflucht gesucht hatten, Besuch von zwei polnischen Polizeibeamten. Zum Glück waren die beiden Mädchen ausgegangen; sie waren mit der alten Frau Dubiel in die Kirche gegangen. Die fromme Frau hatte die Gewohnheit, mit den beiden Kindern sonntags auszugehen, und die Kirche war der naheliegendste Ort.

Nur ihr Mann war daheim, als die Polizei kam. Er sagte den Beamten, daß er tatsächlich einmal jüdischen Kindern Asyl gewährt habe, sie seien aber vor langer Zeit irgendwo anders hingegangen; außerdem habe er seit der Inhaftierung seines Sohnes jeden Kontakt zu den jüdischen Aktivisten abgebrochen. Schließlich lud der alte Mann die Beamten dreist auf ein Glas in einer nahe gelegenen Kneipe ein. Als Frau Dubiel und die Mädchen aus der Kirche zurückkehrten, war die Polizei fort. Anscheinend waren sie überzeugt gewesen, daß der alte Mann ihnen die Wahrheit gesagt hatte.

Gleich nach diesem Vorfall suchten wir ein neues Heim für die Kinder. Auch ihren Aufenthaltsort hatte Stefan gekannt, und wir kamen mehr und mehr zu der Überzeugung, daß er tatsächlich der Spitzel war. Aber immer noch hatten wir keinen Beweis.

Dann kam die Verhaftung von Michal Klepfisz. Michal lebte damals in einer Wohnung in der Panska 48. Eines Abends wurde er in der Nähe seiner Unterkunft von einem Gestapobeamten verhaftet.

Wir kannten einen Polizeibeamten, der hin und wieder Bestechungsgelder annahm. Durch ihn erfuhren wir, wo Michal einsaß, und schafften es tatsächlich, mit ihm in Verbindung zu treten. Aber seine Freilassung konnten wir nicht erreichen. Zwei Wochen später wurde unser Kontakt zu Michal abgeschnitten. Wir vermuteten, daß er deportiert worden war.

Unsere Besorgnis wuchs. Ich erhielt einen neuen Ausweis als Michalina Wojczek mit der neuen Adresse Przemyslowa 5. Ich hatte mir die Adresse nicht ausgesucht; es war einfach das einzige, was wir finden konnten. Dort lebte ich mit meiner Vermieterin und einer alten, von vielen Jahren gebeugten Frau in einem dunklen, feuchten Zimmer. Die alte Frau war eine merkwürdige, unterernährte Erscheinung, die kaum den Mund aufmachte und sich kaum jemals hinaus wagte. Ständig beobachtete sie die Tür, ob auch der Riegel vorgelegt war. Einmal in der Woche bekam sie Besuch von ihrer Tochter. Ich hatte den Verdacht, daß die beiden Frauen Jüdinnen waren. Die alte Frau sprach kein einziges Wort und ignorierte all meine Versuche, sie aus der Reserve zu locken. Kurz nach meiner Ankunft zog sie aus, denn sie hatte offensichtlich Angst, ich könnte sie als Jüdin erkennen.

Als die alte Frau fort war, bewegte ich meine Vermieterin dazu, meine Freundin Zoshka Kersh die winzige Ecke einnehmen zu lassen, in der zuvor die alte Frau gelebt hatte. Zoshka war kurz zuvor aus dem Ghetto geflohen, sie hatte bei einem Schneider Arbeit gefunden, aber noch keinen Ort, wo sie schlafen konnte. Ein paar Tage später gelang auch Krysia Zlotowska, einer jungen Studentin, die mit mir zusammen bei Többens gearbeitet hatte, die Flucht. Auch sie suchte einen Schlafplatz; für ein paar Zloty mehr erlaubte ihr meine Vermieterin, meine Koje zu teilen.

Dann bekamen wir noch einen weiteren Mitbewohner in unserem kleinen Zimmer: Michal Klepfisz. Nach seiner Verhaftung war Michal zusammen mit anderen Juden, die wie er auf die »arische Seite« geflohen waren, ins Ghetto gebracht worden. Als sie den Umschlagplatz erreichten, wurden die Gefangenen in die überfüllten Güterwaggons getrieben. Michal wußte, daß er nichts zu verlieren hatte; der Zug fuhr nach Treblinka. Lange Zeit bastelte er an einem Metallgitter über dem Waggonfenster herum, bis es ihm schließlich mit Hilfe von mehreren anderen gelang, es aufzubrechen. Er quetschte sich durch die enge Öffnung und ließ sich unter dem Kugelhagel der ukrainischen Wachen oben auf den Waggons hinunterfallen. Zum Glück wurde er nicht getroffen und blieb im Straßengraben liegen, bis der Zug außer Sichtweite war. Dann erhob er sich mühsam, wischte das Blut vom Gesicht, band einen Streifen von seinem Hemd um sein zerkratztes Knie und humpelte den ganzen Weg nach Warschau zurück.

Celek und ich waren in unserem Keller, als die Tür aufflog – und da stand Michal Klepfisz, blutig und verletzt, mit geschwollenen Füßen, aber sehr lebendig. Zwei Tage lang konnte er sich nicht bewegen, aber am dritten Tag nahm er seine Untergrundaktivitäten wieder auf. Er hatte jedoch keine Bleibe. Nachdem ich mich sehr ins Zeug gelegt hatte, erlaubte meine Wirtin Michal, ein paar Tage zu bleiben, vorausgesetzt, er schlief auf dem Fußboden. Die gute Frau wußte, daß wir alle Juden waren; und doch nahmen sie und ihre Söhne die Unbequemlichkeit und drangvolle Enge in dem kleinen Zimmer hin. Wir waren überzeugt, daß Michals Verhaftung kein Zufall sein konnte. Jemand hatte ihn verraten.

Trotz der Rückschläge setzten wir unsere Aktivitäten fort, besorgten Sprengstoff und schmuggelten ihn in das Ghetto, suchten, so gut wir konnten, nach Unterkünften für Frauen und Kinder und schmuggelten sie auf die »arische Seite«. Unsere Zimmer waren bereits voll von Untergrundflugblättern, Mitteilungen und gefälschten Papieren. Wir verwahrten das meiste davon in meinem Bett, wo meine Wirtin es nicht sah. Wir lebten in ständiger Angst. Wir hatten Grund zu der Annahme, daß der Spitzel in unserer Mitte, wer immer er auch sein mochte, seine Arbeit fortsetzen würde. Unter größter Geheimhaltung änderten wir unsere Adressen und tauschten unsere Ausweise gegen andere. Wir mieden Stefan. Jeden Abend trafen wir uns, und in unseren Gesichtern spiegelte sich unsere Besorgnis. Welches Unglück war uns an diesem Tag widerfahren?

An einem kalten Wintermorgen wurde ich von lautem Klopfen an der Tür geweckt. Ich schaute auf die Uhr. Es war sieben. Die anderen schliefen noch, bis auf Zoshka, die bereits zur Arbeit gegangen war. Wer konnte das nur sein um diese Zeit? Eine schroffe Stimme fragte: »Lebt hier eine Vladka Kowalska?« Ich erschauerte: Das war mein Deckname! Michal und Krysia neben mir schliefen noch.

»Nein, hier wohnt niemand mit diesem Namen«, hörte ich die Wirtin sagen. »Die einzige, die hier lebt, schläft da drüben.« Schwere Schritte näherten sich meinem Bett. Jemand zog mir roh die Decke fort.

»Wie heißen Sie?«

Ich öffnete meine schläfrigen Augen. Zwei Männer standen über mir – einer mit einem Filzhut und schwarzem Schnurrbart, der andere war stämmig und trug eine Mütze. Ich setzte mich auf, rieb meine Augen und tat ganz überrascht. Es war offensichtlich, wer sie waren; ich hätte ihre blankgeputzten Stiefel und die Revolver in ihren Händen überall erkannt.

»Ich bin Michalina Wojczek«, antwortete ich ruhig.

»Jetzt reden Sie nicht um den heißen Brei herum! Wir wissen genau, daß eine Vladka Kowalska hier lebt«, schnappte der schwarze Schnurrbart.

Ich fühlte, wie das Blut in meinem Kopf klopfte. Sie hatten mich nicht erkannt; vielleicht wußten sie nicht mehr, wie ich aussah. Ich war entschlossen, gar nichts zuzugeben.

»Ja, die wohnt hier«, antwortete ich fest, »aber sie ist vor einer halben Stunde zur Arbeit gegangen.«

Würde die Vermieterin mich verraten? Sie wußte nur, daß ich Vladka hieß, aber den Namen Kowalska hatte sie nie gehört.

Der Beamte stellte ihr ein paar Fragen. Ich sah mich um. Michal zog sich gerade an, ohne ein Wort zu sagen. Krysia wandte ihre Augen nicht von der Wirtin, sie wartete darauf, was sie sagen würde.

»Ja, vor zwanzig Minuten ist eine von ihnen zur Arbeit fort«, sagte die alte Frau mit zitternder Stimme. Ich seufzte vor Erleichterung.

»Zieht euch an, ihr alle – und zwar schnell!« rief der stämmige Zivilbeamte. »Wir wissen, wer ihr seid! Ihr seid alle Juden!«

Wir zogen uns schweigend an. Unbemerkt von der Polizei leerte ich meine Taschen und schob alle Papiere unter das Kissen zu den anderen illegalen Flugblättern in polnisch und dem gefälschten ausländischen Paß für Bernard Goldstein, einen unserer Anführer.

Ich konnte nur hoffen, daß die Männer das Zimmer nicht durchwühlen würden. Wenn sie es taten, dann wußte der Himmel, was uns erwartete. Oft wurden die, die sich an illegalen Aktivitäten beteiligt hatten, grausam gefoltert, bevor man sie schließlich umbrachte, damit sie den Aufenthaltsort ihrer Kameraden preisgaben. Widersprüchliche Gedanken rasten durch meinen Kopf. Wie konnten wir unseren Fängern entkommen? Konnten wir sie bestechen? Man konnte nichts verlieren, wenn man es versuchte.

Michal war bereits zu demselben Schluß gekommen. Er sprach mit den Männern und argumentierte, sie könnten, wenn sie schon ihre Verdächtige, Vladka, nicht geschnappt hätten, so doch zumindest finanziell davon profitieren, wenn sie uns andere in Ruhe ließen. Aber Michal schien in den Wind zu reden. Wieder hörte ich die ungehobelte brutale Stimme:

»Sie wollen, daß wir das hier alles für ein bißchen Geld vergessen, eh? Also gut. Aber erst sagen Sie uns, wo diese Vladka Kowalska arbeitet.«

Keiner antwortete.

»Nun«, sagte er und sah mich an, »wo arbeitet Ihre Zimmernachbarin?«

»Ich weiß es nicht«, antwortete ich.

»So, Sie wollen nicht reden, eh? Nun, das macht uns gar nichts; wir haben unsere Mittel und Wege, Sie zum Reden zu bringen.«

Hanna und Schlomo Peltel, Vladkas Eltern

Im jüdischen Meden-Kinderheim, Sommer 1936. Zweite Reihe, dritte von links: Feigele Peltel »Vladka«

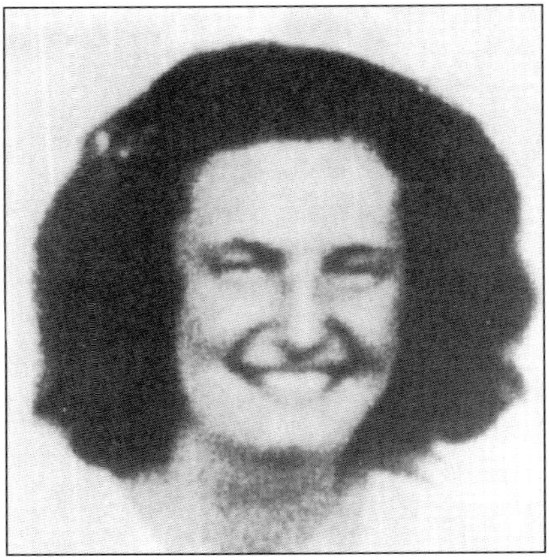

Henia Peltel, Vladkas Schwester, deportiert und als 16jährige in Treblinka zu Tode gebracht

Chaim Peltel, Vladkas Bruder, von dem kein Foto existiert. Im Alter von 13 Jahren wurde er deportiert und in Treblinka zu Tode gebracht.

Deutsche Posten zwischen dem polnischen Teil Warschaus und dem Ghetto

Ghettomauer, von der »arischen« Seite Warschaus aus gesehen

Kinder im Warschauer Ghetto verkaufen Bücher. Das Ghetto ist zu dieser Zeit noch durch einen provisorischen Zaun vom »arischen« Teil Warschaus getrennt.

Bettelnde Ghettokinder

Schmuggler an der Ghettomauer

Werkstatt im Ghetto

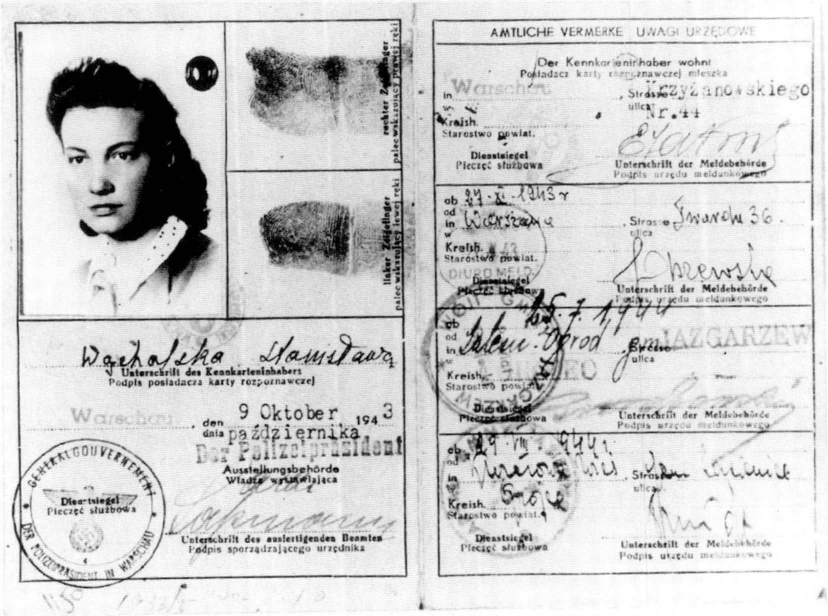
AMTLICHE VERMERKE UWAGI URZĘDOWE
Der Kennkartenhaber wohnt
Posiadacz karty rozpoznawczej mieszka
in Warschau
Strasse Krzyżanowskiego
ulica Nr. 44
Kreish.
Starostwo powiat.
Dienstsiegel
Pieczęć służbowa
Unterschrift der Meldebehörde
Podpis urzędu meldunkowego
ab 27-X-1943 r.
od
in Warszawa
w
Strasse Inwarch 36.
ulica
Kreish.
Starostwo powiat.
Dienstsiegel
Pieczęć służbowa
Unterschrift der Meldebehörde
Podpis urzędu meldunkowego
ab 25.7.1944
od
in Zielony Ogród
w
Strasse
ulica
Kreish.
Starostwo powiat.
Dienstsiegel
Pieczęć służbowa
Unterschrift der Meldebehörde
Podpis urzędu meldunkowego
ab 29.VII.1944
od
in
w
Strasse
ulica
Kreish.
Starostwo powiat.
Dienstsiegel
Pieczęć służbowa
Unterschrift der Meldebehörde
Podpis urzędu meldunkowego
rechter Zeigefinger
palec wskazujący prawej ręki
linker Zeigefinger
palec wskazujący lewej ręki
Unterschrift des Kennkarteninhabers
Podpis posiadacza karty rozpoznawczej
Warschau, den 9 Oktober 1943
dnia października
Der Polizeipräsident
Ausstellungsbehörde
Władza wystawiająca
Generalgouvernement
Dienstsiegel
Pieczęć służbowa
Der Polizeipräsident in Warschau
Unterschrift des ausfertigenden Beamten
Podpis sporządzającego urzędnika

Feigele Peltels »Kennkarte« als Polin Stanislawa Wonchalska (Vladka)

Aufruf

An die Einwohner des jüdischen Wohnbezirks.

Gemäss Anordnung der Behörden vom 22 Juli 1942 werden llle Personen, welche nicht in Anstalten und Unternehmen tätig ind, unbedingt umgesiedelt.

Die Zwangsaussiedlung wird ununterbrochen weitergeführt. ch fordere erneut die der Aussiedlung unterliegende Bevölkerung uf, sich freiwillig auf dem Umschlagplatz zu melden und verängere auf weitere 3 Tage, d. h. den 2., 3. und 4. August 1942 lie Ausgabe von 3 kg. Brot und 1 kg. Marmeade an jede sich freiwillig meldende Person.

Freiwillig zur Abreise erscheinende Familien werden ıicht getrennt.

Sammelpunkt für Freiwillige: Dzika 3 – Stawki 27.

Der Leiter des Ordnungsdienstes

'arschau, den 1. August 1942

Plakat aus der Zeit der Massendeportationen aus dem Ghetto im Sommer 1942.

Selektion vor der Deportation

Dr. Leon Fainer (»Mikolai«), Führer der jüdischen Untergrundbewegung auf der polnischen Seite, Verbindungsmann zwischen der jüdischen Kampforganisation Zhydowska Organiacja Bojowa (Z.O.B.) und der Außenwelt

Benjamin Miedzyrzecki, unter dem arischen Namen Czeslaw Pankiewicz Mitglied des jüdischen Untergrunds. Das Foto wurde 1942 vor dem Saski Park in Warschau gemacht.

Der Historiker Dr. Emmanuel Ringelblum, Widerstandskämpfer

Itzhak Zuckerman (»Antek«)
stellvertretender Führer der Z.O.B.

Abrascha Blum,
Führer des »Bund« und Mitglied
des Koordinierungs-Komitees

Arieh Wilner (»Jurek«)
Bevollmächtigter der jüdischen
Untergrundbewegung auf der
»arischen Seite«

Jurek Blones, Führer einer Kämpfenden Einheit

Zalman Friedrich (»Zygmunt«), Bevollmächtigter der Z.O.B. auf der »arischen Seite«

David Hochberg, Führer einer Kämpfenden Einheit

Marek Edelman,
Stellvertretender Leiter der Z.O.B.

Michael Klepfisz, Ingenieur und
Munitionslieferant in das Ghetto

Mordechai Anielewicz,
Kommandeur der Z.O.B. und
Führer des Ghettoaufstandes

Anna Wonchalska nahm Feigele Peltel als Tochter »Vladka« auf

Marisia Sawicka

Jakub Kartaszew

Die Kinder von Kotlar und Meltzer, die von der jüdischen Untergrundorganisation gerettet wurden

Deutsches Militär beschießt das Ghetto

Gefallene jüdische Kämpfer

Ukrainische SS beim Kampf um das Ghetto

Zusammengetriebene Juden an der Ghettomauer

Juden werden aus der Ghetto-Kanalisation getrieben, die als Versteck gedient hatte

Widerstandskämpfer werden aus einem Bunker geholt

Die polnische Bevölkerung sieht auf das brennende Ghetto

Das Ghetto in Trümmern

Tlomacka-Synagoge in Warschau, am 16. Mai 1943 von den Deutschen gesprengt

Janek Bilak und Jakubek Putermilch

Vladka und Ben Meed nach der Befreiung

(durchgezogene Linie)	Verlauf der Ghettomauer Nov. 1940 bis Okt. 1941
□	Ghettotore
(gestrichelte Linie)	Verlauf der Ghettomauer ab Sept. 1942
(graue Fläche)	Ghettoareal Sept. 1942 bis April 1943
✡	Die große Tlomacki-Synagoge; die Nozyk-Synagoge; die Moria-Synagoge
(Gittersymbol)	Gefängnis

❶ Denkmal auf dem *Umschlagplatz*

❷ Gestapo-Verwaltungsgebäude und Kerker

❸ Mahnmal für den Aufstand im Warschauer Ghetto

❹ Mila 18-Denkmal zu Ehren des letzten Kommandanten der Ghetto-Kampforganisation

❺ Denkmal zu Ehren von Janusz Korczak; daneben das Waisenhaus, das er bis 1940 leitete

Gedenkstein in der Mila 18, dem Standort des Hauptquartiers des Ghettoaufstandes

Wir waren jetzt alle angezogen und trugen unsere Mäntel. Erst, als wir die Tür erreichten, fragte der stämmige Kerl: »Wieviel Geld habt ihr?«

Noch bevor wir ihm antworten konnten, durchwühlten sie unsere Taschen. Wenn sie nur die Betten in Ruhe ließen ... Die Wirtin stand beim Ofen und beobachtete uns schweigend und traurig. Die beiden Beamten zählten eifrig das Geld, das sie bei uns gefunden hatten. Dann verkündete plötzlich der Größere von den beiden:

»Zwei von euch können hierbleiben, aber einer von euch wird als Geisel mit uns kommen, bis Vladka sich selbst stellt.«

Wir starrten einander einen Moment lang an. Dann faßte ich einen schnellen Entschluß. »In Ordnung«, sagte ich. »Ich werde mit Ihnen gehen.«

Ich ging schnell zur Tür und warf sie auf. Ich wollte mit den Beamten aus dem Haus sein, bevor sie es sich anders überlegten. Dann wären wenigstens zwei von uns noch frei.

Ich ging mit den Beamten die Czerniakowska hinunter. Ich hatte keine Angst mehr; eigentlich fühlte ich fast gar nichts. Die Sonne schien hell, und es war kühl. Keiner auf der Straße beachtete uns.

»Hören Sie mir zu. Sagen Sie uns einfach, wo diese Vladka arbeitet, und wir lassen Sie gehen«, drängte mich einer der Beamten.

»Ich weiß nicht, wo sie arbeitet«, antwortete ich kalt.

»Und was macht sie nach der Arbeit?« beharrte er.

»Das hat sie mir nie gesagt.«

Warum sollte ich ihnen irgendwelche Informationen geben? Ich war ihre Gefangene, egal was ich sagte oder nicht sagte. Wir gingen schweigend weiter.

»Wenn die Deutschen Sie befragen, erzählen Sie ihnen nicht, daß wir von Ihnen Geld angenommen haben, klar?« sagte der Mann mit dem Schnurrbart zu mir.

Ich sah ihn an und tat überrascht. »Warum soll ich ihnen das nicht sagen? Sie haben doch keine Angst, oder?«

Sie gaben keine Antwort. Sie blieben stehen und besprachen sich. Da sie flüsterten, konnte ich nicht hören, was sie sagten. Plötzlich drehte sich einer von ihnen zu mir um. »Gehen Sie nach Hause«, sagte er. »Wir wollen Vladka, nicht Sie.«

Ich starrte ihn ungläubig an. Konnte ich wirklich gehen?

Sie drehten mir den Rücken zu und gingen davon. So – also auch sie hatten Angst vor den Deutschen. Ich sah mich um und erkannte in einiger Entfernung Michal und Krysia. Sie waren uns gefolgt um zu sehen, wohin ich gebracht würde. Jetzt umarmten sie mich, überglücklich, daß ich so knapp entkommen war.

An diesem Tag gaben wir unser Zimmer auf, aber wir hatten keine andere Bleibe. Der alte Dubiel erlaubte uns, ein paar Nächte in der Kalkfabrik zu verbringen. Wir waren jetzt überzeugt, daß Stefan Machai der Urheber all unserer Probleme war. Er war der einzige, der wußte, wo wir wohnten. Wir schickten ihm mehrere Briefe, in denen wir ihm offen drohten, persönlich mit ihm abzurechnen, wenn er nicht aufhörte, gegen uns zu arbeiten. Celek sprach sogar mit einigen Anführern des polnischen Untergrunds darüber, ihn liquidieren zu lassen. Aber das stellte sich als unnötig heraus. Kurz darauf erfuhren wir, daß die Deutschen, die keine weitere Verwendung für Stefan hatten, ihn selbst erledigt hatten.

Letzte Vorbereitungen

Anfang Frühjahr 1943 wurden die letzten Vorbereitungen für den Ghettoaufstand getroffen. Wir lebten jetzt unter ständigem Druck und in hektischer Aktivität. Der Schmuggel an der Mauer ging zügig weiter, und beträchtliche Mengen Sprengstoff wurden an die Jüdische Kampforganisation übersandt.

Bei unseren Treffen, die wir in Muszkats Heim in Zoliborz, einer Vorstadt von Warschau, abhielten, sprachen wir oft über die Möglichkeiten, mit dem polnischen Untergrund zusammenzuarbeiten. Dort hatten wir die Gelegenheit, Mikolai zu treffen, der unser Kontaktmann zum polnischen Widerstand war. Das Ghetto appellierte an sie, bat um Revolver, Gewehre und Granaten. Aber der polnische Untergrund hielt sich zurück. Wie Mikolai sagte, fürchteten die Untergrundanführer, der geplante Aufstand im Ghetto könnte auf die Polen übergreifen, bevor Zeit und Umstände dafür günstig waren. Es wurden auch durch Zwischenhändler aus dem Untergrund dringende Telegramme nach London gesandt. Artur Zygielbojm, ein Mitglied der polnischen Exilregierung in London, übte auf die Anführer des polnischen Untergrunds in Warschau Druck aus, damit sie uns halfen. Wir alle fühlten, daß der letzte, entscheidende Moment kurz bevorstand.

Ich besuchte das Ghetto am Vortag des Aufstandes. Es war bei Tagesanbruch. Wie üblich ging ich zum Parysowski-Platz, bei mir die in Fettpapier gewickelten Dynamitstangen, die wie ein Paket Butter aussehen sollten. In der Nähe der Tore herrschte eine unbehagliche Atmosphäre. Dennoch wurde bald eine Leiter gegen die Mauer gestellt. Mühsam kletterte ich mit meinem Paket hoch und hielt von der Mauerkrone Ausschau nach Jurek Blones und Janek Bilak, meinen Kontaktmännern im Ghetto. Sie waren nicht da. Ihre Abwesenheit bewies, daß es im Ghetto ein Problem gab. Ich würde zurückgehen müssen.

In der Ferne ertönte das Echo von Schüssen, und während die Menschen Hals über Kopf in Deckung rannten, wurde die Leiter fortgerissen. Ich saß oben auf der Mauer fest, suchte mit der einen Hand an den Steinen Halt und hielt in der anderen das »Butterpaket«. Ich konnte nicht herunterspringen, denn dann wäre die »Butter« explodiert, und es war niemand da, um mir herunterzuhelfen. Die Schüsse kamen näher. Keine Menschenseele war zu sehen; die Schmuggler auf beiden Seiten der Mauer waren verschwunden. Ich war allein, hilflos, ausgeliefert auf der Mauer.

Mehr Schüsse. Ich hatte keine Wahl, ich mußte versuchen zu springen. Ich duckte mich, das Paket fest an mich gedrückt. Ich war zum Sprung bereit, egal was geschehen würde.

»Vladka! Vladka! Halt dich fest!« Es war Jureks Stimme. Da stand er, an der Mauer, und half mir herunter. Deutsche Soldaten rannten auf uns zu. Wir schafften es, blitzschnell in ein leeres Gebäude gegenüber der Mauer zu rennen und die Treppe hinaufzulaufen. Auf dem Dachboden versteckten wir uns unter einem Haufen Federn und Bettlaken. Die Tritte und Stimmen hinter uns wurden lauter und lauter. Mein Herz schlug wild. Würden sie uns finden?

Aus irgendeinem Grunde übersahen die Deutschen unsere Ecke. Wir lagen dort, bis der Lärm verebbt war. Erst dann trauten wir uns hinaus und bürsteten sorgfältig die Federn von unseren Kleidern, bevor wir auf die Straße hinunter gingen.

In den fast leeren Straßen hielten wir uns eng bei den Häuserwänden und schlüpften dann und wann in einen Hauseingang, um den deutschen Patrouillen zu entgehen, die seit dem 18. Januar verstärkt worden waren. Jeder Jude wurde aufgefordert, seinen Ausweis zu zeigen, jedes Paket wurde durchsucht und oft auch konfisziert. Wir schlugen uns durch Häuser, Ruinen und Dachböden, bis wir die Bürstenfabrik erreichten. Dort war alles in Aufruhr; aufgeregte und schwitzende Juden hasteten umher und schleppten ihre Bündel und Säcke hinter sich her.

»Was geht hier vor sich?« fragte ich Jurek.

»Sie haben gerade erfahren, daß die Bürstenfabrik aus dem Ghetto ausgelagert wird«, teilte er mir mit.

»Wohin?«

»In Poniatow und Trawniki sind neue Arbeitslager errichtet worden; beide sind nahe bei Lublin. Das ist es zumindest, was die Deutschen uns glauben machen wollen. Das steht auf ihren Anschlägen. Sogar die Kinder können mitgenommen werden.«

»Und das glauben sie wirklich?«

Bevor Jurek Gelegenheit hatte zu antworten, wurden wir von Zlata Lichtenstein, einer alten Freundin meiner Mutter, angehalten.

»Ich habe gehört, daß du jetzt im polnischen Bezirk lebst«, begann sie. Ich nickte und fragte mich, woher sie das wußte.

»Du weißt vielleicht, daß meine Tochter Rushka ein Kind bekommen hat, bevor die Deportationen anfingen«, fuhr sie fort. »Ihr Ehemann ist mit unserer übrigen Familie deportiert worden. Meine Tochter und ich schlagen uns mit dem Kind so durch. Jeden Tag nehme ich das Kind zur Arbeit mit, in einem Einkaufskorb und mit Zeitungen zugedeckt, damit die Deutschen es nicht bemerken. Bis jetzt haben wir Glück gehabt, aber nun soll die Fabrik geschlossen werden, und …«

»Und deshalb habt ihr kein Versteck, richtig?« unterbrach ich sie. Mit dem Sprengstoffpaket unter meinem Arm wollte ich schnell weiter.

»Das ist genau jetzt unsere Hauptsorge. Wir glauben den Deutschen nicht. Wir wollen noch nicht einmal etwas über das Lager in Poniatow hören. Wir haben zusammen mit ein paar anderen Juden einen Bunker, aber sie wollen das Kind dort nicht aufnehmen, weil es weinen und uns alle verraten könnte.«

Ihr Gesicht war zerfurcht vor Sorge, Hunger und Erschöpfung. Sie atmete kurz und keuchend.

»Ich wäre dir sehr dankbar, wenn du diesen Brief an eine nichtjüdische Freundin von mir in Praga weitergeben würdest«, fuhr sie nach kurzer Pause fort und reichte mir einen Umschlag, den sie in der Hoffnung, jemanden zu treffen, dem sie ihn anvertrauen konnte, bereitgehalten hatte. »Vielleicht wird sie uns helfen können.«

Ich versprach es. Dann eilte ich mit Jurek weiter.

»Alle im Ghetto sind damit beschäftigt, für sich Bunker zu graben«, erklärte Jurek, »oder sie teilen Speicher und Dachböden ab, um geheime Verstecke zu schaffen.«

Wir kamen an Scharen von Juden vorbei, die konzentriert und aufgeregt die Anschläge an den Wänden lasen. Ich konnte nur ungläubig darauf starren. Es war ein offener Aufruf der Kampforganisation! Jurek grinste glücklich. Sie forderten die Juden auf, nicht den Befehlen der deutschen Fabrikbesitzer zu folgen, wonach alle Juden sich bei den Deportationsdepots zu melden hätten. Die Arbeitslager in Poniatow und Trawniki seien in Wirklichkeit neue Todeslager. Anstatt sich der Deportation zu unterwerfen, so verkündete der Aufruf, sollten wir bewaffneten Widerstand leisten.

Die anderen, die mit uns lasen, waren völlig in die Botschaft versunken, schauten aber hin und wieder über die Schulter, suchten nach ersten Anzeichen für Probleme. Sie versammelten sich in kleinen Gruppen und flüsterten über die Folgen.

»Dieser Appell wurde heute morgen ausgehängt – und es ist auch nicht der erste«, sagte mir Jurek mit Genugtuung.

»Dann müssen die Vorbereitungen für den Aufstand allgemein bekannt sein.«

»Wir brauchen unsere Aktivitäten nicht mehr zu verbergen. Alle Juden wissen, was wir tun.«

»Und was ist mit den Deutschen?«

»Die Deutschen begreifen auch, was auf sie zukommt. Deshalb versprechen sie uns auch so gute Bedingungen in den Lagern.«

Többens und Roerich, die deutschen Fabrikbesitzer, hatten die Juden gewarnt, in ihrem eigenen Interesse die Aufrufe der Jüdischen Kampforganisation zu ignorieren und sich den Anweisungen der deutschen Behörden nicht zu widersetzen, sondern sich der Deportation zu fügen.

Wieder wurden wir angehalten, dieses Mal von Genya Brilliantstein, einer Krankenschwester, die ich aus der Zeit vor dem Krieg kannte.

Sie wollte unseren Rat: Sollte sie sich verstecken oder sich der Kampforganisation anschließen? Doch anstatt unsere Antwort abzuwarten, sagte sie uns schnell auf Wiedersehen und verschwand.

»Es interessiert dich vielleicht, daß ihr Bruder Stasio vor kurzem gebeten hat, sich unserer Gruppe anschließen zu können. Er möchte gerne zu uns gehören und am Aufstand teilnehmen«, sagte Jurek.

Ich erinnerte mich sehr gut an Stasio; wir hatten einige Zeit zusammen in einem Sommerlager verbracht und zusammen für *Skif* gearbeitet. Im Ghetto hatte er sich von uns ferngehalten; aber jetzt, im entscheidendsten Augenblick, wollte er sich seinen alten Kameraden anschließen.

Schließlich waren wir im Hauptquartier der Jüdischen Kampforganisation. Dort befand sich, unter vielen alten Freunden und Bekannten, Itta Weintraub, die mit mir in der Többens-Fabrik gearbeitet hatte. Sie wußte, daß ich mit dem Untergrund in Verbindung stand. Ruhig fragte sie mich, ob ich die Anschläge gesehen hätte.

Ich versicherte ihr, daß ich sie gelesen hätte. So elegant wie möglich versuchte ich, das Gespräch zu beenden. Das geschmuggelte »Butterpaket«, das ich bei mir trug, konnte eine Katastrophe auslösen, wenn es von einem mißtrauischen deutschen Wachsoldaten entdeckt wurde. Ich wollte nur zu meinem Bestimmungsort, ohne noch einmal angehalten zu werden.

Aber sie ließ mich nicht gehen. »Weißt du vielleicht, wo ich einen Revolver bekommen könnte?« flüsterte sie mir zu. »Mein Mann versucht seit ein paar Wochen, einen Revolver zu bekommen. Man hat uns ein Versteck angeboten, unter der Bedingung, daß wir Waffen mitbringen.«

Also war es nicht nur die Kampforganisation, die nach Waffen suchte; auch Juden, die keiner Gruppe zugehörten und sich versteckten, bewaffneten sich, um sich gegen die Deutschen zu wehren.

Tatsächlich hatte sich die Stimmung im Ghetto geändert. Die Juden wollten sich nun der Deportation widersetzen, sich verstekken, sich verteidigen – um jeden Preis. Sie glaubten den Versprechungen der Deutschen nicht mehr. Das Ghetto fühlte den Drang, mit der Kampforganisation zusammenzuarbeiten. Die Ghettojuden wollten sich behaupten, nicht nachgeben. Natürlich machten sich immer noch einige selbst etwas vor und glaubten den deutschen Versprechungen. Die Mehrheit aber fügte sich nicht der Deportation; sie wollten sich verstecken und hofften so, den deutschen Angriff zu überleben. Manche spielten sogar mit dem Gedanken, die Deutschen anzugreifen und ihnen nicht nur einfach nicht zu gehorchen. Allein die Tatsache, daß das Ghetto geschlossen gegen die Deutschen Stellung bezog, war schon ermutigend. Die Kampforganisation war nun das Sprachrohr des Ghettos – die Instanz, auf die sich nun die Augen der Mehrheit im Ghetto richteten.

Das Hauptquartier der Kampfgruppe in der Swientojerska 32 war erweitert worden. Seit meinem letzten Besuch waren in dem kleinen Zimmer neue Schlafkojen gebaut worden, die nun von neuen Rekruten eingenommen wurden. Die Tür stand nicht still; alle paar Minuten wurde jemand auf den Flur gerufen, um sich dort flüsternd zu beratschlagen. Boten – die meisten waren sechzehn- und siebzehnjährige Mädchen von *Hashomer Hatzair*, *Dror* und vom *Bund* – gingen ein und aus. Neben ihren Botschaften brachten sie auch Revolver, Granaten und Munition, die sie in ihren Handtaschen und Körben versteckt hatten.

Meine Freunde saßen auf den Kojen und reinigten ihre Revolver. Miriam Shifman, die Frau von Avrom Feiner, trat ein. Wir waren zusammen zur Schule gegangen. Nun arbeitete sie für die Kampforganisation. Sie öffnete das Paket, das sie mitgebracht hatte, und hielt lächelnd eine deutsche Armeeuniform und mehrere deutsche Mützen vor uns hoch.

»Woher hast du die?«

»Aus Roerichs Betrieb«, antwortete sie. »Die produzieren jetzt deutsche Uniformen.« Sie erklärte, daß eine Gruppe, die von Velvel Rozowski angeführt wurde, dort tätig war. Obwohl jeder Arbeiter am Ende des Tages von den deutschen Wachen durchsucht wurde, konnte sich Miriam hin und wieder, bei aller Gefahr, mit einer deutschen Uniform oder Mütze davonmachen.

»Die könnte uns doch ganz nützlich sein«, sagte sie mit einer Spur von Grimmigkeit.

Es wurden viele Witze und sarkastische Bemerkungen gemacht, als einer nach dem anderen die Uniformen anprobierte. Das war einer der wenigen unbeschwerten Augenblicke damals, an die ich mich erinnere.

Meine Freunde wollten mir unbedingt die neue »Munitionsfabrik« zeigen, die sie in einem Nebenraum errichtet hatten. Sobald die Tür geöffnet wurde, attackierte ein beißender Geruch meine Nase. Es war ganz dunkel in dem Zimmer, die Vorhänge waren fest zugezogen worden. Allmählich erkannte ich einen langen Tisch und mehrere Stühle voller Chemikalienspritzer.

Zwei junge Leute von ungefähr zwanzig Jahren waren bei der Arbeit. Der eine stand über ein riesiges Faß gebeugt und rührte langsam darin herum. Der andere füllte vorsichtig die Flüssigkeit aus dem Faß in Flaschen ab und gab acht, daß er nichts von der kostbaren Mixtur verschüttete. Der dreizehnjährige Lusiek Blones, der die gefüllten Feldflaschen lagerte, drehte sich um und fragte mich, ob die Aussicht bestand, Flaschen von der »arischen Seite« zu bekommen. Diese Flaschen zu besorgen war seine Arbeit, und er hatte das Ghetto bereits durchsucht. Seine Aufgabe wurde immer schwieriger.

Während ich zusah, ging die Arbeit voran. Die »Molotowcocktails« wurden vor der Wand in Reihen aufgestellt. Alles mußte höchst sorgfältig gewogen und abgemessen werden – ein einziger Schnitzer, nur ein Versehen, und das ganze Haus konnte in die Luft fliegen. In jedem Gesicht spiegelte sich grimmige Entschlossenheit. Fast etwas Heiliges durchzog den Raum.

»Vor ein paar Nächten haben wir eine unserer selbstgemachten

Handgranaten ausprobiert«, sagte ein dunkler junger Bursche frohlockend. Es war Romanowicz. Er fuhr fort: »Du hättest den Knall hören und den Blitz sehen sollen! Der deutsche Wachsoldat muß vor Angst den Verstand verloren haben.« Die anderen lächelten.

Abrascha war eingetreten. Marek und Jurek leiteten das Projekt, aber er war der führende Geist. Seine ruhige und selbstbewußte Art erfüllte jeden mit Zuversicht, seine Sachlichkeit und seine scharfe Beobachtungsgabe ließ jede Aufgabe möglich erscheinen.

Abrascha erzählte mir, die Kampforganisation rechne jeden Augenblick mit einer Razzia. Es werde erwartet, daß die Deutschen alle Juden aus Warschau zu deportieren versuchen würden. Der Untergrund bereite sich fieberhaft auf den Widerstand vor. Besondere Beobachter, die sich alle zwei Stunden abwechselten, hielten ständig nach neuen Entwicklungen im Ghetto Ausschau.

»Bei deinem nächsten Besuch«, schloß er, »werde ich dir eine ganze Reihe Bunker zeigen. Sollte der Kampf lange Zeit andauern, wirst du dann wissen, wo du uns finden kannst.«

Ich kehrte auf die »arische Seite« zurück. Ich wußte nicht, daß ich das Ghetto gerade zum letzten Mal verlassen hatte.

Das Ghetto in Flammen

Die Vorbereitungen der Kampforganisation und ihrer Vertreter auf der »arischen Seite« liefen auf Hochtouren. Keiner wußte, wann die letzte Razzia stattfinden würde; man nahm an, die Deutschen würden bis Ende April, vielleicht bis Mai warten, aber wer konnte da sicher sein? Die jüdischen Kämpfer mußten jederzeit bereit sein.

Am Morgen des 19. April, dem Tag vor dem Passahfest, brachen im Ghetto vereinzelt Schießereien aus. Es waren nicht die Schießereien, die man sonst aus dem Ghetto hörte; dieses Mal waren die Feuerstöße ohrenbetäubend laut. Mächtige Detonationen ließen die Erde erzittern. Das Ghetto war von Soldaten umzingelt. Sondereinheiten der SS standen in voller Kriegsausrüstung dem Ghetto gegenüber. Maschinengewehrmündungen ragten von den Balkonen, Fenstern und Dächern der angrenzenden arischen Häuser. Deutsche Kundschafter spähten durch Löcher, die in die Steine der Ghettomauer gebohrt worden waren. Längsseits waren die Straßen abgesperrt worden, die nun von deutschen Polizisten auf Motorrädern patrouilliert wurden.

Der Kampf hatte begonnen.

Obwohl wir alle den Aufstand erwartet hatten, kam der tatsächliche Ausbruch auch für uns überraschend. Spontan versammelten sich mehrere Aktivisten auf der »arischen Seite« in der Wohnung von Samsonowicz, einem Mitglied des Zentralkomitees. Dazu gehörten Bolek (Hayim Ellenbogen), Czeslaw (Benjamin Miedzyrzecki), Stefan (S. Mermelstein), Celek (Jankel Celemenski) und ich. Wir hatten die Aufgabe, Waffen zu beschaffen, durch die deutschen Linien zu brechen und mit der Kampforganisation im Ghetto zusammenzuarbeiten. Mikolai sollte mit dem polnischen Untergrund eine Übereinkunft treffen, denn wir hofften, sie würden uns helfen, unsere Pläne durchzuführen.

Wir erwarteten die Antwort der polnischen Partisanenführung. An diesem Morgen war es im Ghetto relativ ruhig, doch bis zum Mittag waren auf beiden Seiten der Mauer die Schießereien vereinzelt wieder ausgebrochen. Die Deutschen hatten durch die Krasinski, Bonifraterska und Muranowska Artillerie herbeigerollt und lieferten ständiges Sperrfeuer. Deutsche Flugzeuge, die in der Sonne glänzten, stießen herab und kreisten über der Stadt. Die Muranowska stand in Flammen; dichte Rauchschwaden kamen von ihrer Nordseite. Alle paar Minuten bebte die Erde von einer Explosion; mit jeder Artilleriesalve zerbarsten Fensterscheiben und zerbröckelten Häuser zu Schutt.

Ich sah auf die Swientojerska. Die Reste der Bürstenfabrik waren von Maschinengewehren beschossen worden; dort trafen die

Deutschen auf starken Widerstand; die Luft war erfüllt von Schüssen. Ich sah die vertrauten Häuser, die jetzt Ruinen waren, eingebrochene Stockwerke, riesige klaffende Löcher, Säulen von aufsteigendem Staub.

Plötzlich gab es eine ohrenbetäubende Explosion, gewaltiger als alles, was man bis jetzt gehört hatte.

Panzer rollten durch die Nalewki zur Ghettomauer. Tausende von Polen hatten sich auf den Straßen in der Nähe der Mauer versammelt, um den Kampf zu beobachten. Sie kamen aus ganz Warschau; niemals zuvor war die Stadt Zeuge eines solch erbitterten Kampfes innerhalb ihrer eigenen Mauern gewesen. Die Polen konnten es fast nicht glauben, daß die Juden den Deutschen ohne Unterstützung von außen entgegentraten.

»Sie müssen ein paar von unseren Offizieren drüben haben«, beharrten sie. »Unsere Männer müssen den Aufstand organisiert haben.« Sie waren aufgeregt, begeistert, bester Laune. Sie hatten niemals erwartet, daß die elenden Juden einen Kampf beginnen würden. Der stete Strom von Ambulanzen, mit denen die toten und verletzten Deutschen zu ihren Feldlazaretten gebracht wurden, gab ihnen Befriedigung. »Schaut euch nur diese ganzen Verluste an«, schrien sie entzückt, wenn die Ambulanzen mit kreischenden Sirenen vorbeirasten.

Eine Geschützbreitseite aus dem Ghetto sprühte bis auf die »arischen« Straßen jenseits der Ghettomauer. Die Zuschauer stoben auseinander, und die Deutschen warfen sich flach auf den Boden. In einer Feuerpause lief jeder in Deckung. Da die Deutschen Angst hatten, der Mauer zu nahe zu kommen, postierten sie dort ukrainische Wachen, die den jüdischen Gewehren antworten sollten.

Am diesem Abend faßte Mikolai die Lage kurz für uns zusammen. In der Nacht zum 19. April sei er von einem Anruf Abrascha Blums aus dem Ghetto geweckt worden.

»Der aktive Widerstand hat begonnen«, hatte Abrascha gesagt. »Alle Gruppen der Kampforganisation beteiligen sich am Kampf.

Es ist alles gut organisiert und verläuft diszipliniert. Wir sind gerade mitten in einem Kampf in der Nähe der Bürstenfabrik. Vorerst haben wir nur wenige Verluste. Es gibt mehr Verluste bei den Deutschen.«

Das war alles; kein Hilferuf, kein Verzweiflungsschrei. Nur ein einfaches, knappes Kommuniqué von der Front.

Der zweite Telephonanruf kam in der Nacht des 22. April. »Michal Klepfisz ist tot. Er ist im Kampf gefallen. Wir haben kaum noch Munition. Wir brauchen Waffen.« Das Gespräch wurde von der Telephonzentrale unterbrochen. Es war Abrascha Blums letzter Anruf.

Was sollte man noch sagen? Unser lieber Michal war nicht mehr unter uns. Ich wagte noch nicht einmal daran zu denken.

Am 17. April, seinem eigenen Geburtstag und dem seiner zweijährigen Tochter, war es Michal gelungen, einen Revolver zu bekommen. Celek und ich hatten ihn morgens besucht und den Revolver genau angesehen. Michal war wie in Ekstase; er liebkoste die Waffe und spielte mit ihr wie ein Kind mit seinem Spielzeug.

»Wenn ich ihn nur behalten könnte!« seufzte er.

Weil er Geburtstag hatte, schlugen wir Michal vor, uns den Revolver zu geben; wir würden versuchen, ihn ins Ghetto zu schmuggeln. Michal bestand darauf, da er den Revolver gekauft habe, sei es sein Recht, ihn selbst hineinzuschmuggeln. »Wer weiß«, sagte er, »vielleicht kann ich ihnen mit diesem kleinen Gerät eine kleine Lektion erteilen.« Wir redeten auf ihn ein, aber es nutzte nichts. Am gleichen Tag nahm er die Waffe in das Ghetto mit und blieb nach dem Ausbruch des Ghettoaufstandes lieber dort, um zu kämpfen, anstatt auf die »arische Seite« zurückzukehren. Später erfuhren wir, daß Michal in der Gegend der Bürstenfabrik, wo er die »Munitionsfabriken« eingerichtet hatte, gekämpft hatte. Am dritten Tag der Revolte waren Zalman, Marek und Michal nach draußen gegangen, um die feindlichen Stellungen auszukundschaften. Als sie von einem Haus zu einem anderen hinübergingen, gerieten sie unter Maschinengewehrbeschuß. Zalman und Marek gelang es, sich in Sicherheit zu bringen. Nach der Schießerei fanden sie Michals kugeldurchsiebte Leiche.

Wir waren in Gedanken ständig bei den Kämpfern im Ghetto. All unsere Pläne schienen zunichte geworden zu sein. Der polnische Untergrund hielt sich immer noch zurück; man bat uns, Geduld zu haben, noch ein bißchen, noch einen Tag auszuharren. Rastlos und deprimiert gingen wir untätig durch die polnischen Straßen und versuchten (vergeblich), mit dem Ghetto Verbindung aufzunehmen.

So abgeschnitten vom Ghetto waren wir ganz allein, Fremde auf der »arischen Seite«. Das arische Warschau beobachtete den jüdischen Widerstand mit Erstaunen und sah voll grimmigem Vergnügen, welchen Tribut die verhaßten Deutschen ihm zollen mußten – aber es hob kaum einen Finger, um zu helfen. Das Ghetto war isoliert; wir auf der »arischen Seite« waren hilflos. Durch die zusätzlichen Wachen, die um das Ghetto herum aufgestellt worden waren, war es fast unerreichbar.

Am sechsten Tag verebbten die Schießereien; die Deutschen zogen ihre schwere Artillerie ab und stellten statt dessen Maschinengewehre auf. Stukas ließen weiterhin ihren tödlichen Regen von Brandbomben niedergehen. Endlos ertönten die gedämpften Detonationen von Bomben und Granaten im Ghetto. Dichte Rauchwolken, durchädert von roten Flammen, stiegen von überall aus dem Ghetto auf und verdunkelten aufwirbelnd die Gebäude. Das Ghetto stand in Flammen.

Es gelang mir an diesem Tag, an einem deutschen Außenposten an der Ecke Nalewki und Dluga vorbeizukommen, nachdem ich den Wachsoldaten davon überzeugt hatte, daß ich zu meiner Mutter in der Swientojerska 21, dem Haus der Dubiels, wollte. Vielleicht hatten sie von dem günstigen Aussichtspunkt ihrer Unterkunft genau an der Ghettomauer etwas gesehen oder Neuigkeiten erfahren. Die Straßen waren voll von Soldaten. Das Viertel von der Nalewki bis zur Swientojerska war für Zivilisten gesperrt. Zahlreiche deutsche und ukrainische Wachen patrouillierten an den Ghettotoren, wo ein reger Verkehr von Militärfahrzeugen und Ambulanzen herrschte. Die Wagen hoher SS-Offiziere parkten entlang der Mauer.

Mehrfach wurde ich von deutschen Wachposten angehalten und ausgefragt. Als ich schließlich das Haus der Dubiels erreichte, fand ich praktisch eine Ruine vor; alles war übersät von Schutt und Staub, die Fenster waren zerborsten, die Wände von Kugeln durchsiebt. Die alte Frau Dubiel war verwirrt und verängstigt. Ab und zu ließ ihr Mann ein paar Deutsche in das eintreten, was vom Haus übriggeblieben war und wo sie nach Juden suchten. Nellie und Vlodka gingen teilnahmslos mit stillen, ängstlichen Gesichtern herum und schauten gelegentlich verstohlen durch ein Fenster auf das brennende Ghetto.

Während der deutschen Razzien hatte es der alte Dubiel kaum geschafft, die beiden Mädchen zu verstecken. Die Mädchen mußten gerettet werden – aber wie? Ich wollte zum Fenster gehen, aber Frau Dubiel hielt mich zurück, es war zu riskant. Ihr Mann war am Vortag fast getötet worden. Kein Pole konnte sich am Fenster zeigen. Hinter einem Schrank versteckt, spähte ich durch das Fenster. Die Swientojerska und die Wolowa waren menschenleer. Die Straßen glühten dunkelrot vom Feuer, das in der Ferne wütete, ihre Umrisse zeichneten sich vor den wogenden schwarzen Rauchwolken ab, die über dem Ghetto hingen. Zwei Truppen deutscher Maschinengewehrschützen kauerten hinter einem Zaun an der Kreuzung der beiden Straßen. Deutsche und Ukrainer in voller Kampfmontur waren jeweils im Abstand von viereinhalb Metern an der Mauer entlang stationiert worden. Dann und wann schossen mit Maschinengewehren bewaffnete Deutsche inmitten von Artilleriefeuer auf Motorrädern vorbei.

»Die Schüsse kommen von unserem Dach«, sagte Dubiel zu mir. »Die Deutschen haben oben ein Maschinengewehr aufgestellt. Das geht schon die ganze Nacht so. Heute ist es ein wenig ruhiger als sonst.«

»Kann ich mit dem Ghetto von diesem Haus aus Kontakt aufnehmen?« fragte ich.

»Nein, die Gegend wimmelt vor Deutschen«, sagte er. »Sie könnten niemals an ihnen vorbeischlüpfen. Bleiben Sie heute nacht hier, dann werden Sie es selbst sehen.«

Mehrere deutsche Trupps bewegten sich nun zwischen den Häusern auf der Wolowa, wo sie die Häuser mit irgendeiner Flüssigkeit aus Kanistern besprengten; dann zogen sie sich zurück

»Sie versuchen, die Häuser in Brand zu setzen«, sagte Dubiel. »Gestern haben sie es schon einmal versucht, aber es hat nicht funktioniert.« Während er sprach, sah ich die Deutschen brennende Lumpen auf die Häuser werfen und sich danach hastig entfernen. Das Gebäude fing unter einem Hagel von Schüssen Feuer. In der Nähe explodierten Granaten. Die Erde erbebte. Die Flammen breiteten sich aus.

»Schauen Sie da hinüber«, zeigte Dubiel. Auf dem Balkon im zweiten Stockwerk des brennenden Hauses stand eine Frau, die die Hände rang. Sie verschwand im Haus und kam einen Augenblick später wieder. Im Arm trug sie ein Kind, und sie schleppte ein Federbett hinter sich her, das sie auf den Bürgersteig hinunterwarf. Offensichtlich wollte sie springen oder das Kind fallen lassen und hoffte, das Federbett werde den Fall dämpfen. Das Kind fest im Arm, begann sie über das Geländer zu klettern. Unter einem Kugelschauer sackte sie zusammen. Das Kind fiel auf die Straße. Der leblose Körper der Frau blieb über das Geländer gebeugt liegen.

Die Flammen hatten inzwischen das obere Stockwerk eingehüllt, und die Explosionen kamen jetzt häufiger und stärker. Gestalten erschienen nun in den Fenstern, sie sprangen – und wurden erschossen, mitten in der Luft oder auf dem Boden.

Aus dem dritten Stock feuerten zwei Männer ein paar Salven ab und zogen sich zurück.

Entsetzt wandte ich mich vom Fenster ab, ich konnte nicht mehr zusehen. Das Zimmer war nun von dem beißenden Rauch und dem Gestank des brennenden Ghettos erfüllt. Keiner sagte ein Wort.

Sporadische Schußwechsel dauerten die ganze Nacht hindurch an. Man hörte jetzt keine Schreie mehr. Das Knistern trockener Balken, hin und wieder das Zusammenbrechen geschwächter Stockwerke waren die einzigen Geräusche in der unheimlichen Stille, die über der Swientojerska und der Wolowa lag. Die flammenden Häuser machten die Nacht zum Tag.

Die ganze Nacht lang stand ich in einem schockähnlichen Zustand am Fenster. Die Hitze versengte mein Gesicht, der Qualm brannte in meinen Augen, während ich zusah, wie die Flammen das Ghetto verzehrten. Die Dämmerung kam, still und unheimlich, und enthüllte die ausgebrannten Hülsen der Häuser, die verkohlten, blutbefleckten Körper der Opfer. Plötzlich begann einer dieser Körper sich zu bewegen, langsam, schmerzvoll auf dem Bauch zu kriechen, bis er schließlich in den rauchenden Ruinen verschwand. Auch andere zeigten Lebenszeichen. Aber auch der Feind war auf der Hut. Prasselndes Maschinengewehrfeuer – und es war wieder alles leblos.

Die Sonne stieg über dem Ghetto auf. Jemand klopfte an die Tür. Schnell ging ich vom Fenster weg; Dubiel ging zur Tür. Zwei deutsche Offiziere traten ein.

»Jemand außer Ihrer Familie hier?«

»Nein. Ich beherberge keine Juden.«

Die Deutschen machten sich nicht einmal die Mühe, die Wohnung zu durchsuchen; sie gingen geradewegs zum Fenster und nahmen die Fotoapparate von der Schulter.

»Ein guter Platz für Aufnahmen«, bemerkte der eine. »Wenn nur diese verdammten Feuer nicht wären.«

Eine halbe Stunde lang machten sie ihre Aufnahmen. Sie lachten und machten Witze über diese »jüdischen Clowns« und ihre komischen Verrenkungen.

Als sie fort waren, bat mich die alte Frau, ebenfalls zu gehen. Sie war verschreckt, bekreuzigte sich und murmelte dabei Gebete. Die kleinen Mädchen verabschiedeten sich stumm von mir. Dubiel führte mich durch den Hof, über die Treppen und die Straße, wo es überall vor Deutschen wimmelte. Da ich Angst hatte, auch nur in die Richtung des Ghettos zu sehen, ging ich schnell ohne einen Blick zurück davon.

Irgendwie kämpfte das Ghetto weiter. Am fünften Tag des Aufstandes gab das Koordinationskomitee auf der »arischen Seite« im Namen des Ghettos einen Aufruf heraus. Die Botschaft wurde in der Zurawia 24 entworfen und geschrieben. Von dort aus brachte ich das Manuskript zu einem Geschäft, das von uns als »Briefkasten« genutzt wurde, und brachte später ein Paket mit gedruckten Aufrufen zurück. Der Appell war auf polnisch geschrieben, von der Kampforganisation unterschrieben, und betonte die Heldenhaftigkeit der Kämpfenden und die Grausamkeit des Kampfes. Jedes Haus war eine Festung gegen die Deutschen. Die Aufständischen sendeten allen, die gegen die Nazis kämpften, ihre leidenschaftlichen Grüße.

»Wir werden die Verbrechen von Dachau, Treblinka und Auschwitz rächen«, verkündete der Appell. »Euer und unser Freiheitskampf geht weiter.«

Als ich mit dem Paket gedruckter Pamphlete aus Zoliborz zurückkehrte, war die Bonifraterska wegen des ätzenden Rauches nicht passierbar. Starke Hitzewellen zogen von dem Ghetto aus hinein; Feuerzungen leckten hungrig über die Ghettomauer hinweg an den arischen Häusern. Polnische Feuerwehrleute waren auf die Häuserdächer geklettert und versuchten, die sich nähernden Flammen aus dem Ghetto einzudämmen. In der Nähe stand ein deutscher Wachposten, hielt alle Fußgänger an und durchsuchte sie gründlich.

Schnell bog ich in die Konwiktorska ein, wo ich auf ungefähr sechzig Juden traf – Männer, Frauen und Kinder –, die umgeben von Wachen mit aufgepflanzten Bayonetten mit dem Gesicht zur Mauer standen. Die Unglücklichen, unter denen auch ein paar ganz kleine Kinder waren, hatten einen wilden Blick und sahen mager aus. Und doch schrie keiner von ihnen. Ihr Schicksal war besiegelt.

Drei Tage später ging ich zufällig denselben Weg entlang. Eine Menge von Polen starrte teilnahmslos auf das Dach eines nahe gelegenen Hauses.

»Ein paar Juden sind aus dem Ghetto ausgebrochen und haben sich auf dem Dachboden eines polnischen Hauses versteckt«, erzählte einer der Zuschauer gerade einem Neuankömmling, als ich in Hörweite war. »Aber die Deutschen haben sie entdeckt und das Haus gestürmt. Die Juden haben das Feuer erwidert und versucht, über die Dächer der Nachbarhäuser zu entkommen. Kurz darauf kam ein Panzer hier durchgefahren, und der schoß volle Breitseiten ab. Jetzt kann man die toten Juden auf dem Dach herumliegen sehen.«

Es brannte nun seit zwei alptraumartigen Wochen. Einige Gegenden waren nur noch schwelende Ruinen. Der Beschuß hatte sich verringert, aber nicht aufgehört. Jeden Morgen marschierten die Deutschen in das Ghetto, und jeden Abend zogen sie sich in der Dämmerung zurück. Sie arbeiteten nur bei hellem Tageslicht. Immer noch kreisten die Stukas über unseren Köpfen, stießen zu, ließen ohne Unterlaß Brandbomben auf das Ghetto niederregnen; die Explosionen konnte man in der ganzen Stadt hören.

Nachts jedoch war alles ruhig. In die Wasserleitungen und Abwasserkanäle wurde Giftgas eingeleitet, um eventuell sich dort versteckende Juden zu töten. Die nichtjüdischen Häuser in der Leszno, Przejazd und Swientojerska, die dem Ghetto gegenüber lagen, wurden von den Deutschen bis auf die Grundmauern abgebrannt. Unter den Häusern, die den Flammen zum Opfer fielen, war auch das Haus der Dubiels.

Dennoch ging die Revolte unvermindert weiter. Der jüdische Widerstand hielt an. Den Deutschen waren lediglich in ein paar der äußeren Ghettobereiche vorgedrungen und hatten sich damit begnügt, die jüdischen Häuser in Brand zu setzen.

Es dauerte nicht lange, und die Bewunderung und Aufregung der Polen wich einer nagenden Furcht. »Was kommt als nächstes?« fragten sich die Polen. »Werden sich die Deutschen jetzt auch gegen uns wenden?«

Mit ihrer erbärmlichen Ansammlung von Waffen und sprengstoffgefüllten Flaschen hatten es unsere Kameraden im Ghetto gewagt, gegen die modernen, hochentwickelten Waffen des Feindes anzutreten. Wir auf der »arischen Seite« liebten sie vor Bewunderung, aber wir wurden auch von dem Schuldgefühl verzehrt, außerhalb des Ghettos und verhältnismäßig sicher zu sein, während sie dort kämpften und starben. Wir hätten bei ihnen sein sollen, inmitten der brausenden Feuer und der einstürzenden Mauern.

Wir starrten in den feurigen Himmel über Warschau. Warum reagierte der Rest der Stadt nicht? Wo blieb die Hilfe, die uns unsere Nachbarn versprochen hatten? Und die übrige Welt – warum blieb sie so stumm?

Kampf und Tod im Ghetto

Am elften Tag des Aufstandes konnten Zygmunt und Kazik das brennende Ghetto durch einen unterirdischen Gang verlassen. Nachdem sie sich bei Antek, Itzhak Zuckerman, gemeldet hatten, kamen sie in meine neue Unterkunft in der Barokowa 2. Die innere Stärke, die sich in ihren hohlen, gehetzten Blicken spiegelte, erschien mir wie eine mystische Kraft, die sie in einer gemeinsamen heiligen Erfahrung erworben haben mußten, in die ich nicht mit meinen Fragen einzudringen wagte. Sie sprachen nur wenig über das Ghetto selbst, sagten aber immer wieder: »Helft uns!

Woher kann das Ghetto unverzüglich Hilfe bekommen? Alle Anstrengungen müssen unternommen werden, damit die wenigen Ghettokämpfer, die noch übrig sind, Verstärkung bekommen. Wenn sie nicht bald Hilfe bekommen, wird auch noch diese Handvoll sterben!«

Ich überlegte, welche unserer Verbindungen zu den Nichtjuden nützlich sein konnte. Keine davon schien sich anzubieten. Zygmunt und Kazik sahen in einer Truppenverstärkung, die durch das Kanalsystem in das Ghetto eingeschleust werden sollte, den einzig möglichen Weg. Wir mußten alle Hebel in Bewegung setzen, mit den dazu notwendigen Führern in Kontakt zu treten.

Kazik, ein Mitglied unserer Gruppe, war blond und hatte eine kurze Nase; er sah polnisch aus. Vom frühen Morgen bis zur Abenddämmerung war er damit beschäftigt, Kontakte herzustellen und Aufträge auszuführen, und kehrte erst kurz vor der Ausgangssperre in sein Versteck zurück. Zwei Tage lang blieb er in meiner Wohnung. In der Nacht des zweiten Tages, als wir die Flammen und die Schatten des brennenden Ghettos beobachteten, erzählte uns Kazik flüsternd von seinen Erlebnissen.

Am zweiten Tag des Aufstandes war er mit einer Gruppe in der Wolowa 6 gegenüber dem Eingang zur Bürstenfabrik stationiert gewesen. Von dieser Stellung aus sollten sie die im Ghetto versteckte Landmine bewachen. Plötzlich erblickte seine Gruppe eine sich nähernde Abteilung bewaffneter Deutscher. Die kleine Kämpfergruppe beobachtete regungslos, wie die Deutschen näher und näher kamen. Genau in dem Augenblick, als die Deutschen die Tore der Bürstenfabrik erreichten, führte Kazik, auf ein Zeichen von Henach Gutman, dem Führer der Gruppe, hin, zwei Drähte zusammen.

Der folgende Knall hallte im ganzen Ghetto wider. Das Haus, in dem sich die Kämpfer versteckten, bebte, der Putz regnete von den Wänden und Decken herab. Eine Säule aus Staub, Helmen, Holz, Glas und menschlichen Körpern schoß in die Luft. Dutzende toter und verletzter Deutscher lagen verstreut auf der Straße herum. Die Mine war im richtigen Augenblick explodiert.

Danach ergriff der Feind größere Vorsichtsmaßnahmen. Diesmal hielten sich die SS-Männer eng bei den Häuserwänden, als sie einen Angriff auf die Wolowa 6 starteten. Ein Hagel von Granaten und »Molotowcocktails« vertrieb sie wieder. Der erfolgreiche Gegenangriff und die Minenexplosion waren ein harter Schlag für das Selbstvertrauen der Deutschen.

»Aber das ist noch nicht alles«, sagte Kazik.

Am 19. April wurde die Ghettomauer von den Deutschen, Ukrainern und von der polnischen Polizei umzingelt. Diese Belagerung mit dem Ziel der endgültigen *Aussiedlung* fand im Schutz der Dunkelheit statt. Die Wachposten der Kampforganisation bemerkten die heimlichen Vorbereitungen und benachrichtigten ihr Hauptquartier. Die Kampfgruppen erhielten den Befehl, sich auf Stellungen im ganzen Ghetto zu begeben: fünf Gruppen unter Marek Edelman in der sogenannten »Bürstenfabrikzone« entlang der Franciszkanska und der Wolowa, acht Gruppen unter der Führung von Eliezer Geller in der Industriezone entlang der Leszno, Nowolipki und Smocza, wo die deutschen Betriebe lagen, und neun Gruppen unter Zechariah Artstein im Zentralen Ghetto entlang der Gesia, Zamenhofa, Mila und der Nalewki. Das Hauptquartier, unter dem Kommando von Mordechai Anielewicz, befand sich in der Mila 18. Ihre Kuriere liefen im Zickzack durch das Ghetto, um alle vor der bevorstehenden Razzia zu warnen und zum Widerstand gegen die Deportation zu ermahnen. Im Schutz der Dunkelheit begaben sich die Juden in ihre vorbereiteten Verstecke in Kellern und Bunkern, auf Dachböden und Speichern, und machten sich auf das Unvermeidliche gefaßt.

Am nächsten Morgen marschierten deutsche Kolonnen in voller Kampfausrüstung durch die menschenleeren Straßen des Ghettos. An der Ecke Nalewki und Gesia trafen sie auf einen Hagel von Kugeln, Granaten und »Molotowcocktails« von den

Fenstern, Balkonen und Toren des Hauses Nalewki 33. Verwirrt von diesem unerwarteten Angriff traten die Deutschen hastig den Rückzug an, kamen aber kurz darauf mit Verstärkung und feuernden Maschinengewehren zurück. Sie errichteten eine Barrikade gegen die Kugeln und »Molotowcocktails«. Dennoch gewannen die jüdischen Kämpfer mit ihrer wilden Verteidigung die Oberhand, und die Deutschen waren nach schweren Verlusten gezwungen, sich ein zweites Mal zurückzuziehen. Die Verteidiger erlitten keine Verluste. Nachdem sie ein deutsches Waffenlager in demselben Gebäude in Brand gesetzt hatten, wechselten die jüdischen Kämpfer die Stellung.

Eine deutsche Kolonne, die durch die Zamenhofa vorrückte, zeigte größere Vorsicht. Dennoch zog sie das Streufeuer von den drei Widerstandsgruppen in der Mila 28 und der Zamenhofa 29 und 50 auf sich. Der jüdische Gegenangriff war so intensiv, daß sich die in Panik geratenen Deutschen in Türeingänge kauerten und hastig in die verlassenen Häuser liefen. Die jüdischen Kämpfer warfen ihre »Molotowcocktails« mit tödlicher Präzision. Dutzende von Deutschen wurden getötet. Die Deutschen traten den Rückzug an, aber der Weg wurde ihnen von der Gruppe in der Zamenhofa 29 abgeschnitten. Zwei Panzer kamen den Deutschen in der Klemme zur Hilfe. Der eine wurde von einem gut gezielten »Molotowcocktail« außer Gefecht gesetzt, der andere machte kehrt. Die Überlebenden der deutschen Kolonne zogen sich unter einem Kugelhagel zurück. Sie ließen viele Tote und Verwundete zurück. Wieder hatten die Aufständischen einen Sieg errungen. Ihre Begeisterung war grenzenlos. Es war das erste Mal, daß sie so viele Verluste gesehen hatten. Zum ersten Mal hatten sie über eine Abteilung der unbesiegbaren Wehrmacht triumphiert.

Am selben Tag fand am Muranowska-Platz ein verzweifelter Kampf statt. Dort kämpfte, unabhängig von der Kampforganisation, eine recht gut bewaffnete Kampfgruppe, die von den Zionistischen Revisionisten organisiert worden war. Sie wehrten mehrere feindliche Angriffe ab und hielten den Bezirk Muranow zwei Tage lang völlig frei von Deutschen.

Die Nazis unternahmen mehrere vorsichtige Versuche, in die Nester der jüdischen Kämpfer einzudringen, wurden aber jedesmal in die Flucht geschlagen. Da sie Angst hatten, weiter in das Ghetto vorzudringen, änderten sie ihre Strategie. Ihr Ziel war jetzt die völlige Zerstörung des Ghettos. Von außerhalb des Ghettos ließen sie schwere Artilleriegeschosse auf das Ghetto regnen, während ihre Flugzeuge über den Widerstandsnestern Brandbomben abwarfen. Ganze Straßen wurden in Brand gesetzt. Gigantische Flammenzungen und Rauchwolken stiegen über dem Schlachtfeld auf. Die Feuersbrunst verschlang immer mehr Gebiete und mit ihnen die Juden, die dort lebten. Es gab kein Wasser, um die Feuer zu bekämpfen; die Deutschen hatten die Wasserversorgung und den Strom abgestellt. Die Schreie aus den brennenden Häusern ließen das Blut gefrieren. Das Artilleriefeuer war ohrenbetäubend. Bei Tage zogen sich die Aufständischen in ihre Bunker zurück, wo auch zahlreiche nicht kämpfende Ghettobewohner Zuflucht suchten, und setzten den Kampf von dort aus fort.

Nachts begaben sich kleine jüdische Gruppen zwischen den schwelenden Ruinen auf Streifzug, um Überraschungsangriffe auf feindliche Stellungen zu unternehmen. Dabei war derjenige der Sieger, der als erster das Feuer eröffnete. Melech Perelman, der im Zentralen Ghetto unter Laib Gruzalc gekämpft hatte, leitete eine solche nächtliche Mission. Plötzlich traf seine Gruppe auf ein paar Deutsche. Der Kampf dauerte nur ein paar Minuten. Die Deutschen flohen, aber zwei der Kämpfer bezahlten mit ihrem Leben, und Perelman erlitt eine schwere Bauchverletzung. Heftig blutend kämpfte er sich zu dem Bunker seiner Gruppe durch. Da er verletzt war, konnte er nicht im Bunker untergebracht werden und wurde so in ein Nachbarhaus gebracht. Er bettelte darum, von seinem Elend erlöst zu werden, aber keiner seiner Freunde brachte es über das Herz. Als er die Deutschen herankommen sah, drängte der verletzte Anführer seine Kameraden, seine Waffen zu nehmen und sich in den Bunker zurückzuziehen. Als Kämpfer sei er nicht mehr von Nutzen, sagte er, aber sein Revolver könne noch gebraucht werden. Seine Freunde stimmten seiner Bitte zu und ließen ihn im Haus zurück. Die Deutschen wagten nicht, das Haus zu betreten, und setzten es von außen in Brand. Melech Perelman starb in den Flammen.

Der Bunker, der die Bürstenfabrikgruppe wie auch viele andere Juden beherbergte, lag in der Swientojerska 30. Der erste deutsche Angriff auf den Bunker wurde abgewehrt. Die Deutschen kamen jedoch bald wieder und richteten mit ihren Maschinengewehren ein Sperrfeuer auf den Haupteingang des Bunkers. Einige Juden versuchten durch Seitenausgänge zu fliehen, aber die Kämpfer blieben auf ihren Posten. Die geflohenen Juden kamen mit der Hand an der Kehle wieder hereingewankt. Die Deutschen hatten Giftgas eingesetzt! Der Bunker wurde ausgeräuchert. Das Sperrfeuer machte jeden Versuch, den Eingang zu benutzen, zum Selbstmord.

Auf den Befehl von Marek Edelman hin sprangen die Widerstandskämpfer aus einem Seitenausgang heraus und griffen die Deutschen an. Auf der kleinen freien Fläche entbrannte ein heftiger Kampf. Die Widerstandskämpfer waren nur wenige, sie hatten kaum Waffen, aber sie sorgten dafür, daß jede Kugel zählte. Als Stasio Brilliantstein fiel, kroch Jurek über ihn hinweg, nahm seine Waffe und setzte das Feuer fort. Schließlich fielen die Deutschen, ahnungslos, daß die Juden all ihre Munition verbraucht hatten, zurück. Dieses Gefecht hatte den wenigen übriggebliebenen Juden Zeit zur Flucht gegeben.

In der Mila 29 wurde ein weiterer Bunker plötzlich von den Deutschen umzingelt. Sie befahlen allen Juden herauszukommen. Keiner der Verteidiger gehorchte. Eine deutsche Granate riß ein Loch in die Bunkerwand, und das Feuer wurde eröffnet. Laib

Gruzalc rief seine Kameraden auf, sich dem Feind offen entgegenzustellen. Dann sprang er selbst durch das Loch und wurde auf der Stelle erschossen. Der Feind verstärkte sein Sperrfeuer. Der Bunker hatte einen Seitenausgang, aber die Flucht war nur möglich, wenn man den deutschen Angriff zumindest vorübergehend aufhalten konnte.

David Hochberg, der neunzehn Jahre alte Anführer einer Kampfgruppe der Mila-Zamenhofa-Verteidigungslinie, reichte Berel Tanskroit, seinem besten Freund, seinen Revolver und schirmte die Mauerlücke mit seinem eigenen Körper ab, während die Deutschen ihren wilden Angriff fortsetzten. Er wurde getroffen und war sofort tot. Bis Davids Leiche aus dem Weg geräumt werden konnte, waren seine Kameraden bereits aus dem Bunker geflohen.

Der Widerstand der Warschauer Juden beschränkte sich nicht auf das Zentrale Ghetto. Zygmunt Igla, einer der wenigen Aufständischen, die den Aufstand überlebten, kämpfte in der Gegend der Schultz-Betriebe und gab mir später folgenden Bericht. Indem die Deutschen das Ghetto abbrannten, wollten sie die Juden bestrafen und dazu bewegen, die Betriebe zu verlassen und sich den Deportationen zu fügen. Tatsächlich hatten die deutschen Fabrikbesitzer öffentlich verkündet, den Juden sollte es bis zu einem bestimmten Zeitpunkt erlaubt werden, sich frei zu bewegen; danach sollten sie ihre Sachen packen und sich bei den Betrieben für die Deportation in die Arbeitslager melden. Nur wenige verängstigte Juden fielen auf diese List herein.

Auf einer ihrer Missionen für die Kampforganisation waren Meir Schwartz und Henryk Kleinweiss den Deutschen in die Hände gefallen und zum Umschlagplatz geschickt worden. Dort sprachen sie den Fabrikbesitzer Apollion an und informierten ihn, daß einige ihrer Verwandten, die sich versteckt hatten, sich den Deportierten anschließen wollten. Apollion besprach sich mit den Deutschen, die dem Vorschlag zustimmten. Unter der Bewachung von zwei SS-Männern schritten die beiden Kämpfer zu dem »Versteck«. Auf dem Weg duckten sie sich in einen dunklen Durchgang, und bevor die Wachen auch nur einen Gedanken fassen konnten, fanden mehrere Kugeln ihr Ziel – und es gab zwei Deutsche weniger. Die Aufständischen nahmen die SS-Waffen und begaben sich zu ihren Mitkämpfern. Die Zeiten, als sich die Juden noch widerspruchslos der Deportation gefügt hatten, waren vorüber.

Ein Dutzend Gruppen der Kampforganisation nahmen an diesen Kämpfen teil. Die von Heniek Kawa angeführte Gruppe kämpfte in der Leszno 74, die von Eliezer Geller in der Leszno 76, die von Nowodworski in der Nowolipie 67. Velvel Rozowskis Gruppe kämpfte in der Smocza 8-10 und Schloima Winogroms Gruppe in der Nowolipki 40. Auch an anderen Orten gab es noch kämpferische Auseinandersetzungen.

Alle diese Gruppen hielten ständigen Kontakt untereinander. Ihre Kuriere machten oft im Kugelhagel die Runde, um Anweisungen auszurichten und über die Entwicklungen in den verschiedenen Abschnitten auf dem laufenden zu bleiben. Meir Schwartz, Lilith und Tobcia Dawidowicz und andere zeichneten sich während solcher Missionen besonders aus.

Den deutschen Angriffen auf die Verstecke wurde mit einem Sperrfeuer aus selbstgemachten Granaten, Bomben und »Molotowcocktails« begegnet. Während eines dieser erbitterten Kämpfe wurde die Gruppe von Eliezer Geller völlig umzingelt. Um der Gefangennahme zu entgehen, zogen sich die jüdischen Kämpfer über die Treppe nach oben zurück, bis sie nicht mehr weiter konnten. Als letzten Ausweg ließen sie sich an einem Seil vom Dachboden aus hinunter. Einige entkamen. Schimek Heller hatte kein Glück; er starb, als das Seil riß und er von den deutschen Kugeln getroffen wurde.

Einmal hatten die Deutschen die Gruppen von Winigrom und Rozowski auf dem Dachboden der Nowolipki 43 umzingelt. Die Verteidiger warfen Granaten auf die Deutschen, die sich daraufhin zurückzogen und wenig später mit schwerer Verstärkung zurückkehrten. Sie kämpften sich bis zum obersten Treppenabsatz durch, der zum Dachboden führte. Der einzig mögliche Ausweg für die Gruppe war eine Geheimöffnung, die zu einem anderen Haus führte. Dieser Weg war jedoch nicht passierbar, da er von einem Maschinengewehr im Gebäude gegenüber beschossen wurde. Gabriel Frishdorf kroch zu einem kleinen Fenster, versteckte sich hinter einer Matratze, zielte mit seinem Revolver und brachte das Maschinengewehr zum Schweigen. Die Gruppe entkam noch rechtzeitig.

Als die Deutschen damit anfingen, ganze Häuserblocks in Brand zu setzen, taten die Widerstandskämpfer es ihnen gleich und fackelten deutsche Vorratslager und Kornspeicher ab.

Am 29. April kämpfte sich eine Gruppe von ungefähr 40 jüdischen Kämpfern unter Eliezer Geller durch einen geheimen Tunnel auf die »arische Seite« durch. Dort begaben sie sich mit Hilfe des Wachmanns der Ogrodowa 27, einem Freund des Ghettokämpfers Stefan Grajek, zu einem Versteck, von dem aus sie von mehreren Mitgliedern der *P. P. R.* (*Polska Partja Robotnicza* – Kommunistische Partei Polens) in einem Lastwagen in den Lomianki-Wald gefahren wurden.

Drei Wochen nach Ausbruch der Revolte wurden von dem Bunker der Müllmänner in der Mila 18, dem Hauptquartier der Kampforganisation unter dem Kommando von Mordechai Anielewicz, Boten ausgesandt, die die Verbindung zur Außenseite herstellen sollten. Sie kamen frustriert zurück. Es gab kein Entkommen, keinerlei Aussicht auf Hilfe. Sie konnten nur noch auf das unvermeidliche Ende warten.

Am 8. Mai umzingelten die Deutschen den Bunker und befahlen allen herauszukommen. Die Aufständischen blieb auf ihren Posten und waren bereit, bis zum Tod Widerstand zu leisten. Da die Deutschen Angst hatten, hinunterzugehen, schleuderten sie aus sicherer Entfernung Gas, Bomben und Granaten auf den

Bunker. Die Aufständischen antworteten mit Schüssen. Aber bald wurden sie vom Gas zu Fall gebracht. Keiner wollte sich lebend fangen lassen. Arieh Wilner war der erste, der von Selbstmord sprach. Die anderen Verteidiger folgten ihm und richteten einer nach dem anderen die Waffe gegen sich selbst. Irgendwie entkamen zwei von ihnen durch den Seitenausgang. Sie gehörten zu den wenigen, deren Kraft und Idealismus die Ghettojuden begeistert hatten, den Feind herauszufordern und sich ihm zu widersetzen – und sie überlebten. Die meisten Mitglieder der Kampforganisation, und mit ihnen die abertausenden von Mitjuden, ließen im Kampf ihr Leben.

In den letzten quälenden Tagen des heldenhaften Widerstandskampfes war allen, die in den Verstecken und Bunkern starben, allen, die in dem ungleichen Kampf fielen, eines gemeinsam: der Wille, Widerstand zu leisten, gegen die Deportation zu kämpfen und mit Würde zu sterben. Wie viele es genau waren, die starben, wird kein Mensch jemals wissen.

SS-General Stroop, Kommandant der Truppen, die das Warschauer Ghetto zerstört hatten, berichtete seinen Vorgesetzten, daß der Aufstand am 16. Mai 1943 niedergeschlagen worden sei. Das stimmt nicht. Selbst nach dem Tod der kommandierenden Offiziere der Kampforganisation, und selbst nachdem weitere 50 Kämpfer durch die Abwasserkanäle auf die »arische Seite« geflohen waren, setzten Gruppen unter Zechariah Artstein und Josef Farber zusammen mit anderen Ghettojuden den Kampf fort. Vereinzelte Schüsse hörte man noch viele Wochen aus dem Ghetto.

Der Warschauer Ghettoaufstand endete erst, als der letzte jüdische Aufständische im Ghetto gestorben war.

Am fünften Tag des Ghettoaufstands sandte Mordechai Anielewicz eine Nachricht an seinen Vertreter auf der »arischen Seite«. Der Text dieses Kommuniqués spiegelt am besten den großartigen Stolz, das seltene Hochgefühl wider, mit denen die Ghettoaufständischen dem Kampf und ihrem Tod begegneten:

23. April 1943
Lieber Itzhak,
ich weiß nicht, was ich dir schreiben soll. Sprechen wir dieses Mal nicht von persönlichen Dingen. Ich muß dir erzählen, wie meine Kameraden und ich uns fühlen. Etwas ist geschehen, das unsere kühnsten Träume übertrifft; die Deutschen mußten zweimal aus dem Ghetto fliehen. Einer unserer Abschnitte hat ihnen vierzig Minutenlang standgehalten, ein anderer über sechs Stunden. Die Mine, die wir in der Gegend des Bürstenbetriebes gelegt haben, ist losgegangen …

Alle Betriebe im Ghetto und außerhalb sind geschlossen, mit Ausnahme von Werterfassung, Trans-Avia und Daring. Es gibt viele Brände im Ghetto. Gestern brannte das Krankenhaus. Schmerling ist wieder aufgetaucht. Lichtenbaum ist gestern vor dem Umschlag gerettet worden. Es sind nur wenige aus dem Ghetto fortgebracht worden. In den Betrieben sieht es anders aus. Ich kenne keine Einzelheiten. Tagsüber sitzen wir in unseren Verstecken.

Ich kann dir die Bedingungen, unter denen die Juden leben, nicht beschreiben. Nur außergewöhnliche einzelne werden überleben. Der Rest wird sterben, früher oder später. Ihr Schicksal ist besiegelt. In keinem der Bunker, in denen unsere Kameraden sich verstecken, kann man eine Kerze anzünden, weil es zu wenig Sauerstoff gibt.

Zu heute abend: Wir greifen zu Partisanenmethoden. Drei Abschnitte gehen heute abend nach draußen, um die Gegend zu patrouillieren und Munition zu besorgen.

Wir sollten wissen, daß Pistolen uns nichts nutzen. Wir benutzen sie kaum. Was wir brauchen, sind Handgranaten, Gewehre, Maschinengewehre und Sprengstoff.

Nur ein Mann der Kampftruppe fehlt bisher – Jehiel. Auch das ist ein Sieg. Ich weiß nicht, was ich dir sonst schreiben soll. Ich kann mir vorstellen, daß du viele Fragen hast, aber lassen wir es für dieses Mal genug sein.

Paß auf dich auf. Vielleicht werden wir uns wiedersehen. Das Wichtigste ist, daß der Traum meines Lebens Wirklichkeit geworden ist. Ich habe die jüdische Selbstverteidigung im Ghetto in all ihrer Größe und Großartigkeit gesehen. Mordechai

Die Ghettokämpfer auf der »arischen Seite«

Das Leben auf der »arischen Seite« war nun die Hölle auf Erden. Täglich dezimierten sich unsere Reihen, weil man unsere Verstekke verriet. Die Erde selbst brannte unter unseren Füßen.

Am tragischsten war das Schicksal der überlebenden Ghettokämpfer. Ungefähr siebzig von ihnen gelang es, durch die Kanäle auf die »arische Seite« zu gelangen. Am hellen Tag wurden sie, von einigen bewaffneten Mitarbeitern des Untergrundes bewacht, in getarnten Lastwagen durch den »arischen Bezirk« gefahren. Sie versteckten sich im Lomianki-Wald bei Warschau und warteten dort auf Hilfe. Dieser Wald bestand nur aus niedrigen, dicken Pinienschößlingen. Die polnischen Bauern in der Umgebung fürchteten, bestraft zu werden, wenn sie den Juden Zuflucht gewährten, und drohten ihnen, sie bei den Deutschen zu melden, wenn sie nicht fortgingen. Die Überlebenden befanden sich ständig in der Gefahr, von einer deutschen Patrouille im Wald umzingelt und getötet zu werden.

Verzweifelt suchten wir nach Verstecken und gingen allen denkbaren Verbindungen zu den polnischen Partisanengruppen nach. In den Häusern der Nichtjuden konnten wir jetzt nur wenige Unterkünfte finden. Unsere Isolation schien vollkommen zu sein. Wie schon während des Ghettoaufstandes fühlten wir uns unfähig, auch nur das Geringste zu unternehmen, um die wenigen zu retten, die die Qualen des Ghettokampfes überlebt hatten.

Der polnische Untergrund hatte mit Ehrfurcht auf den heldenhaften jüdischen Widerstand reagiert. In illegalen polnischen Texten wurde der jüdische Mut gepriesen, ganze Hymnen wurden auf die jüdische Kraft und Stärke gedichtet. Aber das war auch schon alles. Es wurde so gut wie kein praktischer Beistand angeboten, nicht in den schrecklichen Stunden des letzten Kampfes der Juden und jetzt erst recht nicht. Statt dessen begegneten wir der typisch polnischen Gleichgültigkeit gegenüber den Leiden und der Vernichtung der Juden.

Die Tage vergingen. Die Stadt Warschau gewährte tausenden von Freiheitskämpfern aus dem polnischen Untergrund Unterschlupf, aber sie war unfähig, den ungefähr siebzig Überlebenden des Ghettoaufstandes, die sich im Wald versteckt hielten, Asyl zu gewähren.

Am 13. Mai – drei Tage, nachdem die Aufständischen aus den Kanälen aufgetaucht waren – trafen Zygmunt, Bolek und ich uns in der Starynkiewicz mit Bolek Nosowski, dem Anführer der sozialistischen polnischen Partisanengruppe. Es ging um die Frage, ob einige der Partisanen im Lomianki-Wald in eine sozialistische polnische Partisanenabteilung integriert werden konnten. Bolek und Nosowski reisten in die Stadt Ryki in der Nähe von Demblin, um sich einen eigenen Eindruck von der Lage zu verschaffen. Bolek kehrte mit einer negativen Antwort zurück; es sei unmöglich, dort eine jüdische Partisanengruppe aufrechtzuerhalten, behauptete er. Die polnischen Partisanen fanden zwar bei den Bauern Zuflucht; die aber konnten – und wollten – keine Juden beherbergen.

Antek suchte den Kontakt zu der *Armia Ludowa* (der Untergrundbewegung der linken Parteien), die mitgeholfen hatte, die letzten Aufständischen aus dem Ghetto zu retten. Jedes Versteck, das die Nichtjuden anboten und das sicherer war als die Wälder, war uns willkommen.

In der Stadt Pludy bei Warschau erklärte sich ein nichtjüdischer Bauer, der zu dieser Zeit bereits einer Familie namens Wassermann Zuflucht gewährte, bereit, noch vier weitere Juden aufzunehmen. Jurek, Lusiek und Gutta Blones hielten sich damals zusammen mit Faigele Goldstein im Wald versteckt. Zygmunt holte sie mit einem Lastwagen, den er zu diesem Zweck vom Koordinationskomitee auf der »arischen Seite« gekauft hatte, ab. Nach einer Reise ohne Zwischenfälle kam die Gruppe in Pludy an. Der Lastwagen hielt in der Nähe eines Hains, nicht weit von der Hütte des Nichtjuden entfernt. Zygmunt verließ seine Freunde, um dem Wirt ihre Ankunft mitzuteilen. Doch an der Tür fand er sich von Polizisten umzingelt. Er wurde durchsucht, man fand einen Revolver bei ihm, und er wurde verhaftet.

Die anderen vier warteten mit steigender Besorgnis auf Zygmunts Rückkehr. Die Abenddämmerung brach herein. Es war ein schwüler Tag gewesen, und alle hatten Durst, besonders Jurek, der krank und fiebrig war. Schließlich siegte sein Bedürfnis über seine Vernunft, und er ging zu der nächstgelegenen Hütte, um dort um Wasser zu bitten. Niemand war zu sehen. Vorsichtig klopfte er an die Tür. Auf sein Klopfen hin öffnete der Bauer, mit dem der Handel ausgemacht worden war, aber er leugnete, irgendeinen Zygmunt zu kennen. Dennoch, sagte er, werde er Jurek und seine Freunde für ein paar Tage bei sich aufnehmen, aber sie sollten nach Einbruch der Dunkelheit kommen, damit sie nicht von den Nachbarn gesehen würden. Nach Einbruch der Dunkelheit krochen die vier Ghettokämpfer zu der Bauernhütte. Er schloß sie in einem kleinen Raum ein, wo sie erschöpft einschliefen, nur um ein paar Stunden später von einer polnischen Polizeitruppe gefaßt zu werden, die sie nach einem erbitterten Kampf überwältigen konnte.

Am nächsten Tag fesselte man die Gefangenen, legte ihnen Handschellen an und fuhr sie auf einem Karren durch Pludy und die Nachbardörfer. Schilder verkündeten:

»Sie werden erschossen. Sie sind jüdische Banditen. So wird man mit allen Juden verfahren. Wer solchen Leuten hilft, wird ebenso behandelt.«

Bereits am nächsten Tag wurden die vier Ghettokämpfer erschossen.

Ich war wie betäubt von dem Schock und dem Gefühl des Verlustes. Ich konnte mich nicht damit abfinden, daß meine Freunde nicht mehr am Leben waren. Sie waren meine Klassenkameraden, meine Freunde und Kameraden gewesen. Im Ghetto hatten wir Schrecken, Leid und Schmerz gemeinsam ertragen. Wir hatten auf unseren gefährlichen Missionen zusammengearbeitet. Mit ihnen hatte ich Pläne geschmiedet und Strategien entwickelt. Gemeinsam waren wir unseren deutschen Unterdrückern durch die Fänge gegangen, hatten sie überlistet, hatten anderen Juden geholfen und sie gerettet. Es war unmöglich, mich mit dem Gedanken, daß sie tot waren, vertraut zu machen. Der Schmerz des Verlustes war so groß, daß Trauer bedeutungslos wurde. Diese Tragödie lag auf meinem Bewußtsein wie eine schwere Decke, die meine Gefühle erstickte.

In meiner Erinnerung leben sie weiter, so wie sie ihr kurzes, tapferes Leben lebten:

Ich sehe Zygmunt mit seinen lebhaften blauen Augen, immer rastlos. Er wollte unbedingt diesen Lastwagen kaufen, damit die Aufständischen gerettet werden konnten. Der Preis betrug 75 000 Zloty, eine ungeheuerliche Summe, aber er ließ sich nicht abschrecken. Und er suchte angestrengt nach einem ehrlichen, fähigen Fahrer. »Sie müssen so schnell wie möglich gerettet werden«, hatte er immer und immer wieder gesagt. Er wußte, daß er sein Leben riskierte, um seine Kameraden zu retten, und nun hatte er mit seinem Leben bezahlt – für nichts.

Jurek Blones, jung, mit seinem zerzausten Haarschopf: Ich kannte ihn seit meiner Schulzeit. Er hatte immer freiwillig die mühsamsten unserer Aufgaben übernommen und selbst die gefährlichsten Missionen eifrig und effizient ausgeführt. Jurek hatte mich, wie immer, auch nach meinem letzten Besuch im Ghetto zur Ghettomauer begleitet. »Wenn wir für dich ein Versteck auf der ›arischen Seite‹ finden könnten, würdest du hingehen?« hatte ich ihn spontan gefragt.

Er war überrascht gewesen. »Wie kannst du nur eine solche Frage stellen? Mein Platz ist hier. Ich muß hierbleiben und ihnen eine Lektion erteilen!«

Im Kampf hatte er eine heldenhafte Rolle gespielt, seine Furchtlosigkeit und seine Geistesgegenwart hatten ihm wiederholt das Lob des Ghettokommandos eingebracht.

Lusiek, Jureks dreizehnjähriger Bruder: Auch er zeichnete sich während der Ghettokämpfe aus und war dafür mit einem Revolver belohnt worden.

Gutta, ihre Schwester, ein schönes Mädchen, war für sie wie eine Mutter gewesen. Sie hatte sich mit Hingabe um die Kampfgruppe der Bürstenfabrik gekümmert und in den Tagen des Aufstandes Seite an Seite bei ihren Brüdern gestanden.

Die achtzehn Jahre alte Faigele Goldstein war lebhaft, überwältigend, spritzig, stets geistreich. Während eines meiner Besuche im Ghetto hatte sie mich zu ihrem Versteck in der Mila begleitet. Sie brannte vor Neugier über das Leben auf der »arischen Seite« und bemerkte einmal: »Wenn ich nur dorthin gelangen könnte, dort kann man wirklich leben!« Es war ihr nie klargeworden, daß auch dort Juden starben.

Später erfuhr ich, daß der nichtjüdische Besitzer des unglückseligen Verstecks, in dem diese tapfere Schar gefangengenommen worden war, sie bei der Polizei verraten hatte. Diese Geschichte hörte ich von einem Polen, Tadek Niewiarowski, der in der Stolarska 6 wohnte. Der Nichtjude hatte mit Tadek zusammen in einer Munitionsfabrik gearbeitet und ihm die Einzelheiten des Vorfalls erzählt. Er beklagte sich sogar, daß die polnische Polizei ihn betrogen habe, weil sie das Geld, daß sie bei den Juden beschlagnahmt hatten, nicht mit ihm geteilt hatten. Und dieser Mann war derselbe, der einmal ein kleines jüdisches Mädchen namens Krysia beherbergt hatte – die nur überlebte, weil seine Frau sie in eine andere Hütte gebracht hatte, um sie vor einer Suchmannschaft zu verstecken. Wie konnte sich ein solcher Mann eines so abscheulichen Verbrechens schuldig machen?

Ein weiteres Opfer war Velvel Rozowski. Er und Marek Edelman hatten sich vorübergehend ein Versteck geteilt, das Marysia (Bronka Feinmesser) ausfindig gemacht hatte. Zwei Erpresser drohten, sie bei der Gestapo zu melden, falls sie ihnen nicht eine beträchtliche Summe zahlten. Velvel ging zu Fishgrund, um das Bestechungsgeld aufzutreiben, und kam nach der Ausgangssperre in das Versteck zurück. Ein Bahnbeamter erkannte ihn als Juden, und er wurde verhaftet.

Ein polnischer Polizist brachte uns einen Brief von Velvel – sein letzter Hilferuf. Er wurde umgebracht, bevor wir etwas für ihn tun konnten.

Tragödien waren unsere ständigen Begleiter. Am 11. November versteckten sich in einer Zellophanfabrik in einer Vorstadt von Praga acht Ghettokämpfer auf einem Dachboden, der mit Kisten und Kästen voller Munition und Sprengstoff vollgestopft war. Als einer von ihnen versuchte, auf einem Löffel etwas Salbe für eines der Mädchen, das verletzt war, zu erhitzen, fiel ein brennendes Streichholz auf den Boden und setzte leicht brennbares Material in Brand, was eine Explosion auslöste. Eine Kiste nach der anderen detonierte, und nach wenigen Minuten stand der ganze Dachboden in Flammen.

Eliezer Geller, Tosia Altman und Meir Schwartz entkamen dem Inferno, indem sie ein Loch in die Decke brachen und auf das Dach kletterten. Mit ihren bloßen Händen, die Blasen zogen, als sie die sengend heiße Decke berührten, brachten sie eine Öffnung zustande und kletterten hinaus. Tosias Kleid fing Feuer; sie konnte nicht mehr stehenbleiben und fiel hilflos auf das Dach. Menschen liefen herbei, um das Feuer zu löschen.

»Da sind Juden drin!« riefen Stimmen in der allgemeinen Aufregung. »Die Juden verbrennen!«

Die Anwesenheit der drei unglücklichen Juden, die Gefahr liefen, den Flammen zum Opfer zu fallen, schien die Polen mehr zu verängstigen als das Feuer selbst.

Jemand löste den Feueralarm aus, aber keiner dachte daran, den unglücklichen Gestrandeten auf dem Dach zu Hilfe zu kommen. Eliezer konnte auf die Erde herunterklettern und war dank seiner arischen Gesichtszüge bald in der Menge verschwunden. Meir Schwartz raste in ein nahe gelegenes Haus und flehte die nichtjüdische Bewohnerin um Asyl an. Die Frau versteckte ihn in einem Kleiderschrank. Den Feuerwehrleuten folgte die SS auf dem Fuße und durchkämmte die Gegend. Die Christin hatte Todesangst, der jüdische Fremde könnte in ihrem Kleiderschrank gefunden werden, aber die Deutschen durchsuchten ihre Wohnung nicht. Nach der Suchaktion eilte sie zurück und öffnete den Schrank. Meir Schwartz kippte leblos heraus; er war einem tödlichen Herzanfall erlegen.

Schließlich fanden die Deutschen die verkohlte Leiche von Tosia Altman und trieben die meisten der flüchtigen Ghettokämpfer zusammen. Nur Eliezer Geller überlebte.

Die Serie von Unglücksfällen zermürbte uns. Noch niedergedrückter wurden wir, als uns ein weiterer schrecklicher Bericht erreichte. Zygmunt Igla gehörte zu einer Gruppe von Überlebenden, die sich im Wald versteckten. Als Mitglied der Kampforganisation hatte er in der Gegend von Schultz' Betrieb gekämpft und während des ganzen Aufstandes Herausragendes geleistet. Ich lernte ihn in Tadek Niewiarowskis Versteck in der Grzybowska 29 kennen. Igla war ein großer junger Mann von dreiundzwanzig Jahren, mit dunklen Augen und einer Stupsnase – kein jüdisches Gesicht. Er war auf einer Sondermission in Warschau, um Geld und Waffen für seine Partisanengruppe zu besorgen und Verstecke für mehrere Partisanenmädchen ausfindig zu machen.

In dem düsteren Kämmerchen in der Grzybowska 29 sprachen wir über gemeinsame Bekannte und die Überlebenden des Ghettoaufstandes, über das Leben in den Wäldern und seine früheren Missionen.

»Die Lage in den Wäldern ist ziemlich hoffnungslos«, sagte mir Igla. Es waren für seine Gruppe immer noch keine Verstecke im Lomianki-Wald gefunden worden. Tadek, Kazik und Krzaczek von der *P.P.R.*, ebenso der »kleine Stefan«, ein Christ, versuchten Autos aufzutreiben. Nachdem sie eine Woche in Lomianki gewesen waren, hatten sie den Befehl bekommen, in den Wyszkow-Wald zu gehen, wo sie sich mit einer Gruppe polnischer Partisanen treffen sollten, die sich bereit erklärt hatten, ein paar jüdische Kameraden aufzunehmen.

Die anderen Überlebenden des Ghettos hatten gemeinsam mit der Ghetto-Arbeitsgruppe der *pinkertowcy* (Leichenbestatter) und Totengräber vier Partisanengruppen gebildet, von denen eine unter Iglas Führung stand. Die Partisanen sahen bald, daß sie sich auf unbekanntem Gebiet bewegten. Ohne Anleitung und Erfahrung, und kaum bewaffnet, trafen die Juden auf die grenzenlose Feindseligkeit der Nichtjuden der Umgebung. Wegen ihrer semitischen Gesichtszüge hatten sie Schwierigkeiten, sich bei den Bauern Nahrungsmittel zu verschaffen. Noch schwieriger war es für sie, im Wald eine sichere Stelle zu finden. Die Deutschen jagten sie gnadenlos. Von allen im Stich gelassen, ohne Verbindungen, ohne Führung und immer vom Verrat des polnischen Untergrunds bedroht, befanden sich die jüdischen Partisanen in ständiger Gefahr. Einige waren fortgegangen, um sich ein anderes Versteck zu suchen. Die meisten von ihnen waren umgekommen.

Eine andere Gruppe, zu der Israel Romanowicz, Szymek Shental, David Nowodworski, Henryk Kleinweiss, Rivka Saperstein und Dorka Dembinska gehörten, hatte beschlossen, sich nach Ungarn durchzuschlagen. Bevor sie Lomianki verließen, hielten sie bei dem Haus eines freundlichen Nichtjuden an, um nach dem Weg zu fragen. Auf dem Weg wurden sie von einem deutschen

Soldaten gesehen, der der deutschen Polizei meldete, wo sie sich aufhielten. Die sechs Rebellen aus dem Ghetto lieferten ihnen einen erbitterten Kampf, aber alle wurden getötet.

Bekümmert und erschüttert beschlossen die überlebenden jüdischen Partisanen, einen Boten in die Stadt zu schicken. Sie hofften, die Verbindung zu unserem Untergrund wieder aufnehmen zu können. Diese Mission war Igla anvertraut worden, denn er sah am arischsten aus. Zerlumpt, ohne Papiere und nur mit einem Revolver bewaffnet, schlug er sich schließlich nach Warschau durch.

Er war direkt in mein Quartier in der Barokowa 2 gekommen, wo er die Tür verschlossen vorfand. Wie durch ein Wunder bemerkte ihn keiner der anderen Mieter. Den Kontakt stellte er dann über eine andere Adresse her. Er verhandelte mit Mikolai und Antek, erzählte ihnen von den Bedingungen, unter denen seine Gruppe in den Wäldern lebte, und kehrte dann mit Geld und Kleidung zu seinen Kameraden zurück.

Im Laufe der Zeit wurde Igla zu einem regelmäßigen Kurier für das Koordinationskomitee. Er starb gemeinsam mit Gutta Kawenoki, Jaakov Feigenblatt und anderen im Kampf gegen die Gestapo, nachdem ihr Versteck verraten worden war.

Abrascha Blum

Am Ende der Kämpfe bestand das Ghetto nur noch aus öden, schwelenden Ruinen. Die Deutschen waren damit beschäftigt, die verlassenen Bunker zu zerstören. Das Warschauer Ghetto existierte nicht mehr. Wir, die kleine Schar Überlebender im »arischen Wohnbezirk«, fühlten uns allein zurückgelassen. Das Ghetto war die Seele unseres ganzen Kampfes gewesen, das Motiv all unserer Bemühungen. Wir hatten nur für das Ghetto gelebt. Nur aus dem einen brennenden Verlangen hatten wir unsere Kraft und unsere Einigkeit bezogen – Rache zu nehmen.

All das war jetzt vorüber. Wozu sollte man noch leben? Der Geruch des brennenden Ghettos lag immer noch über der Stadt. In den Straßen Warschaus wimmelte es von SS- und Gestapo-Patrouillen, von Jeeps voll mit bewaffneten Deutschen. Durchsuchungen und Verhaftungen waren an der Tagesordnung, sogar in den Häusern der Polen. Riesige Anschläge, die vor der »jüdischen Gefahr« warnten, befahlen die sofortige Verhaftung jedes Juden und warnten die Polen, sie würden erschossen, wenn sie einem Juden halfen oder Unterschlupf gewährten. Zur Demonstration setzten die Deutschen ein Haus am Kazimierz-Platz in Brand und töteten so die ganze dort lebende nichtjüdische Familie, weil sie Juden aufgenommen hatte.

Spontan entstanden Verteidigungskomitees, um die polnischen Häuser vor dem »Unglück« zu schützen – ein Euphemismus für Juden. Diese polnischen Komitees stellten das größte Hindernis für unsere »illegalen« Hilfsversuche dar. Die Komitees hielten ständig nach Fremden Ausschau und meldeten alle neuen Gesichter bei der Polizei.

So war es zunächst unmöglich, ein passendes Wohnquartier für Abrascha Blum zu finden. Zu dieser Zeit wohnte ich in einem kleinen Zimmer im vierten Stock der Barokowa 2. Stefan Niewiarowski, mein Vermieter, wußte von meiner jüdischen Identität und arbeitete gelegentlich mit uns zusammen. Dort fand Abrascha schließlich vorübergehend ein Asyl.

In diesen entscheidenden Jahren leitete Abrascha die Aktivitäten des *Bund*. Er war der Urheber und der spiritus movens hinter den Partisanengruppen des *Bund*, an denen er selbst teilnahm. Gemeinsam mit den letzten überlebenden Kampfgruppen war er durch das Kanalsystem auf die »arische Seite« geflohen und hatte sich einige Tage im Kampinowskie-Wald versteckt gehalten. Dort hatte er sich mit einem Nichtjuden angefreundet, der ihm geholfen hatte, nach Warschau zu gelangen. Auf Grund seines jüdischen Aussehens konnte er sich nicht in der Öffentlichkeit frei bewegen, durfte nicht gesehen werden und hatte Schwierigkeiten, eine Unterkunft zu finden. Ich war glücklich, einen so wichtigen Gast in meinem Haus zu haben, wenn auch nur für kurze Zeit.

Abrascha hatte sich nur wenig verändert. Sein Gesicht war abgezehrt und die Lippen waren aufgesprungen, aber er blieb so zurückhaltend und heiter wie immer. Mit keinem Zeichen ließ er erkennen, welch schreckliche Erfahrungen er in dem brennenden Ghetto gemacht hatte. Er arbeitete unermüdlich, las, schrieb, führte lange Gespräche mit den Mitgliedern des Koordinationskomitees, die sich an ihn wandten: Mikolai, Antek, Henryk und andere. Jeder Jude, ob alt oder jung, dem wir beistanden, jede Person, mit der wir Kontakt aufnahmen, fand sein Interesse und seine Sorge. Und doch sprach er nur wenig von sich und den anderen.

Zum ersten Mal hörte ich Abrascha über den Ghettoaufstand sprechen, als uns die Nachricht vom Mord an Zygmunt, Jurek, Lusiek, Gutta und Faigele Goldstein erreichte. Er sprach von dem heldenhaften Benehmen der Ghettokämpfer und rief immer wieder aus: »Wir hatten ja keine Ahnung, was für Menschen mit uns auf der anderen Seite kämpften!« Seine Worte waren voller Liebe und Stolz.

Abrascha blieb tagelang im Zimmer. Ich mußte mich die meiste Zeit außer Haus aufhalten. Wenn ich abends zurückkehrte, erzählte ich ihm von den Geschehnissen des Tages. Er hörte aufmerksam zu und gab zu wichtigen Einzelheiten seinen Kommentar ab. Wenn ihm eine neue Unternehmung vorgeschlagen wurde, fragte er zunächst: »Was hältst du davon?« Erst dann sagte er seine Meinung.

Selbst wenn er von den gefährlichsten Unternehmungen sprach, klang er gelassen und zuversichtlich. »Es ist einen Versuch wert – vielleicht gelingt es ja«, pflegte er zu sagen. Das »vielleicht« wurde mit so viel Zuversicht und Sicherheit ausgesprochen, daß jegliche Befürchtung, die wir gehabt haben könnten, verschwand. Wenn er von einem unserer Erfolge hörte, oder daß uns in einer gefährlichen Situation die Flucht gelungen war, erhellte ein strahlendes, offenes Lächeln sein langes Gesicht.

Am meisten sorgte er sich um die Aufständischen, die sich noch in den Wäldern versteckt hielten, aber er erlaubte sich nur, hin und wieder traurig zu sagen: »Ich vermisse sie.«

In der Woche nach Abraschas Ankunft fand seine Frau Luba ein Wohnquartier für ihn. Er hatte nicht mehr die Gelegenheit, es zu nutzen. Zwei Tage vor seinem Umzug fand ich, als ich abends nach Hause kam, fünf Männer vor meiner Zimmertür vor: den Hausmeister, drei weitere Polen und einen uniformierten Deutschen. Mein erster Gedanke war, daß mich jemand bei den Behörden gemeldet hatte.

»Ihre Schlüssel – und Beeilung, wir haben lange genug gewartet!« befahl der Deutsche. Er riß mir die Handtasche fort, nahm meine Schlüssel heraus und schloß die Tür auf. Ich wurde in das Zimmer gestoßen und erhielt den Befehl, mich an das Fenster zu stellen. Es war keine Spur von Abrascha zu sehen, aber die Eindringlinge gaben nicht auf. Mit Revolvern in der Hand suchten die Polen unter dem Bett, unter dem Tisch und im ganzen Zimmer. Als sie den Schrank öffneten, gaben sie ein lautes zufriedenes Grunzen von sich: »Da ist der Jude!«, und zerrten Abrascha heraus.

Abrascha war bleich, aber äußerlich ruhig. Sie durchsuchten ihn, dann wurden wir beide verhört. Abrascha erklärte, er habe den Vermieter besuchen wollen, habe aber nur mich vorgefunden – er bezeichnete mich als »das Mädchen« und deutete damit an, daß wir einander völlig unbekannt waren. »Das Mädchen«, sagte er, habe einkaufen gehen müssen, und da sie Angst gehabt habe, ihn allein zu lassen, habe sie ihn eingeschlossen.

Ich bewunderte die Geistesgegenwart, die ihm diese Geschichte eingegeben hatte, und die Gefaßtheit, mit der er sie erzählte, und bemühte mich, nicht den Kopf zu verlieren, als sich die Fragesteller an mich wandten. Ich wiederholte, was Abrascha gesagt hatte. Nein, ich kannte ihn nicht. Ich hatte dem nichts hinzuzufügen.

Der uniformierte Deutsche wurde ungeduldig. Ihm gefielen meine Antworten nicht; mit der Faust schlug er auf den Tisch und schwenkte seinen Revolver hin und her. Er befahl uns, uns mit erhobenen Händen an die Wand zu stellen – »Nein, nicht zusammen«, brüllte er. Er zielte mit dem Revolver und begann zu zählen. Ich beobachtete ihn und machte mich auf den Tod gefaßt.

Dann plötzlich ließ er die Waffe sinken und befahl einem der Polen, uns im Auge zu behalten, während er meine Kleider und das Bettzeug durchwühlte. Meine Freundin Krysia Zlotowska hatte einen Sack mit ihren Habseligkeiten bei mir gelassen; er durchstöberte die Sachen und schüttete das Geld und die Wertsachen über dem Tisch aus. Sie waren so vertieft in ihre Suche, daß sie kaum mit uns sprachen. Als er fertig war, trat er auf den Flur und rief den Hausmeister herbei. Während er den Revolver auf uns gerichtet hielt, sagte er zu ihm: »Diese Leute sind Juden. Wir gehen jetzt; in ungefähr fünf Minuten kommen wir mit einem Wagen zurück, um sie mitzunehmen. Behalten Sie sie im Auge.«

Er stopfte Geld und Wertsachen in seine Taschen und befahl seinen Gefährten und dem Hausmeister, ihm zu folgen. Abrascha und ich blieben allein im Zimmer zurück. Ich konnte hören, wie der Schlüssel herumgedreht wurde, um uns einzuschließen. Die Schritte verhallten. Schnell zündete ich den Gasherd im Zimmer an.

»Was willst du tun?« fragte Abrascha.

»All unsere Papiere verbrennen«, flüsterte ich.

Wir arbeiteten gemeinsam an der Zerstörung auch des kleinsten belastenden Beweises. Als wir damit fertig waren, hatte ich überhaupt kein Gefühl mehr; Apathie und Gleichgültigkeit gegenüber meiner Umgebung übermannten mich. Ich hatte keinen Gedanken und kein Interesse für das, was auf uns zukommen würde. Ich setzte mich auf die Bettkante und starrte blind ins Leere.

Abrascha legte seine Hand auf meine Schulter. »Sei nicht verzweifelt«, sagte seine weiche, sanfte Stimme.

Wir sprachen über den Tod, während wir auf unsere Henker warteten. Wir sprachen emotionslos über die verschiedenen Mordmethoden, die die Deutschen anwendeten.

Die Zeit verging. Konnten sie uns vergessen haben? Die Abenddämmerung setzte ein; ich schaltete das Licht an. Vor der Tür war alles ruhig; die Ausgangssperre hatte begonnen. Immer, wenn wir ein Auto vorüberfahren hörten, erzitterte ich. Aber niemand hielt vor unserem Tor.

»Warum brechen wir nicht aus?« schlug Abrascha schließlich vor. Er ging zur Tür und versuchte sie zu öffnen. Sie war verschlossen. Alle Versuche, sie aufzubrechen, waren fruchtlos. Wir öffneten ein Fenster, um die Entfernung zum Dach abzuschätzen; es lag zu hoch, um es zu erreichen. Wir waren wie in einem Käfig eingesperrt. Es blieb nur eine Möglichkeit: uns mit einem Seil aus dem vierten Stock herabzulassen. Zusammengeknotete Bettücher mußten uns als Seilersatz dienen.

Wir knoteten die Tücher zusammen und prüften die Knoten. Würden sie halten? »Laß es uns jedenfalls versuchen«, sagte Abrascha.

Dann befestigten wir ein Ende des behelfsmäßigen Seils an der Heizung vor dem Fenster. Abrascha bestand darauf, daß ich als erste ging. Ich war jünger, hatte das Aussehen einer Arierin, und meine Dienste würden für die Sache gebraucht. Nein, sagte ich. Er war wichtiger als ich. Er hatte eine Frau und Kinder, und er war der Anführer unserer Arbeit. Schließlich war er einverstanden, als erster zu gehen.

Wir warteten ab, bis die anderen Mieter zu Bett gegangen waren. Als alles im Haus ruhig war, zog Abrascha seine Schuhe aus und legte sie zusammengebunden um seinen Hals. Wir löschten das

Licht und ließen unser provisorisches Seil langsam herab. Nach kurzer Pause lehnte sich Abrascha aus dem Fenster und verschwand in der Dunkelheit. Ich lauschte mit verhaltenem Atem. Plötzlich gab es ein Übelkeit erregendes krachendes Geräusch und ein lautes Stöhnen. Die Laken waren gerissen; Abrascha war abgestürzt.

Ich sank auf mein Bett zurück. Ich war sicher, daß es um Abrascha geschehen war. Das ganze Haus erwachte. Ich konnte die Nachbarn rufen und gegen meine Tür trommeln hören, aber ich war nur halb bei Bewußtsein. Ich war unfähig, mich zu bewegen.

Als ich wieder zu mir kam, wimmelte das Zimmer von zornigen Leuten, die mich mit Fragen bombardierten. Sie hatten Angst, das Haus würde meinetwegen niedergebrannt werden. Drei polnische Polizisten traten ein, befahlen allen, das Zimmer zu verlassen, und verhörten mich dann allein. Ich war immer noch verwirrt und gab unzusammenhängende Antworten. Ich versuchte zu wiederholen, was ich dem deutschen Offizier berichtet hatte, der das Haus durchsucht hatte. Die polnischen Polizisten durchwühlten das Zimmer noch einmal, wobei sie hin und wieder etwas in ihre Taschen gleiten ließen, aber ich war allem gegenüber gleichgültig. Ich konnte nur denken, daß das Ende nahe war. Meine einzige Frage lautete, was war mit Abrascha geschehen? Lebte er noch?

Ein Polizist führte Abrascha ins Zimmer. Ich zuckte zusammen. Er sah grauenhaft aus. Das Gesicht war aschfahl und auf einer Seite angeschwollen, der Kopf blutig, die Hände verletzt, und er blutete aus dem Mund. Er konnte kaum gehen. Ich flehte die Polizisten an, ihn sich hinlegen zu lassen. Das erlaubten sie ihm zwar, doch sie fuhren fort, ihn mit ihren Fragen zu foltern. Abrascha war schwach und nur schwer zu verstehen.

Ich weiß nicht, wie lange die Vernehmung dauerte. Endlich schickten uns die Polizisten aus dem Raum. Abrascha riß sich zusammen, doch er verzog beim Gehen das Gesicht vor Schmerzen. Als ich ihn flüsternd fragte, wie er sich fühle, konnte er nicht ein Wort sagen.

Es begann zu dämmern, die Straßen waren verlassen. Die Polizisten brachten uns auf das Polizeirevier in der Danilowiczewska. Abrascha ließ sich auf den einzigen freien Stuhl im Warteraum fallen. Ein paar Sekunden später wurde er jedoch aus dem Zimmer gebracht, während ich in das Büro geführt wurde.

Mechanisch wiederholte ich meine Geschichte. Nach dem Verhör begleitete mich ein Polizist durch einen langen, dunklen Korridor, an dessen einer Seite eine Reihe noch dunklerer Zellen lagen. Ich spähte durch die Gitter jeder Zelle und versuchte, Abrascha zu finden. Ich sah ihn kurz, bevor ich in eine kalte und trostlose Zelle in der Nähe der seinen gestoßen wurde. Zum ersten Mal in meinem Leben war ich hinter Gittern. Verschwommen nahm ich eine kleine Glühbirne wahr, die einen kahlen, gekalkten Raum in ein unheimliches Licht tauchte. Eine schwere Eisentür wurde geschlossen. Ich war zu erschöpft, um Angst zu haben. Mein Herz klopfte, und meine Beine gaben nach. Völlig durchgefroren setzte ich mich auf eine Steinbank und dämmerte ein.

Das Geräusch von quietschenden Türangeln weckte mich. Eine Frau wurde in meine Zelle gestoßen. Ich konnte ihr Gesicht in der Dunkelheit nicht erkennen, ich hörte nur, wie sie sich mit dem Wärter zankte. Offensichtlich war sie eine Prostituierte oder eine Diebin. Ich tat so, als ob ich schliefe. Ich konnte jetzt etwas klarer denken. Ich mußte einen Weg finden, unsere Kameraden über unser Unglück zu informieren. Abraschas Frau und einige andere sollten sich am Morgen in unserer Unterkunft einstellen. Wie konnten sie gewarnt werden? Konnte ich den Wärter überreden, für mich eine Botschaft zu übermitteln? Ich hatte noch 60 Zloty in meiner Tasche. Die polnische Polizei konnte in solchen Fällen sehr entgegenkommend sein, wenn der Preis stimmte.

Meine Zellengenossin schlief fest. Auf Zehenspitzen ging ich zu der Eisentür, in der Hoffnung, mit dem Wärter reden zu können. Man konnte nie wissen.

Der Wärter nahm mein Geld an; er gab mir ein Blatt Papier und einen Stift, damit ich meine Nachricht schreiben konnte, und drängte mich zur Eile. Er gab mir sogar eine Tasse Kaffee.

Ich flehte ihn an, mich zu Abrascha zu lassen. Er zögerte, aber schließlich willigte er ein. Er schloß die Tür zu Abraschas Zelle auf und wandte sich dann zur Seite, um das Hauptgittertor im Auge zu halten.

Abrascha war eingenickt. Ich weckte ihn und erzählte ihm, nachdem ich ihm den Kaffee gereicht hatte, von der Nachricht, die ich übermitteln lassen wollte. Nach kurzem Schweigen brachte er schließlich hervor, während er immer wieder nach Luft schnappte: »Denk daran, schreib keine der Adressen unserer Kameraden auf. Man kann der Polizei nicht trauen.« Dann fügte er, kaum hörbar, hinzu: »Bleib bei der Geschichte, daß du keine Jüdin bist. Vielleicht hilft es dir ...«

Das waren die letzten Worte, die Abrascha mit mir sprach. Der Wärter kehrte zurück, und ich mußte in meine Zelle zurückgehen.

Um acht Uhr morgens wurde ich zu einem weiteren Verhör zitiert. Danach informierte mich der Untersuchungsbeamte, daß »der Jude«, das heißt Abrascha, um drei Uhr nachmittags in die *Aleje Szucha* gebracht würde und daß ich, die angebliche Christin, ihm eine halbe Stunde später folgen sollte.

Aleje Szucha war das Hauptquartier der Gestapo. Wurde man dorthin geschickt, dann wurde man in den Tod geschickt. Ich dachte, ich hätte mich mit dem Gedanken, sterben zu müssen, während der letzten wenigen Stunden abgefunden; aber das tatsächliche Urteil war ein Schock. Später, als ich wieder in meiner Zelle war, konnte ich an nichts anderes denken. Der Wärter unterbrach meine makabren Gedanken. Er fragte, ob ich einen polnischen Ausweis oder eine Kennkarte (den Personalausweis, der für Arier ausgestellt wurde) hätte. Nein, ich hatte keins von beidem. Warum nicht? Weil ich noch keine Gelegenheit hatte, ihn abzuholen.

»Bei welchem Amt haben Sie den Antrag auf Ihre Papiere gestellt?« beharrte er.

Ich nannte ein Amt. Was machte das schon für einen Unterschied?

Als Jude konnte man an eine echte Kennkarte nur kommen, wenn man sie der Familie eines verstorbenen Nichtjuden abkaufte. Ich besaß keine auf meinen neuen Namen, Michalina Markowska, ausgestellten Papiere. Ich hatte immer gefälschte Ausweise mit fiktiven Namen und Daten benutzt. Aber ich dachte, daß all das keine Bedeutung mehr hatte. Mein Schicksal war bereits besiegelt.

Wieder Fragen: Wer war dieser Jude? Wer waren meine anderen Kontaktleute? Wo war der Vermieter? Ich war erschöpft und von all den Fragen enerviert. Schließlich wurde ich wieder allein gelassen. Eine Stunde oder länger stand ich gegen die massive Eisentür gelehnt und lauschte auf das kleinste Geräusch. Keiner kam, um mich zu holen. Die Zeit verging. Es war sicherlich schon Nachmittag. Der Zeitpunkt für unsere Überführung in das gefürchtete Gestapo-Hauptquartier mußte bald kommen.

Ich hörte, wie die Tür einer Nachbarzelle aufgeschlossen wurde. Jemand wurde herausgeführt – höchstwahrscheinlich Abrascha. Hastig warf ich einen Blick durch das Gitter, aber ich sah nichts. Bald würde ich an der Reihe sein. Aber es kam immer noch niemand zu mir. Von dem Polizisten, dem ich meine Nachricht gegeben hatte, war nichts zu sehen. Der Wärter behauptete, von nichts zu wissen. Die Nacht ging schlaflos vorüber.

Am nächsten Morgen wurde mir mitgeteilt, daß ich um elf Uhr vormittags beim Gestapo-Hauptquartier vorsprechen sollte. Meine Besorgnis wuchs immer mehr, aber wieder kam niemand, um mich abzuholen. Warum behielten sie mich hier?

Um fünf Uhr nachmittags wurde ich aus meiner Zelle geholt. Mein nichtjüdischer Vermieter stand an der Tür. Was machte er hier? War auch er gefangengenommen worden? Sein Lächeln beruhigte meine Befürchtungen. Alles sei in Ordnung, sagte er. Die Polizei war bestochen worden. Meine Nachricht war an der richtigen Adresse abgegeben worden – bei Anna Wonchalska, unserer nichtjüdischen Vertrauten, meiner »Adoptivmutter«, in der Krzyzanowski 44. Sie hatte sofort meine Freunde benachrichtigt, die es ihrerseits geschafft hatten, den Chef des Polizeireviers mit 10 000 Zloty zu bestechen. Innerhalb einer halben Stunde war ich frei.

Nicht so Abrascha. Für ihn kam die Hilfe zu spät; er war bereits zur Gestapo gebracht worden und sollte nicht wieder zurückkehren.

Abrascha war die Seele jeglicher Unternehmung des *Bund* gewesen – der öffentlichen Suppenküchen, der Leitung illegaler kultureller Aktivitäten, der Veröffentlichung illegaler Schriften und schließlich der Führung des Aufstands im Warschauer Ghetto. Abraschas unermüdliche Bemühungen, seine Menschlichkeit, sein unbezähmbarer Optimismus und sein aufrichtiges Interesse an seinen Mitmenschen hatten ihm nicht nur im *Bund*, sondern im ganzen Ghetto Anerkennung gebracht.

Sogar angesichts des Todes, als er blutend und mit unerträglichen Schmerzen in seiner Gefängniszelle lag, war Abrascha um die Sicherheit anderer besorgt gewesen. Über sein eigenes Schicksal, seine eigenen Leiden hatte er nicht ein Wort gesagt.

Auf dem Land

Nach meiner Befreiung gab mir Mikolai den Rat, Warschau für eine Weile zu verlassen. Wir konnten nicht in Erfahrung bringen, wer Abrascha und mich verraten hatte. Ich hatte meine Unterkunft in der Barokowa verloren und mußte wieder einmal meinen Namen ändern. »Michalina Markowska« war nun nicht nur endlosen Belästigungen durch die polnische Polizei ausgesetzt, sondern eine sichere Kandidatin für die Ausbeutungsversuche der Erpresser.

Da ich in Warschau keine Zuflucht finden konnte, suchte ich außerhalb der Stadt nach einer Unterkunft. Frau Dubiel, die die Blit-Zwillinge in ihrem Haus versteckt hatte, plante im Sommer einige Zeit bei ihrer Schwägerin in einem Dorf in der Nähe von Siedlce zu verbringen. Sie war bereit, eine der Zwillingsschwestern mitzunehmen, und fand für die zweite eine Bleibe bei einer anderen Christin. Nach ausgedehnten Verhandlungen erklärte sie sich bereit, auch mich mitzunehmen und mich als Kusine ihres Mannes auszugeben.

Frau Dubiels Schwägerin lebte in einem kleinen Haus am Rand eines dichten Waldes. Im Dorf mußte ich mich beim *Soltys*, dem Bezirksvorsteher, melden. Das warf ein neues Problem auf, denn ich hatte keine Papiere. Als letzte Zuflucht benutzte ich meinen alten Namen, Vladislawa Kowalska, unter dem ich bereits von der Geheimpolizei beschattet worden war.

Endlose Tage des Müßiggangs folgten. Ich verbrachte den größten Teil meiner aufgezwungenen Freizeit in den Wäldern. Hier mußte ich nicht angespannt und unruhig sein. Ich mußte vor den Bäumen nicht so tun, als ob ich eine Christin wäre; ich hatte Zeit, meinen Tagträumen nachzuhängen und mir Fragen zu stellen. Warum war ich hier? Warum sehnte ich mich so nach der fremden Welt in Warschau? Wäre es nicht besser für mich gewesen, mit meiner Familie deportiert zu werden? Wenigstens hätte ich ihre letzten qualvollen Stunden mit ihnen teilen können …

Mein Kopf füllte sich mit Erinnerungen, Bildern – meiner Eltern, meiner Schwester, meines Bruders, meiner Freunde, meiner Verwandten, meiner Kameraden. In meiner Phantasie kehrte ich in die turbulente Welt zurück, die ich zuvor gekannt hatte. Ich hörte ihre lauten Stimmen, hörte meine Mutter in der Küche herumwerkeln. Ich sah ihr faltiges, abgezehrtes Gesicht, ihre scharfen braunen Augen, die Schwellungen und Flecken, die der Hunger hinterlassen hatte. Sie schien zu lächeln. Ja, jetzt könnte sie ein besseres Leben haben – ich litt nicht mehr Hunger, und auch für sie könnte ich genügend Brot besorgen. Die Schwellungen in ihrem Gesicht wären bald verschwunden, wäre sie nur noch eine Weile bei mir geblieben. Doch ihr Gesicht verschwand, und die harte Wirklichkeit kehrte zurück und überfiel mich mit aller Wucht.

Meine Mutter war fort – und mit ihr die Straße, das Haus, mein Bruder, meine Schwester. Nur der nagende Schmerz blieb. Ich war allein in den Wäldern, nicht weit entfernt von dem Ort, wo Frau Dubiel mit ihrer Familie wohnte, in einer »normalen«, friedlichen polnischen Welt. Inmitten der freien und wilden Natur. Und hier empfand ich stärker als jemals zuvor, was wirklich mit uns geschehen war.

Die Sonntage waren eine besonders qualvolle Zerreißprobe für mich. Früh morgens eilte ich zusammen mit allen anderen jungen Christinnen des Dorfes zur Kirche. Wie alle anderen Bäuerinnen trug ich meine Schuhe in der Hand und eine Bibel unter dem Arm. Während der gemurmelten Gebete schweiften meine Gedanken zurück in eine Welt, die es nun für mich nicht mehr gab. Ich sah meinen Vater mit seinem Gebetsschal um den Kopf drapiert dastehen. Er war im Ghetto gestorben, an Lungenentzündung. Da war meine Mutter, die weinte, als sie den Segen über den Sabbatkerzen sprach. Was hätten meine Eltern wohl von ihrer Tochter gedacht, die römisch-katholische Hymnen sang und, christliche Gebete flüsternd, die Hand des Priesters küßte! Manchmal war ich so in Gedanken verloren, daß Frau Dubiel mich heimlich anstoßen mußte, damit ich mich daran erinnerte, wen und was ich darstellen sollte.

Danach ging ich zum Feuerwehrhaus und sah den Dorfbewohnern beim Tanz und bei ihren Vergnügungen zu. Die Feierlichkeit der Messe und die Ausgelassenheit der Sonntagnachmittage verstärkten meine Niedergeschlagenheit nur.

Ich bat meine Freunde inständig, mich aus der Isolation zu befreien, sagte, die Polizei hätte mich höchstwahrscheinlich vergessen. Aber erst nach fünf Wochen konnte ich endlich nach Warschau zurückkehren.

Kurz vor meiner Rückkehr, als ich noch auf dem Land war, wurde ich bei Tagesanbruch durch ein leichtes Kratzen an der Tür geweckt. Zuerst dachte ich, es wäre unser Hund, der die Nacht über draußen gewesen war, aber als ich genauer hinhörte, vernahm ich ein gedämpftes, vorsichtiges Klopfen.

Wer konnte das zu dieser frühen Stunde sein, wo alle Dorfbewohner immer noch fest schliefen? Ich hörte die Wirtin die Tür öffnen und mit jemandem in die Küche gehen. Konnte das ein Partisan sein? Das Haus stand am Waldrand, und die Wirtin hatte erwähnt, daß die Waldaufseher gelegentlich vorbeikämen.

Ich hörte, daß in der Küche geflüstert wurde. Ich schlüpfte in einen Schlafrock und ging auf Zehenspitzen hin. Im Dämmerlicht konnte ich drei Gestalten erkennen: die Wirtin, ihre Tochter und einen barfüßigen Fremden. Die Wirtin winkte mich zu sich und sagte dann freundlich zu dem Fremden: »Nun, Berko, wie war es danach?«

Mein Herz begann zu pochen. Der Fremde war Jude! Er starrte mich ängstlich an.

»Du kannst sprechen, hab keine Angst«, sagte die Tochter der Wirtin zu ihm. »Sie ist eine von uns.«

Der Fremde seufzte tief, dann fuhr er mit der Geschichte fort, die ich offensichtlich unterbrochen hatte.

»Alle paar Tage haben mir die Jungen von Marcin ein bißchen Brot und ein paar Kartoffeln für meine Kinder in diese Hütte auf dem Hügel gebracht. Der Förster wußte über die Kinder und auch über mich Bescheid, aber er hat nichts gesagt«, sagte der Fremde. Er sprach ziemlich gut Polnisch. »Aber als der *Soltys* davon erfahren hat, befahl er den Kleinen, sofort zu gehen. Sie gingen fort, als ich nicht da war, und ich weiß nicht, wo sie hingegangen sind.

Marcins Jungen haben auch keine Ahnung. Ich habe die Polen in den Nachbardörfern gefragt, aber keiner scheint etwas zu wissen. Oder vielleicht wollen sie mir nicht die Wahrheit sagen?«

Seine Stimme brach; er vergrub das Gesicht in den Händen. Ich betrachtete die gebeugte Gestalt, die zerrissenen Kleider, die schmutzigen, zerkratzten Hände und den Bettlersack, der von seiner Schulter baumelte. Ich sehnte mich danach, diesem leidenden Juden zu zeigen, wie tief ich mit ihm fühlte, aber ich mußte die Distanz aufrechterhalten und, ohne das geringste Anzeichen von Verwandtschaft zu zeigen, die Rolle einer Fremden spielen, sonst wäre Verdacht aufgekommen und wir alle in Gefahr gewesen.

Nellie, eine der Blit-Schwestern, die Frau Dubiel aus der Stadt mitgebracht hatte, kam herein und setzte sich neben mich. Die Wirtin schickte ihre Tochter als Wache nach draußen. Dann gab sie dem Fremden eine Scheibe Schwarzbrot und einen Krug kalter Milch. Wie gerne wäre ich ein paar Augenblicke mit ihm allein gewesen, um ihm die Hand zu schütteln, ihm zu sagen, daß auch Nellie und ich Jüdinnen waren. Aber ich wagte nicht, mich zu rühren. Die Wirtin werkelte in der Küche herum und erzählte Berko den neuesten Dorfklatsch. Ein Bauer hatte eine Kuh verloren, die Scheune eines anderen war abgebrannt, und der Sohn eines dritten war als Zwangsarbeiter nach Deutschland deportiert worden.

Was für ein Interesse hätte dieser Jude an all diesen Geschichten haben können? Er wurde vollkommen von dem Schicksal seiner Kinder in Anspruch genommen, die er im Wald zurückgelassen hatte und die nun nicht mehr da waren. Aber er unterbrach sie nicht. Er trank die Milch in kleinen Schlucken, steckte die Brotscheibe in seinen Sack und nickte schweigend.

Kurz bevor er ging, gab ihm die Frau ein paar Zwiebeln. Er beugte seinen zerzausten Kopf und murmelte mit ausgestreckter Hand: »Danke. Ich danke Ihnen sehr.«

»Es ist besser, wenn du jetzt gehst, Berko. Es wird bald Tag«, sagte Frau Dubiels Schwägerin.

Er nahm seinen knotigen Stock, den er am Tor zurückgelassen hatte, und schleppte sich gebeugt zurück in die Wälder. Nellie und ich verfolgten ihn mit den Augen, bis er zwischen den Bäumen verschwunden war.

»Das ist einer der Juden aus unserem Dorf«, erklärte mir die Wirtin. »Sie dürfen niemandem etwas von seinem Besuch hier erzählen. Der arme Kerl weiß nicht, daß seine beiden Kinder bereits tot und begraben sind. Die Deutschen haben sie schon vor langer Zeit erschossen. Die arme Seele!« schloß sie mit einem Seufzer.

Eine neue Falle

Während ich noch auf dem Land war, wurde auf einmal eine Reihe von Visa für die Juden, die sich in Warschau versteckt hielten, zur Verfügung gestellt. Die Visa kamen aus der Schweiz, Palästina und aus südamerikanischen Staaten. Die Juden, für die diese Visa ursprünglich ausgestellt worden waren, lebten nicht mehr, aber die Gestapo-Behörde war bereit, sie gegen eine Belohnung in bar an andere Juden auszuhändigen, die damit die Namen, die auf den Papieren standen, annehmen würden. Die Juden, die solche Visa kauften, wurden sofort als fremde Staatsbürger eingestuft und zu besonderen Sammellagern in Frankreich befördert, wo Ausländer und Kriegsgefangene zurückgehalten wurden, bis sie gegen Deutsche, die in Ländern der Alliierten festgehalten wurden, ausgetauscht werden konnten.

Die Botschaft über die Visa verbreitete sich unter den Juden wie ein Lauffeuer. In einer Zeit, als die Deutschen das Warschauer Ghetto verwüstet hatten, als Sondereinheiten der SS die Aufgabe hatten, Juden aufzuspüren und zu töten, als jeder Nichtjude, der einen Juden beherbergte, dem Untergang geweiht war, als polnische Häuser in Brand gesteckt und Verstecke bei der Polizei gemeldet wurden – in dieser Zeit des Terrors gegen Juden schuf die Gestapo plötzlich ein Zentrum für eine neue jüdische Emigration.

Wohin man ging, wen man auch traf, Nichtjude oder Jude, diese neue Emigration war das Gesprächsthema Nummer eins. Man stelle sich vor – den Juden, die die Nazis bisher ausgerottet hatten, wurde plötzlich das Recht auf Leben gewährt! Die Gestapo bewilligte den Juden den Status ausländischer Staatsbürger!

Andererseits konnte das wirklich die Freiheit bedeuten. Einige Juden waren skeptisch. Vielleicht war das nur eine weitere Falle der Deutschen. Auf der »arischen Seite« lauerte überall der Tod auf die Juden; früher oder später mußte man einfach in die Falle gehen. Aber in diesem Fall hatten es die Deutschen mit ausländischen Konsulaten und der freien Welt zu tun. Dort würden die Deutschen für die Visa Rechenschaft ablegen müssen.

Und mehr: Wenn dies ein neuer Schwindel war, warum verlangten die Deutschen dann für jedes Visum so viele tausend Zloty? Wenn sie wirklich versuchten, den Juden eine Falle zu stellen, konnten sie viel mehr fangen, wenn sie die Visa gratis anboten!

Es stimmte, man konnte den Deutschen nicht trauen; aber wie konnte man so eine Gelegenheit, in die zivilisierte Welt zu gelangen, außer acht lassen? In der Tat, die Visa verwandelten einen außerhalb des Gesetzes stehenden Juden in einen respektierten und geschützten Bürger.

Das waren die vernünftigen Überlegungen der Juden, die sich auf dieses riskante Wagnis einließen.

Die erneute Hoffnung auf Befreiung schien von den Briefen der ersten Umsiedler bestätigt zu werden. Diese jüdische Gruppe war tatsächlich in Vittel, einer Stadt in Frankreich, angekommen, genau wie die Deutschen versprochen hatten. Die Lagerbedingungen waren gut, und die Juden wurden mit derselben Höflichkeit behandelt, die die Deutschen den anderen Bürgern zugestand.

Die Tatsache, daß David Guzik, der vor dem Krieg als »executive« bei der polnischen Niederlassung des amerikanisch-jüdischen *Joint Distribution Committee* gearbeitet hatte, sich an diesem fieberhaften »Auswanderungsunterfangen« beteiligte, bestärkte mehr als alles andere die Hoffnungen der Juden.

Die reichen Juden gaben nach und nach ihre besten Verstecke auf und holten ihre Kinder aus dem Schutz der Kirchen und Waisenhäuser, damit sie jederzeit zur Abreise nach Frankreich bereit waren. Jeder, dem es gelang, seinen Namen auf die Auswanderungsliste setzen zu lassen, betrachtete sich als so gut wie gerettet. Die Juden verkauften ihre letzten Schmuckstücke – Ringe, Goldketten, Diamanten –, um das Geld für die begehrten Ausweise aufzubringen.

Die Büros, in denen diese Visa ausgeteilt wurden, lagen im Hotel Royal in der Chmielna, später im Hotel Polski, Dluga 29. Dort warteten ganze Menschenmengen auf diese Übersiedlung nach Frankreich. Ungefähr dreißig Juden waren aus dem Lager Poniatow bei Lublin hierhergeschickt worden. Auch ich war neugierig und wollte mir über die Lage ein Urteil bilden.

Nichtautorisierte Personen sollten eigentlich das Gebäude nicht betreten, aber die Gestapo war nicht allzu streng und ließ jedermann hinein. Gleich wenn man das Büro betrat, fiel die »Reiseatmosphäre« auf. Der Hof wimmelte vor schwatzenden Juden. In wilder Aufregung schossen Männer und Frauen immer wieder in das Gebäude, um nachzusehen, ob das Büro bereits für die Amtsgeschäfte geöffnet worden war. Andere eilten die Treppen herauf oder schleppten Bündel und Gepäck zu ihrem Quartier im Hotelgebäude. Wieder andere riefen ihre Freunde zu sich und unterhielten sich flüsternd.

»Hast du mit ihnen gesprochen?«

»Was für einen Paß wirst du bekommen?«

An einem Tag waren Einwanderungsbescheinigungen für Palästina zu einem vernünftigen Preis zu bekommen, während der

Preis südamerikanischer Visa sehr hoch war; am nächsten Tag war der Kurs umgekehrt. Die Preise änderten sich mit der Nachfrage. Die ruhelosen Menschen schienen von Angst gequält zu werden. Inmitten der fieberhaften Reisevorbereitungen spiegelten ihre Gesichter ihre inneren Befürchtungen wider: Wurden sie an der Nase herumgeführt?

Bevor die Umsiedler die Reise in das Sammellager in Frankreich antraten, sprachen die Deutschen zu ihnen und erklärten höflich, daß sie sich, an ihrem Zielort angekommen, eine Zeitlang gedulden müßten, bis ein Austausch mit deutschen Kriegsgefangenen arrangiert werden konnte. Die Deutschen entschuldigten sich für die Mühseligkeit und die Unannehmlichkeiten der Reise.

»Sehen Sie, es ist Krieg«, sagten sie. »Sie müssen es uns nachsehen, auch wir Deutschen können nicht alles bekommen, was wir wollen.«

Diese Reden riefen einige Verblüffung hervor; noch nie zuvor hatten die Juden gehört, daß die Deutschen sich entschuldigten oder sogar etwas erklärten. Einige Juden waren nicht nur verblüfft, sondern mißtrauisch; einige suchten bei Guzik um Rat nach. Guzik genoß den Respekt und das Vertrauen der jüdischen Gemeinde. Sein Wort war der entscheidende Faktor. Schließlich hatte er seine eigene Familie ins Ausland geschickt! Wenn er diesem Verfahren traute, dann konnte man sich darauf verlassen. Er stand sogar immer noch in direktem Kontakt zu seinen Freunden in Übersee! Wie war es auch sonst zu erklären, daß er seine hochrangige Stellung behalten hatte?

Darüber hinaus tat die Gestapo alles, was sie konnte, um den privilegierten Status der Juden im Hotel Polski zu bestätigen. Es gab bekannte Fälle, in denen inhaftierte Juden freigelassen wurden, als sie angaben, daß sie hier gemeldet waren.

Zwei Vorfälle sorgten in dieser Zeit für große Aufregung. Es war den Juden verboten, das Hotel zu verlassen, aber gelegentlich wagte sich jemand trotz des Verbotes hinaus. Eine Frau, die ein

Visum erhalten hatte, wurde von der Polizei aufgegriffen, während sie spazierenging – ein normaler Vorfall. Die Freunde der Frau legten sofort bei den Gestapo-Offizieren im Hotel Polski Beschwerde ein. Als »Vermittler« benutzten sie Skosowski, den die Kampforganisation einmal im Ghetto als Gestapo-Agenten verprügelt hatte, und Zurawin, einen weiteren Gestapo-Kollaborateur. Die Freunde protestierten gegen die »ungesetzliche« Behandlung der Frau, die nun offiziell eine ausländische Staatsbürgerin war. Binnen Stunden wurde die Frau auf freien Fuß gesetzt.

Der andere Vorfall betraf einen im Hotel Polski gemeldeten Juden, der versuchte, ein paar Besitztümer zurückzubekommen, die er einem nichtjüdischen Freund anvertraut hatte. Dieser weigerte sich nun, die Sachen herauszugeben. Der Vorfall war so alltäglich, daß es fast absurd war, dagegen anzugehen. Aber in diesem Fall bestand der Jude gegenüber den »Zwischenhändlern« im Hotel Polski darauf, daß er als ausländischer Staatsbürger das Recht habe, seine Besitztümer mitzunehmen. Zwei Deutsche wurden abgesandt, ihm dabei zu helfen, sein Eigentum zurückzufordern.

Obwohl solche Geschehnisse die Glaubwürdigkeit der neuen Ausweise vergrößern halfen, vergrößerten sich im Juni auch die Zweifel. Zu dieser Zeit waren die Ausweise für ein Almosen oder sogar auf bloße Nachfrage zu bekommen. Alle Anträge wurden fast routinegemäß bewilligt. Unsicherheit begann an uns zu nagen. Irgendwie ging alles zu glatt. Konnte die ganze Unternehmung nicht doch eine Falle sein?

Solche Fragen hörte ich bei Freunden und Bekannten, denen ich vor ihrer Abreise eine bescheidene Unterstützung aus unserem Hilfsfond gab.

Ziman hatte Vorahnungen. Er war seit langem ein guter Freund von mir. Er hatte ein gutes Versteck in der Grzybowska 29, und seine fünfjährige Tochter hatte er bei einer Nichtjüdin untergebracht. Im Hotel Polski wartete er auf seine Ausreise, die Formalitäten hatte er schon hinter sich gebracht. Er brachte seine Zweifel zur Sprache:

»Ich habe alle Einzelheiten geregelt, aber ich bin nicht sicher, ob ich das Richtige tue. Man legt buchstäblich sein Leben in ihre Hände!«

Tatsächlich begann eine Reihe unserer Anführer dasselbe zu denken. Dennoch konnten sie nicht absolut sicher sein. Sie warnten davor, den Deutschen zu vertrauen, und stellten durch die Untergrundkanäle Nachforschungen an. Aber sie konnten die Unternehmung nicht definitiv verurteilen. So isoliert von der Welt außerhalb Warschaus, wie wir waren, hatten wir keine Möglichkeiten zu beweisen, daß die Ausweise wirklich eine deutsche List waren, um die Juden aus ihren Verstecken zu locken. Wie konnten wir es verantworten, Mitjuden dazu zu drängen, dort zu bleiben, wo sie wahrscheinlich getötet werden würden, anstatt die Gelegenheit zur Flucht zu nutzen?

Eliezer Gellers Gedanken verliefen in ähnlichen Bahnen. Ich traf ihn im Hotel. Seine Hände waren nach dem Brand in der Zellophanfabrik immer noch bandagiert.

»Ich will nur aus Polen herauskommen, danach werde ich auf mich selbst gestellt sein«, sagte er mir ernst. Eliezer wartete zusammen mit Israel Kanal, einem anderen Gruppenanführer aus dem Ghettoaufstand, der vor kurzem zurückgekehrt war, nachdem er mit einer Partisanengruppe in den Wäldern von Wyszkow gelebt hatte. Schon vor dem Aufstand hatte er sich Ruhm erworben, als er Szerinski, den berüchtigten Chef der jüdischen Polizei, erschoß.

Nach allem Zaudern und Fragen entschloß sich die Mehrheit zu gehen, trotz der Risiken.

Erst als der letzte jüdische Transport zur Abfahrt bereit war, zeigte sich die Doppelzüngigkeit der Deutschen. Wie immer, wenn die Juden für die Reise versammelt wurden, wurde das Hotel von bewaffneten deutschen Wachen umzingelt, und alle Eingänge wurden verschlossen. Mehrere Militärfahrzeuge standen in

Bereitschaft. Diese Umstände weckten beunruhigende Erinnerungen. Inmitten der wachsenden Unruhe flüsterte jemand, er habe zufällig die Gestapo-Beamten etwas von einer »Razzia« sagen hören. Und als tatsächlich der Befehl gegeben wurde, daß alle im Hotel Polski anwesenden Juden in die Fahrzeuge steigen sollten, brach ein Tumult und Geschrei aus. *Alle* Juden sollten gehen? Bisher waren nur die Gemeldeten selektiert worden! Unter den Anwesenden waren viele, deren Papiere noch nicht bearbeitet worden waren oder die auf ihre Familien warteten.

Die entsetzten Juden rannten zum Büro, um eine Erklärung zu bekommen, doch dort wimmelte es von Polizei. Einige Juden weigerten sich, in die Fahrzeuge zu steigen, sie behaupteten, sie würden sich der nächsten Gruppe anschließen. Aber die Proteste stellten sich als fruchtlos heraus. Die Deutschen suchten gründlich. Sie ließen niemanden zurück – nicht einmal Guzik.

Unter den sehr wenigen, die entkamen, war Benjamin Miedzyrzecki, mein späterer Ehemann. Er versteckte sich auf einem Dachboden und wurde nicht entdeckt. Ungefähr vierhundert Juden wurden in das Gefängnis von Pawiak deportiert.

Innerhalb weniger Stunden wurde in Warschau bekannt, daß die Hälfte der Juden mit Ausweisen von den Deutschen im Gefängnishof erschossen worden war; die anderen wurden in das Todeslager Bergen-Belsen deportiert. Nur wenige konnten sich freikaufen, unter anderem David Guzik.

Wer von uns auf der »arischen Seite« geblieben war, war untröstlich – und wütend. Schlau hatten die Deutschen den letzten Rest von Überlebenshoffnung der Juden ausgenutzt. Juden, die auf wundersame Weise dem Tod im Ghetto entkommen waren, waren nun übertölpelt worden, sich selbst ihren Folterknechten und Henkern auszuliefern, geködert mit einem legalen Vorgang, der die endgültige Befreiung aus dem Inferno versprach.

Es stellte sich heraus, daß von den mehr als 3000 Opfern, die aus der Stadt als Emigranten herausgeholt worden waren, nur ungefähr 40 echte ausländische Pässe hatten, die auch anerkannt wurden. Nur sie entkamen dieser letzten Razzia.

Nach dem Krieg erfuhr ich mehr von dieser tragischen Episode. Die Deutschen hatten die fremden Ausweise zunächst respektiert und die Juden, die sie besaßen, einigermaßen fair behandelt. Jüdische Organisationen im Ausland unternahmen alle Anstrengungen, um für die Juden, die in den von den Nazis besetzten Ländern lebten, fiktive Pässe aus lateinamerikanischen Ländern zu bekommen. Es gab sogar Verhandlungen mit Nazi-Beamten über die Freilassung einer bestimmten Anzahl von Juden gegen eine entsprechende Anzahl von deutschen Kriegsgefangenen bei den Alliierten. Doch tragischerweise wurde nur eine Handvoll Juden durch all diese Bemühungen gerettet. Die übrigen fanden sich mit gefälschten Papieren belastet, die anzuerkennen die Deutschen sich weigerten, und fanden schließlich dasselbe Ende wie so viele ihrer Brüder, die es vorgezogen hatten, diese Chance nicht zu ergreifen.

Jüdische Fürsorgearbeit auf der »arischen Seite«

Das jüdische Koordinationskomitee, das am 20. Oktober 1942 im Warschauer Ghetto ins Leben gerufen worden war, um auf der »arischen Seite« gemeinsam mit dem polnischen Untergrund zu arbeiten und später der Jüdischen Kampforganisation zu helfen, umfaßte Vertreter fast aller jüdischen politischen Fraktionen. Das Präsidium bestand aus Abrascha Blum und Menachem Kirshenbaum, der die *Allgemeinen Zionisten* vertrat, und Itzhak Zuckerman, der den linkszionistischen *Hehalutz* vertrat. Zu derselben Zeit wurde der Führungsstab der gerade gegründeten Jüdischen Kampforganisation mit Mordechai Anielewicz von *Hashomer Hatzair* als Oberbefehlshaber zusammengestellt.

Vor dem Ghettoaufstand waren praktisch alle Bemühungen und Kräfte auf die Bewaffnung der Kampforganisation gerichtet gewesen. Nachdem der Aufstand niedergeschlagen worden war, widmeten sich die wenigen überlebenden jüdischen Anführer der Aufgabe, den Überlebenden der Revolte zu helfen.

Die Mitglieder des Koordinationskomitees, die auf die »arische Seite« geflohen waren, hielten ihre Kontakte zum Ausland aufrecht. Über die polnische Exilregierung in London verschickten sie Berichte, Briefe und Hilfsappelle. Durch dieselben Untergrundkanäle erreichten uns schließlich die Gelder, zunächst hauptsächlich vom Jüdischen Arbeiterkomitee in den Vereinigten Staaten, später von anderen jüdischen Organisationen und auch, bis zu einem gewissen Grad, von der polnischen Exilregierung. Das Geld gelangte in Form von amerikanischen Dollars zum Koordinationskomitee und wurde auf dem Schwarzmarkt gegen Zloty eingetauscht.

Neben dem Koordinationskomitee gab es noch andere Hilfsorganisationen, wie das Jüdische Nationalkomitee, den *Bund* und den Hilfsrat für Juden, der von der polnischen Untergrundbewegung oeganisiert worden war. Vertreter verschiedener jüdischer politischer Gruppierungen beteiligten sich am Koordinationskomitee, dessen Vertreter auch im polnischen Hilfsrat für Juden tätig waren.

Die vorrangigsten Ziele des Jüdischen Koordinationskomitees bestanden darin, den Juden, die sich im »arischen Bezirk« versteckt hielten, materielle Hilfe zukommen zu lassen, sie mit den notwendigen Papieren auszustatten, Kontakte zu den Insassen der Zwangsarbeiterlager, zu Partisanen und Freunden im Ausland herzustellen und eine ständige Verbindung zum polnischen Untergrund aufrechtzuerhalten.

Für all diese umfangreichen Tätigkeiten hatte das Koordinationskomitee nur wenige Mitarbeiter zur Verfügung. Die meisten der verschiedenen Aufgaben wurden, unter den schwersten Bedingungen, von engagierten Freiwilligen durchgeführt.

Die Nachricht von unserem Hilfsprojekt verbreitete sich unter den Juden auf der »arischen Seite« leise, durch Mundpropaganda. Das Koordinationskomitee ging bei seiner Arbeit vorsichtig vor, denn es fürchtete Verrat. Doch mit jedem Tag häuften sich die Hilferufe.

In Warschau und Umgebung kümmerten wir uns um ungefähr 12 000 Menschen. Zu ihnen gehörten Juden aus verschiedenen Groß- und Kleinstädten, wie Piotrkow, Krakau, Lwow und Siedlce. Es war leichter, sich in Warschau zu verstecken als in kleinen Ortschaften. Dort war es einfacher, sich mit geheimen jüdischen Hilfsorganisationen in Verbindung zu setzen.

Nur wenigen Juden der Unterschicht gelang es, auf die »arische Seite« zu fliehen. Sie hatten kein Geld, um die berufsmäßigen Schmuggler zu bezahlen, sie kannten auch keine Nichtjuden, und ihr Polnisch war in der Regel zu mangelhaft, als daß sie als Polen durchgehen konnten. Die meisten überlebenden Juden waren vor dem Krieg in freien Berufen tätig gewesen und hatten als Ärzte, Rechtsanwälte, Ingenieure, Lehrer und Staatsbeamte gearbeitet. Einige Juden hatten in der Hoffnung, mit dieser Reserve auskommen zu können, Geld in den »arischen Bezirk« geschmuggelt. Sie schmiedeten sogar Zukunftspläne und schenkten den nichtjüdischen Freunden, mit denen sie in Kontakt geblieben waren, Vertrauen. In den meisten Fällen wurden ihre Pläne schließlich durchkreuzt, und ihr Geld verschwand, zusammen mit dem Vertrauen zu den polnischen Nachbarn. Die assimilierte jüdische Intelligenzia, die ehemaligen Kaufleute und gesellschaftlichen Persönlichkeiten verwandelten sich in verzweifelte, verwirrte Arme.

Nur sehr wenige jüdische Kinder überlebten, obwohl das Koordinationskomitee ihrem Wohlergehen seine besondere Aufmerksamkeit widmete und für ihren Unterhalt und ihre Versorgung bezahlte. Beharrlich und entschlossen spürten wir sie auf, wobei wir jeden freundlichen Polen befragten, ob er von irgendwelchen jüdischen Kindern wußte.

Es ist unmöglich, die genaue Anzahl der Juden, die sich versteckt hatten, zu nennen. Es ging das Gerücht, daß im Raum Warschau ungefähr 30000 oder 40000 Juden lebten. Aber wir standen weder mit ihnen in Kontakt, noch wußten wir von allen, und das Koordinationskomitee war auch nicht in der Lage, jedem jüdischen Bewerber die Hilfe zukommen zu lassen, die er brauchte. Oft mußte die karge monatliche Unterstützung auf noch weniger als die üblichen 500 bis 1000 Zloty gekürzt werden, damit jeder Bewerber ein bestimmtes Minimum bekam, und das zu einer Zeit, als das Existenzminimum bei mindestens 2000 Zloty lag.

Jeder Hilfesuchende mußte beim Koordinationskomitee einen schriftlichen Antrag einreichen, auf dessen Grundlage das Komitee die Höhe der Unterstützung festlegte, die er bekommen sollte. Das Projekt basierte ganz auf Ehrlichkeit, gutem Glauben und gegenseitigem Vertrauen. Ich selbst bearbeitete Dutzende der Anträge auf Unterstützung. Die meisten bestanden aus wenigen gekritzelten Zeilen, aus denen bittere Verzweiflung sprach.

»Ich bin der einzige Überlebende meiner ganzen Familie …«

»Ich hatte eine Frau, Kinder, eine Familie – sie sind alle fort …«

»Ich bin aus einem der Todeslager geflohen …«

»Ich bin aus einem fahrenden Deportationszug gesprungen …«

Die Hilfeleistungen, um die nachgesucht wurde, waren so verschieden wie die Geschichten, die die Antragsteller zu erzählen hatten. Ein Dr. Goldman aus Piotrkow hatte gemeinsam mit seinem Sohn überlebt. Als Kieferchirurg benötigte er Instrumente. »Es ist nicht meine Absicht, Ihre Freundlichkeit auszunutzen«, schrieb er. »Als Gegenleistung für Ihre Hilfe würde ich gerne für Sie arbeiten.«

Da war Blumenthal, ein Ingenieur aus Lwow, den ich durch Wolanska, eine Christin, kennengelernt hatte. Er hatte aus eigener Kraft überlebt. Nachdem er die beiden Kinder seines Bruders ausfindig gemacht hatte, fand er ein Versteck für sie bei einer nichtjüdischen Familie. Er erbat nichts für sich selbst – er werde schon irgendwie durchkommen, behauptete er beharrlich –, aber die beiden kleinen Waisen brauchten dringend Hilfe; er hatte kein Geld, um ihren Unterhalt zu bezahlen.

Mitek Rosenfarb aus Warschau war aus Treblinka geflohen. Er hatte seine Frau und zwei Kinder verloren. Dank seiner Fertigkeiten als Schneider war es ihm gelungen, eine Beschäftigung und ein Versteck zu finden, in dem er vom Morgen bis zum Abend für seinen nichtjüdischen Ausbeuter schuftete. Alles, was er wollte, waren gefälschte Papiere. »Diese Papiere sind eine Sache von Leben oder Tod für mich«, schrieb er.

Irena aus Siedlce versteckte sich auf einem Dachboden. »Mein Versteck ist in Gefahr«, schrieb sie. »Versuchen Sie, etwas anderes für mich zu finden – lassen Sie mich nicht sterben. Ich bin ganz allein auf der Welt …«

Hunderte solcher Botschaften erreichten das Koordinationskomitee. Jeder Satz war eine ganze Welt des Jammers, aus der ein einziger gequälter Hilferuf widerhallte: »Helft uns, weiterzumachen! Wir wollen leben!«

Wenn ich einen jüdischen Freund traf, war er stets in Begleitung eines Fremden, Mann oder Frau. Der Neuankömmling wies sich dann aus und stammelte den Grund seines Kommens. Meistens hatte er von Freunden von der Unterstützung der Juden erfahren, und meistens war er in einer schrecklichen Notlage. Nur das Koordinationskomitee konnte ihm helfen.

Die Bittsteller waren vorsichtig, mißtrauisch und verängstigt – vor allem verängstigt. Die Juden auf der »arischen Seite« waren nicht nur vor der deutschen und der polnischen Polizei auf der Hut, sondern vor jedem, dem sie nicht aus Erfahrung vertrauen konnten. Sie vermieden neue persönliche Kontakte. Nach all den Heimlichkeiten, Gefahren und Erpressungen, nach all dem Hunger und den Entbehrungen, die sie erfahren hatten – wer konnte es ihnen verdenken, daß sie einem ihnen unbekannten Kurier nur widerwillig ihre jüdische Identität preisgaben, ihre Verstecke nannten und ihre wahren Lebensumstände verrieten? Und doch mußten wir all das wissen, damit zumindest ein- oder zweimal im Monat die notwendigen Besuche gemacht werden konnten, durch die sie Geld und Papiere bekamen und neue Verstecke für sie gefunden werden konnten.

Für diese Besuche konnten wir die Hilfe von einigen Juden gewinnen, die ehrlich waren und sich frei in der Öffentlichkeit bewegen konnten, da sie aussahen und sich benahmen wie Arier. Ich hatte die Gelegenheit, mit mehreren solcher engagierter Kuriere zusammenzuarbeiten, denen ich dann beträchtliche Summen mitgab, die unter den Bedürftigen verteilt werden sollten. Es war unsere Aufgabe, mit dem Koordinationskomitee in engem Kontakt zu bleiben und uns darum zu kümmern, daß die zugewiesenen Gelder auch ihren Bestimmungsort erreichten.

Krysia Mucznik, eine schöne, schlanke und blonde Frau aus Warschau, war die aktivste und fleißigste dieser Helfer. Sie teilte die Unterkunft mit ihrer kränkelnden Mutter, die sie oft einschließen mußte, wenn sie zu einem der Botengänge davoneilte, mit denen sie betraut worden war.

Helenka aus Piotrkow, eine ebenfalls junge und hübsche Näherin, war eine weitere Helferin. Sie führte die Fürsorgearbeit in ihrer Heimatstadt durch.

Beide Mädchen überlebten.

Ein weiterer Helfer war Jurek Igra.

Wir konnten vielen Menschen helfen, aber wir erlebten auch Fehlschläge und Tragödien. Zoshka Kersh, eine Frau mit einem sehr arischen Äußeren, hatte das Ghetto überlebt und arbeitete als Näherin für eine Nichtjüdin. Ihr einziger Wunsch war es, ihren Bruder – der einzige Verwandte, der ihr geblieben war – aus dem Arbeitslager Skarzysko zu befreien. Sie schrieb, er könne gerettet werden, wenn Geld zur Verfügung stände. Zoshkas Bitte wurde bewilligt. Zu der Zeit, als ihr Bruder in Warschau eintreffen sollte, verbrachte sie die Nacht in der Wohnung der Schmugglerin, die die Befreiungsaktion übernommen hatte. Celek verbrachte damals zufällig auch ein paar Nächte dort. Die beiden warteten mit großer Besorgnis auf die Rückkehr der Schmugglerin. Einen Juden aus einem Arbeitslager zu befreien und nach Warschau zu transportieren, war ein höchst gefährliches Abenteuer. Endlich, nach Mitternacht, trafen der flüchtige Lagerinsasse und seine Befreierin ein. Unmöglich kann ich die Freude von Schwester und Bruder beschreiben, die wieder vereint waren, nachdem sie einander schon lange für tot gehalten hatten.

Plötzlich hörten sie ein Klopfen an der Tür und von draußen zornige deutsche Stimmen. In panischer Furcht öffnete die Wirtin die Tür. Die Gestapo-Wachen suchten einen Verdächtigen, der schon vor langer Zeit ausgezogen war. Statt dessen fanden sie drei andere Juden: Zoshka, ihren Bruder und Celek. Celek gelang es, dank seiner Geistesgegenwart und der Papiere, die er bei sich führte, den Deutschen wieder einmal zu entwischen, aber Zoshka und ihr Bruder wurden sofort in das Pawiak-Gefängnis gebracht, wo man sie umbrachte.

Geheime Unterkünfte

Als unsere Tätigkeiten sich ausdehnten, wuchs die Nachfrage nach Wohnquartieren. Die Kuriere hielten ständig nach Unterkünften Ausschau. Dabei kam denjenigen, die jüdisch aussahen, die höchste Priorität zu. Für unsere Besprechungen und sonstige Gespräche trafen wir uns in den Wohnungen von den Mitarbeitern, die arisch aussahen. Bei ihnen schien es ein normaler gesellschaftlicher Vorgang zu sein, wenn sie Gäste empfingen.

In der Senatorska 9 bewohnte Henryk ein kleines Zimmer im dritten Stock. Schon vor dem Warschauer Ghettoaufstand hatten die Vertreter des *Bund* dort ihre Sondersitzungen abgehalten. Dort traf ich Abrascha Blum und Berek Schneidmill, einen Vertreter des Zentralkomitees im Ghetto und Anführer einer Kampfgruppe während des Ghettoaufstands, zusammen mit anderen Untergrundführern wie Samsonowicz, Muszkat und Leon Feiner. Dieses Versteck wurde auch von anderen Kurieren benutzt, um Geld, gefälschte Papiere und »illegale« Literatur abzuholen, die man vom polnischen Untergrund erhalten hatte, um sie unter den Juden, die sich versteckt hielten oder versuchten, unter einer nichtjüdischen Identität zu leben, zu verteilen.

Hin und wieder vereinbarten wir aus Vorsichtsgründen andere Treffpunkte. Eine Zeitlang kontaktierte ich Mikolai in Muszkats Haus, wo ich alle paar Tage kurz vorbeiging, um über Fortschritte zu berichten und weitere Anweisungen entgegenzunehmen. Aber die Wirtin wurde durch das ständige Kommen und Gehen mißtrauisch, und ich mußte meine Besuche einschränken. Außerdem waren die Fahrten in die Vorstadt Zoliborz gefährlich, denn die Polizei machte in den Straßenbahnen ständig Razzien.

Danach wurden die Treffen mit Mikolai in der Zurawia 24 abgehalten, wo Samsonowicz bei Wasowska, einer Nichtjüdin, wohnte. Die Wirtin, eine mutige Frau, die selbst der Untergrundbewegung angehörte, erlaubte uns, unsere Besprechungen in ihrer Wohnung abzuhalten. Schließlich arbeitete sie sogar mit den jüdischen Hilfsorganisationen zusammen. Ihr Haus diente den führenden Persönlichkeiten der polnischen und der jüdischen Untergrundbewegung als zentraler Treffpunkte. Aus diesem Grund war der Zutritt nur bedingt möglich. Nur eine begrenzte Anzahl von Kurieren konnte zu festgelegten Zeiten dort vorbeigehen – und nur in dringenden Fällen. Unter den Dielenbrettern waren unsere illegalen Papiere versteckt, und eine getarnte Nische diente als Safe für einen Teil der Gelder, die uns auf unterschiedlichen Wegen aus London und anderswo erreichten.

Die Zurawia 24 diente bis nach dem Aufstand im »arischen« Warschau, ungefähr ein Jahr nach dem Ghettoaufstand, unseren Zwecken. Danach benutzten wir eine Wohnung in der Leszno 18.

Das Haus war in ein Versteck für die überlebenden Mitglieder des Militärkommandos der Kampforganisation des Ghettos, Tzivia Lubetkin, Antek und Marek Edelman, umgewandelt worden. Es diente auch als Koordinationszentrum für die anderen überlebenden Ghettokämpfer, jüdische Partisanengruppen und die Kampforganisationen, die in den verschiedenen Konzentrationslagern in ganz Polen tätig waren. Später wurde das Haus von Bernard Goldstein und Rivka Rosenstein genutzt. Auch die Kuriere trafen sich dort gelegentlich.

Ein besonders wichtiger Treffpunkt für die Kuriere gerade in der Anfangsphase unserer Arbeit auf der »arischen Seite« war das Haus Miodowa 24. Inka Schweiger, eine junge blonde Ärztin mit blauen Augen, und Bronka Feinmesser (Marysia), die beide typisch arisch aussahen, hatten diese Einzimmerwohnung nach dem Aufstand mit Geldern des Koordinationskomitees gemietet. Es war der Treffpunkt all unserer Mitarbeiter. Die meisten von ihnen waren junge Mädchen mit arischen Gesichtszügen, die fließend Polnisch sprachen, wußten, wie man sich als Polin verhielt, und somit bei den Nichtjuden kein Mißtrauen erweckten.

Das Band, das im Ghetto in den Tagen der Aussiedlung zwischen allen Mitgliedern des Widerstands geschmiedet worden war, blieb auch nach ihrer Flucht auf die »arische Seite« erhalten. Das traf besonders auf die Kuriere zu, die die alltäglichen Fürsorgeaufgaben des Untergrunds durchführten. Nur wenige, die das Versteck in der Miodowa besuchten, hatten sich vor dem Krieg gekannt. Sie kamen aus unterschiedlichen sozialen Schichten und gehörten diversen politischen Gruppierungen an. Nichtsdestoweniger bildeten sie eine dicht verwobene Gruppe, fast schon eine Familie, in der einer sich um den anderen kümmerte.

Die ständige Angst entdeckt zu werden, und die anhaltende

Anspannung, in der die Kuriere lebten, wurde nur selten von ein paar Stunden der Erholung gemildert. Soweit es möglich war, entspannten wir uns zwischen den einzelnen Gängen bei Inka und Marysia in der Miodowa 24. Dort erstatteten wir einander Bericht, schwatzten oder aßen gelegentlich etwas. Alle, die sich frei in der Öffentlichkeit bewegen konnten oder ihr Versteck nur für ein paar Stunden verlassen hatten, suchten das kleine Zimmer in der Miodowa auf, um sich dort zu entspannen und etwas Zeit in der Schaltstelle unserer Tätigkeiten zu verbringen. In der warmen, kameradschaftlichen Atmosphäre fühlten wir uns sicherer und wohler als im besten Versteck, obwohl man nicht einmal einen Fetzen Papier in dem überlaufenen Raum hätte verstecken können.

Wenn eine von uns dort eine ganze Zeit nicht aufgetaucht war, machten sich alle Sorgen, denn wir trugen stets Geld, gefälschte Papiere und illegale Flugblätter, die wir verteilen sollten, bei uns. Wir mußten immer damit rechnen, daß eine von uns es nicht schaffen würde, den deutschen Wachen, den *lapanki* (Razzien in den Straßen Polens) oder den polnischen Erpressern zu entkommen.

Es gab eine besonders tragische Zeit, in der viele verhaftet wurden und Igla und Zoshka Kersh zusammen mit dem kleinen Juzik (der indirekt den Tod von mehreren Menschen verursacht hatte) Schlimmes zustieß. In dem Zimmer in der Miodowa herrschte Niedergeschlagenheit. Die unausgesprochene Frage: »Wer wird der nächste sein?«, verfolgte uns. Unsere Gesichter verrieten, was wir nicht offen zu sagen wagten: Wir wußten stets, daß wir Todeskandidaten waren.

Es gab auch fröhliche Momente, Zeiten, in denen wir uns der Wirklichkeit dieses ganzen Alptraums versperrten. Es gab kleine Geburtstagsfeiern, die wir nach polnischer Sitte abhielten, um unsere häufigen Treffen zu vertuschen. Oft passierte es, daß jemand mit einem unvorsichtigen Wort aufgestaute Gefühle lostrat und jemand in Tränen ausbrach. Es waren keine Erklärungen nötig; wir verstanden einander.

In diesem Zimmer traf ich Tzivia Lubetkin, Antek, Kazik, Fishgrund, Mikolai, Celemenski, Irka, Marysia, Zoshka Moszkowicz, Ala Margolis, Krysia, Halina (Perele Ellenbogen) und viele andere Kuriere und Aktivisten. Irgendwie überstand dieses geheime Zentrum den Sturm; irgendwie gelang es den nichtjüdischen Nachbarn nicht, das jüdische Kommen und Gehen zu bemerken. Dieses Untergrundzentrum war bis zu unserer Abreise aus Warschau unsere Zufluchtsstätte.

Schließlich gab es noch die Wohnung von David Klin, der vor dem Krieg ein *Bund*-Aktivist gewesen war und in den Tagen des Ghettos die Nahrungsbeschaffung der jüdischen Selbsthilfe beaufsichtigt hatte. Davids Bleibe lag im vierten Stock und gehörte einem nichtjüdischen Beamten des städtischen Gaswerks. Die zwei kleinen Nagelköpfe, die unauffällig neben der Türklingel hervorstanden, waren in Wirklichkeit elektrische Kontakte; wenn man sie mit einer Münze berührte, wurde eine Klingel in der Wohnung ausgelöst. Auf diese Weise konnte der Besucher signalisieren, daß er einer unserer Kameraden war.

Klin hatte Kontakte, über die er Waffen beschaffen konnte. Er besaß auch ein Radio, so daß man immer die letzten Nachrichten von der Front erfahren konnte – nicht nur von den deutschen Quellen, sondern direkt aus dem Ausland. Als Klin mir zum ersten Mal den Kopfhörer aufsetzte und ich die Übertragung des polnischen Senders *Swit* aus London hören konnte, zitterte ich vor Freude. Es schien noch eine andere Welt zu geben – eine Welt ohne Deutsche! Fünfzehn Minuten lang hörte ich mit angehaltenem Atem der polnischen Sendung zu, in der die polnische Bevölkerung aufgerufen wurde, auszuhalten, nicht zu verzweifeln, nicht zu kapitulieren oder die Hoffnung zu verlieren, daß die Zeit der Befreiung nahe war ... Ich warf den anderen, die gleichfalls zuhörten, einen Blick zu: Sie waren zu Tränen gerührt, so wie ich. Ich wartete darauf, etwas über uns, die Juden, zu hören. Konnte die Sendung aufhören, ohne daß die Juden, die tragischsten aller

Opfer Hitlers, erwähnt worden wären? Sie konnte, und sie tat es. Noch ein polnisches Soldatenlied – das war das Ende der Sendung.

Ich wurde von merkwürdig gemischten Gefühlen überwältigt. Die Sendung bedeutete, daß wir nicht allein waren, daß wir im erbitterten Kampf gegen unseren gemeinsamen Feind, gegen die Deutschen, Verbündete hatten. Aber warum hatten sie uns noch nicht einmal erwähnt, uns, die überlebenden Juden, die den Kampf fortsetzten? Schließlich waren wir immer noch da! Sicher, es waren nur noch wenige von uns übrig, aber dennoch …

Polnische Freunde

Es muß betont werden, daß nicht alle Polen, mit denen wir zu tun hatten, betrügerische Erpresser oder berechnende Menschen waren, die für ihre Hilfe bezahlt werden mußten. Die meisten Nichtjuden verlangten in der Tat Geld für jeden Dienst, den sie uns erwiesen. Aber es gab auch warmherzige Menschen, die Mitleid mit unseren Leiden hatten. Einige riskierten sogar ihr Leben, um Juden zu retten. Ohne die Mitarbeit dieser Handvoll freundlicher Nichtjuden hätte der jüdische Untergrund auf der »arischen Seite« nicht viel ausrichten können. In den entscheidenden Momenten und in den Zeiten höchster Gefahr ermöglichten diese Freunde es uns, unsere Missionen auszuführen.

Wanda Wnorowska war eine der ersten Nichtjüdinnen, mit denen ich in Verbindung trat, nachdem ich das Ghetto verlassen hatte. Die ungefähr vierzig Jahre alte Frau war die Witwe eines polnischen Offiziers und gehörte zu den sogenannten »besseren Kreisen« in Polen. Sie betrieb eine Schneiderei, in der ich, als ich auf die »arische Seite« gewechselt war, eine Anstellung fand. So hatte ich nicht nur Arbeit und im Winter ein warmes Quartier, sondern auch eine wichtige Fassade für meine Untergrundtätigkeit.

Als ich gebeten wurde, meine ganze Zeit der Untergrundarbeit zu widmen, und ich so gezwungen war, die Arbeit als Näherin aufzugeben, war Wanda gerne bereit, an meiner Stelle Freunde aufzunehmen, denen gerade erst die Flucht aus dem Ghetto gelungen war. Sie nahm sie alle herzlich auf und bezahlte ihnen verhältnismäßig gute Löhne. Wanda schloß mit ihren neuen Angestellten Freundschaft, nahm an ihren Schwierigkeiten Anteil und bemühte sich, ihnen nicht nur mit Rat, sondern auch durch ihre Kontakte zu anderen Nichtjuden zu helfen. Nach und nach wurde sie eine unserer Vertrauten.

Es dauerte nicht lange, und Wandas Wohnung in der Wspolna 39 wurde zu einem geheimen Treffpunkt für Juden, besonders für die, die aus Piotrkow kamen und für Christen gehalten wurden. Großzügig und nett, wie sie war, öffnete sie ihr Herz ebenso weit wie ihre Tür für die aufgelösten und verzweifelten Juden, die ihre Hilfe und ihren Rat suchten. Egal um welches Problem es sich handelte – Unterkunft, Papiere oder etwas anderes –, Wanda kannte meistens die richtige Kontaktperson, mit der es gelöst werden konnte. Sie nahm mich beiseite, um über »ihre« armen Juden zu sprechen, »ihre Leute«, für die mehr Hilfe aufgetrieben werden mußte.

Ich konnte ihr aus den Geldmitteln der Untergrundorganisation beträchtliche Summen vermitteln, die sie nach unseren Anweisungen verteilte. Niemals forderte sie etwas für sich selbst und war verletzt, als wir ihr wegen ihrer angespannten Lebensumstände Geld anboten.

»Ihr seid in einer größeren Notlage als ich«, sagte sie würdevoll und wies unser Angebot zurück.

Eine weitere mitfühlende Polin, die ein großes Risiko einging, indem sie Juden vor den Nazis versteckte, war Juliana Larisz, die vor dem Krieg für die Zilberbergs gearbeitet hatte, eine jüdische Familie aus Praga. Als die Aussiedlung begann, reagierte die gutmütige Juliana auf die Bitten ihrer jüdischen Freunde und begann sie vorsichtig aus dem Ghetto zu schmuggeln. Mit ihrer Hilfe entkamen einundzwanzig von ihnen. Einige versteckten sich in ihrem eigenen Haus in der Brzeska 7, acht waren bei einem Freund in der Targowa 38. Iza Blochowicz, ein dreijähriges jüdisches Kind, wurde zu einer befreundeten Familie nach Radzymin geschickt. Eine weitere Jüdin mit arischen Gesichtszügen konnte gleichfalls untergebracht werden.

Juliana betrieb einen gutgehenden Fleischwarengroßhandel und kaufte mit dem größten Teil des Gewinns Nahrung, Kleidung und Bücher für die versteckten Juden. Diese großartige Frau war ständig mit jüdischen Angelegenheiten beschäftigt. Sie lief von einem Versteck zum anderen, um die Last der Unglücklichen zu erleichtern. Sie half ihnen, die jüdischen Feiertage einzuhalten, und half sogar dabei, das *matzot* für das Passahfest zu backen.

Um die Aufmerksamkeit ihrer Nachbarn von den riesigen Eßkörben abzulenken, die sie den versteckten Juden zukommen ließ, lud Juliana ihre polnischen und deutschen Kunden zu kleinen Imbissen ein. Durch die dünnen Wände ihres Verstecks belauschten die Juden die deutschen und polnischen Gespräche und hörten dabei oft boshafte antisemitische Bemerkungen.

Einige Monate lang ging alles glatt. Dann klopfte eines frühen Morgens die deutsche Polizei an Julianas Tür. Die Juden dort konnten sich rechtzeitig in ihr Versteck begeben, und so wurde nichts Verdächtiges gefunden. Juliana beantwortete alle Fragen der Deutschen ruhig und gefaßt, die aber waren beharrlich und verlangten, sie solle sie zu dem Haus ihres Freundes in der Targowa führen. Unter irgendeinem Vorwand entfernte sich Juliana einen Moment von den Wachen und rief ihren Freund an, so daß die deutsche Polizei, als sie dort ankamen, niemanden zu Hause vorfand. Später erfuhr Juliana, daß ihre eigenen Angestellten, die wegen ihrer Aktivitäten argwöhnisch geworden waren, ihr bis zu den Verstecken nachgespürt hatten und sie bei der Polizei gemeldet hatten. Unbeeindruckt setzte sie ihre barmherzige Arbeit fort und gewährte den Flüchtigen Zuflucht, bis ein neues Versteck für sie gefunden worden war.

Ich machte unter Julianas Verstecken die Runde, um die Juden dort mit gefälschten Papieren zu versorgen. Von diesen Juden überlebten siebzehn: drei Blochowicz, drei Ziffermans, vier Zilberbergs, vier Miedzyrzeckis und drei Goldsteins.

Auch Pero, ein Nichtjude mittleren Alters, der in einem polnischen Hotel in der Marszalkowska angestellt war, war einer unserer Freunde. Er wurde durch eine Jüdin namens Mala Piotrkowska und ihre dreizehnjährige Tochter Bronka zu unserem Verbündeten. Frau Piotrkowska, die jüdisch aussah, war gezwungen gewesen, ihr Versteck am hellen Tag zu verlassen. Auf der Suche nach einer Unterkunft für die Nacht irrte sie gemeinsam mit ihrer Tochter herum. Schließlich erkannte eine Bande nichtjüdischer Ganoven die unglückliche Frau als Jüdin. Sie versuchten, ihr die Handtasche zu entreißen, und riefen, während sie sie verfolgten: »Zhydowa! Zhydowa!«

Frau Piotrkowska lief geradewegs in die Arme polnischer Polizisten, die sie und ihre Tochter zu den deutschen Behörden brachten. Mala hatte für sich und ihre Tochter gefälschte Papiere erhalten, und sie beschloß, das Täuschungsmanöver fortzusetzen, obwohl sie wenig Vertrauen in ihre Aussichten hatte. Als man sie über ihre Herkunft und ihre Kenntnis christlicher Gebete und Bräuche ausfragte, konnte die Tochter zufriedenstellende Antworten geben. Die Mutter aber verpatzte es. Beide verbrachten die Nacht in einer Zelle. Man sagte ihnen, falls sie keinen Polen vorzeigen konnten, der beschwören konnte, daß er sie schon vor dem Krieg gekannt hatte und daß sie wirklich Christen waren, würden sie exekutiert werden.

Pero war der einzige polnische Freund, von dem sie wußten, daß er für sie aussagen würde. Es war Abend. Pero hatte kein Telephon, und so mußten sie darum beten, daß man ihn noch in dem Hotel erreichen würde, in dem er arbeitete. Und selbst wenn –

würde er für sie sein Leben riskieren, indem er einen Meineid ablegte? So oder so, er war ihre einzige Hoffnung.

Pero kam am nächsten Morgen in das Gestapo-Hauptquartier und schwor, daß er die Piotrkowskas schon eine ganze Zeit vor dem Krieg gekannt habe und daß sie Christen seien. Als die Deutschen ihn warnten, daß auf Meineid der Tod stand, versicherte ihnen Pero in fehlerlosem Deutsch, daß er niemals solch ein Risiko eingehen würde, und behauptete nochmals, daß die Piotrkowskas gute Christen seien. Endlich überzeugt, ließen die Fänger Mala und ihre Tochter frei und entschuldigten sich für die Unannehmlichkeiten, die man ihnen zugemutet hatte. Sollte Frau Piotrkowska in Zukunft jemals belästigt oder verhört werden, so brauche sie den Vorfall nur bei der Gestapo zu melden, dann werde sie sofort freigelassen werden!

Obwohl seine eigene Wohnung unter Beobachtung stand, erlaubte Pero den Piotrkowskas, bei ihm zu bleiben. Später überredeten wir ihn, noch weitere Juden bei sich aufzunehmen. Alle Juden, die bei Pero Asyl fanden, überlebten. Er selbst starb als polnischer Offizier während des Warschauer Aufstands 1944.

Auch Helena Sciborowska aus der Krochmalna 36 war eine engagierte Mitarbeiterin des Untergrunds. Die kleine dunkelhäutige Witwe hatte selbst Kinder, aber sie vernachlässigte ihren Haushalt, um Juden helfen zu können. Obwohl in ihrem Haus bereits eine Razzia stattgefunden hatte, weil Spitzel sie bei den Behörden gemeldet hatten, beherbergte sie immer noch gelegentlich einige verzweifelte Juden dort oder versuchte, ihre nichtjüdischen Freunde dazu zu bringen, Juden zu sich zu nehmen, wobei sie deren Widerstand durch ihre Überredungskünste überwand. Jedesmal, wenn sie Erfolg gehabt hatte, eilte sie zu unseren geheimen Treffen, um uns glücklich davon zu erzählen.

Sie lebte in Armut, aber wenn sie für ihre Mühen Geld bekam, gab sie es sofort für die Juden unter ihrem Schutz oder für die Unterbringung der Juden bei anderen Leuten aus. Sie verkaufte ihren

Schmuck und spendete den Erlös für bedürftige Juden. Viele Juden verdanken ihr Überleben den Bemühungen dieser engagierten kleinen Frau, deren Freundlichkeit und Mitgefühl echt und selbstlos waren.

Traurigerweise gab es nur sehr wenige wie sie. Hätte es mehr Nichtjuden mit einem Herzen und einem Gewissen wie dem ihren unter den Polen gegeben, hätten vielleicht noch viel mehr Juden überlebt.

Die »jüdischen Arier«

Der gemeinsame Nenner des jüdischen Lebens auf der »arischen Seite« war Angst! Angst vor den Deutschen, Angst vor den Polen, Angst vor Erpressern, Angst, das Versteck zu verlieren, Angst, ohne Geld dazustehen. Angst war nicht nur der ständige Begleiter derjenigen, die sich wegen ihres typisch jüdischen Aussehens in ihren nichtjüdischen Unterkünften nicht sehen lassen durften, sondern auch derjenigen von uns, die die »arischen« Gesichtszüge – blondes Haar, blaue Augen und Stupsnase – besaßen, die ihnen die Chance gaben, auf die Straße gehen zu können.

Die sogenannten »Arier« mußten sich ihrer Umgebung anpassen, polnische Sitten, Gebräuche und Verhaltensweisen annehmen, die christlichen Feiertage begehen und, natürlich, zur Kirche gehen. Sie mußten auf jede Bewegung, die sie machten, aufpassen, damit sie nicht etwa Nervosität oder Unkenntnis der Routine verrieten, und jedes Wort abwägen, damit sie ohne jüdischen Akzent sprachen.

Dennoch gab es immer geringfügige, aber verräterische Anzeichen, die man nicht unter Kontrolle hatte, und diese konnten die eigene Identität verraten. So weckte beispielsweise das Fehlen bekannter Verwandter oder die Weigerung, Freundschaften mit Nichtjuden zu pflegen, Mißtrauen. Die Augen waren ein besonderes Gefahrenzeichen. Ein sorgenvolles Gesicht konnte man mit einem Lächeln verwandeln, ein Akzent konnte beherrscht werden, Kirchensitten und Gebete konnten erlernt werden, aber die Augen ... Wie konnte man denn die stumme Melancholie, den Ausdruck gehetzter Angst verbergen?

»Eure Augen verraten euch«, sagten unsere nichtjüdischen Freunde uns immer. »Laßt sie lebendiger, fröhlicher aussehen, dann erregt ihr nicht so viel Aufmerksamkeit.« Aber unsere Augen hielten stets Ausschau, richteten sich suchend auf die Schattenrisse vor uns, schauten schnell über die Schulter zurück, sahen unser Unglück und sogar noch Schlimmeres auf uns zukommen. Wir wurden von der Furcht, verraten zu werden, verfolgt, und so verrieten uns unsere Augen; und dieses Wissen verstärkte unsere Angst.

Die Juden mit arischen Zügen fragten immer ihre polnischen Freunde und sich selbst: »Wie kommt es, daß jeder zu wissen scheint, daß wir Juden sind? Sehe ich denn nicht vollkommen arisch aus?«

Tatsächlich konnte ihr Aussehen lupenrein sein, das Gesicht authentisch, ihr Verhalten völlig korrekt, die Sprechweise hundertprozentig nichtjüdisch – und dennoch wurden wir als Juden erkannt. Anscheinend war etwas angeboren Jüdisches an uns, das ein polnisches Auge, besonders das kritische Auge eines polnischen Polizisten und vor allem das geschulte Auge des *szmalcownik*, mit einem Blick erkennen konnte. Es waren gerade die Juden, die glaubten, daß ihr arisches Aussehen es ihnen erlaubte, in der Öffentlichkeit frei herumzugehen, die den allgegenwärtigen Erpressern zum Opfer fielen. Wohin sie auch gingen, richteten sich neugierige und durchdringende Augen auf sie.

Die anstrengende Flucht vor den *szmalcownicy*, der ewige Wechsel von Namen und Adressen, die unentwegte Angst, entlarvt zu werden, zapften den letzten Tropfen Lebenskraft ab, den diese modernen *Marranen* aus dem Ghetto mitgebracht hatten.

Jurek Igra

Eines Tages erschien unsere treue nichtjüdische Freundin Helena Sciborowska an unserem üblichen Treffort und bat mich, mit ihr zu einem kleinen Café in der Chlodna zu kommen, wo, wie sie sagte, jemand auf mich wartete – wahrscheinlich ein Jude, der Hilfe brauchte. Es sei ein junger Mann, der darauf bestanden habe, einen von uns zu treffen, und der ihr von einem jüdischen Bekannten vorgestellt worden war, dem sie aus unseren Geldern finanzielle Hilfe zukommen ließ.

»Da ist er«, flüsterte Helena, als wir das Café erreichten, und deutete mit den Augen auf einen mageren jungen Mann mit blonden Haaren und einem abgezehrten Gesicht, der mit beiden Händen eine Tasse Kaffee umklammert hielt und auf den Eingang starrte. Er stand auf, als er uns sah. Er sagte, sein Name sei Jurek Igra. Nach ein paar einführenden Worten ließ Helena uns allein. Fast sofort begann der Fremde, die Geschichte seiner Abenteuer zu erzählen.

Er war aus dem Arbeitslager in Kielce geflohen und hatte sich bis nach Warschau durchgeschlagen. Obwohl er nur wenig Geld hatte, kaufte er sich einen gefälschten Ausweis, um sich eine Arbeit in irgendeinem Betrieb und eine Schlafstätte suchen zu können. Er gab in abgelegenen Stadtbezirken Briefe an sich selbst auf und reiste in die Nachbardörfer, von wo aus er Essenspakete an seine Unterkunft in der Stadt schickte. So wollte er bei seiner Vermieterin den Eindruck erwecken, er habe polnische Verwandte und Freunde. Die Zeit verging, er wurde freundlich behandelt, verdiente seinen Lebensunterhalt und galt als Nichtjude.

Doch dann stellte sein Arbeitgeber einige neue Arbeiter an. Eine Flüsterkampagne begann, und es wurden in seiner Anwesenheit mißtrauische Bemerkungen gemacht. Schließlich informierte ihn ein freundlicher Arbeiter, daß im Betrieb ein Gerücht über ihn kursiere; man sagte, er sei Jude. Mißtrauische Charaktere begannen ihn zu beschatten. Er war gezwungen, seine Arbeit aufzugeben und sich nach einer neuen Unterkunft umzusehen. Aber die Erpresser hielten Schritt mit ihm. Sie nahmen ihm ab, was sie finden konnten. Selbst als sie ihm seine erbärmlichen Ersparnisse genommen hatten, hörten sie nicht auf, ihn zu quälen.

Mit großer Mühe schaffte es Jurek endlich, in einem anderen Stadtbezirk eine neue Unterkunft zu finden. Er änderte seinen Namen und gab vor, Mechaniker zu sein. Da er Angst hatte, sich in einer anderen Fabrik Arbeit zu suchen, verließ er jeden Morgen mit seinem Pausenbrot in der Papiertüte das Haus, angeblich um zur Arbeit zu gehen, aber in Wirklichkeit streifte er bis fünf Uhr in den Straßen umher und trottete dann nach Hause.

Aber die Straßen waren kaum ein geeigneter Aufenthaltsort. Die Deutschen führten häufig Kontrollen durch, und er mußte damit rechnen, verhaftet oder zur Zwangsarbeit nach Deutschland gebracht zu werden. Mehrere Male war er nur knapp entkommen. Die Cafés waren kaum besser als die Straße; selbst wenn er sich von den dubiosen Charakteren, die dort verkehrten, fernhielt, blieb immer noch die traurige Tatsache, daß er noch nicht einmal genügend Geld für einen Kaffee besaß. Er hatte alles, was er besaß, verkauft und gönnte sich nur einmal am Tag eine Mahlzeit. Da er keinerlei Aussicht auf Hilfe hatte, wäre er verloren gewesen, wenn ihn nicht ein Freund mit Helena und mir in Verbindung gebracht hätte.

Erst kurze Zeit, bevor wir uns trafen, hatte er die Erpresser, die ihn auf der Straße gestellt hatten, gesehen.

»Wenn die mich erst einmal in die Finger kriegen, bin ich erledigt«, sagte er niedergeschlagen.

Innerhalb weniger Tage, nachdem er den erforderlichen Antrag und einen kurzen Lebenslauf eingereicht hatte, bekam Jurek die erste finanzielle Unterstützung. Er fand zwar bald seine Fassung wieder, wurde aber noch für lange Zeit von Angst verfolgt, schaute sich um, wenn er ausging, oder schoß in einen Hauseingang, um den *szmalcownicy* zu entkommen, vor denen er in Schrecken lebte.

Einige Monate später wurde Jurek ein Teil unserer Untergrundgruppe und half mir dabei, mit anderen versteckten Juden Kontakt aufzunehmen und ihnen bessere *melinas* (Verstecke) zu beschaffen.

Marie

Einer der begehrtesten Jobs unter den Juden, die sich auf der »arischen Seite« versteckten, war der eines Hausmädchens. Als Hausmädchen hatte man eine Unterkunft, Essen und eine gute »Tarnung«. Solche Stellungen bei polnischen oder deutschen Familien waren sehr gesucht.

Marie Zilberberg, die arisch aussah und die polnische Sprache beherrschte, war eine gute Haushälterin. Da sie sowohl eine Zuflucht als auch eine Gelegenheit, ein paar Zloty zu verdienen, suchte, antwortete sie auf eine Zeitungsannonce: Eine kleine deutsche Familie, in der die Mutter fehlte, suchte ein Mädchen mit guten Referenzen. Die Deutschen waren nicht so geschickt wie die Polen darin, einen Juden zu erkennen, sagte sie sich. Als Referenz führte sie den Namen einer befreundeten Nichtjüdin an, die sich bereit gefunden hatte, ihr Ehrlichkeit und Fleiß zu bescheinigen. Zu ihrer großen Freude wurde sie eingestellt – keine geringe Leistung, eine Stelle und ein Quartier, und das auch noch bei einer deutschen Familie!

Da sie immer auf der Hut sein mußte, daß sie nicht von den anderen Bediensteten des Haushalts entdeckt und entlarvt wurde, hielt sie Abstand und ging nur selten aus. Sie war tüchtig und erwarb sich bei ihren Arbeitgebern Vertrauen und Anerkennung. Es gab scheinbar keinen Grund zu der Annahme, daß man ihre Herkunft kannte oder auch nur argwöhnte.

Eines Morgens, als sie saubermachte und Staub wischte, betrat die einzige Tochter des Hauses das Zimmer und sagte, nachdem sie ihr eine kurze Zeitlang zugesehen hatte, völlig unvermittelt: »Marie, erzähl mir etwas vom Warschauer Ghetto.«

Marie brach der kalte Schweiß aus. Was konnte das kleine Mädchen dazu bewogen haben, nach dem Ghetto zu fragen? Hatte sie durch einen Zufall ihre wahre Identität herausgefunden? Vor lauter Angst begann sie zu stammeln. Sie sagte, sie wisse nichts über das Ghetto, und erklärte, daß sie als fromme Christin niemals etwas mit Juden zu tun gehabt habe. Das Kind lächelte und wandte sich ohne einen Kommentar von ihr ab. Marie blieb beunruhigt und verblüfft über die Fragen des Kindes zurück. Konnte jemand sie dazu angestiftet haben? In den folgenden Tagen verrichtete sie ihre Arbeit in einem Zustand, der an Panik grenzte, und wagte nicht, um eine Erklärung zu bitten.

Aber die Erklärung kam so unerwartet wie die Frage. Eines Tages zeigte die Tochter auf eine gerahmte Photographie auf der Anrichte und sagte, das sei ihre Mutter. »Sie ist Jüdin, weißt du«, erklärte das Mädchen. Ihr Vater war deutscher Nichtjude. Als das Ghetto eingerichtet worden war, hatte er seine Frau sofort dorthin geschickt und seiner Tochter befohlen, ihre Mutter nie wieder zu erwähnen. Es war das letzte Mal, daß sie ihre Mutter sah; sie traute sich nie, ihren Vater zu fragen. Aber ihre Neugier war durch das strenge Verbot des Vaters nur angestachelt worden, und sie hoffte, von Marie die Informationen zu bekommen, nach denen sie suchte.

Ein paar Tage später stattete die Gestapo dem Haushalt einen Besuch ab. Marie und die anderen Angestellten wie auch die Familienmitglieder wurden verhört. Danach vertraute das kleine Mädchen dem Hausmädchen an, daß die Gestapo ihre Mutter immer noch suchte.

»Sie glauben meinem Vater nicht«, sagte sie. »Sie glauben, sie ist immer noch in unserem Haus versteckt.«

Von da an hatte Marie ständig Angst, ihr deutscher Arbeitgeber würde sie bei der Polizei melden. Wenn er sich schon seiner Frau gegenüber so herzlos verhalten konnte, würde er sicherlich nicht seine Angestellte verschonen. Die Sache wurde noch dadurch schlimmer, daß sie ihre Stelle nicht kündigen konnte. Ihr Arbeitgeber brauchte sie und ließ sie nicht gehen. Ihre Angst wurde zur Besessenheit; sie war überzeugt, daß sie sich, ohne es zu merken, verraten würde oder daß sie den Verstand verlieren würde, wenn sie weiter in diesem Haus bleiben mußte.

Schließlich gab ich ihrem tränenreichen Flehen nach und versorgte sie mit neuen gefälschten Papieren. Marie verließ ihre verhältnismäßig sichere Zuflucht als Dienerin und kehrte in das ungleich gefährlichere Leben ohne sichtbare Einkünfte zurück.

Ein Jude, der als Arier lebte und mit dem Jüdischen Koordinationskomitee in Kontakt treten wollte, brauchte Glück, Initiative und die richtigen Verbindungen. Vielen gelang das nie. Vielen einsamen, verzweifelten, arisch aussehenden Männern und Frauen, die in der polnischen Welt in der Falle saßen, blieb nur noch eine letzte Möglichkeit – sich für die Arbeit in Deutschland zu melden.

Viele Menschen aus den Städten und Dörfern im ganzen von den Nazis besetzten Polen hatten sich freiwillig gemeldet. Im weit entfernten Deutschland bestand weniger Gefahr, entdeckt zu werden. Für die Deutschen waren Fremde Fremde, und wie weit man sie ausbeuten konnte, war alles, was zählte. Die polnischen Freiwilligen wurden auf Bauernhöfen oder in Fabriken zur Arbeit eingesetzt. Für gewöhnlich wies man ihnen die niedrigsten, anstrengendsten und gefährlichsten Arbeiten zu.

Juzik, der Zeitungsjunge

Juzik war ein zwölf Jahre alter Junge aus Piotrkow. Er wurde mir zum ersten Mal von einem meiner jüdischen Freunde gezeigt, als ich ihm sein Unterhaltsgeld brachte. Yuzik war dürr und sah vollkommen arisch aus. Er verkaufte an der Ecke Krolewska und Krakowskie Zeitungen. Mit seinem Anzug, der schäbig war und an einigen Stellen zerrissen, seiner verbeulten und schief sitzenden Mütze und seinen zu großen Schuhen mit den flachgetretenen Absätzen erregte dieser kleine Verkäufer keinerlei Aufmerksamkeit. Ich selbst hätte niemals vermutet, daß er Jude war. Es war nichts an ihm – weder sein Aussehen noch sein großspuriges Auftreten noch die Art, wie er seine Ware anpries –, das ihn von den anderen Zeitungsjungen unterschieden hätte.

Er hatte mich erwartet. Ich kaufte eine Zeitung und sagte ihm leise, daß ich vom Koordinationskomitee sei. Er schaute schnell zu den anderen Jungen herüber und bat mich, in eine Seitenstraße zu gehen, wo er mir ein paar Minuten später seine Lebensgeschichte erzählte. Er sprach wie ein Erwachsener, nüchtern, kurz und auf den Punkt.

Er hatte gemeinsam mit seiner Mutter, seinem Vater und einem jüngeren Bruder in einem Versteck gelebt. Durch Zufall war er nicht da, als die Deutschen eine Razzia veranstalteten und seine Familie mitnahmen. Ein Freund seines Vaters hatte sich eine Zeitlang um ihn gekümmert. Die beiden hatten Zigaretten gerollt, die sie an die Straßenverkäufer verkauften. Aber er konnte nicht lange bei diesem Freund bleiben. Ihre Unterkunft geriet unter Verdacht, und die beiden mußten fliehen. Nun war der Junge auf sich gestellt. Er hatte als Straßenkind gelebt, ein paar Pfennige zusammengebettelt und draußen geschlafen, bis sich eine freundliche Nichtjüdin für ihn interessierte, die nichts von seiner jüdischen Identität ahnte. Juzik hatte ihr erzählt, sein Vater sei von den Deutschen während einer Razzia zur Zwangsarbeit verschleppt worden, und er sei nun ganz allein. Die Dame glaubte ihm, finanzierte sein Zeitungsunternehmen und erlaubte ihm, bei ihr zu wohnen. Dennoch hatte er von den anderen Zeitungsjungen die üblichen Schikanen erfahren. Sie verprügelten ihn, nahmen ihm seine Zeitungen ab und vertrieben ihn von allen Ecken. »Moszek!« riefen sie hinter ihm her. »Moszek! Moszek! (Moses, Moses!)«

Er wußte nicht, ob einer der Jungen ihn als Juden identifiziert hatte oder ob das einfach die Art war, in der sie alle neuen Jungen schikanierten. Dennoch gab er weder auf, noch erzählte er irgend etwas davon seiner Wohltäterin, damit sie ihn nicht hinauswarf. Schließlich gewöhnten sich die anderen Zeitungsjungen an ihn und ließen ihn in Ruhe. Er übergab seiner Wirtin seinen ganzen Gewinn. Sie wusch seine Hemden, bereitete ihm sein Essen zu und kümmerte sich auch sonst um ihn. Alles, was er nun fürchtete, war der nahende Winter. Mit seinem Verdienst konnte er sich keinen Mantel und kein Paar Schuhe kaufen, und ohne diese würde er im Winter nicht arbeiten können. Was würde seine Wirtin dann tun? Würde sie ihn dann noch behalten?

Ich fragte ihn, ob er lieber in einem Versteck leben wollte, wo wir uns seiner Bedürfnisse annehmen könnten. Juzik sagte nein; er hatte Angst vor Verstecken. Er wollte nicht allein sein und beim geringsten Geräusch erschrecken müssen; er wollte nicht wie seine Eltern sterben. Er sagte, hier draußen sei er besser dran, wo er frei sei und bei Gefahr in Deckung laufen könne. Er sei nun, wo er sein wolle – draußen auf der Straße. Alles, was er brauche, sei Kleidung.

Er war der einzige Jude, den ich damals in Warschau traf, der keine Angst hatte. Nach dem Krieg, als ich mich im Vertriebenenlager Feldafing in Westdeutschland aufhielt, erfuhr ich, daß er überlebt hatte und irgendwo in der amerikanischen Zone in Österreich lebte.

Versteckte Juden

Das schlimmste Schicksal hatten die Juden mit typisch jüdischen Gesichtszügen, die sich verstecken mußten. Sie waren der Gnade ihrer nichtjüdischen Wirte, denen sie horrende Mieten zahlen mußten, vollkommen ausgeliefert. Tag für Tag waren sie in dunklen deprimierenden Kabuffs zusammengepfercht, durften unter keinen Umständen hinausgehen und konnten nichts für sich selbst unternehmen. Angst und Sorge waren ihre ständigen Begleiter, und Depressionen zehrten ihre Lebensgeister auf. Sie wagten nicht, sich zu beklagen oder ihre Unzufriedenheit merken zu lassen, damit sie der Wirt nicht vor die Tür setzte. Das wäre einem Todesurteil gleichgekommen.

Nicht alle Verstecke waren uns zugänglich. Einige Wirte ließen keine Fremden, auch unsere Kuriere nicht, zu den Behausungen, wo »ihre« Juden lebten. Es brauchte viel Zeit und Anstrengung, um einen nichtjüdischen Wirt dazu zu bringen, uns in sein Haus zu lassen.

Doch für die Juden in ihren Verstecken waren solche Besuche Hoffnungsschimmer. Beim Anblick eines unserer Kuriere belebten sich ihre müden, bleichen, ängstlichen Gesichter, ihre Augen begannen zu glänzen, und Tränen der Erleichterung rannen die blassen, hohlen Wangen herab. Die Welt hatte sie doch noch nicht ganz im Stich gelassen! Sie gewannen wieder Hoffnung und Zuversicht, wenn sie ihre besorgten Fragen über ihre Familie, Freunde und das Leben in der Außenwelt stellen konnten. Für einige waren diese Besuche alles, wofür sie noch lebten. Der Kurier war einer der wenigen Menschen, denen sie noch vertrauen konnten; einer der wenigen, vor denen sie keine Angst haben mußten.

Wenn der Kurier verspätet war oder gar nicht kam, kannte ihre Besorgnis keine Grenzen. War irgend etwas passiert? fragten sie sich. War jemand, oder waren vielleicht sogar sie selbst, verraten worden?

Oft verwandelte das Leben im Versteck die Juden in angstschlotternde Nervenbündel, weniger Mensch als gehetztes Tier. Frau Mermelstein und ihr Sohn Stefan und Clara Hechtman und ihre sechzehn Jahre alte Tochter Gutka hatten in der Radzyminska 53 ihr Versteck bei einer nichtjüdischen Familie. Der Wirt bewohnte eine Küche und ein kleines Zimmer in einem alten Holzhaus. Die Juden waren in einem noch kleineren Zimmer untergebracht. Die Tür zu diesem Zimmer war immer zugesperrt. Die vier Juden hockten mit gespitzten Ohren beisammen und erstarrten jedesmal vor Furcht, wenn jemand an die Tür klopfte. Besonders große Angst hatten sie, wenn die Wirtin stundenlang Gäste in der benachbarten Küche hatte. Dann verkrochen sie sich in eine Ecke und hielten den Atem an, um auch das geringste Geräusch hören zu können. Wenn einer der Gäste den verschlossenen Raum betreten würde …

Als ihre erbärmlichen Ersparnisse aufgebraucht waren, lebten sie von einer Mahlzeit am Tag. Die Wirtin drohte sie hinauszuwerfen. Als ich sie das erste Mal besuchte, sahen sie schrecklich aus, sie konnten kaum noch stehen. Die Wirtin hatte ihnen bereits gesagt, daß sie gehen mußten, und sie wußten nicht wohin. Gegen eine große Summe erlaubte ihnen die Wirtin, noch eine Weile zu bleiben.

Aber dann passierte ein neues Unglück: Clara Hechtman wurde krank. Erst war sie melancholisch; dann bekam sie immer wiederkehrende Anfälle von Wahnsinn, schrie auf Jiddisch und schlug mit den Armen um sich. Die Ärzte verschrieben ihr ein Medikament, aber es nutzte nichts. Wir versuchten sie mit Beruhigungsmitteln ruhigzustellen, aber ihr Zustand verschlechterte sich immer weiter. Das Versteck wurde zur Hölle. Die anderen Juden befürchteten, daß sie sie mit ihren Schreien verraten würde, und die Wirtin bestand darauf, daß sie auszogen.

Wir konnten für Clara keine andere Zuflucht finden. Wenn wir sie in ein Krankenhaus eingeliefert hätten, hätte das Entdeckung bedeutet – und den Tod.

Eines Tages – auf Bitten aller Bewohner des Hauses – wurde Clara Hechtman vom Sohn der Wirtin vergiftet. Sie wurde unter dem Lehmboden des Raumes, in dem sich die Juden versteckten, vergraben. Aber die anderen konnten es nicht mehr dort aushalten. Ihre Tochter Gutka war untröstlich, und alle drei schienen demselben Wahnsinn anheimzufallen, der das Schicksal ihrer verstorbenen Gefährtin besiegelt hatte. Schließlich mieteten wir in der Orla 6 ein Haus und gaben der Wirtin Geld, damit sie mit ihren Mietern dorthin zog.

Clara Falk und ihr zehnjähriger Sohn Adash wohnten bei einer Frau Riba, einer Nichtjüdin, in Miedzeszyn, einem Urlaubsort in der Nähe von Warschau. Als Kind hatte ich ein paarmal in dem Medem-Sanatorium dort gewohnt. Ich hatte es als einen Ort voller Lachen und Singen in Erinnerung. Doch seitdem die Deutschen die jüdischen Kinder aus diesem Sanatorium umgebracht hatten, herrschte dort eine todesähnliche Stille. Das Sanatorium selbst stand verwüstet und verlassen da.

Ich ging auf ein Landhaus inmitten eines gepflegten Gartens mit Bäumen und Blumen zu. Was für ein hervorragendes Versteck! dachte ich. Eine alte Polin und ihr Hund öffneten mir die Tür. Frau Riba – sie war es selbst – begrüßte mich und sagte, ich müsse etwas warten: Nebenan wurden Kartoffeln verladen, und das Fahrzeug versperrte den Zugang zum Versteck. Sie beklagte sich über die geringe Miete, die sie von ihren Mietern bekam – nur 1500 Zloty im Monat. In der letzten Zeit, sagte sie, habe sich die Lage verschlechtert; ihre jüdischen Mieter könnten auch diese Summe kaum noch bezahlen. Sie lebten vom Erlös ihrer Kleider, die die Vermieterin für sie verkaufte. Schließlich bat sie mich, die Juden mitzunehmen und anderswo unterzubringen. Ich sagte ihr, bevor ich irgendwelche Schritte unternahm, müsse ich mit den Juden persönlich sprechen.

Sie führte mich zu einem Holzschuppen, öffnete die Tür und

bat mich hineinzugehen. Der winzige Raum war so vollgestopft mit Bauholz und alten Möbelstücken, daß ich mich kaum umdrehen konnte. Ich mußte meine Augen in dem Halbdunkel anstrengen, aber ich sah nichts. Die Wirtin zeigte auf eine mit Schutt und Zweigen übersäte Ecke, aus der, kaum erkennbar, eine Hand gestreckt wurde. Dann hörte ich ein schwaches »Guten Morgen!« Dieselbe Hand begann den Schutt beiseite zu kratzen. Ich öffnete die Tür weiter, um mehr Licht hereinzulassen.

Clara und Adash lagen Seite an Seite zusammengekauert auf dem nackten Lehmboden. Der Schutt über ihnen drückte sie so nieder, daß sie sich kaum bewegen konnten. Sie waren nur noch Haut und Knochen, mit abgezehrten Gesichtern und aufgesprungenen Lippen. Die Augen traten ihnen hervor, ihr unordentliches Haar war verfilzt von Spreu. Sie sahen wie Gespenster aus; sie schienen keine Menschen mehr zu sein.

Sie flehten mich an, die Tür zu schließen. Das Tageslicht tat ihren Augen weh, sagten sie. In dieser kauernden Haltung aßen und schliefen sie und verbrachten sie die wachen Stunden; es war zu eng, um aufzustehen oder sich lang auszustrecken.

Zweimal am Tag gab ihnen die Wirtin ein paar Reste zu essen. Sie erlaubte ihnen nicht, hinauszugehen. Seit Monaten hatten sie sich nicht mehr gewaschen. Nur selten, wenn Claras Glieder taub wurden, wagte sie sich nachts für ein paar Augenblicke nach draußen. Ihr rechter Arm fühlte sich leblos an, bereitete ihr aber quälende Schmerzen.

»Ich glaube, ich werde niemals wieder gehen können«, sagte Adash von seinem Platz unter dem Schutt aus. Seine Augen waren leblos und stumpf.

Seiner Mutter traten die Tränen in die Augen. Sie selbst konnte alles mögliche ertragen, aber was war mit ihrem Sohn? Vom Liegen auf der nackten Erde hatte er sich eine schwere Erkältung zugezogen, und seit mehreren Tagen hatte er hohes Fieber. Sie wußte nicht, worüber sie sich mehr sorgte, seinen Husten, der ihr

Versteck verraten konnte, oder sein Fieber, das ihn umbringen konnte.

»Hat Ihnen Frau Riba denn keine Hilfe angeboten?« fragte ich.

»Nein. Sie hatte sogar Angst, ihm ein Bett zu geben«, sagte Clara.

Die unglückliche Frau bedrängte mich, höflich zu der Wirtin zu sein, denn sie konnte sie jeden Moment hinauswerfen, wie sie es schon einmal getan hatte, als sie durch einen falschen Alarm aufgeschreckt worden war. Damals hatten Clara und ihr Sohn zwei Tage im nahe gelegenen Wald verbringen müssen, bis sich Frau Riba überreden ließ, sie wieder aufzunehmen.

»Bitte«, Clara griff mit zitternder Hand nach meinem Arm, als ich mich aufmachen wollte, »vergeßt uns nicht!«

Wir fanden für die beiden ein Versteck in Warschau, wo wir uns um sie kümmerten. Clara Falk und ihr Sohn überlebten den Krieg.

Eines Tages, auf einer öffentlichen Durchgangsstraße, wurde ich von einem hochgewachsenen Mann angesprochen. Er fragte: »Sind Sie vielleicht die Vladka, die Geld an die Juden verteilt?«

Nach einem Augenblick der Verblüffung – war ich schon wieder verraten worden? – versuchte ich weiterzugehen, aber der Fremde folgte mir nach. »Sie brauchen keine Angst vor mir zu haben«, erklärte er. »Ich bin selbst Jude. Mein Bunker ist in einem ausgebombten Gebäude in der Nähe, an der Ecke Miodowa und Krakowskie. Ich lebe mit vier weiteren Juden, die aus dem Ghetto entkommen konnten, in den Ruinen.«

Ihre Gruppe von zehn Männern war auf fünf zusammengeschrumpft, die anderen waren von den Deutschen gefangen worden. Sie hatten überhaupt kein Geld, um sich eine Unterkunft zu mieten, und hausten schon seit Monaten in den Ruinen.

»Nur einer von uns kann manchmal ausgehen. Wir leben von den Pfennigen, die ich bei freundlichen Polen zusammenbetteln kann. Manchmal, wenn wir richtig hungrig sind, schleichen wir uns aus den Ruinen und durchsuchen den Abfall auf dem Bürgersteig.«

Bei mehreren Gelegenheiten war er in der Nähe der Ruinen über Leute gestolpert, die sich mit anderen zu treffen schienen, von denen sie etwas zugesteckt bekamen, und die dann wieder verschwanden. Seine Gefährten hatten ihn gedrängt, einen der Empfänger anzusprechen; vielleicht konnte das Geheimnis auch ihnen etwas nützen. Zwei Wochen lang hatte er nach jemandem gesucht, der ihn aufklären konnte – und schließlich hatte er Erfolg gehabt. Ein Empfänger gab ihm den Namen Inka Schweiger, die ihm den Rat gab, nach mir zu suchen. »Haben Sie überhaupt eine Vorstellung, was Ihre Hilfe für uns bedeutet?« schloß er.

Ich nickte. Die zerrissene Kleidung, das blasse, ausgemergelte Gesicht und sein ständiges nervöses Umherschauen, ob auch niemand zusah – all das bestätigte seine Worte. Er war tatsächlich ein Jude, der unsere Hilfe brauchte.

Danach erhielten er und seine versteckten Kameraden regelmäßige Unterstützung vom Koordinationskomitee.

Zwei Juden versteckten sich im Haus Nr. 3 am Napoleon-Platz – ein riesiges, von deutschen Offizieren und hochrangigen Beamten bewohntes Gebäude. Eine alte polnische Hausangestellte, die in einer der Wohnungen arbeitete, war mir als die Kontaktperson genannt worden, über die ich die beiden erreichen konnte. Zunächst leugnete sie jeden Kontakt mit Juden und befahl mir zu gehen, aber nachdem ich ein paar Namen genannt und ein paar Fragen beantwortet hatte, verließ sie für ein paar Augenblicke den Raum und bat mich bei ihrer Rückkehr, ihr zu folgen. In einem winzigen Zimmer neben der Küche saßen um einen kleinen Tisch herum Jadzia Rosenberg, eine schöne junge Frau, die zuvor als Krankenschwester im jüdischen Krankenhaus gearbeitet hatte, und ihr Ehemann, ein Arzt. Beide sahen jüdisch aus.

Sie hatten ihr vorheriges Versteck aufgeben müssen, als ihr nichtjüdischer Vermieter verhaftet wurde. Verzweifelt hatten sie sich an Jadzias alte Kinderfrau gewandt, die nun bei den deutschen Bewohnern derselben Wohnung, in der Jadzia vor dem Krieg gewohnt hatte, als Dienerin arbeitete. Nachdem sie einen Weg gefunden hatten, an der Hausmeisterin, die Jadzia aus ihrer Kindheit kannte, vorbei zu kommen, flehten sie das ehemalige Kindermädchen an, sie zu retten; dabei wußten sie, daß Entdekkung für sie alle drei den Tod bedeuten würde. »Siehst du, wir wollen nicht sterben!« bemerkte der Mann, wie zur Entschuldigung.

Die gütige und warmherzige Frau hatte sie in das winzige Zimmer aufgenommen, in dem sie selbst schlief. Es war nur als vorübergehende Unterkunft gedacht gewesen, aber die Tage wurden zu Monaten, und sie hatten die Hoffnung, etwas anderes zu finden, schon aufgegeben.

Alle drei waren vor Verzweiflung außer sich. Die Besitzer der Wohnung, zwei SS-Offiziere und zwei deutsche Beamte, kamen manchmal in das winzige Zimmer, um mit der Hausangestellten zu reden. Während dieser Besuche versteckte sich das jüdische Ehepaar im Kleiderschrank der alten Frau. Sie lebten in ständiger Furcht. Sie zeigten mir ihr Versteck. Ich konnte nicht verstehen, wie es jemand dort auch nur für eine Sekunde aushalten konnte.

In diesem Augenblick hörten wir Schritte. Das Paar schoß in den Kleiderschrank, während die alte Frau ihre Hausarbeit in der Küche wieder aufnahm. Ich blieb allein in dem kleinen Zimmer. Was war, wenn sie mich fanden? Schließlich war ich angeblich eine Nichtjüdin!

Aus der Küche hörte ich Gesprächsfetzen, aber meine Hauptsorge lag bei dem Mann und der Frau im Schrank. Als die Schritte leiser wurden, tauchte das Paar wieder auf.

»Früher oder später bekommen sie uns«, war Jadzias Kommentar. Aber ihre Hauptsorge galt der alten Kinderfrau, die so viel riskierte, weil sie ihnen Zuflucht gewährte. Sie war nervös und verhärmt geworden. Sie hatten Angst, sie könnte zusammenbrechen.

»Sagen Sie, lohnt es sich, das alles durchzumachen?« fragten Jadzia und ihr Mann mich.

»Natürlich«, antwortete ich. »Das hier wird nicht immer so bleiben.« Aber welche Garantie konnte ich ihnen geben, daß sie in ihrem Kleiderschrank überleben würden? Ich versprach, ihnen finanzielle Hilfe zukommen zu lassen und für den Arzt einen gefälschten Ausweis zu besorgen. Ich war großzügig mit meinen tröstenden Worten. Aber das alles weckte keine Hoffnung in ihnen. Was zählte, war eine neue Unterkunft um so schnell wie möglich dort wegzukommen.

Aber wohin konnten sie schon gehen?

Die besseren Verstecke

Damit verglichen war das Leben in den normalen *melinas* beinahe ruhig – die Verstecke, in denen man irgendwie als ein menschliches Wesen leben und die eigene Identität und geistige Gesundheit bewahren konnte.

Trotz der dauernden Angst, entdeckt zu werden, und trotz der täglichen Belästigungen durch die Wirte setzten die Juden in ihren Verstecken ihre Arbeit, ihre Studien und ihre kreative Tätigkeit fort. Eines der größten dieser Verstecke, dem großes Unglück widerfahren sollte, war die *melina* in der Grojecka.

Eine jüdische Gruppe hatte – gegen eine beträchtliche finanzielle Zuwendung – einen polnischen Gärtner dazu überredet, auf dem Grundstück, wo er arbeitete, einen Bunker zu bauen. Eine Zeitlang war es meine Aufgabe, Geld und andere Hilfsleistungen für die Juden dort abzugeben. Die dazu erforderlichen Absprachen mußten im Hause des Vermieters getroffen werden, wo ich auch einige der Juden, die in dem unterirdischen Versteck lebten, traf. Zum Bunker selbst gewährte mir der Vermieter keinen Zutritt; er war äußerst vorsichtig und hielt alle Fremden fern.

Der Bunker war wie gesagt unterirdisch; Wände und Decken,

wie auch die Schlafkojen, bestanden aus Holzbrettern. Der Eingang war eine getarnte Tür unter dem Glas des Treibhauses. Dieser Bunker beherbergte Männer, Frauen und Kinder – insgesamt ungefähr dreißig Personen. Am Tag war es in dieser *melina* drükkend heiß. Nur nachts konnte die getarnte Tür ein wenig angehoben werden, um ein wenig Luft hineinzulassen.

Und dennoch wurde unter diesen Bedingungen kreative Arbeit geleistet. Emmanuel Ringelblum und Herr Melman, ein jüdischer Lehrer aus der Medem Schule in Lodz, lebten in diesem Versteck und schrieben über jüdische Geschichte und jiddische Literatur. In diesem Bunker wurde der nunmehr historische Bericht über die kulturellen Aktivitäten der Juden im Ghetto herausgegeben. Und irgendwie konnten die Gelehrten in diesem Bunker sich sogar Forschungsmaterial aus dem Ausland beschaffen.

Wir alle gingen davon aus, daß diese gut getarnte *melina* die Deutschen überdauern würde. Der Vermieter beschäftigte für die Versorgung des Verstecks nur Familienmitglieder. Damit er bei seinen Nachbarn keinen Verdacht erregte, wenn er für so viele Menschen Nahrung besorgte, eröffnete er ein Lebensmittelgeschäft. Alles ging glatt. Selbst die Geburt eines Kindes im Bunker wurde von keinem Außenstehenden bemerkt.

Eines Tages verbreitete sich das Gerücht, die Deutschen hätten einen Bunker entdeckt, der über dreißig Juden als Versteck gedient hatte. Der Vermieter hatte mit seiner Frau, die von dem Versteck wußte, einen schweren Streit gehabt, und sie rächte sich, indem sie die *melina* an die Deutschen verriet. Alle jüdischen Bewohner wurden umgebracht.

Die kleinen Verstecke hatten mehr Glück. Eines davon machte ich mit Hilfe einer Nichtjüdin namens Sciborowska in dem Haus Ogrodowa 55 aus, dessen Besitzerin, eine Frau Dankewicz, eine Zweizimmerwohnung mit Bad bewohnte. In dieses Badezimmer wurde eine zweite Wand eingezogen, so daß man, sobald man ein paar Steine entfernte, in einen verborgenen Raum kam. Die ehemalige Lehrerin Helena Shefner (Frau des bekannten Journalisten Shefner), die Krankenschwester Chevka Hodess (die Tochter des Journalisten Hodess) und deren Mann, Lutek Svedosh, lebten in einem kleinen Zimmer gleich neben dem Bad. Sie versuchten, ihr Zimmer unbewohnt aussehen zu lassen, und versteckten sich im Bad, sobald jemand an die Tür klopfte.

Diese drei verbrachten ihre Zeit mit Studien. Helena Shefner brachte Chevka und ihrem Mann Französisch bei, und der kleinen Tochter der Vermieterin gab sie Polnischunterricht. Sie brachte sich selbst Englisch bei. Wenn ich zu Besuch kam, um ihnen neben anderem auch Bücher und Zeitungen zu bringen, bestand Helena Shefner darauf, mir Russischstunden zu geben. In diesem Versteck wurde keine Zeit verschwendet.

Stefan Mermelstein, der gemeinsam mit seiner Mutter und Clara Hechtman in der Radzyminska 53 gelebt hatte, als Clara wahnsinnig wurde, erholte sich von diesem schrecklichen Erlebnis, nachdem er in ein neues Versteck in der Orla umquartiert worden war. Wie in vielen anderen gab es auch in diesem Versteck eine Karte von der russisch-deutschen Front. Stefan markierte die wechselnden Stellungen der Armeen mit Nadeln. Fast alle versteckten Juden teilten sein intensives Interesse für den Kriegsverlauf, denn ihrer aller Leben hing vom Ausgang ab. Stefan hatte noch ein anderes Interesse, das ihn ganz gefangennahm – Musik. Er war Absolvent des Musikkonservatoriums in Lodz. Er hatte in seinem Versteck angefangen zu komponieren, wobei eine Stimmgabel sein einziges Instrument war. Wir besorgten ihm Noten und Notenpapier. Stefan zeigte mir seine Kompositionen, und manchmal sang er leise oder pfiff seine neuesten Walzer und Mazurkas. Obwohl ich nicht viel von Musik verstand, war ich von seinem Talent beeindruckt.

Unglücklicherweise fanden Stefans musikalische Rezitationen ein jähes Ende. Seine Mutter wurde krank und konnte ihre geschwollenen Beine nicht mehr benutzen. Schließlich erlaubte die Vermieterin, einen Arzt in das Versteck zu holen. Wir hatten gerade unseren eigenen medizinischen Dienst eingerichtet, der aus ein paar jüdischen und polnischen Ärzten bestand, die human genug waren, versteckte Juden zu behandeln und sie mit Medikamenten zu versorgen. Dr. Anna Margolis aus Lodz war eine der mutigsten und selbstlosesten dieser Ärzte. Angezogen wie eine Krankenschwester und mit einer Ärztetasche in der Hand, machte sie selbst unter den entlegensten Verstecken ihre Runde. Ich führte sie zu dem Versteck in der Orla.

Frau Mermelstein bekam für ihre Herzinsuffizienz ein Medikament. Sie bekam auch zusätzliches Geld für eine besondere Diät, die ihren Vitamin- und Mineralstoffmangel ausgleichen sollte. Als seine Mutter sich erholt hatte, gab mir Stefan ein Schönschreibheft voll mit neuen Kurzgeschichten. »Ich bin nicht in der Stimmung für Musik, daher habe ich angefangen zu schreiben«, erklärte er. Nach dem Krieg begann er wieder zu komponieren.

Benjamin Miedzyrzecki, mein engster Freund auf der »arischen Seite«, lebte zusammen mit seinen Eltern und seiner elf Jahre alten Schwester bei Kartaszew, einem Wachmann in der Grochowska 307, auf dem Gelände des russisch-orthodoxen Friedhofs von Praga.

Das Familienversteck war eine Küche, die so winzig war, daß einer der Bewohner hinausgehen mußte, wenn ein Besucher hereinkam. Die Küche gehörte zu einer kleinen Hütte auf dem Friedhof. Dorthin kam man nur, wenn man das Gelände zunächst durch das Tor betreten hatte, das Kartaszew nur für diejenigen öffnete, die er durch das kleine Fenster des Torhauses hindurch erkannt hatte.

Benjamin hatte als einziger aus der Familie arische Gesichtszüge, die es ihm erlaubten, sich frei in Warschau zu bewegen, verschiedene Dinge für seine Eltern zu besorgen und gelegentlich bei unserer Fürsorgearbeit mitzuhelfen. Kartaszew stellte ihn als seinen Assistenten ein und war bereit, seine Eltern und seine Schwester zu beherbergen. Benjamin half ihm, Leichen zu beerdigen, Gräber zu pflegen und Schränke wie auch Tonnen zu bauen. So konnte er, obwohl er sich versteckte, offen als Totengräber, Gärtner und Bauarbeiter arbeiten.

Als Gegenleistung erlaubte Kartaszew den Miedzyrzeckis bis zu einem gewissen Maße, die religiösen Vorschriften des Judentums zu befolgen. Benjamins Vater hatte seinen Gebetsschal, seinen Gebetsriemen und sein Gebetbuch aus dem Ghetto geschmuggelt, und er hielt die traditionellen Rituale und Gebete ein, während seine Mutter jeden Freitagabend die Sabbatkerzen anzündete. Die nichtjüdische Vermieterin hatte der Familie zwei Töpfe für den eigenen Gebrauch gegeben; damit versuchten sie, so gut sie konnten, die Gesetze von *Kaschrut*, die Trennung der Utensilien für Milch und Fleisch, zu befolgen.

Am Freitag abend wurde in der überfüllten Küche ein Tuch über den winzigen Tisch gebreitet, und zwei Kerzen brannten auf einem umgedrehten Teller. Kein Essen stand auf dem Tisch, und die Verdunkelung vor dem einzigen, kleinen Fenster zeigte die Angst, die die Bewohner verfolgte. Dennoch herrschte in dem beengten Raum die festliche Atmosphäre eines Sabbatvorabends. Ich dachte an mein Zuhause, als ich noch ein Kind war.

Wie anders war damals alles gewesen! Die Gesichter im Familienkreis spiegelten Gelassenheit und Freude; der Tisch, überladen mit dem Sabbatmahl, verströmte den Geist des Friedens. Meine Mutter sprach den Segen über den Sabbatkerzen, dann der Segensspruch meines Vaters, mein kleiner Bruders sang ... die Erinnerung ließ einen Kloß in meinem Hals entstehen.

Der starke Glauben der Miedzyrzeckis half ihnen, die Qualen dieser schrecklichen Zeit zu ertragen. Selbst Genia, ihre kleine Tochter, betete, bevor sie zu Bett ging.

Doch auch die guten *melinas* hatten ihren Teil an Sorge und Furcht zu tragen. Auch in ihnen spukte der Tod.

Das Leben geht weiter

Gegen Ende des Jahres 1943 wohnte ich für ziemlich lange Zeit in einem kleinen Zimmer in einem nichtjüdischen Haushalt, wo ich mich als Schmugglerin ausgab. Meine häufige Abwesenheit, die manchmal die ganze Nacht lang dauerte, verlieh meiner Rolle Glaubwürdigkeit. Meine Papiere waren teils echt, teils gefälscht. Ich war zwar registriert, aber da ich seit einiger Zeit keine gültige Kennkarte hatte, fürchtete ich jede deutsche Inspektion. Schließlich gelang es mir, bei der deutschen Stadtverwaltung eine echte Kennkarte auf den Namen Stanislawa Wonchalska zu bekommen – die seit langem verstorbene Tochter von Anna Wonchalska, unserer treuen nichtjüdischen Mitarbeiterin. Anna hatte mit ihrem Priester vereinbart, den Tod ihrer Tochter nicht zu melden, und sie sicherte mir zu, sich sofort für mich zu verwenden, falls ich einmal als Jüdin verhaftet werden sollte. Damals nannte sie mir auch die Namen ihrer Großmütter, Tanten und Kusinen. Ich war nun eine richtiggehende Arierin, mit zwei Generationen nichtjüdischer Vorfahren.

Auf diese Weise erhielt eine ganze Reihe von Juden den Namen und die Geburtsbescheinigung verstorbener Polen, mit denen sie authentische polnische Personalausweise erhalten konnten. Diese Dokumente stellten zwar einen erheblichen Schutz dar, aber man konnte sich nicht ganz und gar auf sie verlassen, denn wenn sie mißtrauisch wurden, konnten die Deutschen sie mit den Einträgen bei Städten und Kirchen vergleichen. Jegliche Diskrepanz bedeutete Ärger, und das selbst bei authentischen Papieren.

Ungefähr zur selben Zeit besorgte ich mir ein neues Wohnquartier. Bronka, eine Jüdin aus Piotrkow, die sich als Arierin ausgab, plante die Flucht nach Ungarn, und sie bot mir ihre Wohnung für einen geringen Preis an. Welch ein Glück! Eine Wohnung ganz für mich allein, keine Fremden, und das zu einem vernünftigen Preis! Das war wie ein Lotteriegewinn!

Viele auf der »arischen Seite« versteckte Juden versuchten, nach Ungarn zu gelangen. Obwohl in Ungarn ein faschistisches Regime herrschte, auf das die Deutschen großen Einfluß ausübten, hatten doch die Ungarn selbst keine Juden vernichtet – noch nicht. Noch konnten sich die Juden frei in den Städten bewegen und ihren Geschäften nachgehen.

Bronka stellte mich dem Mann vor, der sie nach Ungarn schmuggeln sollte. Riba war Nichtjude und betrieb den Schmuggel von Tee, Kaffee und Menschen im großen Stil. Für den Schmuggel von Juden nach Ungarn nahm Riba eine Gebühr von 200 Dollar pro Kopf. Nach seinen Worten war ein geheimes Komitee in Ungarn den jüdischen Neuankömmlingen dabei behilflich, sich dort legal niederzulassen. Sofort informierte ich Mikolai und Antek, die sich dann mit Riba trafen. Nachdem sie die Fluchtroute studiert hatten, überlegten sie, ob sie ein paar Leute nach Ungarn schicken sollten.

Inzwischen war ich in mein neues Quartier in der Twarda 36 in der Nähe der Panska nicht weit von der Ghettomauer eingezogen. Von meiner Wohnung im vierten Stock (ein winziges Zimmer und eine noch winzigere Küche) konnte ich einen Teil des verkohlten Ghettos sehen, in dem polnische Arbeiter brauchbare Backsteine aus den ausgebrannten Gebäuden bargen. Tag für Tag wurden die Spuren des jüdischen Lebens, daß es dort einmal gegeben hatte, getilgt, und das »Kleine Ghetto« wurde zu einem leeren Ort.

Gegenüber der Tür meines neuen Zimmers hing ein großer Wandspiegel, hinter dem ein geheimer Eingang zu einem fensterlosen Kabäuschen lag, dessen Decke wiederum eine getarnte Öffnung besaß, durch die man auf den Dachboden klettern konnte. Dort hatte sich Bronkas Mann in Zeiten der Gefahr versteckt.

Dieses winzige Räumchen benutzte nun Benjamin Miedzyrzecki gelegentlich als Versteck. Obwohl ihm das blonde Haar und die blauen Augen halfen, seine jüdische Identität zu verbergen, wenn er in der Stadt herumging und bei der Arbeit des Koordinationskomitees mithalf, war er doch manchmal gezwungen, sich vor den kritischen Blicken zu verstecken, die nahelegten, daß er entdeckt worden war.

Kaum war ich in mein neues Heim eingezogen, da wollte ich auch schon wieder ausziehen. Die Wohnung war düster, die Atmosphäre trostlos. Ich hatte das Gefühl zu ersticken. Wäre Benjamin nicht gewesen, wäre ich sofort wieder gegangen. Mit der außergewöhnlichen Geschicklichkeit, mit der er Verstecke baute, verwandelte er die schmuddelige Wohnung in eine komfortable Bleibe und gleichzeitig in eine hervorragende *melina*. Er stellte sogar kleine Verstecke für Wertsachen und gefälschte Papiere her – ein Koffer mit doppeltem Boden, ein Schöpflöffel mit hohlem Stiel und sogar eine zusätzliche Nische unter einem Fensterbrett. Seine tröstenden Worte vertrieben mir mehr als einmal meine Verzweiflung. In diesen schrecklichen Zeiten bat ich ihn oft um Unterstützung. Nur ihm ist es zu verdanken, daß ich nicht zusammenbrach.

Dennoch ahnten die Nachbarn nichts von Benjamins Existenz. Tadek Niewiarowski, ein nichtjüdischer Freund, fungierte als mein Vermieter und sorgte so für die »Tarnung« meiner Wohnung. Es schien, als ob wir endlich eine Zuflucht gefunden hätten …

Doch innerhalb weniger Wochen löste sich diese Illusion in Luft auf. Eines Tages teilte mir die Hausmeisterin mit, daß die Geheimpolizei sie über den Aufenthaltsort von Bronka ausgefragt habe.

»Das sanfte Lämmchen hat uns alle hereingelegt«, rief sie zornig. »Sie ist eine Jüdin!« Dann fügte sie anklagend hinzu, während sie mich genau ins Auge faßte, als ob sie feststellen wollte, wie ich darauf reagierte: »Und außerdem würde ich gerne wissen, wie *Sie* an ihre Wohnung gekommen sind.«

Ich sagte beharrlich, daß ich nichts über die frühere Mieterin wüßte. Ein Makler habe alles für mich arrangiert.

»Ach tatsächlich?« sagte sie sarkastisch. »Wissen Sie, daß sich die Mieter auf Ihrer Etage bei mir über Sie beschwert haben? Sie sagen, daß Sie ständig Besuch von verdächtigen jüdisch aussehenden Gestalten bekommen.«

Nach dieser Unterhaltung war ich ziemlich erschüttert. Wie es aussah, war Bronka gerade rechtzeitig gegangen. Was sollte ich jetzt tun? Wenn ich plötzlich auszöge, würde sich der Verdacht noch vergrößern, und auch mein hart verdienter Status als Arierin wäre gefährdet. Ich hatte keine Wahl, ich mußte vorerst in der Wohnung bleiben und versuchen, die Zweifel meiner Nachbarn zu beschwichtigen.

Meinen Freunden sagte ich, sie sollten ihre Besuche reduzieren, und Anna Wonchalska, daß sie häufig zu mir kommen und sich als meine Mutter vorstellen solle. Ich versuchte, alle christlichen Feste einzuhalten, und lud sogar gelegentlich eine Nachbarin zum Tee ein. Ich borgte mir einen Phonographen, den ich oft abspielte, um so eine Atmosphäre der Fröhlichkeit um mich herum zu schaffen, die die Polen nicht mit flüchtigen Juden assoziierten.

Trotzdem sprach mich eines Tages eine meiner Nachbarinnen aufgeregt an. Sie hatte schreckliche Neuigkeiten.

»Ich habe gehört, die polnische Polizei oder die Gestapo sei drauf und dran, hier eine Razzia zu veranstalten«, flüsterte sie. »Im vierten Stock sollen sich Juden versteckt halten.«

Als der erste Schock über diese Nachricht verebbt war, begann ich nachzudenken: Warum sollte sie Angst haben? Ich hatte mir schon seit einiger Zeit über sie Gedanken gemacht. Sie schien ihre Nachbarn zu meiden und benahm sich scheu und zurückhaltend. Nun kam es mir in den Sinn, daß sie vielleicht Jüdin war und denselben Verdacht über mich hegte. Warum hätte sie sonst mich ausgewählt, um solche Neuigkeiten zu erzählen? Ich beschloß, ihr nichts zu sagen.

Statt dessen fragte ich sie, von wem sie die Gerüchte über meine gelegentlichen Besucher gehört hatte. Von einer nichtjüdischen

Freundin, sagte sie, und es sei ihr ratsam erschienen, es mir weiterzuerzählen. Ich bedankte mich bei ihr, schloß meine Wohnungstür auf und sagte kurzangebunden: »Das betrifft mich nicht – ich habe nichts zu fürchten.«

»Ich auch nicht«, antwortete meine Nachbarin, wie ich fand, ein wenig zu scharf.

Es gab keine Razzia bei uns. Obwohl wir uns gelegentlich trafen, sprachen wir kaum mehr miteinander. Einige Monate später, während des Warschauer Aufstands, gestand sie mir, daß sie Jüdin war. Die ganze Zeit über hatte sie ihren Mann versteckt, der der Sohn von Topas war, einem bekannten Warschauer Schuhhändler. Sie nahm an, daß auch ich Jüdin war, hatte aber zur Vorsicht ihre unnahbare Haltung beibehalten.

»So konnten wir die anderen besser zum Narren halten«, sagte sie, stolz über ihren Scharfsinn.

Gelegentlich brachten ein paar fröhliche Momente etwas Erleichterung in unser ödes und sorgenvolles Leben. Die Mitglieder des *Bund* und von *Zukunft*, die sich frei auf der »arischen Seite« bewegen konnten, kamen zu besonderen Gelegenheiten zusammen, wie zum 1. Mai oder, wie es im Herbst 1943 geschah, zu einer symbolischen Feier anläßlich des Jahrestages der *Bund*-Gründung. In dieser Zeit, als die nackten Grundlagen unseres Leben zerstört worden waren, konnte diese kleine Versammlung nicht mehr sein als eine bloße Erinnerung an die vergangenen Zeiten einer pulsierenden jüdischen Arbeiterbewegung, in der wir alle groß geworden waren. Aber die Erinnerung tröstete uns ein wenig.

Es waren neun von uns, die eines Nachts in der Miodowa 24 vor zugezogenen Vorhängen um einen blumengeschmückten Tisch herum zusammensaßen. Erst als Celek davon sprach, aus welchem Grunde wir uns versammelt hatten, hoben sich unsere Geister wieder ein wenig. Nach und nach, beinahe flüsternd, erinnerten wir uns an die Tage, als Feiern wie diese in weitläufigen Sälen vor einem riesigen Arbeiterpublikum mit Gesang und Musik, Reden und wehenden Fahnen stattgefunden hatten. Nun war nur noch Schmerz da und die bittere Erkenntnis, daß die Welt die Unmenschlichkeit, in der wir lebten, gelassen akzeptiert hatte.

Dennoch sandten wir Grüße an alle diejenigen in der Welt, die um die Freiheit kämpften, vor allem an unsere Brüder in den Konzentrationslagern, den Wäldern und den Bunkern. Unsere Grüße waren erfüllt von dem Glauben und der Hoffnung, daß wir, die Übriggebliebenen, am Ende die Niederlage unseres unmenschlichen Feindes erleben würden. Daß wir die Verbrechen rächen würden, die man an uns verübt hatte, und wir auch weiterhin unermüdlich am Kampf für eine rechtschaffene und gerechte Welt teilnehmen würden …

In gehobener und feierlicher Stimmung gingen wir auseinander.

In diesen Monaten besuchte ich oft meine »Mutter«, Anna Wonchalska. Anna war verwitwet und lebte mit ihrer Schwester Marisia Sawicka zusammen. Beide waren engagierte Mitarbeiterinnen von uns, die auch mit der polnischen sozialistischen Untergrundorganisation in Verbindung standen. Marisia verteilte »illegale« polnische Publikationen. Gemeinsam beherbergten sie auch noch zwei jüdische Mädchen, die dreizehnjährige Zoshka Ribak und später die sieben Jahre alte Schwester von Kazik Ratheiser.

Ihre Wohnung wurde von vielen »arischen« Juden besucht. Dort traf ich Basia Berman, die Frau von Dr. Berman (der für den Fürsorgedienst tätig war), Antek, Kazik und andere.

Die polnischen Geschwister standen ihren jüdischen Freunden sehr nahe, und zu mir waren sie besonders freundlich. Zwischen Anna und mir gab es, zusätzlich zu unseren gemeinsamen Interessen, eine wirklich tiefe gegenseitige Zuneigung. Anna wollte mich aufheitern und überredete mich, in ihrer Wohnung eine Party zum Namenstag meines angeblichen Namenspatrons, St. Stanislaw, zu veranstalten. Sie drängte mich, meine jüdischen Freunde einzuladen, und versprach sogar, bei allen Vorbereitungen mit dabeizusein.

Ihr Angebot bewegte mich sehr. Wenn wir sonst irgendeine Versammlung abhalten wollten, mußten wir eine ganze Reihe von nichtjüdischen Wohnungen abklappern, bevor wir jemanden fanden, der eine Versammlung von ein paar wenigen »arischen Juden« bei sich erlaubte. Aber Anna bot freiwillig, aus reiner Freundlichkeit, ihr Haus für so ein riskantes Unternehmen an.

Obwohl ich wußte, wie gefährlich es war, konnte ich der Versuchung nicht widerstehen. Mein Bedürfnis, mit meinen eigenen Freunden zusammenzusein, mich nicht mehr so schrecklich einsam zu fühlen, bekannte Gesichter um mich zu sehen, für kurze Zeit die Maske fallen zu lassen, war überwältigend. Am Nachmittag des 8. Mai versammelten sich ungefähr 20 Leute bei Anna Wonchalska. Es war das erste Mal, daß so viele Juden aus einem anderen Grund als dem der Untergrundarbeit zusammenkamen.

Eine Zeitlang kam keine festliche Stimmung unter uns auf. Wir waren alle zu angespannt und befangen, um uns entspannen zu können und uns begreiflich zu machen, daß hier niemand war, vor dem wir auf der Hut sein mußten – daß wir wir selbst sein konnten. Doch nach und nach wich die Spannung, wir begannen zu reden, wir wurden lebhafter, einige Gäste begannen sogar zu singen. Und doch konnten wir die Traurigkeit hinter unserem Lächeln nicht verstecken. Unser Lachen klang gezwungen. Selbst die Lustigsten, die am lautesten lachten, verstummten manchmal für ein paar Augenblicke und hingen ihren Gedanken nach.

»All eure Fröhlichkeit wirkt so künstlich – es fehlt wirkliche Freude«, sagte Anna zu mir.

Ich verstand sie sehr gut. Eine Zeitlang war ich dankbar, daß so viele Freunde gekommen waren. Aber auch ich spürte die Melancholie, die an uns nagte.

»Je größer die Freude, desto größer die Traurigkeit«, bemerkte jemand.

Ich hatte einen Brief an meine Freunde in Übersee aufgesetzt, in dem ich von unserem mühsamen Leben, unserem Kampf, unserem starken Lebenswillen und den Qualen, die jeder von uns erlitten hatte, erzählte. Ich las ihn den versammelten Gästen vor, die, das fühlte ich, meine Gefühle teilten.

Dieser Brief wurde nie abgeschickt. Es ist schwierig zu sagen, bis zu welchem Grad er die Gemütsverfassung meiner Gäste widerspiegelte. Nachdem ich ihn vorgelesen hatte, blieben sie eine Zeitlang stumm. Dann begannen sie ruhig alte jüdische Melodien zu summen – wir hatten zuviel Angst, den jiddischen Text zu singen, den die Nachbarn vielleicht hören konnten. Jemand fing an, auf Jiddisch zu flüstern, andere begannen, von ihren Erlebnissen zu erzählen. Für eine Weile waren wir wieder wir selbst.

Das waren denkwürdige Stunden, die ein wenig Wärme und Freude in unser sorgenreiches Leben brachten.

Jüdische Partisanen

Eine kleine Gruppe geflohener Aufständischer aus dem Ghetto hatte sich in den Wäldern von Wyszkow zu einer Partisanengruppe zusammengefunden. Mit der Zeit stellten wir eine regelmäßige Verbindung zu ihnen her. Alle paar Wochen lieferte eine Bäuerin bei Anna Wonchalska einen Brief von den Partisanen aus und nahm für sie Geld, Kleidung und Nachrichten in Empfang; dann kehrte sie in ihr Haus nahe beim Waldversteck der Partisanen zurück. Im Schutz der Dunkelheit holten sie dort die Lieferung ab. Sie erfuhren von ihr die Neuigkeiten aus dem nahe gelegenen Dorf und gaben ihr Geld, mit dem sie Nahrung kaufen sollte. Die alte Frau war ihre Vertraute, die sie warnte, sobald sie von einer bevorstehenden Razzia der Deutschen erfuhr.

Gemeinsam mit Celek, Marisia Sawicka und Vladek Wojciechowski besuchte ich einmal die jüdischen Partisanen im Wald. Um acht Uhr morgens kamen wir in Tluszcz an, und Celek, der schon einmal dort gewesen war, führte uns rasch durch das Dorf und über eine breite Hauptstraße am Waldrand entlang. Die Sonne glitzerte in den Bäumen, eine Frühlingsbrise raschelte in den Blättern. Während wir gingen, hielten wir ständig nach dem Partisanen Ausschau, der sich mit uns treffen sollte. Dann erschien in der Ferne die Silhouette eines Mannes.

Die Gestalt machte uns ein Zeichen, weiterzugehen, was wir auch taten, bis wir zu einer Kreuzung gelangten. Dort warteten wir auf weitere Anweisungen, aber unser Führer war nirgendwo zu sehen.

»Guten Morgen!« Wir drehten uns um und sahen in das breite lächelnde Gesicht von Janek Bilak – der in der Zeit vor dem Ghettoaufstand die Sprengstoffe entgegengenommen hatte, die wir ins Ghetto schmuggelten. Ich hatte ihn seit über einem Jahr nicht gesehen. Er war groß und sonnenverbrannt, trug hohe schwarze Stiefel, grüne Hosen und einen Karabiner über der Schulter – der Inbegriff eines Partisanen.

Er drängte uns, weiter in den Wald hineinzugehen, wo man uns nicht beobachten würde. Wir folgten ihm und drangen tiefer in das Dickicht ein. Der frische Geruch von Pinien hing in der Luft, Vögel zwitscherten, ein Eichhörnchen flitzte an uns vorüber. Der Boden war gesprenkelt mit Sonnenlicht, die Strahlen spielten Verstecken mit uns, blendeten uns, waren gleich darauf wieder verschwunden. So viel Licht und Frische, so viele Farben! Das hier war eine ganz andere Welt!

»Macht nicht so viel Lärm beim Gehen«, ermahnte Bilak uns.

Wir versuchten, so vorsichtig wie möglich zu gehen, aber die Äste und Zweige zerbrachen krachend unter unseren Schritten. Bilak bewegte sich leichtfüßig und fast geräuschlos, er war bereits ein erfahrener Waldbewohner.

»Hier kann man sich leicht verlaufen«, bemerkte einer von uns nach einer Weile. Bilak sagte mit einem beruhigenden Lächeln: »Keine Sorge, wenn man lange genug im Wald lebt, bekommt man einen Orientierungssinn. Ich finde mich hier sogar nachts zurecht.« Er hielt an und imitierte einen Vogelruf. Nachdem er ihn mehrmals wiederholt hatte, ertönte in der Ferne ein ähnlicher Ruf.

Nach ein paar Minuten teilten sich die Zweige, und zwei Männer erschienen. Der eine von ihnen, klein, schwarzhaarig und dunkeläugig, war unter dem Namen »der schwarze Janek« bekannt. Der andere, etwas größer als er, hatte dunkelblondes Haar und blaue Augen in einem runden gebräunten Gesicht und hieß Maciek.

»Ist die Luft rein?« fragte Bilak.

»Ja, wir können gehen.«

Wir gingen nun auf einem breiten Waldweg weiter. Plötzlich erschraken wir; eine Stimme rief uns. Als wir uns umschauten, sahen wir einen Mann, der uns ein deutliches Zeichen gab, stehenzubleiben. Die Partisanen kannten ihn nicht, und wir alle schossen in das Dickicht, während seine Stimme weiter hinter uns herrief.

»Ich gehe mal nachsehen«, beschloß Bilak. Mit gezücktem Revolver bedeutete er Janek und Maciek, bei uns zu bleiben, und ging auf den Fremden zu, der ihn heranwinkte.

Ein paar Minuten später war er zurück. Der Mann war Jude, einer von dreien, die aus einem Konzentrationslager geflohen waren und sich in der Gegend versteckten. Sie hatten weder Essen noch Waffen. Seit Tagen durchstreiften sie die Wälder, denn sie hofften, sich einer Partisanengruppe anschließen zu können. Da er uns für Partisanen hielt, bat der Mann um Erlaubnis, zu uns kommen zu können.

»Willst du ihn mitnehmen?« fragte einer von uns Bilak.

»Nein, jetzt nicht. Wir werden sie heute nachmittag treffen und über alles sprechen«, antwortete Bilak.

Wir setzten unseren Weg durch den Wald fort. Nach und nach lichtete sich das Dickicht. Der Boden wurde weicher und verwandelte sich nach einiger Zeit in Morast. Die Partisanen zogen ihre

Schuhe aus, und wir taten es ihnen nach. Wir hüpften von einer festen Stelle zur nächsten, wobei wir mitunter bis zu den Knien im Morast versanken, bis wir den Sumpf durchquert hatten und wieder festen Boden unter den Füßen hatten.

»Die Sümpfe sind unsere Verbündeten«, sagte einer der Partisanen. »Sie machen es den Deutschen schwer, zu uns zu gelangen.«

Schließlich trafen wir den ersten Vorposten der Partisanen: eine jüdische Wache mit einem Gewehr. Wir sagten ihm guten Morgen, und er ließ uns passieren. Nach ein paar Minuten standen wir am Rand einer kleinen Wiese, eine Insel in einem Meer aus Bäumen. Das war der Stützpunkt der Partisanen. Eine Gruppe von Juden kam auf uns zu, um uns zu begrüßen. Stadt trifft Wald; es folgte ein Austausch der jüngsten Neuigkeiten.

Die Partisanen waren sonnenverbrannt und zerzaust und trugen ein Sammelsurium alter Kleider. Einige trugen eine Jacke, aber kein Hemd, andere Hemden ohne Jacken. Keiner der Männer war vollständig angezogen. Die meisten trugen Ledergürtel; einige waren mit Revolvern, andere mit Karabinern bewaffnet. Die drei Frauen in der Gruppe unterschieden sich kaum in der Kleidung von den Männern, auch sie trugen Waffen.

Sie alle bombardierten uns mit Fragen über den Kriegsverlauf, die Lage in der Stadt, unsere gemeinsamen Freunde – es war ein Sturzbach, den niemand eindämmen wollte.

Besonders herzlich wurde ich von Gabriel Frishdorf und seiner Frau Hannah begrüßt, zwei ehemaligen Klassenkameraden. Wir waren gemeinsam in der *Skif*, und später in der *Zukunft*, groß geworden. Beide hatten zur Kampforganisation gehört und am Ghettoaufstand teilgenommen. In Gabriels Gesicht spiegelte sich immer noch die entschiedene Ruhe, für die er im Ghetto bekannt gewesen war, wo er sich durch seinen heldenhaften Mut hervorgetan hatte.

Einmal hatte der deutsche Werkschutz während einer Razzia in der Hallmann-Fabrik drei Mitglieder der Kampforganisation gefangengenommen. In der Nacht hatte eine Einheit der Kampforganisation aus den Roerich-Betrieben, angeführt von Gabriel Frishdorf, das deutsche Hauptquartier angegriffen, die Wachen entwaffnet und die drei Gefangenen befreit. Bei jedem Auftrag, den er ausführte, zeigte er dieselbe sorgfältige Planung bis ins Detail und dieselbe heldenhafte Tapferkeit. Die Partisanen hatten gelernt, ihn zu bewundern und zu respektieren.

Die Partisanengruppe hatte 15 Mitglieder, zu denen zwei Ärzte, ein Geflohener aus Treblinka und mehrere Juden aus kleinen Städten sowie die Aufständischen aus dem Warschauer Ghetto gehörten. Ursprünglich war die Gruppe viel größer gewesen, aber ihre Zahl war durch die periodischen deutschen Patrouillen dezimiert worden.

Sie brachten uns zu einer Hütte aus verwobenen Zweigen und Blättern, die etwas abgelegen zwischen den Bäumen stand. Drinnen lagen ein paar Bretter, eine Axt, ein Hammer und wenige andere Werkzeuge. »Hier lagern wir unsere Nahrungsvorräte vor dem Regen«, erklärte einer unserer Führer.

In einer anderen Hütte in der Nähe war die Küche, ein Graben mit der denkbar primitivsten Feuerstelle und einem Loch in der Decke, durch das der Rauch abziehen konnte. Neben diesem Verschlag war ein Wasserloch, ein viereckiger, mit Wasser gefüllter Graben mit gelbem Bodensatz.

»Ist das euer ganzer Haushalt?« fragte ich erstaunt.

»Wir leisten uns absichtlich nur ein Mindestmaß an Komfort, damit wir, wenn es Ärger gibt, alles schnell vernichten können, ohne Spuren zu hinterlassen«, war die Antwort.

»Und wo schlaft ihr?«

»Hier, auf der Erde.«

»Und wenn es regnet?«

»Werden wir naß bis auf die Knochen und warten, bis die Sonne uns wieder trocknet.«

Unser Gespräch wurde unterbrochen; es war Zeit zum Essen.

Wir setzten uns im Kreis auf den Erdboden; in die Mitte wurde ein Topf mit dampfender Suppe gestellt. Die Partisanen zogen ihre Löffel aus den Stiefeln und machten sich mit Genuß über die Suppe her.

»Glaubt bloß nicht, ihr Stadtvolk, daß wir nie etwas anderes als Suppe hätten«, meinte einer der Partisanen würdevoll. »Die meiste Zeit erfreuen wir uns einer abwechslungsreichen Ernährung. An einem Tag haben wir etwas zu essen, am nächsten nicht.«

Das fröhliche Gespräch und die Schönheit der Natur rings umher paßten überhaupt nicht zu dem gefährlichen Leben, das diese Männer und Frauen führten. Der Tod lauerte hinter jedem Baum. Die Wiese wurde ständig bewacht, die Posten wechselten alle paar Stunden ab. Die Partisanen waren jederzeit bereit, die Deutschen abzuwehren, ob am hellen Tag oder in pechschwarzer Nacht. Sie hatten ihr Lager schon mehrfach abbrechen müssen, aber wenn es wieder ruhiger wurde, kamen sie immer wieder zu der Wiese zurück. Hier waren sie auf vertrautem Boden, hatten Kontakte zu den sympathisierenden Bauern der Gegend, zu den Förstern und zum polnischen Untergrund.

Dennoch hatten sich diese Beziehungen in der letzten Zeit verschlechtert. Eine wilde polnisch-ukrainische Partisanenabteilung war in den benachbarten Wäldern aufgetaucht. Sie hatten geplündert und die Frauen in den Dörfern vergewaltigt. Das Ergebnis war, daß die Bauern alle Partisanen für gemeine Verbrecher hielten und in einen Topf warfen. So hatte sich auch ihre Einstellung zu den jüdischen Partisanen geändert, und das machte das Los der jüdischen Kämpfer noch schwieriger als zuvor.

Die Partisanen hatten den vergangenen Winter hier verbracht. Als der Kälteeinbruch kam, hatten sie ein paar Lehmhütten gebaut, in denen sie schliefen und ihre Habseligkeiten verstauten. Die Hütten gaben ihnen ein Dach, Wärme und Schutz vor Frostbeulen. Aber die Deutschen hatten sie überraschend angegriffen und zwölf ihrer Kameraden getötet. Die anderen waren geflohen.

Sie konnten nichts anderes finden, wo sie sich vor der bitteren Kälte hätten schützen können. Sie konnten sich nicht waschen oder die Kleider wechseln; alles gefror augenblicklich zu Eis. Die Läuse wurden zu einer richtigen Plage. Die Kämpfer huschten wie Schatten zwischen den Bäumen umher, die sie nur kläglich vor dem schneidenden Wind schützen konnten. Der Winter war ihnen endlos lang vorgekommen.

Aber die schlimmste aller Plagen waren die deutschen Razzien. Für sie gab es keine Jahreszeiten, und sie kamen völlig unberechenbar. Rechtzeitig gewarnt, konnten sich die Partisanen normalerweise auf eine andere Stellung zurückziehen. Aber wenn ihr kleines Lager einmal überraschend umzingelt würde, wären sie in äußerster Gefahr. Ein Kampf mit einer überlegenen Streitmacht konnte nur den Tod bedeuten. Ihre einzige Möglichkeit wäre dann, aus der Falle auszubrechen und wieder zu fliehen.

In den Zeiten zwischen den Zusammenstößen mit den Deutschen übte die Gruppe verschiedene Sabotageakte aus: Sie steckten besetzte Landhäuser in Brand, durchschnitten Telefonleitungen, überfielen deutsche Vorposten und setzten dem Feind ganz allgemein zu, wo sie konnten.

Nun war es an uns, von der Lage in der Stadt zu erzählen. Wir berichteten kurz über unsere Tätigkeiten, unsere Schwierigkeiten, unsere Erfolge und unsere Mißerfolge.

»Ihr seid nicht zu beneiden; wir allerdings auch nicht«, stellte einer der Partisanen grimmig fest.

Die Sonne begann nun unterzugehen, die Luft wurde kühler. Langsam versiegte unser Gespräch, und wir alle wurden nachdenklich. Dann fing einer an, eine Weise zu summen, und die anderen stimmten ein trauriges Lied an:

»Ich vermisse mein kleines Heimatdorf,
wie ich meine Heimat misse,
wo das Leben immer friedlich war
und frei von Sorge und Krieg …«

Hier saßen wir in einem gottverlassenen Sumpf, auf die Erde gekauert ohne Schutz vor den Elementen. Alte vertraute Lieder, Bilder von Wärme und Licht – wie lange waren diese lieben, schwach erinnerten Tage her? Wie weit waren wir schon von zu Hause fort?

Als es dunkel genug war, bereiteten sich die Partisanen für die Nacht vor. Jeder suchte sich ein Stück Erde aus, suchte sich etwas zum Zudecken und legte sich vollständig angezogen auf die nackte Erde. Nur ihre Schuhe lockerten sie ein wenig. Bald waren sie neben ihren Waffen fest eingeschlafen. Ich lag auf dem Boden und konnte nicht schlafen. Das Rascheln der Blätter, das Quaken der Frösche und das gelegentliche Zwitschern eines Vogels klang wie schrilles Geschrei in meinen Ohren. Wie konnte der Wachposten in diesem Durcheinander von Geräuschen fremde Schritte ausmachen? Aber der Wachposten schien ruhig und seiner Sache gewiß zu sein, wenn er in regelmäßigen Abständen vor dem Lager herging, und das beruhigte meine Ängste ein wenig. Die Ohren der Partisanen waren wahrscheinlich mehr an die Waldgeräusche gewöhnt als die meinen.

Endlich graute der Morgen. Wir, die Besucher, mußten uns beeilen. Noch bevor wir uns fertiggemacht hatten, waren die anderen auf den Beinen. Als wir uns verabschiedeten, sprachen unsere Hände still miteinander. »Wer weiß, ob wir uns jemals wiedersehen werden?« Zusammen mit dem schwarzen Janek machten wir uns auf den Weg in die Stadt.

Ein paar Tage später erfuhr ich, daß Gabriel Frishdorf bei einer deutschen Razzia getötet worden war. Wie konnte das geschehen? Wir hatten uns nur einmal im Wald gesehen, und nun war er nicht mehr unter den Lebenden.

Ich sah immer noch seine große Gestalt, sein hübsches Gesicht, die tiefe Anteilnahme in seinen Augen. Er strahlte Ruhe und Kraft aus, und nichts entging seinem scharfen Auge. Er wußte fast alles über das Leben in den Wäldern, und sein Rat und seine Entscheidungen galten als maßgebend. Er hatte mir von dem Verhalten der Kameraden, den kleinen Vorfällen und Zankereien erzählt, die es manchmal gab.

»Wir brauchen uns darüber keine großen Sorgen zu machen«, hatte er gesagt. »Das ist das Ergebnis dieses miserablen Lebens hier. Laßt uns nur überleben, und alles wird von selbst in Ordnung kommen.«

Er hatte stets versucht, beide Seiten zu sehen und jeden Streit bei der Wurzel zu packen. Er war nie ein kleinlicher Mensch gewesen. Selbst in den schwersten Momenten hatte er sich für die Gedanken, Gefühle und Handlungen anderer interessiert.

Die Nachrichten aus den Wäldern von Wyszkow wurden immer entmutigender. Die deutschen Razzien hatten zugenommen und das Leben der Partisanen am Ort völlig zerstört. Viele von ihnen starben, besonders durch die Hände der polnisch-ukrainischen Partisanengruppe, die das Töten von Juden anscheinend für eine angenehmere und befriedigendere Aufgabe hielt, als sich ihnen im Kampf gegen den gemeinsamen Feind anzuschließen. Danach versuchte das Koordinationskomitee, so viele jüdische Partisanen wie möglich in *melinas* in der Stadt unterzubringen. Dennoch verblieben einige Mitglieder dieser Gruppe noch bis zur Befreiung in den Wäldern.

Gefälschte Papiere und neue Verstecke

Als sich der Krieg dahinschleppte und die deutschen Niederlagen in den Gefechten sich häuften, wurde der Terror im arischen Warschau immer bösartiger. Die Deutschen brachen willkürlich in polnische Häuser ein, plünderten und deportierten tausende von Polen zur Zwangsarbeit nach Deutschland oder in das Pawiak-Gefängnis zur Exekution. Die Terrorherrschaft stürzte die polnische Bevölkerung in Panik. Noch größer war die Furcht der Juden, die sich bei Nichtjuden versteckt hielten.

Jeder Pole war verpflichtet, seinen Ausweis und seinen Arbeitsnachweis bei sich zu tragen und einen von beiden – oder beide – auf Befehl zur Inspektion vorzuzeigen. Wir versuchten alles mögliche, damit wir Juden mit Fälschungen dieser höchst wichtigen Papiere versorgen konnten. Im Falle einer unerwarteten Razzia – oder wenn ein Jude seine *melina* aufgeben mußte – hätten sie wenigstens irgendeinen Ausweis.

In dieser Hinsicht war uns der polnische Hilfsrat sehr behilflich. Der Rat betrieb seine eigenen geheimen Druckerpressen und beschäftigte verläßliche Arbeiter. Alles, was man für gefälschte Papiere brauchte, war eine Photographie der Person, auf die er ausgestellt wurde. Alle anderen Angaben – Name, Datum, Geburtsort, Beruf oder Gewerbe – konnten fiktiv sein. Aber Photos von den versteckten Juden waren nicht so leicht zu bekommen. Ein Besuch bei einem Photographen war ein zu großes Risiko, andererseits konnte man einen Photographen nur, wenn man überzeugt war, daß er ein Geheimnis für sich behalten konnte, zu einem Versteck führen. Durch reinen Zufall fand ich eines Tages einen solchen Photographen in einem Studio Ecke Zelazna und Zlota. Ich hatte den Eindruck, daß eine der Photographinnen dort Jüdin war. Ich stellte ein paar Nachforschungen über sie an, und meine Vermutung war richtig gewesen: Sie war Konvertitin. Gegen eine Extragebühr begleitete sie mich zu den Verstecken und machte Photos, die sie später selbst retouchierte und fertigstellte. Sie stellte sich als höchst zuverlässig heraus.

Wir holten die Photos ab und schrieben die notwendigen Informationen auf, die wir dann einem Aktivisten übergaben, der mit der geheimen Druckerei in Verbindung stand. Eine dieser Kontaktpersonen war Pan Julian, ein Jude, der in einem kleinen Zimmer in der Mokotowska 31 wohnte. Zweimal in der Woche gab ich ihm zu festgelegten Zeiten ein Paket mit Photographien und

Papieren. In dem Flur vor Pan Julians Zimmer sah ich oft bekannte Gesichter. Obwohl wir in dem überfüllten Flur nicht einmal ein Wort miteinander wechselten, wußten wir doch alle sehr wohl, weshalb wir gekommen waren; denn dorthin brachte man die bloßen Daten und holte die fertigen Papiere wieder ab.

Unsere Gespräche mit Pan Julian waren knapp und geschäftsmäßig. Auf einem Ausweis mußte der Geburtsort geändert werden, auf einem anderen fehlte ein kleiner Stempel, ein Arbeitsnachweis mußte verlängert werden, ein kleines Detail mußte ergänzt werden. Ohne ein Wort griff Pan Julian dann unter den Kachelofen in seinem Zimmer, prüfte nach, ob es auch mein Paket war, und übergab es mir. Ich übernahm das Paket, versteckte es unter meiner Kleidung und machte mich auf den Weg. Die Übergabe dauerte vielleicht zwei Minuten.

Es war äußerst gefährlich, solche Papiere bei sich zu tragen. Jeden Moment konnte man angehalten und durchsucht werden. Bei mehr als einer Gelegenheit hatten Kuriere aus der Straßenbahn springen und sich in Sicherheit bringen müssen, dabei sogar an die Türen völlig fremder Leute klopfen müssen. Trotzdem taten wir unser Bestes, unsere Verabredungen in der Mokotowska 31 einzuhalten.

Dann, eines Tages, weigerte sich die Wirtin, mich ins Haus zu lassen. Pan Julian sei verhaftet worden, sagte sie. Die Geheimpolizei habe ihr mehrfach einen Besuch abgestattet. Unsere Besuche in der Mokotowska waren beendet. Wir hörten nie wieder etwas von Pan Julian. Mit der Zeit fanden wir eine neue Adresse, wo die Papiere bearbeitet werden konnten.

Eines Abends half ich einem flüchtigen Juden namens Zam, aus der Krochmalna in ein Versteck in der Brudnowska umzuziehen. Wir warteten bis zum Einbruch der Nacht, damit die Dunkelheit Zams jüdisches Gesicht verbarg. Als wir durch eine nur dämmrig beleuchtete Straße auf unseren Zielort zugingen, hörten wir plötzlich aus der Dunkelheit eine Stimme:

»Ihre Papiere!«

Es war eine deutsche Patrouille. Wir schraken zusammen. Zam hatte eine gefälschte Kennkarte und ein jüdisches Gesicht, meine Papiere waren alles andere als narrensicher. Dennoch zeigten wir sie schweigend vor. Einer der Deutschen überprüfte sie im Licht einer Taschenlampe und leuchtete uns dann mit der Lampe ins Gesicht. Er ließ uns weitergehen.

»Wenn die Deutschen Juden nur an ihrem Aussehen und ihren Papieren erkennen könnten«, bemerkte Zam erfreut, als sie fortgegangen waren, »dann könnte ich mich frei bewegen.«

Und er hatte recht. Unsere Papiere waren tatsächlich in der Regel gut genug für die oberflächlichen Straßenkontrollen. Hunderte von Juden wurden durch diese Fälschungen gerettet.

Das nächste lebenswichtige Hilfsprojekt zu dieser Zeit bestand darin, in nichtjüdischen Häusern Verstecke zu bauen, in die verfolgte Juden bei einem deutschen Überraschungsüberfall fliehen konnten, oder wenn ein neugieriger Nachbar – oder ein *szmalcownik* – mißtrauisch geworden war.

In der Pruzna 14 beherbergte der Schneider Rogozinski, ein Nichtjude, zwei Juden namens Notke und Mietek, die für ihn arbeiteten. Über einen Zeitraum von zwei Wochen trug Jablonski, der nichtjüdische Hausmeister, heimlich Steine, Sand und Kalk in das Haus hinein. Zusammen mit dem Vermieter und den Juden baute er einen mit dem Flur verbundenen Verschlag. Alles war so geschickt gemacht worden, daß die Gestapo, die anscheinend informiert worden war, bei einer gründlichen Durchsuchung das Versteck nicht entdecken konnte. Beide Juden überlebten.

Jurek Igra baute ein kleines Versteck für eine Frau namens Franka Zlotowska, die im Haus eines Nichtjuden in der Krochmalna 36 Zuflucht gefunden hatte. In einer kleinen Toilette errichtete Jurek eine hölzerne Trennwand mit einer getarnten Tür. Die Trennwand wurde gestrichen und mit ein paar alten Bürsten behängt.

Dankewicz, ein Nichtjude, der in Pruszkow lebte, besaß ein bemerkenswertes Versteck, in dem eine Jüdin mit dem Namen Zukker den Krieg überlebte. Das Versteck war eigentlich ein großer Kachelofen. Er war hohl, und man konnte durch den oberen Teil, der aussah wie ein Rauchabzug aus Metall, in ihn hineinsteigen. Trotz vieler Durchsuchungen entdeckte die Polizei das Versteck nie.

Nach dem Tod von Clara Hechtman waren ihre Tochter Gutka und die beiden Mermelsteins in die Orla 6 gezogen. Als der deutsche Terror stärker wurde, bat mich die Vermieterin, Frau Gruzel, inständig, die Juden aus dem Haus zu schaffen. Aber es gab keinen Ort, wohin die drei Juden gehen konnten. Wir boten ihr an, die Monatsmiete zu erhöhen, aber es nutzte nichts. Sie fürchtete um ihr Leben, wenn die Juden jemals bei ihr gefunden würden. Als letzte Möglichkeit beschlossen wir, ein neues Versteck im Haus zu bauen, nämlich in ihrem winzigen Zimmer eine falsche Wand einzuziehen, hinter der sich die Juden bei Gefahr verstekken konnten. Zunächst protestierte die Vermieterin und sagte, es werde das Mißtrauen ihrer Nachbarn erregen, wenn wir Baumaterial hereinbrächten. Außerdem habe sie erst vor kurzem im Haus streichen lassen und wolle nur ungern eins ihrer Zimmer ruinieren. Doch wir argumentierten und appellierten und schwatzten auf sie ein, bis sie schließlich nachgab.

Benjamin Miedzyrzecki wurde damit beauftragt, dieses Projekt durchzuführen, für das das Koordinationskomitee zusätzliche Gelder bereitgestellt hatte. Zusammen mit mir und dem Sohn der Vermieterin trug Benjamin vorsichtig die nötigen Baumaterialien zusammen. Abends begann die Arbeit. Die Tür wurde zugesperrt, die Vorhänge zugezogen, und wir versuchten, möglichst wenig Lärm zu machen. Benjamin benutzte einen Spezialbohrer, der die Wände und Bretter durchlöcherte, so daß wir weitgehend auf den Hammer verzichten konnten.

Dennoch konnten wir nicht ganz geräuschlos arbeiten. Manchmal schienen unsere Herzen lauter zu schlagen als der Hammer. Die Vermieterin ging ständig auf und ab, kaute an den Fingernägeln, brach ab und zu in Tränen aus. Warum nutzten diese Leute sie nur so aus? schluchzte sie. Wir anderen waren kaum weniger angespannt und nervös. Der Raum war vollgestopft mit Brettern, Planken, Werkzeugen und Haushaltsgegenständen. Nackt und unfertig stand die Wand da. Ein Außenstehender hätte nach einem Blick in den Raum nicht lange gebraucht, um den Sinn dieser Bautätigkeit zu vermuten. Während wir arbeiteten, hatten wir ständig Angst, entdeckt zu werden, aber wir bemühten uns, äußerlich ruhig zu bleiben. »Es wird alles gut werden«, beruhigten wir die Vermieterin.

Wir arbeiteten vierundzwanzig Stunden ohne Unterlaß. Der schwierigste Teil war die Tür, gerade groß genug, um hindurchzukriechen. Sie mußte perfekt eingepaßt sein, um auch keinen Verdacht zu wecken. Endlich war auch das erledigt.

An diesem Abend räumten wir auch das winzige Zimmer auf und strichen die Wände. Das neue Versteck war fertig.

Zwei Wochen später wurde auf einen deutschen Beamten in einem Nebenhaus in der Orla ein Anschlag verübt. Kurz darauf umzingelten deutsche Truppen die Umgebung und suchten nach den Attentätern. Wie üblich wurde allen Hausbesitzern und Mietern befohlen, die Häuser zu verlassen. Die Deutschen durchsuchten alle Wohnungen, auch die von Frau Gruzel. Sie leuchteten das winzige Zimmer mit der falschen Wand mit Taschenlampen aus, aber das Versteck und die drei Juden, die sich darin verbargen, haben sie nicht gefunden.

Die Kämpfer aus dem Ghetto in Tschenstochau

Außerhalb Warschaus war die Jagd der Deutschen auf die Juden nicht weniger gründlich als in der Stadt. Relativ wenige Juden brachten das Wunder zustande zu überleben, indem sie in Bunkern, Wäldern oder bei den Bauern Zuflucht suchten.

Wir unternahmen alles, die wenigen, die sich noch in ihren Verstecken befanden, zu erreichen. Im Spätsommer 1943 bat mich Leon Feiner, Mikolai, für das Koordinationskomitee eine Mission auszuführen, aber ohne Reiseerlaubnis. Ohne eine solche Erlaubnis zu reisen, war sehr gefährlich, denn die Deutschen hielten die Züge regelmäßig an und kontrollierten die Passagiere, wobei sie all diejenigen, die keine ordentlichen Ausweise besaßen, festnahmen.

Von Antek, Itzhak Zuckerman, wurde ich über den Zweck meiner Reise instruiert. In Koniecpol in der Gegend von Kielce hatte sich eine kleine Gruppe von Aufständischen aus dem Ghetto von Tschenstochau zu ein paar Bauern geflüchtet. Eine Weile hatte diese Gruppe noch mit Warschau Kontakt gehabt, aber in der letzten Zeit war die Verbindung wegen der häufigen Zugkontrollen unmöglich geworden. Die isolierten Juden waren in einer verzweifelten Lage. Es war lebenswichtig, daß sie das Geld bekamen. Antek beschrieb den genauen Ort der *melina*; ich erhielt etwas Geld und einen Brief und machte mich dann auf den Weg.

Der Zug war voller Schmuggler. Lauthals diskutierten die Passagiere über die Preise für Schweineschmalz und wie schmal doch die Gewinnspanne war für diejenigen, die Waren von einer Stadt zur nächsten transportierten. Dabei verfluchten sie die deutschen Bahnbeamten, die ihre Nahrungspakete stahlen. Für meine Verkleidung als Schmugglerin trug ich eine große Tasche mit »Handelswaren« unter dem Arm; das Geld und den Brief hatte ich unter meinem Gürtel versteckt. Die Reise bis Tschenstochau verlief ohne Zwischenfälle. Dort mußte ich in den Zug nach Kielce umsteigen. Auf dem Bahnsteig führten die Deutschen rigorose Gepäckkontrollen durch.

Während ich noch überlegte, wie ich diese Kontrolle umgehen konnte, die meine primitive Tarnung sicherlich auffliegen lassen würde, flüsterte jemand hinter mir in mein Ohr: »Kommen Sie mit.« Eine meiner Reisegefährtinnen, eine alte Nichtjüdin, die ebenfalls auf dem Weg nach Kielce war, stieg auf der anderen Seite aus dem Zug. Ich folgte ihr mit den »Handelswaren« in meiner Tasche. Hastig liefen wir die Schienen entlang und kletterten in einen Güterwaggon, der auf einem Rangiergleis stand.

»Keine Sorge; hier können wir abwarten, bis die Kontrolle vorbei ist«, sagte sie und streckte sich auf dem Boden des Waggons aus. Nach den Stimmen aus den anderen, angeblich leeren Waggons zu urteilen, war meine Wohltäterin nicht die einzige Schmugglerin, die auf diese Idee gekommen war.

Vier Stunden später stiegen wir gemeinsam in einen Zug nach Kielce. Ein deutscher Beamter und ein polnischer Schaffner kamen den Gang hinunter und prüften die Reisegenehmigungen. Jetzt war ich doch noch in die Falle getappt. Ich beschloß, meine großmütterliche Vertraute ins Vertrauen zu ziehen.

»Versuch sie zu bestechen«, riet sie mir. »Auch wenn das nicht funktioniert, brauchst du dir keine Sorgen zu machen. Sie werfen dich einfach beim nächsten Halt aus dem Zug, dann durchsuchen sie dich und lassen dich gehen. Die deutschen Zugführer sind allerdings knallhart.«

Ängstlich wartete ich, bis die Kontrolleure zu mir kamen. Was, wenn sie das Bestechungsgeld ablehnten und ich bei der nächsten Haltestelle durchsucht würde? Sie würden mein Geld und den Brief finden, und ich wäre ein weiteres Opfer, das den Deutschen ins Netz gegangen war. Aber es gab keine Alternative. Glücklicherweise nahmen sie die Bestechung ohne Nachfragen an.

Fünfzehn Stunden, nachdem ich Warschau verlassen hatte, stieg ich in Zelislawice aus dem Zug, verabschiedete mich schnell von den Schmugglern und machte mich über die Hauptstraße davon. Ich folgte Anteks Anweisungen und machte schnell einen verkohlten Schornstein aus und, auf einem eingezäunten Stück Land, das hölzerne Skelett einer Hütte, die gerade gebaut wurde. Auf dem Boden lagen Planken, Backsteine und andere Materialien verstreut herum. Rechts davon lag eine riesige Scheune aus Holz und gleich daneben ein kleiner Schuppen, der als primitive Küche diente. Ich kletterte über den Zaun. Ein Hund begann zu bellen, und eine weibliche Stimme rief: »Wer ist da?« Eine alte Bäuerin kam von der Scheune auf mich zu gelaufen.

»Wen suchen Sie?« fragte sie mißtrauisch.

»Ich möchte etwas Butter von Ihnen kaufen«, sagte ich laut. Als sie näher gekommen war, flüsterte ich ihr zu, wen ich wirklich besuchen wollte.

Die alte Frau schien verwirrt zu sein. Sie hatte keine Ahnung, wovon ich sprach, noch hatte sie Butter zu verkaufen, und sie wäre mir jetzt dankbar, wenn ich mich auf den Weg machen würde. Jetzt war die Verwirrung auf meiner Seite. Das mußte die richtige Stelle sein! Alle Erkennungszeichen, die man mir genannt hatte, waren da. Ich war hartnäckig und erwähnte zum ersten Mal, daß ich Geld für die Juden mitgebracht hätte, die sich versteckt hielten. Sie schaute mich einen Moment lang prüfend an, dann bat sie mich zu warten. Sie humpelte davon und verschwand hinter der Scheune; ein paar Minuten später tauchte sie wieder auf und bedeutete mir, hineinzugehen.

Sobald ich eingetreten war, verriegelte sie die Tür. Drinnen war es dunkel, die Scheune war vollgestopft mit Stroh. Dann begann sich auf dem Heuboden etwas zu regen. Ich schaute auf und sah ein paar Köpfe aus dem Stroh auftauchen.

»Ist das wirklich wahr?« Ich hörte erstaunte Stimmen. »Jemand aus Warschau besucht uns?«

»Ja, ich bin aus Warschau«, antwortete ich.

Eine Leiter wurde herabgelassen, und ich kletterte auf den kleinen Boden, dessen Decke so niedrig war, daß ich nicht aufrecht stehen konnte. Ein Dutzend junger Leute lag im Stroh, von dem ganze Büschel an ihren Haaren und ihren Kleidern klebten.

Einer der jungen Männer stellte sich mir als Kuba vor. Er war der Sprecher der Gruppe.

»Wir haben schon so lange auf Sie gewartet!« sagte er.

»Also habt ihr uns doch nicht vergessen«, rief eines der beiden Mädchen der Gruppe aus.

»Wir hatten schon fast die Hoffnung aufgegeben, daß jemand zu uns kommen würde«, sagte eine dritte Stimme.

Eine weitere Stimme sagte, diesmal in die Richtung der Bäuerin: »Sehen Sie, Sie hätten uns vertrauen sollen.«

»Das ist Chaim, unser Geschäftsführer«, sagte Kuba zu mir.

»Und welche Geschäfte führen Sie, hier im Stroh?« fragte ich die Stimme.

»Sie brauchen nicht zu lachen«, sagte Kuba. »Chaim ist unser Verbindungsmann zu den Bauern. Sie kennen ihn sehr gut und wollen nur mit ihm Geschäfte machen.«

Jemand hob meinen Schmugglersack hoch. Ich wurde gefragt, wie es mir während der Reise ergangen sei, ob ich auf irgendwelche Schwierigkeiten gestoßen wäre, wie der Kriegsverlauf stehe und wie die Lage in der Stadt sei.

»Dürfen wir Sie mit Vornamen anreden?« unterbrach einer.

»Natürlich«, sagte ich.

Die Atmosphäre entspannte sich. Es dauerte nicht lange, und es war, als ob alte Freunde sich wiedersehen würden. Kuba drängte alle, sich hinzusetzen, sonst hätten manche von uns nicht genug Zeit, sich im Stroh zu vergraben, falls ein ungebetener Besucher auftauchte. Sie hatten mich durch die Risse in der Scheunenwand – ihr Aussichtsposten – kommen sehen, aber nicht glauben können, daß ich gekommen war, um sie zu besuchen.

Wir kamen zum Zweck meines Besuches. Es gab 23 Juden im Dorf, davon hatten 13 sich in der Scheune verschanzt, und die übrigen waren in zwei *melinas* untergebracht. Schon seit Wochen hatten sie keinen Pfennig mehr, und die Vermieterin hatte gedroht, sie hinauszuwerfen. Jetzt lebten sie auf Kredit und waren halb verhungert. Bei 30 Zloty pro Tag und Person beliefen sich ihre Schulden mittlerweile auf 10000 Zloty. Tag und Nacht wälzten sie sich auf dem schmutzigen Stroh; einige von ihnen waren mit wunden, eiternden Stellen übersät. Sie brauchten Medikamente, Kleider und Decken.

Chaim stand mit einem kommunistischen Bauern im Dorf, der seinen Vetter beherbergte, in enger Verbindung. Dieser Bauer wollte gern eine Partisanengruppe organisieren, doch fehlten ihm die dazu notwendigen Waffen (später traf ich diesen Bauern in Warschau und vermittelte ihn an Antek weiter). Der jüdische Untergrund stand kurz davor, einen aus ihrer Gruppe nach Warschau zu delegieren, hatte aber keine Kontakte dorthin. Kuba fragte mich nach einer Adresse, nur damit sie Briefe schreiben konnten, denn sie waren hilflos und von der übrigen Welt abgeschnitten.

»Wenn wir die Verbindung zu Warschau verlieren, ist das unser Ende!« Kubas Worte klangen endgültig.

Sie baten mich auch, mit ihrer Vermieterin zu sprechen, bei der, wie sie sagten, die Warschauer in hohem Ansehen standen, und ihr zu versichern, daß sie kreditwürdig seien. Die Gruppe war nun in Hochstimmung; sie würden die dringend benötigten Gelder schließlich doch erhalten. Sie erzählten mir, wie einige von ihnen, als Bauern verkleidet, den Deutschen entwischt und aus dem Ghetto von Tschenstochau geflohen waren.

Die meisten der versteckten Juden hier waren Zionisten, überwiegend aus dem Arbeiterflügel. Sie flehten mich um Neuigkeiten über ihre zionistischen Kameraden, die mir bekannt waren, und über den Verlauf des Krieges an. Ich sagte, die neuesten Nachrichten von der Front seien gut; die Deutschen bezögen ordentlich

Prügel, der polnische Untergrund bringe Deutsche um, und die Menschen in Warschau seien der Meinung, daß der Krieg bald zu Ende sein werde. Sie hörten aufmerksam zu.

»Das heißt, daß wir das Kriegsende vielleicht erleben werden«, bemerkte einer.

»Ja, bestimmt!« stimmte ich begeistert zu.

Mein Optimismus war teilweise vorgespielt, aber auch ich wollte es so gerne glauben! Ich erzählte ihnen vom Warschauer Ghettoaufstand. Sie nahmen meinen Bericht über die Geschehnisse fast wie körperliche Nahrung auf. Sie wurden lebhaft, äußerten ihre Analysen, Meinungen, Interpretationen.

Wir unterhielten uns bis spät in die Nacht. Ich gab ihnen die Kontaktadresse von Marja Barkowska, nahm von denen, die gefälschte Papiere brauchten, Photographien entgegen und auch zwei Briefe: einen an Tzivia Lubetkin und Antek, den anderen an das Koordinationskomitee.

»Vergeßt uns nicht!« flehten sie, als ich die Leiter hinunterstieg. Ich verließ die Scheune mit dem Gefühl, als ob ich von meiner eigenen Familie fortginge.

Nach diesem Besuch reiste ich alle paar Wochen nach Zelislawice, um der versteckten Gruppe Geld, Kleider und Medikamente zu bringen. Die Zugreise wurde immer gefährlicher. Aber trotz aller Schwierigkeiten hielten wir unseren Kontakt aufrecht.

Die Wälder von Koniecpol

Im Herbst 1943 wurde unsere Fürsorgearbeit durch Verzögerungen bei der Ankunft der Gelder aus dem Ausland gefährdet. Mehrere Wochen lang trieb die schiere Not die Juden in den *melinas* zur Verzweiflung. Die dringenden Hilferufe aus Zelislawice mußten unbeantwortet bleiben. Endlich erhielt ich aus unseren

Quellen eine beträchtliche Summe und machte mich wieder auf die Reise.

Die Gestapo hatte kurz zuvor eine Reihe von Reisenden ohne die notwendigen Ausweispapiere festgenommen, so daß, als der polnische Schaffner im Zug nach Kielce uns warnte, daß beim nächsten Halt eine deutsche Wachmannschaft auf uns wartete, beinahe alle Passagiere, ohne einen Augenblick zu zögern, aus dem Zug stiegen und sich zerstreuten. Wir waren 27 Kilometer von Kielce entfernt, und meine Verabredung war in sechs Stunden.

Die meisten anderen Schmuggler hatten ihre Schuhe ausgezogen und gingen in dieselbe Richtung wie ich. Ich folgte ihnen, zog die Schuhe aus, die ich an den Schnürsenkeln zusammenband und um die Schultern hängte, und ging mit den anderen über Wege, Felder und Zäune in Richtung Zelislawice.

Es war dunkel, als ich bei der Scheune ankam – erschöpft, schmutzig, mit Kratzern und Blasen an den Füßen. Das erste, was ich sah, war die Vermieterin; verzweifelt rang sie die Hände. Mein Herz begann zu klopfen; etwas Schreckliches mußte geschehen sein! Die alte Frau wischte sich die Tränen vom Gesicht und schwor bei Jesus und der Heiligen Jungfrau, daß sie unschuldig sei. Verwirrt beschwor ich sie, mir zu erzählen, was geschehen war.

Anscheinend hatte die Scheune das Mißtrauen ihrer Nachbarn erregt, die daraufhin das Gerücht verbreiteten, die alte Frau gewähre Juden Unterschlupf. Inzwischen hatten ihre Untermieter kein Geld mehr, und sie hatte ihnen befohlen zu gehen. Ein paar konnten bei einem anderen Bauern unterschlüpfen, der Rest war in den Wald gegangen.

Die Bäuerin hielt einen Augenblick inne, tupfte wieder ihre Augen ab und rief die Muttergottes als Zeugin ihrer Unschuld an.

»Nun erzählen Sie doch, wie die Geschichte ausging«, forderte ich.

Sie setzte ihre Leidensgeschichte fort. Einige Tage zuvor hatten polnische Partisanen eine Hütte überfallen, in der vier Juden, zwei junge Männer und zwei Mädchen, Unterschlupf gesucht hatten. Die Polen hatten entschieden, daß die Juden Kommunisten waren. Sie verprügelten sie gnadenlos und vertrieben sie aus der Hütte. Das alles geschah am hellen Tage; die Neuigkeiten verbreiteten sich im Dorf; die polnische Polizei fing drei der Juden – zwei Mädchen und einen Mann –, und schließlich, nachdem man sie den ganzen Tag auf einem Fuhrwerk durch das Dorf gefahren und zur Schau gestellt hatte, wurden sie bei Einbruch der Nacht hingerichtet. Diese drei gehörten zu der Gruppe der dreizehn Juden, die ich bei meinem ersten Besuch auf dem Heuboden kennengelernt hatte. Es waren die beiden jungen Frauen und Kuba, der Sprecher der Gruppe. Der andere junge Mann war irgendwie entkommen.

Ich war wie benommen – ich war zu spät gekommen. Ich konnte kaum sprechen, aber ich zwang mich, die alte Frau zu fragen, wo ich die übrigen Juden finden konnte. Sie glaubte, das könnte ein Bauer namens Romanow wissen. Seine Hütte stand am Waldrand; er half den Partisanen, und vielleicht auch den Juden.

Es dämmerte schon, als ich bei Romanow ankam. Ein großer Mann führte mich in eine hellerleuchtete Küche, wo er mich höflich fragte, was mich zu ihm führe. Zwei kleine Kinder spielten auf dem nackten Erdboden. Eine junge Frau bereitete gerade eine Mahlzeit zu. Das hier war anscheinend nur eine Familie, ohne Fremde.

»Könnte ich mit Ihnen ein Wort unter vier Augen sprechen?« fragte ich.

Ohne ein Wort zu sagen, öffnete Romanow die Tür zum Nebenzimmer. Er bat mich, einzutreten und Platz zu nehmen. Ich erzählte ihm offen von dem Zweck meines Besuchs. Konnte er mir vielleicht sagen, ob und wo sich Juden in der Nähe versteckten? Nach einigem Zögern räusperte er sich und fragte mich, welche Juden ich meinte. Ich nannte die Namen der Juden, die ich kannte.

»Ja, das paßt!« sagte er. Er fuhr fort, daß ab und an im Schutz der Dunkelheit ein paar Juden zu ihm gekommen waren, um ihn um Essen zu bitten. Er hatte dann jedem eine Schüssel Suppe und eine Scheibe Schwarzbrot gegeben. Sie hatten ihn oft besucht; manche von ihnen kannte er sogar mit Namen. Obwohl er mir nicht mit Bestimmtheit sagen konnte, wo sie sich aufhielten, wollte er mich die Nacht in seiner Hütte verbringen lassen, falls ich das wünschte. Vielleicht würde einer der versteckten Juden in der Nacht auftauchen.

Er schien vertrauenswürdig. Ich nahm seine Einladung an. Er stellte mir sehr detaillierte Fragen über Warschau und die Neuigkeiten von der Front.

Als es Zeit war, gingen wir alle zu Bett. Es wurde still in der Hütte, aber ich konnte nicht einschlafen; mein Gehör war überempfindlich geworden. Sogar das Seufzen des Windes machte mich nervös, und das Rauschen der Bäume draußen verwandelte sich in das Geräusch verstohlener Schritte.

Bald jedoch wurde die Phantasie zur Wirklichkeit. Erst ein Kratzen am Fenster, dann ein verhaltenes, aber deutliches Klopfen gegen das Glas. Ich hielt den Atem an; wieder das Klopfen. Als nächstes hörte ich die Romanows aus den Betten steigen und fragen, wer da sei.

»Still! Still! Wir sind es!« kam die Antwort.

»Ah! Sie sind da, Fräulein.« Romanow ging zurück in die Hütte und gab mir einen kleinen Stups. Er zündete eine Kerze an und begann sich flüsternd mit jemandem zu unterhalten. Die Neugier verzehrte mich. War der Fremde ein mir bekannter jüdischer Flüchtling? Die kleine Gruppe trat aus dem Flur ins Licht. Es waren tatsächlich zwei der Partisanen, die ich kennengelernt hatte – Staszek und der kleine Jakubek. Wir begrüßten uns freudig. Die beiden ließen mich nicht zu Wort kommen; sie wollten schnell in den Wald zurück, um den anderen meine Ankunft mitzuteilen. »Sie können sich nicht vorstellen, was es für uns bedeutet, daß Sie hier sind!« sagte Jakubek und drückte mir die Hand. Dann lief er aus der Hütte, ohne auf ein Wort von mir zu warten.

Staszek blieb bei uns. Im Kerzenlicht konnte ich deutlich sein hageres Gesicht und seine leuchtenden Augen sehen. »Es gibt viel zu erzählen«, begann er mit zitternder Stimme. »Eine Menge ist geschehen, seit Sie das letzte Mal hier waren. Einige von denen, die Sie kannten, leben nicht mehr.«

Romanow schlug uns vor, in die Küche zu gehen, wo wir ungestört miteinander reden konnten.

»Wenn Romanow nicht wäre, dann wären wir alle wahrscheinlich schon verhungert«, sagte Staszek, als wir allein waren. Als sie noch Geld zur Verfügung hatten, waren ein paar jüdische Kämpfer in den Wald gegangen und hatten dort mit Hilfe eines Polen eine Partisaneneinheit gebildet. Die Juden paßten sich schnell dem Leben da draußen an. Sie lebten von dem Brot und den Kartoffeln, die sie auf den Höfen der reichen Landbesitzer bekommen konnten. Ab und zu hatten sie eine »Arbeit« erledigt – eine deutsche Fabrik in die Luft gejagt, einen deutschen Wachsoldaten getötet, und so weiter. Die Bevölkerung wußte von den jüdischen Partisanen und unterstützte sie.

Vor kurzem war eine Brigade polnischer Partisanen, die sich selbst nach ihrem Anführer die »Orzel« nannten, in die Gegend gekommen. Zuerst war die Brigade zu den jüdischen Partisanen freundlich gewesen. Tatsächlich wollten sich die jüdischen Kämpfer den Polen anschließen; es war immer besser, sich mit einer erfahrenen und größeren Gruppe zusammenzutun. Eines Nachts, als die meisten der jüdischen Kämpfer fort waren, um Essen aufzutreiben, war ein Dutzend bewaffneter »Orzel« im jüdischen Lager aufgetaucht. In der Annahme, die Polen seien Freunde, begrüßten die Juden sie. Doch plötzlich eröffneten die Polen das Feuer. Einige der Juden fielen auf der Stelle, die anderen konnten entkommen. Der Überfall war so unerwartet gekommen, daß die Überlebenden keine Gelegenheit hatten, auf der Flucht die Waffen ihrer gefallenen Kameraden mitzunehmen.

Die Überlebenden erfuhren von den Bauern, daß die »Orzel« auf geflohene Juden Jagd machten und die Stelle entdeckt hatten, wo Kuba und die beiden jungen Frauen sich versteckt hatten. Zu der jüdischen Partisanengruppe waren die Juden, die von der Bäuerin aus der Scheunen-*melina* vertrieben worden waren, gestoßen. Gemeinsam durchstreiften sie den Wald, wo nicht nur die Deutschen, sondern auch die polnischen Partisanen Jagd auf sie machten.

»Viel länger werden wir im Wald nicht mehr überleben können«, schloß Staszek niedergeschlagen.

Am Nachmittag traf ich die Gruppe der Juden, die sich im Wald versteckten. Sie waren nur noch Haut und Knochen, wandelnde Skelette, die sich kaum aufrecht halten konnten. Sie waren zerlumpt; einige hatten Fetzen oder Sackleinen um ihre Füße gewikkelt. Sie brauchten so schnell wie möglich ein Dach über dem Kopf. Wieder einmal, wie schon so oft davor und danach, bewies sich, daß Geld unwiderstehlich war. Als sie das Geld sahen, bot sich nicht nur der alte Bauer, sondern auch andere Dorfbewohner an, die Juden eine Zeitlang zu beherbergen. Kurze Zeit später erhielt ich vom polnischen Untergrund ein Schriftstück, das besagte, daß die Juden unter dem Schutz der *Armia Krajowa*, der rechtsgerichteten polnischen Untergrundorganisation, standen. Damit sollte der Schutz der Juden vor weiteren Belästigungen durch die örtlichen polnischen Partisanengruppen gewährleistet sein.

Den Kontakt zu den Juden von Zelislawice hielten wir bis zum Kriegsende aufrecht.

Die Arbeitslager von Tschenstochau

In einigen polnischen Städten ließen die Deutschen in ein paar Gebieten Juden übrig, die in besonderen Lagern isoliert wurden und für die deutsche Kriegsmaschine Zwangsarbeit verrichteten, unter Bedingungen, die jeder Beschreibung spotteten.

Wir versuchten, diesen jüdischen Überlebenden so gut wir konnten zu helfen und ihr Schicksal erträglich zu machen. Jüdische und nichtjüdische Sonderkuriere wurden ausgeschickt, um Informationen über die Juden in den Arbeitslagern zu sammeln und Wege zu finden, wie man ihnen helfen konnte.

Einer der Orte, wo solche Arbeitslager existierten, war Tschenstochau. Mir wurde die Verantwortung für die Verbindung mit den überlebenden Juden dort übertragen; man vertraute mir Briefe und Geld für Motel Kushnier und Laib Brenner an, zwei Untergrundaktivisten, die in den deutschen Fabriken in Pelcery und Rakow arbeiteten.

Die Reise nach Tschenstochau verlief ohne Zwischenfälle. Dort angekommen, ging ich geradewegs zu der einzigen nichtjüdischen Adresse, die mir meine Kameraden, die Ghettoaufständischen aus Tschenstochau, die sich jetzt in Koniecpol versteckten, gegeben hatten. Es war ein Arbeitslager in der Nähe von Rakow, wo mir ein alter polnischer Fabrikarbeiter helfen sollte, die notwendigen Kontakte herzustellen.

Der Mann war nicht sehr freundlich. Es stimmte, er hatte den Juden vor langer Zeit geholfen, aber er sagte, das würde er nie wieder tun. Er hatte Angst. Außerdem, beeilte er sich zu sagen, hatte er kaum Platz genug für sich selbst und konnte keine Besucher empfangen – ein klarer Hinweis, daß ich mich auf den Weg machen sollte. Ich versuchte, den alten Mann umzustimmen, indem ich ihm für seine Bemühungen Geld anbot, aber er blieb hart; seine Nachbarn und auch einige seiner Mitarbeiter beobachteten ihn, und er weigerte sich, ein Risiko einzugehen.

Statt dessen riet er mir, zum Tor der Fabrik in Rakow zu gehen, wo Juden und Nichtjuden zusammen arbeiteten und wohnten. Vielleicht erklärte sich einer der Nichtjuden dort bereit, einen Brief für mich zu übergeben.

Ich verließ ihn und ging die lange, schlammige Straße hinunter, die zum Bahnhof von Rakow führte. Die Fabrik befand sich in der

Nähe der Schienen – ein riesiges, eingezäuntes Gebiet mit turmhohen Schornsteinen. Ich trieb mich vor dem Tor herum und beobachtete dabei, daß die Wachen jeden durchsuchten, der das Gelände betrat oder verließ. Unter denen, die das Tor passierten, waren keine Juden. Sie waren wahrscheinlich im hinteren Bereich der Fabrik.

Ich hielt einige der Arbeiter an, die die Fabrik verließen, und bot ihnen ein Bestechungsgeld an, wenn sie eine Nachricht für die Mitarbeiter mit hineinnehmen würden. Schließlich erklärte sich ein alter polnischer Fabrikarbeiter dazu bereit. Ich kritzelte schnell ein paar Worte, die ich an Kushnier adressierte – der Name klang ein wenig polnischer als Brenner. Dennoch betonte ich, daß diese Person nur unter den Juden zu finden sei. Der Nichtjude stellte keine Fragen – er wußte, was er da tun würde. Er drängte mich sogar, meine Nachricht vorsichtig zu formulieren, so daß er keinen Ärger haben würde, wenn sie abgefangen würde. Ich sollte am nächsten Tag zu derselben Stelle kommen, um die Antwort abzuholen.

Das bedeutete, daß ich mir eine Bleibe für die Nacht suchen mußte. Es gab keine Hotels für Polen in der Stadt, und auf der Straße konnte ich nicht bleiben, weil ich eine deutsche Razzia befürchten mußte. Selbst der Bahnhof kam nicht in Frage; die Deutschen führten dort vielleicht Sicherheitskontrollen durch. Ich mußte ein Mietshaus suchen.

Die Schmuggler hatten mir erzählt, daß ein paar arme Nichtjuden in der Bahnhofsgegend an die Schmuggler aus den anderen Städten Zimmer vermieteten. Bei einem von ihnen fand ich ungefähr fünfzehn Männer und Frauen vor, die in Kleidern auf dem Fußboden eines schmuddeligen Zimmers auf Strohmatten herumlagen und schnarchten. Es war besser als nichts. Die Vermieterin, eine krank aussehende Frau, teilte mir mit, daß sie mich erst nach der Ausgangssperre unterbringen konnte. Zugleich warnte sie mich, daß sie für gestohlene Sachen keine Verantwortung übernahm und daß ich voll bekleidet schlafen müßte. Sie riet mir, mir die Stadt anzusehen und bis zur Sperrstunde die Kathedrale Jasna Gora zu besuchen.

Da ich nicht wußte, wo ich mich sonst bis zur Schlafenszeit aufhalten sollte, beschloß ich, ihren Rat zu befolgen. Vor dem Krieg hatte die Kathedrale nicht nur Tausende von Katholiken, sondern auch Touristen aller Glaubensrichtungen angezogen. Mythen und Legenden rankten sich um die Kirchenschätze und die Wunder, die sich innerhalb der Mauern ereignet hatten.

An diesem Nachmittag war die Kathedrale fast leer, eine Insel der Ruhe und Gelassenheit inmitten des Schreckens, der Polen damals war. Ich hatte eine schlaflose Nacht im Zug verbracht und war den ganzen Tag auf den Beinen gewesen. Nun, inmitten der Glasfenster, der Madonnen, Statuen und Altäre, überkam mich Müdigkeit. Ich stand vor den Madonnen und Wandteppichen, ohne sie zu sehen, ich folgte dem Führer einer Touristengruppe, ohne ihn zu hören. Das Dröhnen seiner Beschreibungen in der riesigen, dunklen Kathedrale machte mich nur noch schläfriger. Ich wollte mich nur noch ausruhen. Nach und nach fiel ich zurück und fand einen abgelegenen Winkel, in dem ich mich zusammenrollen konnte. Es schien keiner zu bemerken, daß ich dort war.

Ich fühlte, daß ich Zuflucht gefunden hatte. Hier gab es keine deutschen Wachen, keine neugierigen Augen – nur eine feierliche Gelassenheit, die meine Ängste beruhigte. Danach verbrachte ich die meisten meiner freien Stunden in Jasna Gora. Solange ich nach einem Kontakt in Tschenstochau suchte, war die Kathedrale meine Zuflucht.

Die Nachricht, die ich dem alten Mann bei der Fabrik gegeben hatte, führte zu nichts. Zwei Tage später hatte er die Leute, mit denen ich Verbindung aufnehmen wollte, immer noch nicht ausfindig gemacht. Meine Bemühungen, andere Arbeiter zu überreden, eine Botschaft mitzunehmen, waren erfolglos. Als letztes wandte ich mich wieder an den Mann, der sich ursprünglich zur

Hilfe bereit erklärt hatte, und betonte die Wichtigkeit seiner Zusammenarbeit. Schließlich – ich denke, größtenteils, um mich loszuwerden – war er bereit, den Brief des Koordinationskomitees auszuhändigen. Aber er bestand darauf, daß er sich nach dieser Mission nie wieder an irgendwelchen jüdischen Geschäften beteiligen würde.

Es verging ein ganzer Tag. Ich wartete am Fabriktor. Endlich erschien der alte Mann, in einem höchst aufgeregten Zustand. Er war an diesem Tag fast in Schwierigkeiten geraten, sagte er, weil eine deutsche Wache gesehen hatte, wie er mit einem Juden sprach. Glücklicherweise war der Wachsoldat im letzten Augenblick abgerufen worden.

»Also, haben Sie eine Antwort für mich?« fragte ich ungeduldig.

»Ja, die habe ich«, schnappte er. »Aber das ist das letzte Mal, daß ich so was mache!«

Begierig griff ich nach dem Stück Papier, das er mir entgegenhielt. Kam es wirklich von den Juden? Ja, tatsächlich. Die Empfänger des Briefes schrieben, sie hätten ihren Augen kaum glauben können. Sie waren überglücklich, daß man sie nicht vergessen hatte. Das Hilfsangebot aus Warschau gab ihnen inmitten ihres Elends Mut und Hoffnung. Sie würden sich darum kümmern, daß die Anweisungen aus dem Brief ausgeführt würden. Die Antwort war mit »Jacek« unterzeichnet – der Codename eines jungen Zionisten aus der Fabrik, der mit den Kämpfern aus dem Ghetto von Tschenstochau in enger Verbindung stand und von der heimlichen Unterstützung, die andernorts gegeben wurde, bereits wußte. Der Brief enthielt auch die Adresse von Jan Brust, einem polnischen Fabrikarbeiter, der als unser Kontaktmann fungieren konnte.

Endlich hatte ich Verbindung aufgenommen! Nun mußte ich zurück nach Warschau, um die guten Nachrichten weiterzugeben und weitere Anweisungen abzuwarten.

Ein paar Tage später war ich wieder in Tschenstochau, mit weiteren Briefen und mehr Geld. Dieses Mal ging ich gleich zu Jan

Brust, der nicht weit von der Fabrik wohnte. Er hatte mich erwartet und begrüßte mich herzlich, lud mich ein, in seinem Haus zu essen und zu schlafen und dort die Antworten auf meine Briefe abzuwarten. Jan war ein äußerst geschickter Handwerker. Auf dem Weg zur Arbeit schmuggelte er die Briefe und das Geld hinein und brachte bei seiner Rückkehr die Antwortschreiben mit. So wurde eine regelmäßige und zuverlässige Verbindung eingerichtet. Alle Paar Wochen stattete ich, ausgerüstet mit Geldern und Anweisungen aus Warschau, Brust einen Besuch ab. Es stimmt, er wurde für jeden Brief und jedes Paket, das er hineinschmuggelte, gut bezahlt, aber seine Menschlichkeit, Freundlichkeit und Zuverlässigkeit machten alles andere wett.

Durch die geschmuggelten Briefe und durch Brusts Schätzungen erfuhren wir, daß es noch ungefähr 3000 Juden in Tschenstochau gab. Sie arbeiteten in den Fabriken in Pelcery und Rakow, Tag und Nacht, in Acht-Stunden-Schichten, und ihre Aufgaben gehörten zu den Schwierigsten und Gefährlichsten.

Die gefürchtetste Prüfung waren die Selektionen, die von den Deutschen periodisch durchgeführt wurden. Dabei wurden anscheinend willkürlich jüdische Arbeiter ausgewählt, die in andere Lager überführt werden sollten. Da sie aus gutem Grund befürchteten, daß es sich hierbei in Wirklichkeit um Todesdeportationen handelte, hatten die Juden auf dem Fabrikgelände Bunker gebaut, die ihnen als Verstecke dienten.

Unterernährt und immer hungrig verkauften sie ihre Kleider an ihre nichtjüdischen Mitarbeiter, um die horrenden Preise für geschmuggelte Lebensmittel bezahlen zu können.

Die deutschen Inspektionen fanden oft statt und waren gründlich. Die Juden mußten sich vollkommen ausziehen, jedes Kleidungsstück wurde peinlich genau untersucht, alle Baracken und jede Koje gründlichst durchkämmt. Fand sich dabei Geld oder ein geschmuggelter Laib Brot, wurde es nicht nur konfisziert, sondern auch sein jüdischer Besitzer gnadenlos verprügelt.

So brauchte es große Vorsicht und Erfindungsreichtum, damit das Geld auch den ärmsten Juden zugute kam, für die ich es hineinschmuggeln ließ. Oft wußten die Empfänger nicht einmal, daß die Hilfe vom Koordinationskomitee oder daß sie überhaupt von außerhalb des Lagers kam.

Besonders berücksichtigt wurden die wenigen überlebenden Kinder und die kranken Arbeiter, für die Medikamente und zusätzliche Nahrung besorgt wurde.

Ich konnte auch ein paar polnische Untergrundzeitungen und Publikationen vom *Bund* hineinschmuggeln. So kam eine ausgedehnte heimliche Hilfstätigkeit in Bewegung.

Nach einiger Zeit teilte das geheime Komitee Jüdischer Überlebender in Tschenstochau Warschau mit, daß die Juden im Arbeitslager dringend Waffen haben wollten, die sie beizeiten einsetzen wollten.

»Wir wollen kämpfen wie unsere Brüder im Warschauer Ghetto!« schrieben sie uns. »Versucht uns Revolver und Granaten zu bringen.«

Die Bitten wurden immer dringlicher, als sich die Kunde von der Vernichtung der Juden in den Arbeitslagern in Poniatow und Trawniki herumsprach. Unglücklicherweise waren unsere Bemühungen, die Juden zu bewaffnen, umsonst. Wir hatten keine Möglichkeiten, Waffen einzuschleusen, und mußten uns auf die Lieferung von Geld, gefälschten Papieren und Medikamenten beschränken.

Das ganze Unternehmen wurde durch den tragischen Tod von Jan Brust gefährdet, der von einem deutschen Posten beim Schmuggeln gefaßt und lebensgefährlich verwundet worden war. Die Juden in der Fabrik taten ihr Äußerstes, scheuten weder Mühe noch Kosten, um das Leben ihres treuen Freundes zu retten.

Dennoch setzten wir unsere Fürsorgearbeit fort. Wir fanden einen anderen vertrauenswürdigen Polen namens Mendzec, der für die Fabrik in Pelcery arbeitete. Er übernahm die Aufgabe, die

Briefe für die Juden ins Arbeitslager zu schmuggeln. Bis zur Befreiung hielt unsere Untergrundbewegung diesen Kontakt aufrecht. Die meisten Juden, die in den Fabriken von Pelcery und Rakow arbeiteten, überlebten den Krieg.

Die jüdischen Arbeitslager in Radom

Die Verbindung zu den Juden im Lager von Radom herzustellen, war ein ganz anderes Problem. In Tschenstochau war es unser Ziel, geheime Hilfskomitees innerhalb des Lagers einzurichten, die mit dem Warschauer Koordinationskomitee zusammenarbeiten konnten. Wir hatten zwar die Namen von verschiedenen Juden, unter anderem Avrom Meltzer und Kotlar, die in einer deutschen Druckerei arbeiteten; aber anders als in Tschenstochau kannten wir hier keine Nichtjuden, die uns als zuverlässige Mittelsmänner zur Verfügung stehen konnten. Nach Besprechungen mit Leon Feiner und Samsonowicz machte ich mich auf den Weg nach Radom, um einen Brief und etwas Geld an die überlebenden Juden zu übermitteln.

Radom war ein militärisches Zentrum, wo es vor deutschen Soldaten und Wachposten wimmelte. Nur wenige Zivilpersonen waren zu sehen, und nur wenige Geschäfte waren geöffnet. Geschäfte wurden dort nur noch heimlich gemacht. Die Stadt lebte in Todesangst vor den Deutschen, die dafür sorgten, daß jede Vorschrift buchstabengetreu befolgt wurde.

Bei meiner Ankunft ging ich direkt zum Druckereibetrieb, einem niedrigen, grauen Gebäude auf der Nowe-Miasto. Es war geschlossen, die Fensterläden waren vorgelegt, und der Haupteingang, der zu den Fabrikbüros führte, wurde von einigen Deutschen bewacht. In der Nähe verkaufte eine alte Nichtjüdin an einer Straßenecke Äpfel. Ich kaufte zwei und fragte dann wie nebenbei, wo ich ein paar alte Kleidungsstücke verkaufen konnte. »Ich habe gehört, die Juden kaufen so billiges Zeug«, fügte ich hinzu, »aber ich weiß nicht, wo die sind.«

Die alte Frau zögerte, schaute sich verstohlen um und flüsterte dann: »Sie können keine Geschäfte mehr mit Juden machen. Die sind ihre besten Sachen schon vor langer Zeit losgeworden; jetzt reißen sie sich die letzten Fetzen vom Leibe – es lohnt sich nicht, das zu kaufen. Außerdem haben die Deutschen eine Reihe Schwarzmarkthändler hochgenommen und erschossen.«

»Sagen Sie mir nur, wo ich sie finden kann«, unterbrach ich sie. »Ich entscheide dann selbst, ob sie irgend etwas haben, das sich zu kaufen lohnt.«

Die alte Frau zeigte auf ein Gebäude, an dem ich gerade vorbeigekommen war. »Da drüben – aber Sie können sie nur mittags sehen. Nehmen Sie die zweite Querstraße, wo die städtischen Bäder liegen. Heute ist Badetag für die Juden.«

Ich suchte mir eine günstige Stelle und wartete. Ungefähr eine halbe Stunde später erschien eine Gruppe von Menschen mit weißen Armbinden bei einem grauen Gebäude auf dem Gelände – dem städtischen Schwimmbad. Das waren die Juden.

Hinter dem Schwimmbad stand eine Ansammlung alter Holzhütten. Eine Gruppe von Nichtjüdinnen stand in der Nähe. Ich lief zu ihnen, denn ich hoffte, ein paar zusätzliche Informationen zu bekommen – und wurde wütend angegriffen. Sie waren Schmugglerinnen und wollten keine Konkurrenz; die Geschäfte, sagten sie, standen ohnehin schon schlecht genug. Seit Tagen warteten sie nun schon darauf, daß sie ihre Geschäfte abwickeln konnten. Ich versicherte ihnen, daß ich nur wenige Dinge für mich selbst kaufen wollte, und bat sie, mich bei sich zu dulden. Nur ungern erlaubten sie mir zu bleiben.

Wir alle warteten darauf, daß sich die deutschen Posten abwandten, damit wir zu den Juden gehen konnten. Es waren Männer und Frauen, einige waren richtig angezogen, aber die meisten waren zerlumpt. Sie wurden auch von der jüdischen Polizei bewacht. Sie gaben uns Zeichen, trauten sich aber nicht, näher zu kommen, bis die Deutschen gegangen waren. Dann liefen die nichtjüdischen Händler zu ihnen. Ich folgte ihnen. Die Juden bettelten um Brot, Kartoffeln, Fett.

Die meisten von ihnen konnten kaum noch stehen. Eine von ihnen, eine alte Jüdin, hielt zwei abgenutzte Bettlaken in den Händen. Ihr faltiges Gesicht, die grauen Haare und die traurigen Augen schienen Vertrauenswürdigkeit zu signalisieren. Ich zog sie in ein Gespräch und erzählte, ich wollte gerne ein paar Juden aus dem Lager treffen. Dabei erwähnte ich die Namen, die mir das Koordinationskomitee genannt hatte. Sie sei fremd in der Gegend, sagte sie, aber sie werde einen Radomer suchen, der mir helfen könnte.

Kaum war sie fort, da rief eine Stimme: »Sie kommen!« Die Deutschen waren wieder da. Wie wahnsinnig lief alles durcheinander, die Juden stürzten zurück in das Schwimmbad und die Schmuggler zurück zu den Hütten, und ich ihnen nach. Es wäre klug, bei den Schmugglern zu bleiben, beschloß ich, sie hatten Erfahrung damit, Verhaftungen zu entgehen.

Sobald die Deutschen wieder außer Sichtweite waren, huschte ich mit den Schmugglerinnen zurück zu den Juden. Dieser Vorgang wiederholte sich mehrere Male.

Die alte Jüdin kam endlich auch. Sie war in Begleitung eines buckligen, ausgemergelten jungen Mannes. Ja, er kannte die Leute, nach denen ich gefragt hatte; sie waren unter den ersten Deportationstrupps gewesen. Er sprach langsam und schien sich völlig unter Kontrolle zu haben. Ich beschloß, ihn ins Vertrauen zu ziehen.

Er hörte mürrisch schweigend zu. Dann wurde sein Gesicht aschfahl und verzerrt. Mit einem verächtlichen Grinsen zischte er: »Erzählen Sie mir bloß nichts von Hilfe! Sie haben mich nach den Juden gefragt, und ich habe Ihnen die Information gegeben.« Dann fügte er sarkastisch hinzu: »Glauben Sie bloß nicht, Sie könnten Juden so einfach zum Narren halten!« Damit verließ er mich. Einen Augenblick lang war ich wie vor den Kopf geschlagen – daß ein Jude so viel Angst vor einem anderen Juden haben konnte! –, so daß er schon ein paar Schritte weiter war, bevor ich ihm nacheilte. Sobald niemand um uns herum war, sprach ich ihn auf Jiddisch an. Abrupt blieb er stehen, mit offenem Mund.

»Mag sein, daß Sie die Wahrheit sagen«, brachte er hervor, als ich zu Ende gesprochen hatte, »aber ich werde nichts von Ihrem Geld annehmen.«

»Warum nicht?« entgegnete ich. »Schließlich ist es doch zu Ihrem eigenen Besten.«

»Es gibt viele Informanten und Spitzel in unserem Lager in Radom«, erwiderte er. »Einige Juden haben schon mit ihrem Leben dafür bezahlt, daß sie mit Nichtjuden in Verbindung geblieben waren – die sie dann gemeldet haben.«

Nein, sagte er, er werde nichts von mir annehmen. Es wäre besser für mich, mich mit den Juden, die in der Druckerei arbeiteten, in Verbindung zu setzen. Es war wahrscheinlicher, daß sie mir bei meinem Hilfsprojekt helfen würden. Er wollte das nicht riskieren. All mein Betteln war umsonst. Als der Mann mich verließ, hatte er tatsächlich gelächelt.

Ich war wütend, über mich selbst und den Fremden. Es wäre so einfach, das Geld durch ihn überstellen zu lassen und sich in Zukunft mit ihm bereden zu können. Und doch hatte ich nichts ausgerichtet!

Bei meinem zweiten Besuch des städtischen Schwimmbads gelang es mir, mit einem gewissen Gruenblatt – oder Gruenhaus – ins Gespräch zu kommen. Er war bereit, mir zu helfen, und versprach, sich mit den jüdischen Arbeitern in der Druckerei in Verbindung zu setzen. Ich vertraute ihm 10 000 Zloty an. Ich sah ihn nie wieder.

Als so meine Hoffnungen ein zweites Mal zunichte wurden, entschloß ich mich zu einer verzweifelten Strategie. Um den deutschen Wachen zu entgehen, ging ich hinter den Hütten her geradewegs zum Druckereibetrieb.

Polnische Kinder spielten in der Nähe der Fabrik, und zwei Polinnen schritten vor den Toren auf und ab. Ein jüdischer Polizist hielt Wache. Durch die Gitter konnte ich sehen, wie die jüdischen Arbeiter mit Eßgeschirr und Schüsseln herumeilten; es war offensichtlich Essenszeit.

Ich bat den jüdischen Polizisten, eine Frau mit Namen Meltzer zum Zaun zu rufen.

Nach wenigen Minuten kam er mit einer jungen Frau zurück. Ich flüsterte ihr zu, daß ich Briefe und Geld aus Warschau für sie brachte. Als sie das hörte, lief sie zu dem Polizisten und flüsterte ihm etwas zu, er öffnete darauf das Tor und ließ mich auf das Gelände.

Die Tränen traten ihr in die Augen, als sie nach und nach den Zweck meines Besuches begriff; wir hatten sie nicht vergessen. Sie bat mich, einen Augenblick zu warten. Sie lief davon und kam kurz darauf mit ihrem Mann und ihrem Schwager zurück. Wir sprachen über das Geld, das ich ihnen gebracht hatte, und über die Fürsorgearbeit des Koordinationskomitees. Ihre Gesichter strahlten. Der Ehemann wiederholte mehrmals mit stiller Inbrunst, daß er kaum glauben könne, daß dies kein Traum sei. Am Ende unseres Gesprächs versprachen die drei, eine heimliche Hilfsorganisation in Radom zu gründen. Das Geld, sagten sie, werde viele vor dem Hungertod bewahren. Aber sie konnten es immer noch nicht fassen und wiederholten immer wieder, wie um sich selbst zu überzeugen, daß wir sie nicht vergessen hatten.

Der jüdische Polizist gab uns von fern ein Zeichen, daß meine Zeit vorüber war und ich das Gelände verlassen mußte. Als ich mich zum Gehen wandte, bestürmten mich die Meltzers in der letzten Minute mit Fragen über die Außenwelt, den Krieg und unsere Untergrundaktivitäten. Ich gab kurze Antworten und händigte ihnen das Geld und den Brief mit den Anweisungen für die

Organisation eines Fürsorgeapparates im Lager aus. Sie wiederum wollten innerhalb einer halben Stunde einen Brief aufsetzen, in dem sie die nötigsten Dinge, die sie brauchten, und eine Liste der *melinas* zusammenstellten, in denen einige von ihnen ihre Kinder versteckt hatten. Sie sorgten sich insbesondere um die Kinder, die bei Nichtjuden untergebracht waren.

Froh verließ ich die Druckerei und stellte mich neben das Tor. Die Verbindung war hergestellt! Die Polinnen waren fort, aber die Kinder spielten noch in der Nähe. Alles war gut gegangen. Jetzt mußte ich nur noch auf Antwort warten. Plötzlich fühlte ich, daß mich etwas in den Rücken traf.

Ich drehte mich um; drei kleine Jungen standen da mit Steinen in den erhobenen Händen. Ihre Feindseligkeit verblüffte mich, aber im nächsten Moment wurde mir alles klar.

»Schaut mal«, rief einer von ihnen, »sie hat gar nichts von den Juden gekauft!« »Sie muß eine von ihnen sein«, rief ein anderer aus, und darauf folgte ein Chor von »Zhydowa! Zhydowa!«-Rufen (Jüdin! Jüdin!). Meine Proteste waren sinnlos; die Kinder wurden nur wilder und lauter. Die Situation wurde immer brenzliger; ich machte mich aus dem Staub und bog in eine andere Straße ein, aber die Bande folgte mir, immer noch »Zhydowa! Zhydowa!« rufend. Passanten wurden durch den Aufruhr angelockt. Verängstigt schoß ich in einen Innenhof hinein und aus einem anderen wieder heraus, um auf einer dritten Straßen wieder aufzutauchen. Zu meiner Verwunderung versuchte niemand, mich anzuhalten. Immer noch ziemlich durcheinander, hielt ich die erste Droschke an und bat den Fahrer, mich zum Bahnhof zu fahren – das einzige Gebäude in der Stadt, das ich kannte. In der Ferne konnte ich immer noch die Kinderstimmen hören: »Zhydowa! Zhydowa!«

Ich verbrachte die Nacht auf dem Bahnhof. Sollte ich nach Warschau zurückkehren oder meine unsichere Verbindung weiterverfolgen? Am Morgen ging ich zu der Druckerei, um dort hoffentlich den Brief für das Koordinationskomitee abholen zu können. Es war unwahrscheinlich, daß die Kinder sich um diese Zeit dort herumtrieben. Die jüdischen Arbeiterkolonnen, von der jüdischen Polizei bewacht, marschierten in kleinen Gruppen zu ihren Arbeitsstellen. Ich schloß mich ihnen für kurze Zeit an und fragte wieder nach Meltzer. Jemand zeigte ihn mir. Ich nahm den Brief entgegen und ging.

Zu dieser Zeit gab es in Radom 4000 Juden. Sie lebten am Stadtrand in hölzernen Baracken hinter Stacheldrahtzäunen. Von dort aus wurden die Juden in Gruppen zur Arbeit bei den verschiedenen ortsansässigen Industriebetrieben geschickt – das waren in erster Linie die Munitionsfabrik und die Druckerei. Wie in allen anderen Lagern lebten die Juden unter schwersten Bedingungen und Entbehrungen. Die Sterblichkeitsrate war enorm hoch. Der Hungertod kam hier noch öfter vor als in Tschenstochau.

Hundert bettelarmen Juden kamen die ersten Bemühungen des Hilfskomitees zugute, das Meltzer, Kotlar, Gruenberg und andere gebildet hatten. Die Kinder von Kotlar und Meltzer wurden bis zum Kriegsende von der Hilfsorganisation unserer Untergrundbewegung unterstützt.

Als ich zum zweiten Mal nach Radom kam, hatte ich mehr Geld, 50 000 Zloty, illegale Schriften und noch mehr Briefe des Koordinationskomitees dabei. Noch einmal ging ich direkt vom Bahnhof zur Druckerei, und wieder einmal war niemand zu sehen. Ich ging um die Fabrik herum, die von allen Seiten mit Stacheldrahtzäunen umgeben war, an denen Plakate hingen. Sie warnten, daß sich jeder, der sich der Fabrik näherte, in Lebensgefahr begab.

Ich bog in einen Weg ab und sah dann ein paar Juden hinter dem Stacheldraht. Das Grundstück wurde hier von Deutschen und Ukrainern bewacht. Ich versteckte mich hinter einem Gebäude und überlegte mir, mit welcher Taktik ich es schaffen könnte, Geld, Briefe und Pamphlete zu übergeben. Ich würde sie durch den Zaun hinüberreichen. Ich rollte alles schmal zusammen und versteckte die Sachen in meinem Schmugglersack.

Wie jetzt zum Zaun gelangen? Da ich unmöglich unbeobachtet dorthin kommen konnte, entschloß ich mich, die Flucht nach vorn anzutreten und den Wachposten um Erlaubnis zu fragen, von den Juden etwas kaufen zu dürfen.

Mit so viel Ruhe, wie ich aufbringen konnte, ging ich auf den Stacheldraht zu. Der Posten machte mir natürlich ein Zeichen anzuhalten und kam heran. Wie nebenbei bat ich ihn, bleiben zu dürfen.

»Ich würde ihnen gerne ein paar Schuhe abkaufen«, sagte ich ruhig.

Der Posten war zunächst schroff, wurde aber nach und nach freundlicher – offensichtlich begann er sich für mich zu interessieren. Er war Ukrainer, und sein Polnisch war sehr schlecht. Die wenigen Minuten unseres Gesprächs kamen mir wie eine Ewigkeit vor.

In der Zwischenzeit beobachteten uns die Juden hinter dem Stacheldraht. Endlich erlaubte der Wachposten mir, näher an den Zaun zu gehen; aber er drängte mich zur Eile, damit ich nicht den Verdacht der anderen Wachen erregte. Schnell fragte ich die Juden, die mir am nächsten standen, ob Meltzer und Kotlar noch auf dem Gelände waren, und als ich hörte, daß sie noch da waren, fragte ich, ob man einen von ihnen zu mir bringen könnte. Mein freundlicher Wachsoldat kam zu mir und fragte laut auf deutsch: »Hat jemand Schuhe, die er der Frau hier verkaufen will?«

»Ja, ich würde gerne Schuhe kaufen«, wiederholte ich auf polnisch. Die Juden, die mich nur für eine weitere Schmugglerin hielten, boten mir einen Rock und einen Pullover an.

»Nein, ich will nur Schuhe«, beharrte ich.

Meltzer erschien und flüsterte einem anderen Juden etwas zu, der dann den Wachsoldaten an den Zaun heranrief und ihn in eine Unterhaltung verstrickte. Meltzer stand mir nun gegenüber und schaute mich durch den Stacheldraht hindurch an. In dem Augenblick, als sich der Ukrainer abwandte, steckte ich Meltzer schnell mein Paket zu; er versteckte es schnell unter seiner Häftlingskleidung und verschwand.

Die anderen Juden sahen uns schweigend zu. Ich fühlte mich jetzt etwas wohler. Jemand bot mir ein paar Schuhe an. Während ich sie anprobierte, redete ich lächelnd auf den Wachposten ein, der inzwischen zurückgekehrt war. Wieder wurde die Wache fortgerufen, und einer meiner Kontaktmänner reichte mir verstohlen einen Brief. Mein Auftrag war erfüllt! Die Juden hatten Hilfe bekommen – direkt vor der Nase des Ukrainers.

Ich kaufte keine Schuhe, aber ich verabredete mich mit dem Ukrainer später am Abend. Überflüssig zu erwähnen, daß ich diese Verabredung nicht eingehalten habe. Als ich im Begriff war zu gehen, sah ich meine jüdischen Kontaktmänner mir verstohlen zuwinken.

Unsere Schmuggelmissionen verliefen nicht immer so erfolgreich. Meine Freundin Ala Margolis, die Tochter von Dr. Anna Margolis, war den Deutschen nur knapp entkommen. Ala hatte sich zu einer Fabrik in Piotrkow Zutritt verschafft, in der Juden beschäftigt waren, und hatte ihnen Briefe und 50000 Zloty übergeben. Zwei vorübergehende Deutsche hatten sie verhaftet und beschuldigt, unbefugt in verbotenes Gebiet eingedrungen zu sein – ein Vergehen, auf das der Tod stand. Die Juden, denen Ala geholfen hatte, mobilisierten das ganze Lager. Die Insassen flehten die deutschen Offiziere und Beamten an, die »unschuldige Arierin« freizulassen. Schließlich wurde sie mit dem Geld, das sie gebracht hatte, damit das Elend der gefangenen Zwangsarbeiter etwas gemildert wurde, wieder freigekauft.

Der Warschauer Aufstand

Juli 1944: Die Nachrichten von den Schlachtfeldern waren ermutigend. Die Deutschen wurden besiegt und traten an allen Fronten den Rückzug an. Die polnische Untergrundbewegung unternahm kühne Angriffe auf die Deutschen. Gefangene wurden aus deutschen Konvois befreit, Gold- und Währungslieferungen wurden konfisziert, Munitionsdepots wurden erobert, auf Gestapo-Agenten und hochrangige Offiziere wurden Anschläge verübt.

Jeden Tag war Warschau über eine weitere sensationelle Heldentat außer sich vor Freude. Die polnische Bevölkerung reagierte mit grimmiger Befriedigung auf die Berichte dieser kühnen Taten, aber auch mit Besorgnis. Wie würden die unbarmherzigen Deutschen reagieren? Die Antwort ließ nicht lange auf sich warten: Deutsche Strafkommandos schwärmten wie Dämonen durch die ganze Stadt. Deutsche Plakate erschienen, auf denen die Namen der polnischen Geiseln standen, die in dem Augenblick hingerichtet würden, in dem man einen weiteren ermordeten Deutschen fand. In allen Gesichtern spiegelte sich dieselbe Sorge, dieselbe Frage: Wer würde der nächste sein?

Aber das Ausmaß der deutschen Niederlage zeigte sich mit jedem Tag deutlicher. Aus ganz Warschau und den umliegenden Gebieten zogen die deutschen Truppen nach Westen ab. Die Luft bebte vom Rumoren der gepanzerten Fahrzeuge und dem Donnern der Artillerie. Der Konvoi der mit niedergedrückten und schmutzigen deutschen Soldaten vollgepackten Bauernkarren schien endlos zu sein.

»Sie müssen auf der Flucht sein«, flüsterten die Polen untereinander mit unterdrückter Schadenfreude.

Menschenmengen schoben sich durch die Straßen Warschaus, kümmerten sich um ihre Tagesgeschäfte oder blieben einfach in Bewegung, hin und wieder innehaltend und auf das Geräusch der Bomben an der sich nähernden Front lauschend. In Scharen sammelten sie sich an den Toren und Ecken und flüsterten: »Es wird nicht mehr lange dauern … morgen vielleicht … Wartet nur, bis das Signal kommt …«

Ich bekam Angst. Es war offensichtlich, daß die Rote Armee sich Warschau näherte und daß der polnische Untergrund mobil machte und sich für den Aufstand gegen die Deutschen vorbereitete.

Das Jüdische Koordinationskomitee traf seine eigenen Vorbereitungen. Einige Zeit zuvor, als die sowjetischen Streitkräfte den Fluß Bug erreicht hatten, hatte das Komitee einige der Partisanen, darunter Hannele Frishdorf (die schwanger war), Franka und Janek Bilak, aus dem Wald von Wyszkow in Verstecke in Warschau gebracht. In Zeiten der Gefahr war es besser, vereint zu sein.

Die Juden in den Verstecken wurden mit Lebensmitteln für zwei Monate ausgestattet. Einigen unserer »Klienten« ließen wir Dollar statt Zloty zukommen – 35 bis 40 Dollar pro Person. Es gelang uns auch, eine begrenzte Menge an Dosenfleisch von einer polnischen Fürsorgeorganisation zu bekommen, und auch etwas Zucker konnten wir kaufen. Unsere Kuriere verteilten die Gelder und Rationen an die versteckten Juden, so daß sie für sich selbst sorgen konnten, falls unser Kontakt zu ihnen abbrechen sollte.

Ihre Stimmung hatte sich gebessert. Zwar waren diese Juden während der häufigen nächtlichen Bombardierungen durch die sowjetischen Streitkräfte gezwungen gewesen, sich andere Quartiere zu suchen, da die Vermieter Angst hatten, sie in die Bunker zu lassen. Dennoch war die Atmosphäre fröhlicher. Das Leichentuch der Angst lüftete sich ein wenig. Seit langem unterdrückte Gefühle machten sich Luft. Die Menschen umarmten sich, manche wischten sich die Tränen ab. Die Karten der Schlachtfelder wurden nervös studiert, und man versuchte zu raten, wann die sowjetische Armee wohl Warschau erreichen würde. Manche spähten durch die Vorhänge ihrer *melinas*, hofften, Neues von draußen zu erfahren. Der langgehegte Traum, Zeuge der Niederlage des Feindes zu werden, stand endlich kurz vor seiner Verwirklichung.

Die Erwartung wurde jedoch durch eine neue Sorge getrübt – die Angst vor dem erneuten Lebenskampf in einer trostlosen und feindlichen Welt außerhalb der nunmehr vertrauten *melinas*.

»Nach der Befreiung werden wir unser Unglück deutlicher spüren«, sagte einer.

Benjamin verließ das Versteck, in dem er mit seinen Eltern gelebt hatte, und zog in mein Quartier in der Twarda 36. Es war seine Entscheidung. »Wir dürfen jetzt nicht getrennt sein«, hatte er erklärt. Es war gut zu wissen, daß er immer in der Nähe war, daß wir beide tiefe Gefühle füreinander hatten. Dieses Wissen hielt mich aufrecht, als wir von Aufgabe zu Aufgabe liefen, mit unseren Kameraden in Verbindung blieben und in den Straßen Gräben aushoben.

Die Aufregung in der Stadt stieg, als sich der deutsche Rückzug beschleunigte, die Bombardierungen in der Ferne sich verstärkten und immer näher kamen. Warschau bebte vor Erwartung, wartete darauf, daß *irgend etwas* geschehen würde.

Um fünf Uhr am 1. August 1944 zerriß plötzlich das Heulen der Fabriksirenen die Luft. Darauf folgte beinahe sofort krachendes Geschützfeuer, dann ertönte der Ruf: »*Na Szwaba! Na Szwaba!* – Greift die verdammten Deutschen an!« Dann hörte man den eindringlichen Aufruf, daß alle herauskommen und Barrikaden bauen sollten.

Der Warschauer Aufstand hatte begonnen!

Ich lief mit Benjamin aus unserem Versteck, und wir schlossen uns den tausenden von Polen an, die aus allen Türen auf die Straße strömten. Es waren keine Deutschen zu sehen. Von vielen Häusern wehte bereits die rot-weiße Fahne Polens. Hier und da standen Männer mit rot-weißen Armbinden und erteilten knappe Befehle. An den Kreuzungen wurden Barrikaden gegen die deutschen Panzer errichtet. Bis zum Einbruch der Dunkelheit mußten sie stehen. In Gruppen oder allein schleppten Männer Dielen, Bretter und zerbrochene Möbelstücke durch die Straßen herbei.

Andere brachen mit Brecheisen Kopfsteine aus dem Pflaster. In der ganzen Stadt häuften sich die Berge der gesammelten Materialien.

Wie merkwürdig, daß diese schweißgetränkten jungen Polen, die so eifrig und entschlossen Seite an Seite mit uns für die gemeinsame Sache der Befreiung arbeiteten, dieselben kaltherzigen und manchmal bösartigen Polen waren, die uns so viel Schmerz und Leid zugefügt hatten! Aber es war nicht die Zeit, darüber nachzudenken – es gab eine Aufgabe zu erledigen ... Ich schloß mich einer Gruppe an, die versuchte, eine umgestürzte Straßenbahn zu einer der Barrikaden zu zerren. Bei ihnen war ein junger Pole namens Jagodzinski. Er hatte sich in der Panska versteckt, wollte sich aber nicht länger verstecken.

»Ich habe eine Rechnung zu begleichen«, sagte er ächzend und stemmte sich mit seinem ganzen Gewicht gegen die Bahn.

Ganz Warschau kam zum Vorschein, es schien niemanden zu geben, den der Kampf gegen die verhaßten Besatzer kalt ließ. Gemeinsam mit Einheiten der *Armia Krajowa*, die den Aufstand organisiert hatte und nun anführte, stürmte die Bevölkerung die deutschen Befestigungen und beteiligte sich an den gefährlichsten militärischen Operationen, voller Jubel, wenn Deutsche gefangengenommen wurden. Zunächst wurden die ersten Bombardierungen der Stadt durch die schwere deutsche Artillerie mit stiller Bitterkeit aufgenommen. Schließlich, dachten sie, konnten das die letzten Atemzüge der Deutschen sein. Wir müssen uns stählen, geduldig sein. Die Sowjets konnten jetzt jeden Tag einmarschieren.

Neben der *Armia Krajowa* unterstützten noch andere Militärorganisationen den Aufstand, so die demokratische sozialistische *P.A.L.* und die kommunistische *Armia Ludowa*; ebenso mehrere hundert Juden, die unter falschen polnischen Namen in die Kampfeinheiten aufgenommen worden waren, nicht nur als Soldaten, sondern auch als Offiziere.

Nachdem der Aufstand schon einige Tage im Gange war, riefen die überlebenden Offiziere der Jüdischen Kampforganisation, gemeinsam mit dem Koordinationskomitee, alle Juden in einer Radioübertragung auf, sich am Kampf gegen die Deutschen zu beteiligen und sich den Kampfeinheiten der sozialistischen Demokraten anzuschließen. Jetzt war nicht mehr die Rede davon, ausschließlich jüdische Einheiten zu bilden. In den ersten Tagen des Aufstands hatten die Deutschen bestimmte Straßen befestigt, um den Rückzug zu sichern, und so die Stadt in fünf Zonen eingeteilt: Zoliborz, Altstadt, Vistula, Mokotow und Stadtzentrum. Die Straßenkämpfe und die Schußwechsel machten eine ordentliche Verbindung zwischen den verschiedenen Zonen unmöglich, und somit verlor das Koordinationskomitee den Kontakt zu den Warschauer Juden, die von ihm unterstützt worden waren. Wie wir es befürchtet hatten, mußten sie nun auf sich gestellt kämpfen.

Dennoch hatte es eine kleine Gruppe von Kurieren und Ghettokämpfern, die in der Gegend der Leszno lebten, geschafft, in der Altstadt und in Zoliborz zusammenzubleiben und in den Reihen der *Armia Ludowa* mitzukämpfen. In der Regel meldeten sich die Juden bei den Kampfeinheiten der *P.A.L.* und der *Armia Ludowa*, und das nicht in erster Linie, weil sie Sozialisten oder Kommunisten waren, sondern weil es in der *Armia Krajowa* vor antisemitischen Agitatoren wimmelte. Selbst während der Kämpfe gegen die Nazis wurden die jüdischen Aufständischen in den Einheiten der *Armia Krajowa* von ihren polnischen Kameraden verfolgt. Die Polen teilten ihnen die gefährlichsten Missionen und die schwierigsten Aufträge zu – und schossen ihnen bei Gelegenheit in den Rücken. So meldeten sich die Juden verständlicherweise bei den Gruppen, bei denen sie sich willkommen fühlen konnten.

Obwohl ungenügend bewaffnet, verschafften sich die Freiheitskämpfer für kurze Zeit die Kontrolle über ganz Warschau. Sie konnten auch ungefähr 300 griechische und ungarische Juden aus dem Gefängnis in der Dzika befreien. Diese Juden sprachen überhaupt kein Polnisch und konnten sich kaum mit der Bevölkerung verständigen. Trotzdem schlossen sie sich den Aufständischen, die in der Altstadt kämpften, an. Die Juden, die an jeder Phase des Kampfes teilnahmen, kamen aus allen Schichten und Berufen. Sie dienten als Soldaten, Offiziere, Ärzte und Krankenschwestern. Sie zeichneten sich durch Mut und störrische Entschlossenheit aus.

Die Straßenkämpfe wurden immer schwerer, aber es gab immer noch kein Zeichen von den Russen. Selbst die entfernteren Bombardierungen, die vor dem Aufstand so deutlich zu hören gewesen waren, hatten aufgehört.

»Kann es sein, daß die Sowjets ihren Vormarsch abgebrochen haben?« fragten sich die Menschen bestürzt.

Es folgten schreckliche Tage für Warschau. Die von den Rebellen kontrollierten Straßen gerieten unter endlosen Beschuß. Die Deutschen waren entschlossen, die Aufständischen zum Aufgeben zu zwingen, selbst wenn das bedeutete, daß die Stadt zerstört werden mußte. Warschau stand in Flammen. Nachts glühte der Himmel rot von den Flammenzungen, die jetzt aus dem einen, dann aus einem anderen Bezirk aufstiegen. Am Tag erhob sich eine so dichte Rauchwolke von den zerstörten Gebäuden, daß man die Sonne nicht mehr sah. In den Straßen wogten die Hitzewellen der Feuersbrünste, und die Luft stank nach den verkohlten Leichen, die in den Häuserruinen verrotteten. Die Krankenhäuser und die Stationen des Polnischen Roten Kreuzes waren mit Verwundeten überfüllt. Öffentliche Plätze, Parks und andere Stellen füllten sich rasch mit den frischen Gräbern von Kämpfern und Zivilisten, auf die Holzkreuze gesetzt wurden. Zerlumpt und kopflos hasteten die Menschen im Kugelhagel durch Schutt und Geröll, Säcke auf dem Rücken und Kinder an der Hand, und versuchten gleichermaßen dem Feind und den zusammenstürzenden Häusern zu entkommen. Der Tod lauerte überall.

Als die Deutschen die Stadt beschossen und die Häuser durch Bomben und Feuer zusammenbrachen, wurden auch einige der jüdischen *melinas* zu Schutt und Asche. Auch die Bewohner mit jüdischen Gesichtszügen waren nun gezwungen, sich ans Tageslicht zu begeben. Und obgleich die Polen während des Aufstandes ungewöhnlichen Mut und Opferbereitschaft bewiesen – durchdrungen, wie sie waren, vom Geist der Freiheit und der Befreiung –, machten sich einige von ihnen krimineller Handlungen schuldig, die sogar ihren heldenhaften Kampf gegen einen übermächtigen Feind diskreditierte – Handlungen, die den Haß bezeugten, den der größte Teil der polnischen Bevölkerung für diese Juden empfand, die nun gezwungen waren, aus ihren Verstecken aufzutauchen.

Haika Belchatowska, Boruch Spiegel, Maszele Gleitmann und ihr Ehemann Jakubek – alles Freunde und ehemalige Ghettokämpfer – erschienen unerwartet während des Aufstands in meiner Wohnung. Sie alle hatten in einer *melina* bei Wojciechowski – einem Nichtjuden aus der Zelazna 64 – Zuflucht gefunden. Als das Haus Feuer fing und die Deutschen in die Straße einmarschierten, war die Gruppe durch die unterirdischen Abwasserkanäle entkommen. Sie kämpften sich zu meiner Wohnung in der Twarda 36 durch, denn diese Gegend wurde immer noch von den Aufständischen kontrolliert. Nach der freudigen Wiedervereinigung war meine erste Sorge, wie die übrigen Mieter sie aufnehmen würden. Es konnte nicht die Rede davon sein, sie zu verstecken. Meine Nachbarn besuchten einander häufig in ihren Wohnungen und Bunkern und mußten jeden entdecken, der sich dort versteckte. Die typisch jüdischen Gesichter in der Runde würden sofort bemerkt werden. Und tatsächlich, sie wurden schnell entdeckt.

»Es sind Juden hier«, sagten die Nichtjuden überrascht. Sie hatten sich an den Gedanken gewöhnt, einen Juden unter sich zu haben – den Mann von Frau Topas. Sein Versteck im vierten Stock war abgebrannt, und er war gezwungen gewesen, herauszukommen. Aber es war gegen ihre polnischen Prinzipien, zusätzliche Juden zuzulassen.

»Woher kommt diese Pestilenz? Die sollten doch schon längst erledigt sein … Wir sollten sie uns jetzt vom Halse schaffen!« beschwerten sich einige Polen. Andere jedoch waren dafür, den Juden Zuflucht zu gewähren.

»Die Russen werden jeden Moment hier sein – und sie werden uns dafür bezahlen lassen, wenn den Juden etwas geschieht«, argumentierten sie.

Wieder andere hielten es für unter ihrer Würde als Polen, zu diesem entscheidenden Zeitpunkt ihre Zeit auf so etwas wie ein paar Juden zu verschwenden. »Laßt sie doch hier herumkriechen! Wen interessiert das schon?«

Aber die meisten unserer Nachbarn interessierte es durchaus. Den Neuankömmlingen wurde der Zugang zum Bunker im Keller verwehrt. Zwei Tage, nachdem meinen Freunden eine Zuflucht in ein paar ausgebombten Zimmern im ersten Stock gegeben worden war, wurden sie von Wachsoldaten der polnischen Aufständischen verhört. Einer der Mieter hatte den Behörden gemeldet, daß die jüdischen Ankömmlinge deutsche Spione sein müßten, woraufhin die polnische Polizei die Angelegenheit untersuchte – und nichts Verdächtiges finden konnte. Solche bösartigen Belästigungen verstärkten die allgemeine Feindseligkeit nur, und eines Tages warnte eine redliche Polin Topas, er solle fortgehen; die »Jungen« würden ihm wahrscheinlich weh tun.

Clara Falk und ein Ingenieur mit Namen Golde, die in einem Versteck in der Sliska lebten, hatten ein ähnliches Erlebnis. Ihr Quartier war durch eine Handgranate verwüstet worden, und die beiden hatten um Haaresbreite in den unterirdischen Bunker fliehen können. Dort angekommen, wurde ihnen von ihren polnischen Nachbarn mitgeteilt, sie seien nicht willkommen. Nach mehreren Tagen der Verfolgung und der antisemitischen Beleidigungen wurde der Ingenieur während eines schweren deutschen Bombenangriffs gezwungen, den Bunker zu verlassen. Er wurde von einem Schrapnell getötet.

Am Tag vor dem Ausbruch des Aufstandes hatte ich bei Golde etwas Geld und ein Essenspaket abgegeben. Er hatte sich bei mir bedankt: »Ich bin mir jetzt sicher, daß wir unsere Befreiung erleben werden«, hatte er gesagt.

Ein grausames Verbrechen wurde in einem Haus an der Ecke Zelazna und Chmielna verübt. Am fünften Tag des Aufstands hatten sich mehrere Juden vor den deutschen Bombardierungen in dieses riesige Gebäude geflüchtet, das der Angestelltenorganisation der polnischen Eisenbahn gehörte. Drei von ihnen, mit deutlich jüdischen Gesichtszügen, wurden von einem aufständischen Wachposten der *Armia Krajowa* verhaftet. Trotz ihrer Beteuerungen, daß sie Juden seien, sperrte sie der polnische Posten unter der Anklage, daß sie deutsche Spione seien, ein. Während sie in einem verlassenen Haus durchsucht wurden, erschienen weitere uniformierte und bewaffnete Männer und verprügelten sie. Sie erklärten, in einem befreiten Polen werde für Juden kein Platz mehr sein. Zwei der Juden – Lutek Friedman und Adek – konnten unter einem Kugelhagel aus dem Fenster springen. Der dritte, Jeshieh Solomon, war auf der Stelle tot und wurde, nachdem man ihn ausgezogen hatte, unter dem polnischen Namen Julek Leszczynski beerdigt.

Typisch für die tragische Lage, in der sich alle mit jüdischen Gesichtszügen befanden, war das Erlebnis der Juden, die sich in die Sienna 28 geflüchtet hatten. Das Haus war eine Ruine; alle nichtjüdischen Bewohner waren geflohen; der Keller war hastig in einen Friedhof umgewandelt worden. Ungefähr 20 Juden aus unterschiedlichen Stadtteilen hielten sich in diesem dunklen, schuttgefüllten Loch zusammengekauert auf, denn hier waren sie verhältnismäßig sicher – es war unwahrscheinlich, daß die polnischen Ganoven eine so große Gruppe angreifen würden. Einmal, nach einem besonders schweren Bombenangriff, ging ich dorthin, um mit Shifra Mozelszo zu sprechen. Es war ein schrecklicher, blutiger Anblick. Mit Taschentüchern vor Nase und Mund sammelten die Juden Stücke von Menschenfleisch vom Boden auf. Der Gestank war fast unerträglich. Eine deutsche Handgranate hatte ein paar Gräber getroffen und die vor kurzem begrabenen Leichen hochgewirbelt und zerrissen. Dennoch zogen die Juden es vor, in diesem grausigen Versteck mit seiner stickigen Luft zu bleiben und lieber die Stücke Menschenfleisch wieder zu vergraben, als sich den feindlichen nichtjüdischen Ganoven draußen zu stellen. Ohne Nahrung ohne Wasser und voller Angst wegen der wechselnden Bombardierungen beteten sie darum, daß der Aufstand bis zum Einmarsch der Roten Armee andauern würde. Es dauerte nicht lange, und die Bezirke Mokotow, Altstadt, Czerniakow und Zoliborz kapitulierten. Die Innenstadt mit ihren verschiedenen Regierungsbehörden hielt noch die Stellung, aber auch sie stand am Rande des Zusammenbruchs. Die Bewohner dieser Gegend waren von den wochenlangen erbarmungslosen Bombardierungen erschöpft und stolperten halbtot herum. Es war nur zu offensichtlich, daß der Aufstand ein kläglicher Mißerfolg war. Der bittere Groll der niedergeschmetterten Bevölkerung richtete sich nun ausschließlich gegen die Russen. »Warum sind sie Warschau nicht zu Hilfe gekommen?« fragten sie mit verzweifelter Stimme.

Aber es waren die überlebenden Juden, die sich in den ernstesten Schwierigkeiten befanden. Wie würde ihr Schicksal aussehen, wenn die Deutschen wieder die Kontrolle über die Stadt übernahmen? Ihre Verstecke waren zerstört, die freundlicheren Polen waren um ihr eigenes Leben besorgt – wo sollten diese Juden Zuflucht finden? Die etwas Kühneren unter ihnen begannen, sich in den Ruinen, mit denen jetzt die ganze Stadt übersät war, neue Verstecke zu suchen. Nachts suchten sie im Hagel von Kugeln und Geschossen nach Essen und holten sich Wasser, damit sie bis zum Einmarsch der Roten Armee noch ein paar Wochen ausharren konnten.

Benjamin grub sich durch den Schutt, um in ein paar Ruinen nahe der Ecke Sienna und Sosnowa einen Bunker bauen zu können. Als er eine dicke Mauer durchbrochen hatte und einen gewundenen Gang entlanggegangen war, war er auf einen verlassenen Keller gestoßen. Jedesmal, wenn ich durch den engen Tunnel kriechen mußte, hatte ich das Gefühl, lebendig begraben zu werden.

Nach einem zwei Monate währenden blutigen Kampf verkündeten die Aufständischen im Radio, daß die Stadt Warschau vor den Deutschen kapituliert hatte. Es wurde auch bekannt, daß die Deutschen entschlossen waren, Warschau zu evakuieren; die örtliche Bevölkerung mußte die Stadt innerhalb von drei Tagen verlassen. Die Polen nahmen die Nachricht von der Kapitulation fast mit Erleichterung auf; zumindest würden die Bombardierungen aufhören, und sie könnten aus diesen eintönigen Kellern herauskommen. Aber die Juden gerieten in Panik.

In der Stadt kursierte ein Gerücht: Alle Jungen und Arbeitsfähigen sollten in Lager in Deutschland transportiert werden. Jedermann werde im Lager von Pruszkow von einer Kommission unter deutscher Aufsicht verhört werden, wo dann über das Schicksal jedes einzelnen entschieden werden würde. Eine rücksichtsvolle Behandlung war dort sicher nicht zu erwarten. Die Aussichten für uns alle waren schreckenerregend. Wir durchstreiften die schuttgefüllten Straßen und gruben uns durch Keller und Tunnel, wie gejagte Tiere, die sich vor ihrem erbarmungslosen Jäger versteckten.

Ein paar von uns kämpften sich bis zur Zurawia 24 durch, wo wir Mikolai und Fishgrund vorfanden. Sie hatten gerade eine Menge amerikanischer Dollars aus dem Ausland erhalten und taten ihr Bestes, um die am meisten notleidenden Juden ausfindig zu machen und ihnen zu helfen. Amerikanische Dollars waren jetzt die einzige Währung, für die man auf dem Schwarzmarkt Kleidung, Essen und andere notwendige Dinge – einschließlich Waffen – bekommen konnte. Eine Waffe war eine notwendige Ausrüstung für jeden Juden, der sich verstecken wollte.

Aber Mikolai und Fishgrund hatten keinen Rat für uns. Zwei Jahre lang hatten wir, so gut wir konnten, die jüdischen Überlebenden auf der »arischen Seite« unterstützt. Nun war dieses Fürsorgenetzwerk des Untergrunds, dessen Hauptsitz Warschau war, völlig auseinandergerissen. Wir wußten nicht einmal, was aus den von uns unterstützten Juden in den bereits von den Deutschen wiedereroberten Stadtteilen – Mokotow, Altstadt, Vistula und Zoliborz – geworden war. Wie schafften es die dort versteckten Juden zu überleben? Wer wußte, wie viele Juden im Kampf gefallen oder unter dem Schutt der bombardierten Gebäude begraben worden waren?

Wir, die überlebenden Aktivisten, an die sich die anderen um Hilfe gewandt hatten, waren nun selbst hilflos und weisungslos. Sollten wir versuchen, uns in der Stadt zu verstecken, oder sollten wir versuchen zu fliehen? Die meisten der Kuriere hatten sich bereits entschlossen, die Stadt zusammen mit den Polen zu verlassen. Ihre »guten« arischen Gesichtszüge, dachten sie, würden es ihnen ermöglichen, als polnische Flüchtlinge durchzugehen, und ihnen vielleicht die Deportation in die deutschen Todeslager ersparen. Vielleicht – und nur vielleicht – konnten sie an ihrem nächsten Bestimmungsort die jüdische Hilfsorganisation wiederbeleben. Aber würden Benjamin und ich, und andere wie wir, den deutschen Lagern entgehen können? Das war eine andere Frage. Wir waren jung und hatten nur wenig Hoffnung, den Deutschen entkommen zu können.

»Ihr werdet es einfach riskieren müssen«, sagte Mikolai zu mir. »Es ist schwer zu sagen, wie lange ihr noch im Untergrund bleiben müßt.« Er war abgemagert, schwach und krank, konnte kaum ohne Hilfe stehen – man sagte mir, daß er Krebs hatte –, und dennoch versuchte er uns Mut und Vertrauen zu geben. »Verliert nicht den Mut. Ihr werdet es noch schaffen!« beschwor er uns.

Benjamin und ich überlegten tagelang, bevor wir den Entschluß faßten, die Stadt zu verlassen. Der gut getarnte Bunker in der Nähe der Sosnowa und Sienna, an dem er so lange und so schwer gearbeitet hatte, wurde einer anderen jüdischen Gruppe überlassen, die wegen ihres jüdischen Aussehens in der Stadt versteckt bleiben mußten.

Wir führten sie durch die verschlungenen Gänge zum Bunker; wieder draußen, schulterten wir unsere Säcke und standen mit einigen unserer Freunde zusammen, die gekommen waren, uns vor unserer gefährlichen Reise auf Wiedersehen zu sagen. Es regnete. Menschen hasteten an uns vorüber, sie schoben Karren und schleppten Bündel hinter sich her. Wir redeten nicht viel. Wir sahen einander stumm an, fanden nichts, was wir hätten sagen können.

»Macht euch jetzt lieber auf den Weg«, sagte einer ruhig.

Maszele Gleitman drückte mir die Hand. »Alles Gute, Vladka. Hoffen wir, daß wir uns wiedersehen werden.«

»Hier sind ein paar Plätzchen, die ich heute gebacken habe«, sagte Shifra Mozelszo und reichte mir ein in Papier geschlagenes Paket, das noch warm war.

»Wenn ihr zurückkommt, vergeßt nicht, uns aus dem Bunker zu holen – tot oder lebendig«, bemerkte Clara Falk grimmig.

An den Tränen würgend, suchte ich nach einem passenden Wort zum Abschied. Es konnte das letzte sein. Wer wußte, wer von uns – wenn überhaupt jemand – überleben würde? Ein alter Ausspruch aus dem Ghetto fiel mir ein. Ich wandte mich zu Boruch Spiegel, der jetzt der Anführer der Gruppe war, schaffte es, an dem Klumpen, der in meiner Kehle zu wachsen schien, vorbei zu sagen: »Halte durch, Junge, halte durch.«

Benjamin drehte sich zur Seite, wischte sich die Tränen aus den Augen. Ein letzter Händedruck, eine letzte Umarmung … und wir waren auf unserem Weg. Ihr Ruf »Laßt uns hoffen, laßt uns hoffen, daß wir uns wiedersehen werden!« folgte uns auf unserem mühsamen Weg.

Wir kehren zurück

Wir sahen einander wieder. Unsere Wiedervereinigung fand fünf Monate später statt, wenige Tage, nachdem die Rote Armee in Warschau einmarschiert war. Zusammen mit Benjamin hatte ich es geschafft, den Deutschen zu entgehen. Während unserer Streifzüge durch Städte und Dörfer hatten wir in der Kleinstadt Grodzisk die Überreste des Jüdischen Koordinationskomitees ausfindig gemacht; auch sie hatten das Chaos und die Greueltaten vor der Befreiung überlebt. Ebenso hatten unsere Freunde, die im völlig zerstörten Warschau geblieben waren, Glück gehabt. Ihr Bunker war einer der wenigen gewesen, die die Deutschen übersehen hatten.

Doch unsere Vereinigung war nur von kurzer Dauer, und in unsere Freude mischte sich Unruhe. Unwiderstehlich zog uns etwas zum Ghetto zurück. Obwohl wir Angst hatten vor dem, was wir dort vorfinden würden, waren wir alle von dem Drang besessen, an den Ort zurückzukehren, an dem unsere Qualen begonnen hatten.

Wir kämpften uns durch die düsteren Ruinen, durch klaffende Löcher und über Berge von Geröll, Ziegeln, Steinen und rostigen Gittern. Wir bewegten uns vorsichtig, wollten nichts verrücken oder ändern in diesen Ruinen, die alles waren, was vom Leben unserer Lieben übriggeblieben war.

Ruhig, Herz. Rase nicht so. Es gibt nichts und niemanden, vor dem du jetzt noch Angst haben mußt. Siehst du nicht, daß hier niemand ist, daß das hier nur trostlose Ruinen und Schutt und Trümmer sind, wohin du auch die Augen wendest? Warum die Angst und dein Zittern? Erinnere dich, hier bist du Augenzeuge grauenerregender Szenen inmitten prasselnder Feuerzungen und Rauchwolken gewesen.

Es stimmt, damals gab es immer noch einen kleinen Lebensfunken; die Menschen versuchten es noch, kämpften noch – es gab noch einen Hoffnungsschimmer …

Und wie anders dieser Anblick! Es ist das beste, an all das jetzt nicht zu denken. Vielleicht ist es besser, nur schweigend auf diese tote und trostlose Wildnis zu sehen, wo jeder Stein, jedes Sandkorn naß ist von jüdischem Blut und jüdischen Tränen.

Stille …

Die schmerzenden Augen verschlingen diesen Anblick; jeder Stein, jeder Schutthaufen erinnert an den Holocaust. Hier ein hervorstehendes Rohr, da ein verbogenes Eisengitter, dort ein verkohlter junger Baum – das ist alles, was von unserer vernichteten Welt übriggeblieben ist. Mein Blick fällt auf die Überreste eines zerrissenen, schmutzigen Gebetbuchs, einen rostigen, verbeulten Topf – und ich sehe mein Zuhause wieder – meinen Vater und meine Mutter …

Aber was bedeutet schon mein eigener Kummer? Der Anblick ist derselbe in tausend anderen Städten, hundert anderen Ghettos; meine Trauer wiederholt sich dort zehntausendmal. Aber die Zahlen, die unglaublichen Statistiken, womit kann man sie vergleichen, wie können sie ausdrücken, was geschehen ist?

Wieder begeben sich die Augen auf die Suche. Sie erkennen jede Stelle. Die ausgebombten Häuserblocks, die Berge von Geröll können die Erinnerung an die Straßen und Häuser, die einmal hier standen, nicht auslöschen. Dort drüben war die Dzielna und weiter weg die Pawia, Gesia und Nalewki. Damals wimmelte es dort von jüdischen Händlern und Arbeitern, Juden in Geschäftsanzügen und Juden in Overalls, Frauen mit Kopftüchern und Hüten, jungen Leute und Kindern. Das Straßenbild hatte von Leben und Aktivitäten vibriert. Nun war das alles nicht mehr – nichts als Ruinen und Verwüstung.

Aber etwas war mir noch geblieben. Das Grab meines Vaters auf dem Gesia-Friedhof war nicht weit. Ich erinnerte mich deutlich an die Stelle – Reihe Nr. 105, das siebte Grab von links. Wir kämpften uns zum Eingang des Friedhofs durch. Er war von den Bomben nicht verschont geblieben. An einigen Stellen war die

Friedhofsmauer eingebrochen, es gab kein Tor mehr, es war auch niemand zu sehen. Nur Stille …

Wohin ich mich auch wandte, es gab nichts als umgestürzte Grabsteine, entweihte Gräber und verstreute Schädel. Ihre dunklen Augenhöhlen brannten sich mir tief ein, ihre zerschmetterten Kiefer fragten: »Warum? Warum ist uns das widerfahren?«

Das war das Werk der sogenannten »Zahnärzte« – polnische Grabräuber, die jüdische Leichen wieder ausgegraben hatten, um ihnen die Goldzähne aus dem Mund zu reißen.

Warum dann das Schuldgefühl, das sich in meinen Ekel und meine Wut mischte; warum die Scham – meine Scham –, daß mein Volk verfolgt wurde bis in die Gräber hinein? Vorsichtig, um nicht auf die Schädel zu treten oder in ein offenes Grab zu fallen, bahnten wir uns den Weg durch diesen Ort der ewigen Ruhe bis zu der Stelle, wo die Gebeine meines Vaters gelegen hatten. Obwohl ich die Stelle kannte, konnte ich sein Grab nicht finden. Das Grabfeld war verwüstet, die Erde übersät und bedeckt mit zerschlagenen Schädeln und zerbrochenen Grabsteinen.

War einer der entweihten Schädel da der meines Vaters? Wie sollte ich das jemals erfahren?

Nichts. Nichts war mir von der Vergangenheit, von meinem Leben im Ghetto geblieben. Nicht einmal das Grab meines Vaters.

Personenverzeichnis

Ortsregister

Die Stadt Warschau selbst wurde im Register nicht aufgenommen, da sie auf fast jeder Seite genannt wird; statt dessen werden im Register unter dem Stichwort Warschau Bezirke und Straßen aufgeführt.